防范"灰犀牛"

地方政府债务风险的治理机制研究

郭玉清 著

本书系国家自然科学基金面上项目"新时代下政府债务风险的理论审视、量化评估及监管战略体系研究"(71973069)、教育部人文社会科学研究规划基金项目"纵向分权视角下地方政府杠杆调整的演进逻辑与战略取向研究"(18YJA790030)成果。特此鸣谢!

目 录

第一章 导论 ··· 1
  1.1 案例、争鸣与中国之谜 ··· 1
  1.2 相关概念阐释 ·· 8
  1.3 篇章结构及主要内容 ·· 43

第二章 中华人民共和国成立后地方政府债务风险的
        治理历程回顾 ·· 53
  2.1 计划经济时期的地方政府债务风险治理（1950—1968）········ 53
  2.2 探索扩张阶段的地方政府债务风险治理（1978—2007）········ 64
  2.3 宽幅起落阶段的地方政府债务风险治理（2008—2010）········ 82
  2.4 试点扩容阶段的地方政府债务风险治理（2011—2014）········ 96
  2.5 全面转型阶段的地方政府债务风险治理（2015—2018）······· 106

第三章 地方政府债务风险的国际治理经验比较与启示 ········ 120
  3.1 OECD 国家的地方政府债务风险治理 ·························· 120
  3.2 拉丁美洲国家的地方政府债务风险治理 ······················ 135
  3.3 东南亚国家的地方政府债务风险治理 ························· 144
  3.4 地方政府债务风险治理的其他国际经验借鉴 ················ 152

i

3.5 基于文献研究的治理经验总结述评 ………………………… 155

第四章　传统地方政府债务治理的制度特征与风险机理 ……… 161
4.1 传统地方债务治理模式的制度背景 ……………………… 161
4.2 传统治理模式下地方政府举债融资的激励机制 ………… 164
4.3 激励导向型债务治理模式的风险机理分析 ……………… 211

第五章　地方政府债务风险治理的大国资源禀赋与制度框架
　　　　——一个理解"中国之谜"的分析视角 ………… 225
5.1 "中国之谜"的理论与经验审视 ………………………… 225
5.2 "中国之谜"的理论解构 ………………………………… 236
5.3 "中国之谜"的深度观察：基于政府与市场关系视角 … 271

第六章　新发展格局下地方政府债务风险的治理转型研究 …… 280
6.1 新发展格局的时代背景与深刻内涵 ……………………… 281
6.2 新发展格局下地方债务风险治理的目标任务和战略内涵 … 284
6.3 新发展格局下地方债务风险治理的机遇与挑战 ………… 297
6.4 新发展格局下地方债务风险治理的转型路径探析 ……… 311

第七章　地方政府债务风险的预警评估方法及技术
　　　　应用前景 ……………………………………………… 323
7.1 "事后管控"型预警评估方法 …………………………… 323
7.2 "事中监测"型预警评估方法 …………………………… 335
7.3 "事前预案"型预警评估方法 …………………………… 350
7.4 各类预警评估技术的应用前景 …………………………… 363

第八章　地方政府债务风险的分级预警机制设计 …………366
8.1　省级"事前预案"型风险预警机制设计 ………… 366
8.2　地市级"事中监测"型风险预警机制设计 ……… 383
8.3　县市级"事后管控"型风险预警机制设计 ……… 405

第九章　地方政府债务风险的治理战略路径选择 ………418
9.1　短期战略：纵向指导债务重组 ………………… 418
9.2　中期战略：有序推进绩效导向 ………………… 431
9.3　长期战略：建立制度保障体系 ………………… 465

参考文献 ……………………………………………………477
后记 …………………………………………………………490

第一章 导论

1.1 案例、争鸣与中国之谜

地方政府债务风险是世界各国的关注焦点，防范债务风险冲击，保障财政可持续，关系到一个国家的经济安全和社会稳定。在展开深入讨论之前，我们先看三个典型案例。

案例一。某国城市A在历史上曾是重要的工业基地城市，吸引国内大量居民来此生活和就业。在20世纪70年代，受全球石油危机影响，该市主导产业遭受重创，来自全球其他国家的产业竞争更使本地经济雪上加霜。主导产业没落使该市财政逐步入不敷出，背负了大量无法偿还的政府债务。2013年7月，该市申请破产，削减了包括社会治安在内的多种公共服务。由于警察被大量裁员，该市犯罪活动猖獗，公共治安严重恶化，城市总人口相对高峰期锐减100万人，被网民评价为全国最危险的城市。

案例二。某国城市B为推进产业结构转型，向本地商业银行举借了大量关系型借款。截至2013年底，该市从银行业金融机构举借了达到人均6 281美元的短期流动性贷款，成为该国地方政府负债率最高的城市。由于该市举借的新增贷款主要用于利息支付和民生保障，没有足够资金完善基础设施，因此本地企业大量外迁。税基流失使该市没有充足收入弥补财政赤字，只能提高税收稽征率，其工商税稽征率和房产税稽征率分别增至480%和670%。税负提升进一步恶化了本地竞争环境，循循相因地引发资本和人口外流，图书馆、博物馆、游泳馆等文体设施被迫关闭，城市综合竞争实力不断衰弱。

案例三。某国城市C是典型的资源型城市，拥有丰富的煤炭资源储备。随着国家能源政策重心从煤炭转向石油，该市矿山渐次倒闭，导致城市衰落，人口流出。为重振本地经济，市政府大量举债建设旅游观光产业，举办电影节吸引外地游客，但终因转型失败欠下巨额负债，于2007年宣布破产。破产后的地方政府为偿还高额负债，不得不提高税率和公共服务费的征收标准，关闭了近30处公共设施，市民承担的水电费、幼儿园和基础教育费用大幅提升。据测算，即便该市采取包括拍卖资产、关闭公共设施、裁减公务员数量、削减政府福利支出等在内的各种整改措施，还清所有政府债务也至少需要20年。

您可能认为，上述案例发生在财经纪律松弛、预算约束不力的发展中国家。事实上，它们分别对应美国密歇根州底特律市、德国鲁尔区埃森市和日本北海道夕张市，是高收入国家曾经或正在经历的真实故事。从这些真实案例可以看到，一旦地方政府债务危机被触发，不仅本地政府要经历痛苦的财政重整过程，广大市民也很难置身事外，往往要缴纳更多税费，忍受不断削减的公共服务，甚至不得不"用脚投票"流动到其他地区，被动承担政府破产带来的危机成本。

将视野转向中国。改革开放后，中国两度运用积极财政政策，分别对冲了1998年亚洲金融危机和2008年全球金融危机冲击，从而积累了体量庞大的地方政府债务。尽管地方政府债务风险长期受到社会各界关注，但迄今关于中国地方政府债务风险的成因、性质、影响的研究仍然莫衷一是，难以凝聚共识。争议的焦点问题包括：中国作为全球最大的发展中国家，其地方政府债务风险到底是一种什么性质的风险，能否得到有效治理？中国经济步入中高速增长新常态后，新发展格局下的债务风险同传统模式下的债务风险表现出哪些区别，又有哪些制度关联？在改革深水区推进大国债务风险治理，应如何进行指导思想和政策理念的全面转型，保障地方财政可持续？

从资产负债表的角度审视地方政府的举债行为，不难发现"资产"与"负债"是举债融资的一体两面。各从一端解读地方政府债务风险，得出的研究结论也会分置两端。

单从"负债"端看，中国地方政府债务似乎已经"积重难返"。分税制改革后，中国组建的地方政府融资平台大多是欠缺现金流业务的"壳"公司，职能主要是为地方政府拓展表外融资渠道。主营业务范围决定了其偿债能力薄弱，但中国却倚靠这类"财务绩效极差"的工具公司获取了大量金融机构贷款。地方政府取得信贷融资后，立即展开以市政建设为目标的政绩竞争，很多项目未经过系统论证便急忙上马，在近乎"大水漫灌"的投资竞赛中，很多债务资金浪费于所谓"形象工程"和"政绩工程"，伴随而来的土地批租等贪腐寻租行为进一步降低了债务资源配置效率。尽管债务融资弥补了建设性财力缺口，但政府公益性项目的投资回报期极长，其涵养的税基贡献与银行信贷要求的短偿债期严重错配，这会使融资平台公司始终面临密集偿债压力。在预算软约束的体制环境中，尽管地方政府为融资平台提供了信用背书，承诺以土地出让收益偿还融资平台贷款，但土地财政模式是不可持续的。一旦遭受外部冲击，土地收益将首当其冲大幅下降，融资平台也将随之陷入流动性困境。对地方政府来说，预算内财力维持经常性支出尚且困难，遑论划拨出一块机动财力为融资平台履行偿债责任？由此看来，中国的地方政府债务危机似乎难以避免。

单从"资产"端看，尽管地方政府债务积累速度极快，但与很多发展中国家或高收入国家不同，中国的地方政府债务融资主要以积累实物资本为目的，而非支撑福利性支出或弥补经常性赤字。作为一个发展中的公共投资大国，中国的地方政府债务融资累积的是投资型债务而非消费型或福利型债务，积蓄了雄厚的资产家底。实物资本投资不仅支撑了中国经济的高速增长，在金融危机冲击期间，面对消费疲软、外需不振的不利局面，政府主导的公共投资还发挥了逆周期调节功能。由此，尽管债务余额在预算软约束的体制环境中快速膨胀，但中国政府资产家底雄厚，无论从经济体量还是资产存量方面看，都有能力保持债务风险整体可控。面对后疫情时代经济下行的不利局面，中国需要进一步强化地方政府债务融资的政策激励，继续从需求端执行反周期操作。只要经济增速保持高于债务增速，地方政府债务融资便能够实现中长期可持续，债务风险也有望随着经济体量的持续扩张得以消弭化解。

将负债端和资产端视角结合起来，就会发现在2015年1月1日，即新修订的《预算法》生效前，中国地方政府是在一个预算软约束的体制环境中,依托融资平台公司进行表外债务融资的。以融资平台工具为载体,地方政府与金融机构的隐性契约引导大量金融资源优先配置到政府部门,聚力支持市政基础设施建设。这种债务融资模式固然使中国积累了大量有中长期回报潜质的公共资产,从需求端维系了中国分税制改革以来的高速经济增长,但预算软约束驱动的竞争性举债也难免存在投资低效、重复建设、资源错配等问题。更进一步说,即便传统模式累积的公共资产有中长期回报潜力,但这些公益性资产并不能快速贡献偿债收益流,即传统债务融资模式存在严峻的资产负债期限错配问题。中国国土面积广袤,区域差异巨大,可以判断,财力基础越羸弱的地区,资产负债期限错配问题越严峻。尽管存在上述共识,但分置两端的学术观点都没有解决长期困扰学界的一个理论之谜(J. Ross, 2014)——"为何中国地方政府债务在一个预算软约束的体制环境中快速膨胀,却没有触发严峻的地方政府债务危机?"

在全球视野下审视,举凡巴西、阿根廷、墨西哥、印度等发展中国家,地方政府债务规模都曾在预算软约束的体制环境中膨胀至失控局面,典型地区甚至反复酝酿债务危机。(Adam & Bevan, 2005)在德国、意大利、西班牙等高收入国家,地方政府借贷仍不时扰乱财经纪律,倒逼中央政府提供事后救助。这两类国家的区域性乃至系统性债务危机都是可观察的。(Hagen, 2000)有趣的是,即便将视野投向预算约束高度硬化的分权治理国家,地方政府债务同样危机不断。例如,放眼全球,仅美国、加拿大、瑞士这三个竞争联邦制国家的中央政府从未救助过地方政府债务危机,但仅美国一国,我们能观察到的美国地方政府债务危机就有1994年加州橙县债务危机、1997年华盛顿州债务危机、2013年底特律市债务危机等。由此可见，预算约束硬度不够并非是地方政府债务危机的先决条件，即便是预算约束高度硬化的发达国家，一样不能避免地方政府债务危机。既然众多高收入国家和发展中国家都曾经历过地方政府债务危机，我们不禁再度想到那个困扰学界已久的"中国之谜"：为何中国地方政府债务在一个财经纪律极其松弛的体制环境中快速膨胀，却始终没有触发地方政府债务危机？单从负债端看，当可用财力与偿债压力之间的矛盾累积到一定程度时，地方政府将不得不压缩预算内拨款偿还存量债务，债务危机将以公共服务大幅压减、政府运转难以为继的极端形式凸显。单从资产端看，尽管政府资产足以覆盖债务余额，但现实中并非所有政府资产都能迅速变现偿债，政府资产涵养税基一般也存在较长时滞，未必能够应对密集偿债期到来时的流动性压力，债务危机仍有可能在局部高危地区率先暴露。那为何在经济高速增长期乃至治理模式转型期，中国一直没有出现那只触发危机的"黑天鹅"呢？[①]

中国经济从高速增长转为高质量发展后，研究设计地方政府债务风险的大国治理机制，有必要重新审视各派理论观点，揭开"高债务"和"稳增长"两个特征事实并立的"中国之谜"。从解释理论谜题的角度反思现有理论，无论单从负债端还是单从资产端，抑或无论只关注"高债务"而忽略"稳增长"，还是只关注"稳增长"而忽略"高债务"，都不适于解读经济高速增长期中国地方政府债务风险的实质机理以及高质量发展阶段地方政府

[①] 2021年12月，黑龙江省鹤岗市发布政府公告，称鹤岗市因财政重整暂停公务员招聘工作。后文会进一步分析，鹤岗市的财政重整其实是一种政府债务风险的应急处置预案，这并不等同于很多国家地方政府破产触发的政府债务危机。

第一章 导论

债务风险的治理取向。贯穿本书的核心观点是，研究中国地方政府债务风险，应坚持"两点论"而非"一点论"的方法论，重点把握两组关系：一是资产与负债。将资产端和负债端视角结合起来，就会发现中国地方政府债务风险尽管不容忽视，但依然整体可控。传统地方政府债务融资存在预算软约束内生的策略性举债、机会主义动机和道德风险等问题，但依托大国资源禀赋和制度框架，中国有能力坚守不发生系统性风险的底线。二是政府与市场。治理地方政府债务"灰犀牛"风险，不宜就财政论财政。地方政府债务风险表象上是一个财政问题，但实质是一个经济问题。只有用发展的眼光继续释放市场化改革红利，培育经济内生增长动力，才能实现正本清源，标本兼治。以"两点论"的方法论观察，尽管在经济高速增长期"高债务"与"稳增长"两个特征事实是并立存在的，但这并不等于到了高质量发展阶段，地方政府债务风险仍然可以维持隐匿状态。随着经济增速放缓和土地财政退潮，经济高速增长期隐匿的各种矛盾问题和结构风险势将逐步显化，一旦治理不当，高危地区长期累积凝聚的债务风险便有可能率先暴露，冲击区域性乃至系统性风险底线。这就要求地方债务风险治理不宜延续传统模式，而应主动适应经济发展形势变化和产业结构战略性调整，进行全方位规划转型。高质量发展阶段的债务风险治理机制既不能简单取缔地方政府举债融资权，也不能延续"大水漫灌"式低效举债投资的老路，而应转型为规范化、透明化、制度化的新型治理模式。在改革深水区，债务治理转型有助完善大国政府间分权治理框架，释放高水平社会主义市场经济建设的制度红利，维持地方政府债务融资和经济高质量发展可持续。

1.2 相关概念阐释

研究设计地方政府债务风险的大国治理机制，有必要首先界定清楚地方政府债务风险相关概念的内涵和外延，在基本概念的发展演化中初步厘清风险治理的演进历程及战略取向。本节将相关概念分为"地方政府债务"和"地方政府债务风险"两组，分别比较各组概念的联系和区别，为展开后续章节研究奠定基础。

1.2.1 地方政府债务

分税制改革后，学界和政策层面在理论探讨中衍生出很多地方政府债务的相关概念，这些概念有的是学界发展的理论术语，有的是官方采用的统计口径。本节以时间为序，对相关概念作梗概介绍。除非特殊说明，后续章节涉及相关概念时概以本节定义为准。

1. 世界银行定义的政府债务

1998年，世界银行专家白海娜（Hana P. Brixi, 1998）的工作论文《政府或有负债：财政稳定的潜在风险》，基于全球视野下各国普遍存在的政府间预算软约束和没有纳入预算统计的表外债务，设计了一个形象化的"政府债务矩阵"，产生了广泛的学术影响。后续研究中国地方政府债务的文献，大多以白海娜划分的政府债务类型作为研究起点。

该工作论文将政府债务划分为四类。首先，根据债务发生原因是否确定，可将政府债务划分为"直接债务"和"或有债务"。其中，直接债务是地方政府必然承担偿债责任的债务，偿债责任既可能现期发生，也可能将来发生；或有债务是不确定的随机事件诱发的政府债务，其发生概率既取决于外生因素（如自然灾害），也取决于内生因素（如地方政府为企业贷款提供担保的连带责任）。其次，根据政府债务是否得到法律或契约的明确认定，可划分为"显性债务"和"隐性债务"。其中，显性债务是经法律或契约确认的债务，债务到期时，地方政府必须履行偿付责任，如国际金融机构借款、政府担保的企业协议借款等；隐性债务不是法律意义上的政府法定责任，而是建立在公众期望或者政治压力上的政府道义责任，如自然灾害救助、金融危机化解等。根据这个定义，也可将显性债务理解为法定债务，将隐性债务理解为推定债务。（李萍等，2009）上述两个层次的政府债务相互交叉，共组成四种政府债务类型：显性直接债务、隐性直接债务、显性或有债务、隐性或有债务。四类债务细目详见表1-1。

表1-1 世界银行专家设计的政府债务矩阵

债务类型	直接债务：任何情况下政府都要承担的债务责任	或有债务：特定事件发生时政府要承担的债务责任
显性债务：由特定法律或合同所确定的政府债务	1.对内和对外的主权债务（政府签署合同的借款和发行的债券）； 2.预算法规定的支出； 3.具有法律约束力的长期预算支出（公务员薪资、公务员养老金等）	1.政府为非主权借款、地方政府以及公共和私人部门实体债务提供的担保； 2.政府各种贷款担保（如各种抵押贷款、学生助学贷款、小企业发展贷款等）； 3.政府其他担保（如贸易、汇率、对外国政府主权债权、私人投资等）； 4.政府保险计划（如存款保险、私人养老基金的最低返还、粮食、自然灾害和战争等）

续表

隐性债务：政府出于公共期望或利益集团压力承担的"道义"责任	1.公共投资项目的未来维护成本； 2.非法定未来公共养老金支出； 3.非法定未来医疗保险支出； 4.非法定其他社会保障支出	1.非担保的下级政府债务违约； 2.非担保的国有或私人企事业的债务违约； 3.银行危机的救助（超出政府保险范围的部分）； 4.非担保的养老保险基金、失业保险基金或社会保障基金的危机救助； 5.中央银行无力履行义务； 6.私人资本外逃的救助要求； 7.突发性环境破坏、灾害救济和军事支出等

资料来源：白海娜（Hana P. Brixi, 1998）。

由举债主体和债务细目可见，世界银行设置的债务类型矩阵主要针对的是一国的主权债务。李萍等（2009）根据中国政府债务既包括中央主权债务，也包括多级地方政府债务的特征事实，将"直接显性债务"中的"主权债务"调整为"各级政府的协议借款和发行的债券"，其余同世行专家定义的债务类型基本一致。在四大类政府债务中，仅直接显性债务具有明确的法律约束，确定由地方政府承担偿债责任；其余三类政府债务由于借债主体的模糊性、实际发生的不确定性等原因，债务核算相对困难，实际偿债责任未必由政府承担。

在白海娜（1998）定义的债务类型矩阵中，关于各类债务的具体责任归属，当前学界尚存两点争议。

首先，国内学界对隐性债务分类尚未达成共识，在学理上还没有充分厘清其债务属性。延续白海娜（1998）的分类方法，国内文献一般将直接隐性债务等同于"社会保障支出缺口"，以"社会保障支出需求"同"社会保障基金收入"的差额测度。但具体以什么标准界定发展中国家的社会保障支出需求,则是一个见仁见智的问题。白海娜(1998)也认为,社会保障支出需求并无严格执行标准,是"非法定"的,若以高收入、高福利国家的社保支出作为执行标准,发展中国家的政府财力显然难以承受。因此,表1-1中界定的直接隐性债务到底应归属为政府承担的债务责任还是支出责任,尚有待学界进一步研究。

其次,世界银行定义的政府债务的诱发因素有内生和外生之别,是否应归属政府责任尚存争议。其中,内生因素诱发的债务是政府部门及企事业单位向债权人协议借款形成的主动负债,外生因素诱发的债务是由于外部冲击或不可抗力形成的被动负债,如自然灾害救济等。外生因素诱发的被动负债到底应归属债务责任还是支出责任,也需要在学理上进一步澄清。

2. 城投债

城投债又称"准市政债",是地方政府融资平台公开发行的债券,包括企业债、短期融资券、中期票据、非公开定向融资工具等,主要投向地方基础设施建设或公益性项目。[①]1992年,上海市发行国内第一支城投债——"浦东新区建设债券",[②]标志着

[①] 按照财政部预算司(2009)的定义,"短期融资券"指具有法人资格的非金融企业,依照《银行间债券市场非金融企业债务融资工具管理办法》规定的条件和程序,在银行间债券市场发行和交易,期限在一年以内,并约定在一定期限内还本付息的有价证券;"中期票据"指具有法人资格的非金融企业在银行间债券市场发行的,约定在一定期限还本付息的债务融资工具;监管机构为中国人民银行及银行间市场交易商协会。

[②] 尽管上海1992年发行的浦东新区建设债券是全国第一支城投债,但在万得资讯金融终端数据库中查询到的第一支城投债,是上海城投(集团)有限公司在1997年1月23日发行的浦东建设债券,发行规模为5亿元。

地方政府开始组建融资平台公司，以企业作为融资主体，通过发行城投债的方式解决基础设施资金瓶颈。1994年分税制改革后，融资平台公司经历了一段较长时期的稳步发展。2009年，为应对国际金融海啸冲击，中国人民银行和原银监会联合颁布信贷结构调整意见，[①]支持有条件的地区组建投融资平台，发行企业债、中期票据等融资工具。这项"四万亿计划"的配套政策诱发了各地城投债发行规模的竞争性飙涨。其后，受2010年国务院加强融资平台债务管理以及2011年接连爆发的城投债信用违约等事件影响，城投债发行力度逐步放缓。2014年国务院颁发的治理文件以及同年修订、次年施行的新《预算法》剥离了融资平台公司的政府融资职能，明晰了政府和企业举债的权责边界。中央文件强调，今后地方政府只能以规范的政府债券发行方式举借债务，通过其他渠道累积的债务均将被认定为违法违规债务。由于城投公司的信用背书被制度性取缔，市场投资主体将审慎评估城投公司的经营绩效和偿债能力，这有助于城投债发行价格更准确地反映其风险溢价。

2015年新《预算法》实施后，融资平台公司发行城投债累积的存量债务被甄别认定为地方政府负有偿还责任的，将由省级部门在预算限额内安排发行地方政府债券予以置换。根据《全国政府性债务审计结果》（2013年12月30日公告），截至2013年6月底，中国地方政府负有偿还责任的债务余额共10.88万亿元，其中企业债券、中期票据和短期融资券共0.53万亿元，占比不足

---

① 详见《关于进一步加强信贷结构调整促进国民经济平稳较快发展的意见》（银发〔2009〕92号）。

4.9%。[①] 这说明，尽管传统地方政府举债主要依托融资平台公司，但融资平台发行城投债累积的债务存量规模较小，这部分债务风险是完全可控的。鉴于城投债数据连续性较好，且数据来源准确可靠，可通过"万得资讯金融终端"（Wind Financial Terminal，以下简称WFT）查询，一些文献以城投债表征地方债作实证研究，以期得到有经验证据支持的学术观点。但正如前文的匡算，城投债在地方政府性债务余额中占比极低，其发行程序、监管模式、风险冲击、影响机制同其他类型政府债务有较大区别。这就要求研究者选择恰当的选题视角切入量化研究，否则可能得到误导性的分析结论。

3. 国债转贷

1998年，中国经济遭受亚洲金融危机冲击。为扩大有效内需，促进国民经济发展，国务院决定增拨一定数量国债，由财政部转贷给省级政府，用于地方经济和社会事业发展；省级财政部门作为债务人的代表，负责对财政部还本付息。根据财政部文件要求，国债转贷资金主要用于在建或已完成前期准备工作的基础设施项目，避免新上项目出现重复建设。[②] 具体地，五类建设项目将受到国债转贷资金的重点支持：（一）农林水利投资；（二）交通建设投资；（三）城市基础设施和环境保护建设投资；（四）城乡电网建设与改造；（五）其他国家明确的建设项目。

对地方政府来说，国债转贷资金相当于向中央政府申请的建

[①] 详见中华人民共和国审计署《全国政府性债务审计结果》（2013年12月30日公告）。

[②] 详见《财政部关于制发〈国债转贷地方政府管理办法〉的通知》（财预字〔1998〕267号）。

设贷款，性质上属于政府间往来借款，具有法律上的"债权"关系属性。为避免地方政府过度申请国债转贷，财政部要求地方政府确定转贷项目时既要考虑本地区经济和社会发展需要，又要考虑综合还款能力。财政部明确表态，对到期不能归还转贷资金本金和利息的省份，财政部将如数扣减对地方税收返还，并要求财政部驻省级财政监察专员办事处对地方财政部门、项目实施单位及其主管部门转拨、使用、归还转贷资金的情况进行监督、检查。国债转贷名义上是一种政府间往来借款，但在实际操作中，国债转贷变为"中央发债，地方使用"，一旦地方政府无力偿还债务本息，中央政府要先代为履行偿还责任，再进而决定是否向地方政府追索债务本息。中央政府担任的这种"最终偿债人"的角色，导致国债转贷资金运用存在制度性的预算软约束，地方政府更关注能否争取到转贷资金，而非转贷项目的实际执行绩效。

对中央政府来说，国债转贷制度赋予其较大资金裁量权，可以通过转贷资金的分配方案设计，将中央决策意图贯彻到省级政府。在财政部文件中，对于国债转贷资金的发行规模、支出投向、区域配额、偿债机制等均有相应的制度设计。例如，在债务偿还机制方面，财政部要求转贷给沿海发达地区的资金还贷期限为6年，含宽限期2年，年利率为5.5%；转贷给中西部地区的还贷期限为10年，含宽限期2年，年利率为5%。这体现了国债转贷适度向中西部地区倾斜，支持中西部基础设施建设和区域协调发展的政策意图。

作为一项过渡性制度安排，国债转贷制度利用中央政府的债券管理经验和区域协调能力，在危机冲击期间拓展了地方政府的举债融资渠道，赋予地方政府以基建投资扩内需、稳增长的政策空间。但这项制度安排也暴露出转贷配额同建设需求不一致、转贷项目的外部性协调机制不健全等问题。由于暴露的问题是制度本身决定的，2007年各省份接受最后一批国债转贷资金后，这项过渡期制度正式退出了历史舞台。

4.地方政府性债务

2011年3月至5月，中国审计署组织全国审计机关4.13万名审计人员，按照"见账、见人、见物，逐笔、逐项审核"的原则，对31个省（自治区、直辖市）和5个计划单列市本级及所属市（地、州、盟、区）、县（市、区、旗）三级地方政府债务情况进行了全面审计（云南省盈江县因地震未进行审计）。2011年6月27日，中国审计署发布《全国地方政府性债务审计结果》（2011年第35号，总第104号），根据笔者掌握的文献资料，这是官方第一次以"地方政府性债务"口径公布权威数据。

按照官方定义口径，"地方政府性债务"指地方机关事业单位以及地方政府专门成立的基础设施性企业为提供基础性、公益性服务直接借入的债务和地方政府机关提供担保形成的债务。"地方政府性债务"与"地方政府债务"的区别是，前者除包括地方政府举借的债务外，还包括企事业单位，而企事业单位举借的债务未必全部转化为地方政府的偿债责任。中央文件进一步要求，地方政府性债务审计要分清政府偿债责任，[①]并将地方政府性债务具体分为三类。第一类是地方政府负有偿还责任的债务，即由地方政府或政府部门等单位举借、以财政资金偿还的债务；第二类是

---

① 详见《国务院办公厅关于做好地方政府性债务审计工作的通知》（国办发明电〔2011〕6号）。

地方政府负有担保责任的或有债务，即由非财政资金偿还、地方政府提供直接或间接担保形成的或有债务，债务人出现偿债困难时，地方政府要承担连带责任；第三类是其他相关债务，即由相关企事业等单位自行举借用于公益性项目、以单位或项目自身收入偿还的债务，地方政府既未提供担保，也不负有任何法律偿还责任，但当债务人出现偿债困难时，政府可能需给予一定救助。

2013年8月至9月，审计署再次组织全国审计机关5.44万名审计人员，对中央、31个省（自治区、直辖市）和5个计划单列市、391个市（地、州、盟、区）、2 778个县（市、区、旗）、33 091个乡（镇、苏木）的政府性债务情况展开全面审计。2013年12月20日，中国审计署发布《全国政府性债务审计结果》（2013年第32号，总第174号）。本轮审计将地方政府性债务分为地方政府"负有偿还责任""负有担保责任""可能负有救助责任"的三类债务，分别对应2011年界定的"偿还责任""担保责任"和"其他相关债务"。根据2007年来的历史经验，"担保责任"和"救助责任"债务由财政实际偿还的最高比率分别是19.13%和14.64%。由于分税制改革后地方政府长期未获得表内发债融资权，地方政府性债务主要是融资平台公司通过多种表外渠道举借累积的。2011年和2013年两次政府性债务审计结果表明，融资平台公司举借了将近半数的政府性债务，其余债务主要由政府部门和机构、经费补助事业单位举借。从债务资金来源看，"银行贷款"占两次政府性债务余额的比重分别达到79.01%和50.76%，这说明在地方政府自主发债全面放开以前，地方政府性债务主要是由融资平台向银行业金融机构申请贷款的方式累积的。

和世界银行定义的"政府债务"相比，审计署的"地方政府性债务"定义口径主要有两点不同。一是区分"中央债务"和"地方债务",剔除中央债务,保留地方债务。前者如主权借款、国债发行、私人资本外逃救助、银行危机救助等,应归属中央政府债务范畴,地方政府没有责任也没有能力承担这些债务类型的偿债责任。二是区分"法定债务"和"推定债务",剔除推定债务,保留法定债务。例如,社会保障支出、环境破坏和自然灾害救助等项目没有纳入地方政府性债务审计范畴;而全部有法可依、有账可查的债务,无论是政府直接举借的,还是政府为企业提供的担保或应该为企业承担的道义救助,均被纳入审计范围。

两次地方政府性债务审计过后,各省、自治区、直辖市陆续公布了省级政府性债务余额,可以在万得资讯金融终端数据库(WFT)查询。但由于政府性债务审计工作是突击性而非制度性的,全国和各省份仅公布了离散年份的权威数据,对于数据严重缺失的年份或地区样本,研究者只能采用一定估算方法予以补充。2015年地方政府自主发债全面放开后,"地方政府性债务"口径逐步被官方新采用的"地方政府债务"口径取代,其后学界和政策层面不再沿用这个概念口径展开研究。

5.地方政府债券

地方政府债券是指地方政府根据本地区经济发展和资金需要,以承担还本付息责任为前提,向社会筹集资金的债务凭证,发行收入一般用于交通、通信、住宅、教育、医院和污水处理系统等地方性公共设施建设。(财政部预算司,2009)由于中央政府发行的国债以主权信用作担保,地方政府发行的地方政府债券以地方政府信用作担保,国际上一般将国债称为"金边债券",将地方政府债券称为"银边债券"。尽管地方政府债券的风险溢价高于国债，但相对企业债券，两类政府债券均有政府信用背书，因而更能获得稳健型市场投资者认可。相对银行贷款，发行政府债券能够显著拉长地方政府的偿债期限。随着偿债期的拉长，基础设施贡献的收益流同地方政府承担的偿债责任能够达成动态匹配，这将缓解偿债期限和基础设施使用的期限错配，使基础设施融资成本在当代和未来的受益人之间进行有效分摊，从而更好地解决基础设施建设中的"代际公平"问题。（刘珂珂，2011）

分税制改革后，旧《预算法》要求地方财政保持"收支平衡，不列赤字"，地方政府因此被长期禁止表内发债融资，这种情况一直延续到国债转贷制度被视情取缔。2009年，中国试行"财政部代理发行地方债"，逐步放开地方政府的表内发债融资权。2009年至2011年，财政部连续三年累积发行6 000亿元地方政府债券，主要用于基础性和公益性项目建设。这三年采取的发行模式是"代发代还"，地方政府债券不仅由财政部统一代理发行，还要由财政部代办偿还。按照中央文件规定，只有省级政府和计划单列市可以由中央财政代理发行地方政府债券，地级市和县级市仍被禁止发债融资，但省级政府和计划单列市可以将债券发行收入转贷给市、县政府使用。①与国债转贷制度不同，财政部代理发行地方政府债券收入计入财政总预算会计科目，从而硬化了地方政府债务偿还的预算约束。中央文件强调，尽管地方政府债券到期后由中央财政统一代办偿还，但地方财政要足额安排债券还本付息所需资金，并及时向中央财政上缴地方政府债券本息和发行费用，

---

① 详见财政部《关于印发〈2009年地方政府债券预算管理办法〉的通知》（财预〔2009〕21号）。

第一章 导论

否则中央财政将根据地方逾期情况计算罚息,在办理中央与地方财政结算时如数扣缴。

2011年,中国在上海、浙江、广东、深圳试行"地方政府自行发债",债券发行模式是"自发代还",试点省市在国务院批准限额内自行组织债券发债机制,财政部负责代办还本付息。2013年,地方政府自行发债试点地区扩容至上海、浙江、广东、深圳、江苏、山东六省市,债券发行期限更加多样化,发行利率仍然以新发国债发行利率及市场利率作为定价基准,采用单一利率发债定价机制。2014年,地方政府自行发债政策得到了较大调整,一是试点地区从东到西进一步扩容,二是债券发行模式从"自发代还"调整为"自发自还",试点地区可以在国务院批准限额内自行组织政府债券的发行、利息支付和本金偿还。经过为期四年的政策试点,2015年中国完成地方政府自主发债的破冰之举,全面放开了所有省区市的发债融资权。整体来看,分税制改革后的地方政府债券发行分别经历了"代发代还""自发代还""自发自还"三个阶段,通过不断扩容政策试点,累积监管经验,地方政府债务治理的规范化、透明化、制度化得到了有序推进。

从债券期限结构看,地方政府债券分为"短期债券"和"长期债券",其中短期债券弥补费用支出和税收之间的季节性和暂时性失衡,长期债券解决长期资本项目的融资困难以及源自当期经营的长期预算赤字。(财政部预算司,2009)从债券类型结构看,按照中央文件精神,地方政府债券分为"一般债券"和"专项债券",全部纳入预算管理。[①]其中,一般债券是地方政府为了缓解

---

① 详见《国务院关于加强地方政府性债务管理的意见》(国发〔2014〕43号)。

资金紧张或解决临时经费不足而发行的债券，纳入公共财政预算，以一般公共预算收入作为主要偿债来源；专项债券是地方政府为了筹集资金建设公益性基础设施而发行的债券，纳入政府性基金预算，以公益性项目对应的政府性基金或专项收入作为偿债来源。应注意的是，由于仅一般债券纳入公共财政预算，因此财政赤字仅以一般债券弥补，专项债券不计入官方公布赤字。如图1-1所示，截至2022年底，我国除2020年和2021年因扩张抗疫支出而使财政赤字率超过3%的国际警戒线外，其余年份的财政赤字率均控制在警戒线以内。

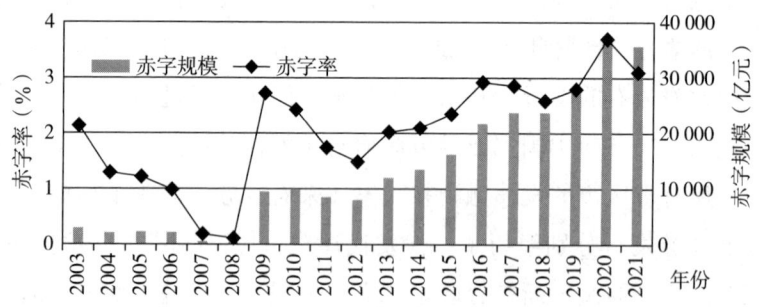

图1-1　中国历年财政赤字规模和赤字率的变动情况（2003—2021）

注：（1）赤字规模=全国财政支出总量-全国财政收入总量，赤字率=赤字规模/GDP*100%。其中，全国财政支出总量=全国一般公共预算支出+补充预算稳定调节基金，全国财政收入总量=全国一般公共预算收入+全国财政调入资金及使用结转结余。

（2）基础数据取自万得资讯金融终端（WFT）。

6.地方政府债务

尽管国内外文献列举了很多地方政府债务类型，但关于地方政府债务的具体概念一直没有形成定论。至于官方对"地方政府债务"内涵和外延的明确界定,是2015年新《预算法》实施后推进的。

根据国务院和财政部等中央部门下发的相关文件,官方定义的"地方政府债务"有流量和存量之分,其中流量债务是特定时段内的新增债务,存量债务是截至某个特定时点的债务余额。在新增债务方面,2018年修订的《中华人民共和国预算法》有如下表述:

> 经国务院批准的省、自治区、直辖市的预算中必需的建设投资的部分资金,可以在国务院确定的限额内,通过发行地方政府债券举借债务的方式筹措。举借债务的规模,由国务院报全国人民代表大会或者全国人民代表大会常务委员会批准。……除前款规定外,地方政府及其所属部门不得以任何方式举借债务。除法律另有规定外,地方政府及其所属部门不得为任何单位和个人的债务以任何方式提供担保。

这说明,只有省级部门通过发行地方政府债券方式举借的债务才被认定为政府新增债务,由其他渠道衍生泛化的债务均属于违法违规债务。

难点在于地方政府存量债务的甄别认定。地方政府传统举债融资模式累积的债务大多为表外债务,其中既有地方政府及其职能部门和隶属机构举借,地方政府负有直接偿还责任的债务;也有地方政府为企事业单位提供担保,地方政府需承担一定担保连带责任的债务;还有地方企事业单位举借,地方政府需承担一定救助责任的债务。这就需要厘清政府债务和企业债务的概念边界，将地方政府实际承担的债务责任从相对模糊的"地方政府性债务"口径中剥离出来，予以清晰界定。为推进这项工作，中央政府下发了关于"清理甄别认定2014年末地方政府性债务，包括存量政府债务和存量或有债务"的应急性预案，敦促各地遵照执行。[①]

根据中央文件要求，财政部印发了甄别地方政府偿债责任并进行分类处置的具体指南，制定了中央文件的配套实施方案。[②]财政部文件明确指出，地方政府性债务分类处置的基本原则主要有三：

（一）对地方政府债券，地方政府依法承担全部偿还责任。

（二）对非政府债券形式的存量政府债务，债权人同意在规定期限内置换为政府债券的，政府承担全部偿还责任；债权人不同意在规定期限内置换为政府债券的，仍由原债务人依法承担偿债责任，对应的地方政府债务限额由中央统一收回。

（三）对清理甄别认定的存量或有债务，不属于政府债务，政府不承担偿债责任。属于政府出具无效担保合同的，政府仅依法承担适当民事赔偿责任，但最多不应超过债务人不能清偿部分的二分之一；属于政府可能承担救助责任的，地方政府可以根据具体情况实施一定救助，但保留对债务人的追偿权。

[①] 详见国务院办公厅《关于印发〈地方政府性债务风险应急处置预案〉的通知》（国办函〔2016〕88号）。

[②] 详见财政部《关于印发〈地方政府性债务风险分类处置指南〉的通知》（财预〔2016〕152号）。

截至2014年底，官方认定的地方政府存量债务包括"地方政府性债务"口径中以发行地方政府债券累积的债务以及其他经甄别归类后归属地方政府承担的债务。

7.地方政府债务置换

自2015年起，中国开始有序推进地方政府债务置换，通过发行地方政府置换债券，逐步将地方政府债务余额从表外置换到表内。官方计划用三年时间，将截至2014年末甄别认定为地方政府负有偿还责任的14.34万亿存量债务置换完毕。（楼继伟，2015）

根据中央文件要求，地方政府置换债券额度经国务院审批，由财政部下达到各省、自治区、直辖市，优先置换2013年政府性债务审计确定的地方政府负有偿还责任的存量到期债务。由于地方政府债务置换是将政府性债务余额中甄别认定为地方政府负有偿还责任的债务余额置换为以发行地方政府债券方式累积的债务余额，因此债务置换只是债务形式的变化，并不增加债务余额和财政赤字，也不增加央行的货币投放。地方政府债务置换的制度影响主要体现在，由于传统举债融资模式主要是银行贷款，金融机构受自身流动性约束，提供的信用贷款普遍偿债期较短，还贷利率较高。通过债务置换将这部分存量债务置换到表内，不仅可以缓释偿债压力，延长偿债期限，保障在建项目的后续融资需求，而且可以降低地方政府偿债利息负担，为地方政府腾挪一部分资金用于其他基建项目建设创造条件。

从结构视角观察，地方政府债务置换使过渡期发行的地方政府债券分成三种类型，分别是"新增债券""置换债券"和"再融资债券"。这三类债券的区别是，"新增债券"是地方政府根据经济社会发展需要，在财政部核定的新增债券限额内，为支持本地区当年公益性资本支出新发行的地方政府债券，计入地方政府债务余额；"置换债券"是为将非债券形式债务余额置换为债券形式债务余额而发行的地方政府债券，不改变地方政府债务余额；"再融资债券"是为偿还部分到期地方政府债券本金而发行的地方政府债券，本质上也是一种置换债券，不改变地方政府债务余额。①此外，按照债券发行方式，可将地方政府每年发行的债券分为公开债券和定向债券。不同类型债券之间的逻辑关系可表述为：

公开债券+定向债券＝一般债券+专项债券＝新增债券+置换债券+再融资债券　　　　　　　　　　　　　　　（1.1）

其中，一般债券包括新增一般债券、置换一般债券、再融资一般债券；专项债券包括新增专项债券、置换专项债券、再融资专项债券。每类债券均经国务院审批发行限额，由财政部下达到各省、自治区、直辖市，省以下各类债券发行限额由省级政府统筹分配调度。图1-2绘制了新预算法生效后新增一般债券、再融资一般债券、置换一般债券的发行规模和新增一般债券发行比重的演化情况。

根据官方制定的债务置换方案，2018年作为地方政府债务置换的收官之年，应将2014年末甄别认定的存量债务置换完毕。财政部政府债务研究与评估专项工作办公室发布的《地方政府债券市场报告》显示，截至2019年2月末，全国仅剩3 151亿元存量债务未被置换，约占全部应置换债务余额的2.2%。2019年后，地方

---

① 2015—2017年，地方政府发行的是"新增债券"和"置换债券"。随着非债券存量债务的置换工作接近尾声，自2018年起，地方政府开始发行"再融资债券"，用于偿还到期债券本金，延长债务期限，增加财政空间和灵活性。

政府债务置换逐步从置换存量债务向置换债券本金转变，这是债务置换内容的一个重要变化。关于置换对象转变对经济与财政可持续性的影响，尚有待学界和政策层面展开深入研究。

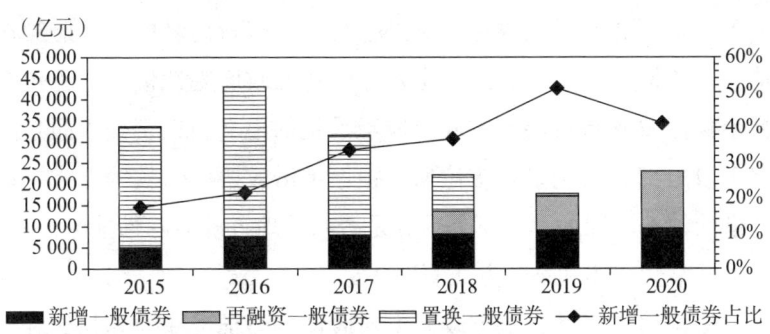

图1-2 地方政府一般债务类型结构的演化趋势（2015—2020）

数据来源："政府债务研究和评估中心"官方网站（http://kjhx.mof.gov.cn）。

8.地方政府隐性债务

财政部对截至2014年底的地方政府债务进行甄别认定后，自2015年起，只有通过发行地方政府债券累积的债务才会计入"地方政府债务"，除此之外，政府机构、融资平台、国有企事业单位以其他渠道举借并衍生泛化的债务均归入"地方政府隐性债务"，属于原则上应被禁止的违法违规债务。由此，新《预算法》生效后的"地方政府债务"均为纳入预算管理、数据明确可查、规模限额可控的债务，相当于同"地方政府隐性债务"概念相对应的"地方政府显性债务"，或称"地方政府法定债务"。在2015年新《预算法》生效后，"显性债务"与"法定债务"概念并无实质区别。

进一步地，由于新《预算法》生效后的地方政府债务被纳入限额预算管理，地方政府隐性债务可视为地方政府在法定限额以外直接或承诺以财政资金偿还的违法违规债务，其中既包括各种贷款、非标[①]，也包括地方政府通过政企合营、投资基金、购买服务等渠道变相举借的债务。此外，与世界银行定义的"政府隐性债务"不同，新《预算法》生效后的地方政府隐性债务并不包括社会保障收支缺口和地方政府应当承担的道义救助责任，而是限定于政府部门及企事业单位通过担保承诺或协议借款等方式主动举借的债务。因此，预算外债务是否归属地方政府隐性债务范畴，要根据举债主体和举债方式甄别认定。

根据官方审计，地方政府主要通过五类渠道在预算收支表外衍生泛化隐性债务，冲击财政金融运行安全：

第一，地方人大、政府违规出具担保函。较常见情形是地方政府部门或财政局出具的债务担保责任承诺函，或地方人大常委会将担保债务纳入人大预算决议。有些金融机构提供授信业务时要求提供"双承诺函"，以期降低信贷风险。

第二，以公私合营（PPP）项目融资。即地方政府以PPP项目名义，采取政府回购、承诺固定投资回报等方式搞"明股实债"。具体方式包括但不限于：地方政府承诺回购社会投资方的投资本金或承担社会投资方的投资本金损失；地方政府向社会投资方承诺固定收益回报；政府及其部门为公司合营项目债务提供担保等。

[①] "非标"的全称是"非标准债权融资"，指未在银行间市场和沪深交易所公开上市交易的债权融资，如信托贷款等。同标准化债权资产相比，非标资产的风险和名义收益率较高，但流动性较低。

第三，以政府购买服务方式融资。在严格限制地方政府及其平台融资的背景下，地方政府违规将原材料、燃料、设备、产品等货物，以及建筑物和构筑物的新建、改建、扩建及其相关装修、拆除、修缮等建设工程作为政府购买服务项目，承诺将购买服务价款纳入财政预算，形成政府隐性债务。①

第四，利用政府产业引导基金融资。地方政府对其他有限合伙人有隐性担保条款，并提供质押物，形成实际上的地方政府或有债务。

第五，直接以企事业单位名义举借债务，地方政府统一使用、归还。为解决融资平台转型后的融资能力下降问题，部分地方政府以学校、医院、土地储备中心等企事业单位名义办理银行贷款、融资租赁，由地方政府、融资平台统一用于交通、管网、水利等基础设施建设。

同纳入预算管理的地方政府表内债务相比，游离于预算收支表外的地方政府隐性债务具有以下几个特点：一是体量庞大。根据学界和评估机构分别从"投资端"和"融资端"估算的隐性债务规模，截至2018年末，全国地方政府隐性债务存量大概在25万亿元至35万亿元，同官方公布的地方政府债务余额大体相当。二是主体分散。地方政府债务的发债主体只能是省、自治区、直辖市政府，而地方政府隐性债务的举借主体包括政府机构、融资平台、企事业单位，债务主体多元，举债渠道隐匿分散，增加了债务审计和治理难度。三是风险严峻。隐性债务属于中央明令禁

---

① 针对地方政府通过购买服务方式变相增加隐性债务，财政部发文列举了违规购买服务行为的负面清单。详见《关于坚决制止地方以政府购买服务名义违法违规融资的通知》(财预〔2017〕87号)。

止的违法违规债务，一旦其风险暴露，将给债务风险治理带来严峻考验。

自2020年起，中央批准建制县隐性债务风险化解试点和北上粤全域无隐性债务风险试点发行"特殊再融资债券"，用于将隐性债务置换为法定债务，实现地方政府隐性债务显性化。2023年8月，12个高风险省区市被暂停新增政府投资项目，进而获得"特殊再融资债券"发行权限。由于置换后的法定债券利率显著低于城投债券利率，发行"特殊再融资债券"能够有效缓解高风险省区市的隐性债务偿还压力，但需要银行业金融机构提供增信支持。

图1-3绘制了新《预算法》生效后各类政府债务的类型结构。其中，中央政府债务包括普通国债、定向国债、专项国债、特别国债，同地方政府债务发生关联的是专项国债中不列入中央预算的转贷债务。在地方政府债务中，除违法违规的隐性债务外，其他债务类型都已通过甄别认定和债务置换程序转换为表内债务。由此，除地方政府隐性债务外，其他中央和地方政府债务均是数据可查、规模可控的表内债务。牢固树立底线思维和系统观念，遏制隐性债务规模膨胀，成为打好新时代重大风险防御攻坚战的关键。

1.2.2 地方政府债务风险

厘清地方政府债务相关概念的内涵和外延后，可以进一步界定地方政府债务风险。同地方政府债务概念对应，学界对地方政府债务风险的研究分别基于流量风险和存量风险两个层面展开。下文将介绍相关概念的联系和区别。

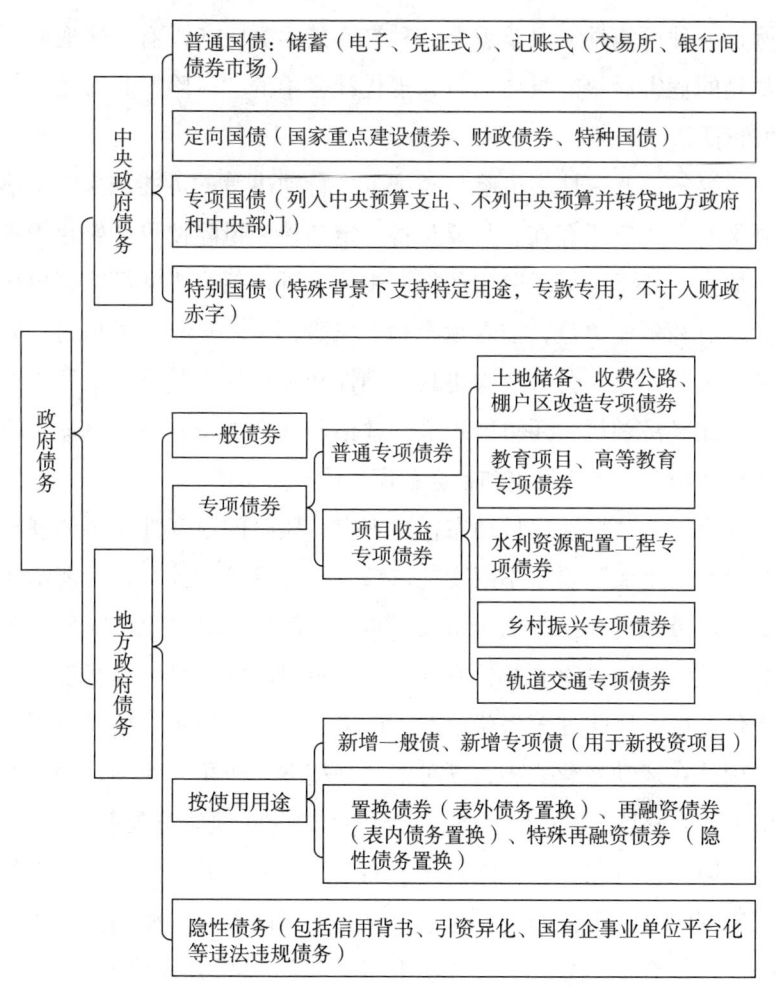

```
                          ┌─ 普通国债：储蓄（电子、凭证式）、记账式（交易所、银行间债券市场）
                          │
                ┌ 中央政府 ─┤─ 定向国债（国家重点建设债券、财政债券、特种国债）
                │  债务    │
                │          ├─ 专项国债（列入中央预算支出、不列中央预算并转贷地方政府和中央部门）
                │          │
                │          └─ 特别国债（特殊背景下支持特定用途，专款专用，不计入财政赤字）
  政府债务 ─────┤
                │                                          ┌─ 土地储备、收费公路、棚户区改造专项债券
                │                         ┌─ 普通专项债券 ─┤─ 教育项目、高等教育专项债券
                │          ┌─ 一般债券     │                └─ 水利资源配置工程专项债券
                │          │  专项债券    │                ┌─ 乡村振兴专项债券
                │          │              └─ 项目收益     └─ 轨道交通专项债券
                │ 地方政府 ┤                 专项债券
                │  债务    │
                │          │                ┌─ 新增一般债、新增专项债（用于新投资项目）
                │          ├─ 按使用用途 ───┤
                │          │                └─ 置换债券（表外债务置换）、再融资债券（表内债务置换）、特殊再融资债券（隐性债务置换）
                │          │
                │          └─ 隐性债务（包括信用背书、引资异化、国有企事业单位平台化等违法违规债务）
```

图1-3 中央与地方政府债务分类情况

1.风险

经济学意义上的风险，是指在各种不确定因素的影响下，经济主体遭受损害或蒙受损失的可能性。（奈特，2010，中译本）既

然是一种可能性，风险就是一种潜在的损失，还没有带来实际可观测的危害后果。具体而言，现代社会中的"风险"具有四个典型特征：

第一，普遍性。风险是经济主体行动决策的可能结果。影响风险的因素广泛存在，只要具备一定条件，风险便可能转化为现实危害。处于决策风险中的经济主体，既包括个人和厂商，也包括政府和事业单位，前者承担私人风险，后者承担公共风险。同私人风险相比，公共风险更具传染性和破坏性，其潜在威胁不仅发生在经济领域，还可能扩散到政治和社会领域，一旦暴露，将对经济安全、政治稳定和社会秩序造成严重影响。

第二，演变性。从动态视角观察，风险的演变性主要体现在两点。一是风险要素不断变化。随着外部环境的演化，可能给经济主体带来潜在损失的风险要素也不断转换。经济主体应密切关注、有效甄别风险要素，有的放矢管控风险。二是风险程度不断变化。尽管风险处于潜伏状态，尚未触发实际后果，但风险程度时刻处在运动变化之中，既可能从强变弱，也可能由弱转强。经济主体应密切监测风险状态，未雨绸缪制定风险防范预案。

第三，可测性。风险是潜伏的、运动的，并不意味着风险是无法观测、不可控制的。通过审慎甄别风险要素，密切关注风险态势，结合主流定性、定量分析技术，可以研判风险暴露概率，从而有针对性地采取防控预案，避免潜在风险转化为现实危机。可测性是风险治理的前提，如果风险演化毫无规律可言，纯属难以捕捉的随机冲击，经济主体就没有办法调整行动方案，达到遏制风险、规避损失甚至转危为机的目的。可测性意味着决策主体有能力通过辨别警兆险源，设计合理的风险规避机制，实现概率损失最小化。

第四，非对称性。在行为动机方面，风险主体之所以愿意采取冒险行动，目的是获取收益。风险和收益是一体两面，风险是收益的成本，收益是风险的报酬。获取收益一般需要承担风险，但其逆命题"承担风险必然获得收益"并不成立。承担风险的同时能否获取收益，取决于很多内生和外生条件，如客观环境是否变化、战略时机是否把握、行动方案是否有效等。经济主体应权衡清楚利弊，避免采取风险与收益严重失衡的行动策略。

美国学者纳西姆·尼古拉斯·塔勒布（Nassim Nicholas Taleb，2008，中译本）及米歇尔·渥克（Michele Wucker，2017，中译本）根据风险的触发机制和影响后果，将可能带来巨大冲击的风险形象化地分为"黑天鹅"风险和"灰犀牛"风险。其中，"黑天鹅"风险指突然发生的不测事件带来巨大冲击的风险；"灰犀牛"风险指大概率会发生且带来巨大冲击，但眼下仍处于潜伏状态的风险。究其实质，"灰犀牛"风险与"黑天鹅"风险是量变与质变的关系。"黑天鹅"风险之所以发生概率小而冲击力度强，是由于在"黑天鹅"事件暴露以前，风险已经以"灰犀牛"的形态不断累积膨胀，对经济社会安全的威胁处在持续强化的过程之中。当"灰犀牛"风险积蓄到一定程度，就会在经济社会的特定薄弱环节转化成可观察的事件冲击，即"黑天鹅"事件不过是"压倒骆驼的最后一根稻草"而已。[1]

---

[1] 例如，2008年美国雷曼兄弟公司（Lehman Brothers Holdings）破产事件，成为引爆美国次贷危机乃至全球金融危机的"黑天鹅"事件。其背后的"灰犀牛"，则是美国长期放松金融监管，诱导民众超前消费，入市投机，寅吃卯粮，导致资产价格泡沫持续堆积。

迄今，中国尚未发生触发地方政府债务危机的"黑天鹅"事件，但由于中央政府已明确作出不救助表态，不排除债务风险会在财力基础羸弱的落后地区率先凸显。与"黑天鹅"风险相对应，中国地方政府债务的"灰犀牛"风险既来自数据可查、规模可控的显性债务，也来自数据模糊、体量庞大的隐性债务，后者是"灰犀牛"风险的防御重点。防范地方政府债务"灰犀牛"风险，应秉持"慎于千日，防其一旦"的原则，一方面坚守不发生系统性风险的底线，避免发生引爆危机的"黑天鹅"事件；另一方面遏制预算收支表外衍生泛化的隐性债务，通过债务甄别、置换、剥离、缓释等手段，逐步化解清零隐性债务，使风险治理对象转为数据可查、规模可控的法定债务，保障财政常态运行安全。

2.地方财政赤字风险

在界定"地方政府债务风险"之前，有必要先界定"地方财政赤字风险"，两者带来的风险冲击有长期和短期、存量和流量之别。所谓"地方财政赤字"，是指特定时段（通常是1年）内地方财政支出同地方财政收入的差额，支大于收形成赤字，收大于支形成盈余。在债务和赤字的关系方面，地方政府债务余额是地方政府为弥补历年财政赤字举借债务的总余额，即截至特定时点尚未清偿的债务规模。由于地方政府不能征收铸币税，地方财政赤字只能以举债方式弥补，其相互关系可表述为：

$$B_t = (1+r_{t-1})B_{t-1} + (G_t - R_t) \qquad (1.2)$$

其中 B_t 是截至第 t 期末的地方政府债务余额。将（1.2）式中的 B_{t-1} 移至方程左端，得到：

$$(B_t - B_{t-1}) - r_{t-1}B_{t-1} = G_t - R_t \qquad (1.3)$$

其中，$(B_t - B_{t-1})$ 是第 t 期地方政府债务余额的变化额，即地方政府新增债务；$r_{t-1}B_{t-1}$是根据上期利率测算的债务利息；(G_t - R_t)是第t期的地方财政赤字。

将考察视角从离散时间转为连续时间，设定非蓬齐对策条件为：

$$\lim_{z \to \infty} B(z) \exp\left[-\int_t^z r(\mu) \mathrm{d}\mu\right] = 0 \quad (1.4)$$

在（1.4）式约束下，将（1.2）式转化为动态方程形式并向前积分，①可得：

$$B(T) = -\int_t^\infty \left[G(z) - R(z) \exp\left(-\int_t^z r(\mu) \mathrm{d}\mu\right)\right] \mathrm{d}z \quad (1.5)$$

其经济含义是，在非蓬齐对策条件约束下，截至特定时点（T）的地方政府债务余额必然等于未来财政盈余的累积贴现额。应注意的是，债务余额与盈余现值相等，并不意味着当期债务最终必然得到偿还，只需满足非蓬齐对策条件所要求的债务增速不超过偿债利率，地方政府便能避免"拆东墙补西墙"的庞氏骗局，实现债务融资可持续。（Burnside，2005）与地方财政赤字的流量概念对应，地方财政赤字风险具有短期冲击力度强、风险易于观测评估等特点。根据《马斯特里赫特条约》设定的欧盟警戒线，②当财政赤字率（财政赤字/GDP）升至3%时，财政赤字风险即达警戒阈值。此时政府赤字规模已经超出税基承受能力，可

---

① 将政府债务的离散方程式（1.2）式转换为动态形式，可表述为$\dot{B}(t) = r(t)B(t) + G(t) - R(t)$，反映财政赤字的瞬时变化。

② 1991年12月，欧共体国家首脑在荷兰小城马斯特里赫特签订《马斯特里赫特条约》，主要目标是抑制通货膨胀，维护成员国财政稳定。条约根据当时欧洲各国债务率的大致均值，将债务负担率的上限定为60%。基于欧体潜在增长率的估值5%，《马斯特里赫特条约》进一步规定财政赤字率上限为3%（60%×5%）。这两项指标限制对全球政府举债的规模和风险控制产生了广泛影响。

能诱发流动性风险。

研究中国地方财政赤字风险要注意的问题是，由于一般债纳入公共财政预算，专项债纳入政府性基金预算，官方公布的财政赤字并不包含政府性基金收支缺口。尽管官方公布的公共财政赤字率位于安全区间，但若考虑政府性基金预算，则宽口径赤字率将超过欧盟警戒线。考虑到中国地方政府还举借了大量未纳入预算管理的隐性债务，将专项债、隐性债都并入财政赤字，总体赤字率风险将不容忽视。

3.地方政府债务风险

与地方财政赤字风险是短期、流量风险对应，地方政府债务风险是长期、存量风险，具有较强的潜伏性、不确定性和统计评估的复杂性。具体而言，地方政府债务风险既有规模风险和结构风险之分，也有流动性风险和可持续性风险之别；一旦外部条件具备，地方政府债务风险还可能向财政风险和金融风险转嫁升级，冲击经济安全和社会稳定。

根据财政部预算司（2009）的定义，"地方政府债务风险是指地方政府债务在各种不确定因素的影响下，对包括其自身在内的社会经济各相关方面造成损失的可能性"。具体地，地方政府债务风险可分为内部风险和外部风险，其中内部风险包括：

（一）总量风险，即债务规模过大，可能导致借债主体到期无法完全偿债的风险；

（二）结构风险，如债务来源形式复杂，或有及隐性债务规模高，落后地区债务风险相对较大等；

（三）效率风险，即债务资金的使用效率不高，可能导致债务资金支持的公共项目无法提供稳定利润流和偿债资金的风险；

（四）利率与汇率风险，指市场利率变动对债务支出的影响，或向国际金融机构借债时，汇率变动对债务本息支出的影响；

（五）管理风险，指由地方政府及其机构债务管理效率不佳而造成的资金低效运用风险。

外部风险包括：

（一）增加税费风险，地方政府债务融资被视为一种推迟了的税收，当地方政府债务负担日益加重时，纳税人和收费对象的税费负担也可能逐步加重；

（二）转嫁债务风险，地方政府会通过各种方式向银行、企业、上级政府、下届政府转嫁风险，无力清偿的债务最终往往要由中央政府承担；

（三）宏观政策实施效果风险，地方政府债务无论是以财政赤字的方式出现，还是以各种借款的方式出现，都意味着地方政府在实施扩张性的财政政策，而与所处的宏观经济环境无关。

基于财政部预算司（2009）定义的债务风险类型，同"风险"概念对应，地方政府债务风险同样具有四个典型特征：

第一，分布广泛。在纵向上，地方政府债务风险分布于省级及省以下各个政府层级，每级政府历史上都举借了大量显性或隐性债务。由于分税制改革设计了"财权上移、事权下放"的财政分权框架，层级越下移，地方政府的举债融资冲动越强烈，累积的债务风险程度也就越高。在横向上，地方政府债务主体涵盖政府机构、融资平台、企事业单位，债务风险在各类主体之间传导转嫁，长期存在所谓"风险大锅饭"的制度现象。（刘尚希，2004）由于风险分布广泛，评估中国地方政府债务风险除关注总量风险外，还要关注其分布结构，谨防特定地区的债务风险成为触发危机的"黑天鹅",冲击系统性风险底线。

第二,演变复杂。地方政府债务风险的形成机理非常复杂,短期可能暴露为流动性风险,体现为地方政府的偿债收入难以覆盖债务本息,陷入流动性困境;中长期可能演变为可持续性风险,体现为地方政府涵养的税基难以应对偿债压力,债务本息长期滚存,最终突破政府生命周期预算约束,陷入借新偿旧的"庞氏骗局"。地方政府债务风险演变的复杂性还体现在一旦外部条件具备,债务风险将向财政风险、金融风险等方向转嫁升级,威胁经济安全和社会稳定。因此,作为新时代三大攻坚战之首,防范化解地方政府债务风险,成为理论界和政策层面亟需研究解决的重要任务。

第三,可测可控。尽管我国地方政府债务风险分布广泛,演变复杂,但整体上仍然可测可控。在显性债方面,中国政府"修明渠,堵暗道",通过地方政府债务置换,将甄别为地方政府负有偿还责任的债务从表外置换到表内,使得债务数据逐步公开透明。在隐性债方面,学界从"投资端"和"融资端"分别展开估算,基本掌握了债务的总体规模和分布规律。数据掣肘破除后,学界可以利用发展成熟的风险定性、定量分析技术,对地方政府债务风险展开先导、早期、高危预警分析,构建层次衔接、区域联动的风险量化评估体系。通过机构组建、战略框架和政策工具的综合运用,可以避免局部风险触发区域危机,甚至可以实现"转危为机"。

第四,损益并存。与私人领域的风险不同,地方政府债务风险一旦暴露,冲击的是国家财政金融安全,将带来难以估量的经济损失。但反过来看,地方政府债务融资也可以通过建设公共基础设施贡献巨大的外部性收益，可谓风险与收益并存。[1]若仅仅为避免地方政府债务可能带来的风险冲击和潜在损失，就限制甚至取缔地方政府的举债融资权，将可能导致公共基础设施供给不足，落入基建瓶颈内生的低发展陷阱。如果能够约束地方政府债务融资始终严格遵循"黄金法则"[2]，遏制隐含的自利性偏好或机会主义动机，适度债务融资支撑的公共基础设施建设将加快市场整合、要素流动和税基涵养，通过做大经济体量逐步消弭政府债务风险。

4.地方政府债务危机

"风险"和"危机"既有联系又有区别。"风险"是危机爆发前不确定结果的潜伏和酝酿状态，会经历从低到高的演化过程；"危机"是风险积聚到一定程度，由不确定事件触发的可观测结果。

尽管触发危机的"黑天鹅"事件本身是小概率的，但偶然性

---

[1] 历史地看，关于公债有害还是有益，不同学派提供了迥异的学术观点，至今尚未凝聚共识。古典经济学者一般秉持自由放任理念，认为政府公债有害经济运行，如大卫·休谟的"公债亡国论"、亚当·斯密的"资本机能转化论"、大卫·李嘉图的"税债等价定理"等。另外一些学者从公债发挥的作用角度，提出政府公债有益经济运行，如穆勒的"社会闲置资本利用论"、卡尔·迪策尔的"公债生产性理论"、凯恩斯的"逆商业周期调节论"等。我国近代思想家或政治家，如马建忠、梁启超、马寅初、陈云等，基于我国资本相对劳动和土地要素严重短缺的现状，认为政府举借公债建设基础设施或创办商务，从长期看来对经济发展利大于弊。第二次世界大战结束后，很多发展中国家积极举借公债谋求经济发展，但不同程度地触发了政府债务危机，反而给经济发展带来负面影响。因此，无论从理论还是实践层面，政府公债都可谓"损益并存"，应该用"两点论"而非"一点论"的方法论看待中国经济高速增长期举借的地方政府债务。

[2] 政府举债的"黄金法则"于1997年由时任英国财政部长的戈登·布朗提出。他呼吁地方政府债务应全部用于资本性支出，而不能弥补经常性收支赤字。在政府预算中剔除资本性收支后，经常性收支应保持预算平衡。其后，"黄金法则"成为各国政府约束举债投向、保障财政可持续性的重要指导原则。

背后存在着必然性；换言之，小概率事件诱发严重危机，是风险持续积聚的结果。如果通过量化评估，将地方政府债务风险度从"0"到"1"排列成一条连续光谱，则债务风险度到达"1"之前，风险始终均处于潜伏状态，只是不断深化。一旦"黑天鹅"事件触发危机，带来可观察的冲击后果，债务风险度达到"1"，地方政府债务风险将转变为"地方政府债务危机"，严重威胁经济安全和社会稳定。由此，"地方政府债务危机"可定义为：当地方政府债务风险积蓄到一定程度后，由特定事件诱发的地方政府无力偿债、举债融资难以为继，并带来严重经济社会冲击后果的可观察事实。

在联邦制国家，地方政府债务危机通常以"地方政府破产"的极端形式凸显。地方政府宣布破产后，财政收入难以偿还到期债务，政府被迫重新组阁，新组建的政府推动实施债务重组，力争尽快渡过危机。联邦制国家可进一步分为竞争联邦制和合作联邦制国家，前者的代表性国家是美国、加拿大、瑞士，后者的代表性国家是德国、西班牙、意大利。竞争联邦制国家的特点是中央同地方明确划分税基，地方政府拥有高度税收自治权，中央政府一般不干预地方决策；合作联邦制国家的特点是中央与地方政府税基重叠，职责交叉，通过垂直互动决策治理地方政府债务风险。（Kristine et al.，2011）历史地看，全球仅竞争联邦制国家的中央政府从未对地方政府债务危机提供过任何事后救助，其他国家均采取过程度不同的纾困措施，帮助陷入破产境地的地方政府化解债务危机。（Rodden，2006）

透过地方政府破产的典型案例，可以观察到地方政府债务危机的触发后果。为偿还历史欠债，宣布破产的地方政府往往被迫

第一章 导论

在大力紧缩财政支出的同时提高税率或新设税目,但这将削弱公共服务供给能力,加速中产阶级迁出。随着税基流失、人口逃逸和财政状况的持续恶化,破产地区可能陷入长期衰落。这样的危机触发后果,相当于将债务危机成本转嫁给辖区公众承担。当然,也不排除一些陷入债务危机的地区经过相对较长的治理周期走出危机困境,但在财政恢复正常前,当地民众仍然要承担基本公共服务削减的危机成本。由国外典型危机案例可见,为防范系统性债务危机触发,利用量化预警程序密切监测债务风险的演进状态,及时采取针对性措施遏制风险蔓延升级,具有极大的重要性。

1.2.3 大国治理机制

鉴于地方政府债务可能触发重大经济社会风险,威胁财政金融安全,各国均从实际国情出发,采取了差异化的风险治理机制。中国是一个"广土众民"[①]的发展型国家,基于经济体量、人口规模和地域空间的差异,地方政府债务风险的大国治理机制显著区别于中小型经济体。比较来看,地方政府债务风险的大国治理机制既有内生于大国资源禀赋的共性特征,也表现出显著的个性差异。

1. 大国治理机制的共性特征

从一个国家拥有的资源禀赋界定,则全球视野下的"大国"必须至少具备以下三项条件之一:经济体量庞大;地域空间广袤;人口规模巨大。观察地方政府债务风险的大国治理机制,不难发现,其共性特征主要有四个方面,即治理目标多元化、治理方案

---

① "广土众民"一词,出自《孟子·尽心上》。钱穆在《国史大纲》(1996,修订本)中指出,"中国自秦以来,立国规模,广土众民,乃非一姓一家之力所能专制"。

多样化、治理对象复杂化、治理层次明晰化。

第一，治理目标多元化。大国经济体量庞大，市场主体众多，中央政府自上而下推行地方政府债务风险的宏观治理措施时，微观主体的互动博弈中经常会衍生出乎意料的负面冲击，甚至诱发新的次生风险。这就要求中央政府必须审慎制定多元化的治理目标，既要防范地方政府过度举债冲击系统性风险底线，维护经济安全和社会稳定；又要避免多部门密集出台的去杠杆政策在向下传递的过程中诱发合成谬误，使地方政府陷入去杠杆化与修复资产负债表两难的境地。

第二，治理方案多样化。大国地域空间广袤，不同地区的发展水平、历史传统、文化习俗具有显著差异，从而债务风险的触发机制和治理方案相对中小型经济体更加多样化。一般来说，发达地区产业要素集聚，经济税基稳定，地方政府可以通过引入政企合营机制、培育特色产业基地、加强财政资源统筹等方式，逐步稀释化解本地存量债务；落后地区税基羸弱，要素外流，需要中央政府提供指导性预案保障财政运行安全，并主要由中央政府发债支持本地战略性基础设施的建设运营。

第三，治理对象复杂化。大国显著的区域间差距进一步内生出复杂的地方政府债务类型和债务风险的治理对象。从各国治理实践观察，大国地方政府债务风险既可能源于地方政府发行的政府债券，也可能源于市政机构发行的市政债或举借的关系型借款；既可能源于财政为金融风险的兜底，也可能源于金融为财政风险的增信；既可能源于纳入预算收支表、数据可查的表内债务，也可能源于游离于预算收支表外、数据模糊的表外债务。

第四，治理层次明晰化。大国往往包含众多政府层级，地方政府债务治理普遍基于中央（联邦）、省（州）、市（县）三级政府展开。一般来说，地方政府债务风险首先在市级层面累积凝聚并暴露显化，进而沿着纵向层级架构冲击省级财政安全。如果省级政府没有采取防范预案，地方政府债务风险将进一步触发区域性债务危机，危及中央财政安全。由此，大国地方政府债务风险治理有着层次分明的治理框架，即中央政府负责防范主权债务和系统性债务风险，省级政府负责防范区域性债务风险，市级政府负责防范辖区债务风险。

2.大国治理机制的个性特征

尽管地方政府债务风险的大国治理具有多项共性特征，但由于不同国家的制度框架、文化传统、价值观念存在巨大差异，大国治理机制也具有显著的国别分野。具体来说，国别差异主要源于四点原因，即发展与安全范畴、中央与地方关系、政府与市场职能、活力与秩序权衡。

第一，发展与安全范畴。正如前文分析，地方政府债务融资乃是损益并存的：过度举债固然可能诱发债务危机，举债不足也可能影响公共产品供给，使发展型国家落入基础设施瓶颈内生的低发展陷阱。由此，各国需要基于自身条件，通过发展与安全的范畴界定，寻找到最优举债规模和中长期视野下的最优举债路径。一般来说，新兴国家更加注重提升财政汲取能力，鼓励地方政府举债融资实现跨越式发展；守成国家已经基本建成配套齐全的基础设施，其战略重点更多放在防范债务危机扩散和改善基础设施运营效率等方面。

第二，中央与地方关系。央地关系是决定大国采取何种机制治理地方政府债务风险的重要制度因素。在当今世界，大国分权治理框架因应央地关系的设计存在显著差异，竞争联邦制国家采取彻底分权的治理模式，合作联邦制和单一制国家则采取集权与分权相结合的模式。如果央地关系是彻底分而治之的，则中央与地方政府的举债权责泾渭分明，中央政府不会向地方政府提供任何危机救助；如果央地关系是集分结合的，当地方政府陷入危机困境时，中央政府经常施以"父爱主义"的援助之手，指导地方政府摆脱危机困境。

第三，政府与市场职能。大国治理机制的差异，还表现在如何看待政府与市场在资源配置中发挥的作用。如果将债务资源配置职能完全赋权市场，则无论地方政府发债融资还是债务危机触发后的财政破产清算，全部由市场机制决定。一般来说，高收入国家拥有发展成熟的金融市场，主要依赖市场机制检验地方政府债信并决定债务发行规模。尽管这有助于提高债务资源配置效率，但也可能导致落后地区无法从金融市场筹集到必要的债务资源，从而加大地区间公共产品和服务的供给质量差距。发展中国家的金融市场大多尚未发育完全，债券产品的价格发现功能难以充分发挥，需要中央政府更多介入框架指导，才能完成地方政府债务的发行、偿还和风险处置。

第四，活力与秩序权衡。秩序来自协调，活力来自竞争，活力与秩序间的权衡是任何一个国家治理地方政府债务风险都会面临的制度问题。一般来说，市场经济体制下的活力源于各类经营主体在竞争中性原则指导下，以个体最优目标引领的分散行动。利用价格机制这只"看不见的手"，市场将最有效率的经营主体选择出来，不断积累和创造社会财富。不过，由于存在个体最优与集体最优的冲突，单纯由竞争性价格机制引导社会资源配置可能出现协调失灵，严重时会冲击经济社会秩序。如果大国债务治理目标是活力优先，政府间预算约束相对硬化，中央政府将赋权地方政府基于本地资源禀赋和居民偏好提供公共产品，地方政府的举债决策、风险治理、破产处置主要基于市场化原则展开，甚至不惜以破坏局部秩序为代价维持竞争效率。反过来说，如果大国债务治理目标是秩序优先，政府间预算约束相对软化，中央政府将约束地方政府的举债规模、方式和投向，多方调度资源避免局部债务危机冲击经济社会秩序。但这种治理模式可能因无限责任政府的债务兜底预期恶化地方道德风险，并且在平衡区域财力和汲取救助成本的过程中压抑市场活力。

1.3 篇章结构及主要内容

本书致力于从大国理论视角，回顾、比较、诠释、设计地方政府债务风险的大国治理机制。在技术路线方面，本书整体沿着历史回顾—国际比较—制度分析—理论审视—风险预警—战略设计的路径展开研究。除风险预警部分外，本书整体篇章结构偏重制度分析和政策研究，以文字叙事为主，不追求呈现具体的技术推导过程；但为增强学术观点的严谨性，也会在债务演化、风险布局、案例比较等方面呈现相对简单的图表数据分析。此外，鉴于本书提出的很多理论观点源于严谨的定量研究，有相关经验证据支持，我们将对应文献穿插在行文之中，便于有兴趣的读者进一步深入阅读。后续章节的主要内容安排如下：

第二章全景式回顾中华人民共和国成立后地方政府债务风险的大国治理道路，对中央和地方政府出台的治理政策文件进行系统文本解读。在计划经济时期,我国先后开展了地方公债发行和银行借款的制度实践,对于地方政府超范围扩张信贷造成的亏损和欠账,中央通过财政结余贴补或财政向银行透支的途径进行兜底,经常导致国民经济比例失调。特别是"大跃进"期间运动式、摊派式的债券发行方式,脱离了辖区公众的应债能力以及投资项目的绩效约束,严重扰乱了经济社会秩序。1978年开始的改革开放,探索确立了经济体制改革的目标,经济体制开始从计划经济向社会主义市场经济转变。改革开放后,我国地方政府债务风险治理经历了探索扩张、宽幅起落、试点扩容、全面转型等阶段。在改革开放进程中,中国财政管理体制经历了从"分灶吃饭"到"分税制改革"的制度演进,经受住了1998年亚洲金融危机冲击,首度启动积极财政政策扩大内需,刺激经济增长。与制度演进和外部冲击相对应,地方政府债务风险的治理压力随积极财政政策的扩张与淡出不断变化。2008年,中国经济遭遇国际金融海啸冲击,面临经济下滑的严峻态势。中央政府审时度势,启动新一轮积极财政政策"保增长、扩内需、调结构"。新积极财政政策拓宽了地方政府的表外举债融资渠道,诱发各地政府债务竞争性飙涨,债务风险濒于失控。为遏制债务风险传导升级,2010年的治理政策姿态遽然转向。在短短三年间,债务治理经历了从宽松到紧缩的完整政策周期。自2011年起,中国开始有选择地在试点地区推行地方政府自行发债,探索社会主义市场经济条件下的表内举债融资赋权。随着表内举债赋权省份有序扩容,地方政府表外债务呈现出"明暗交替"的结构演化趋势。2015年,中国完成"破冰之举",全面放开了各省区市的自主发债融资权。在治理模式转型期,地方政府债务从类型结构、偿债压力、风险主体、权责配置等方面表现出新的演化特征。转型期的地方政府债务风险治理是一个牵一发而动全身的系统工程，既要遏制地方政府衍生泛化的变相举债冲动，矫正错配扭曲，坚守风险底线，又要避免一刀切式的刚性管控，保留流动性和激励政策的适度转圜空间。在改革深水区，多元目标约束下的战略路径选择，将给债务治理制度化带来更加严峻的决策考验。

"它山之石，可以攻玉。"第三章进行地方政府债务风险的国际治理经验比较，为中国治理地方政府债务风险提供案例启示。该章具体分经合组织（OECD）国家、拉丁美洲国家、东南亚国家等国别类型展开比较研究，并将OECD国家进一步细分为竞争联邦制和合作联邦制国家。通过观察以美国为代表的竞争联邦制国家，可以得到的政策启示是，中国应坚持中央不救助原则，逐步赋权金融市场为地方政府债券合理定价，减少债权和债务双方的信息不对称，引导市场投资者理性决策。进一步的政策启示是，地方政府是否具有偿债能力，最终取决于地区主导产业能否贡献稳定税基。一旦本地主导产业衰落，即应扶持培育新的经济增长点，增强经济内生增长动力。为防止局部债务风险暴露为区域性债务危机，地方政府应秉持"有为有不为"的原则，一方面避免不符合国情的过高福利支出诱发所谓"福利陷阱"，另一方面坚持实行基本公共服务均等化，避免将债务危机成本转嫁给本地公众承担。通过观察以德国为代表的合作联邦制国家，可以得到的政策启示是，中国应强化债权方信贷约束，破除地方政府对银行信贷的政策干预，完善债券市场的价格发现功能。这要求我国逐步放开省以下地方政府的自主发债融资权，推进债务风险的市场化定价机制。该启示呼应了竞争联邦制国家的案例研究。通过回顾拉丁美洲国家债务危机爆发的制度背景和治理措施，可以得到的政策启示是，中国应避免贸然采取金融自由化路线，过度放松金融监管和汇率管制，否则将损害大国经济发展的独立性基础。应严禁地方政府向商业银行申请关系型贷款并投放到长周期项目，甚至背离政府举债的"黄金法则"，补贴消费型或福利型收支缺口。根据拉美国家的治理经验，应避免在政策"大收"和"大放"之间诱发风险治理的治乱循环，使地方政府陷入"去杠杆化"和"修复资产负债表"两难的境地。印度与中国同为发展中的"金砖"大国，地缘毗邻，基础相近，通过观察印度等东南亚国家地方政府债务风险的治理历程及制度瓶颈，可以得到的政策启示是，发展中国家在基础设施建设领域引入市场化筹资渠道固然重要，但也应注重发挥有为政府的组织协调能力，在"做对价格"的同时"做对激励"。金融机构为地方政府债务融资提供增信支持，不宜采取中央银行直接为地方政府提供流动性调节贷款的方式，否则容易诱发财政赤字货币化和恶性通货膨胀。应鼓励信用评级机构对地方政府债务风险展开第三方视角的独立评估，提高债务信息透明度，通过扩展社会监督视野实现债务风险的联防共治。

第四章从制度经济学视角剖析传统地方政府债务治理的制度特征与风险机理。该章认为，中国传统地方政府债务治理整体上是一种激励导向型的治理模式。这种债务治理模式的基本特征是通过经济、政治、财政、金融等多层次制度安排，激励地方政府努力拓宽表外融资渠道，积极投身辖区经济建设。激励导向型治理模式突破了发展中国家屡见不鲜的基建瓶颈制约，稳定了危机冲击期间的大国经济增速，但也带来了不容忽视的地方政府债务风险。首先，在经济激励方面，分税制改革后中国经历了发展中大国罕见的快速城市化进程。大国城市化拉动了中国经济的高速增长，经济高速增长进而强化了地方政府的偿债预期和扩张偏好，激励地方政府不断拓宽表外融资渠道"搞建设，谋发展"。其次，在政治激励方面，中国是一个财政分权和政治集权的发展型大国，财政分权治理框架下的量化政绩考评、偿债期限错配、代理人机会主义、隐性信用背书等制度性因素进一步影响了地方官员的举债融资偏好。再者，在财政激励方面，分税制改革"财权上移、事权下放"的财税体制安排，诱发了地方政府（特别是基层政府）严峻的收支错配，对地方政府的举债融资行为产生了深远制度影响。最后，在金融激励方面，来自供给方的预算软约束，强化了金融机构向平台公司的过度授信意愿，导致地方政府债务规模持续膨胀。该章认为，传统激励导向型的债务治理模式蕴含着表外融资、期限错配、转嫁升级和风险治理内生性四个方面的衍生风险，需要决策部门秉持底线思维和系统观念，实施债务风险的跨部门、跨区域联动治理。

第五章尝试从大国资源禀赋和制度框架视角，解析"高债务"和"稳增长"两个特征事实并立的"中国之谜"。该章首先分析了中国治理地方政府债务风险所拥有的大国资源禀赋。相比中小型经济体，中国有三点鲜明的禀赋特征，即超大市场、超大地域、超大社会。其中，超大市场创造的庞大经济体量保障了债务风险整体可控，为中国采取债务置换方式缓释偿债压力提供了战略空间；超大地域使中国能够推进风险隔离和政策试验，将风险阻断在萌芽状态或隔离在高危地区；超大社会增强了地方政府债务的人口承载能力，使中国有能力对冲偿债压力逆经济布局的结构性风险。如果说超大市场、超大地域、超大社会等资源禀赋是地方政府债务风险治理的大国共性特征，制度框架则为中国治理地方政府债务风险提供了独特优势。具体来说，中国治理地方政府债务风险的大国制度框架集中反映在信息分享、协调行动、政策试验三方面。其中，信息分享旨在减少垂直信息不对称带来的治理效率损失；政策试验侧重避免风险治理的内生性；协调行动则有助于突破利益藩篱，减少政策时滞，赢得危机治理的战略先机。该章进而认为，资源禀赋和制度框架固然为中国长达40余年的稳定高速增长提供了必要条件，但从根本上说，中国迄今没有触发地方政府债务危机是得益于经济的长期高速增长。改革开放以来，中国始终将改革驱动型的有效市场和市场增进型的有为政府密切结合，强化市场的价格发现功能，着力提升市场活力，培育经济内生增长动力。在经济高质量发展阶段推进地方政府债务风险治理，应延续经济高速增长阶段的基本经验，促进有效市场和有为政府更好结合，着力发挥市场配置资源的决定性作用，保持必要的经济增速。高质量发展阶段的稳定经济增长将把"中国之谜"转化为"中国之道"，以"中国之道"引领"中国之治"，为全球经济治理贡献中国智慧。

  第六章专题分析新发展格局下，中国治理地方政府债务风险的任务、挑战和转型路径。该章认为，在新发展阶段探索构建新发展格局的时代背景下，地方政府债务风险治理将面临不同于经济高速增长期的目标任务，具有不同于"激励导向型"治理框架的战略内涵。其三大战略任务包括：第一，秉持底线思维，防范各类显性和隐性债务风险冲击；第二，将"有效市场"和"有为政府"密切结合，推动构建"双循环"新发展格局；第三，以满足人民美好生活需要为依归，推进经济高质量发展。在新发展格

第一章　导论

局下，地方政府债务治理具有两大战略机遇，即治理框架的制度转型和数字经济的快速发展，但也面临着债务风险隐忧凸显、债务风险金融化冲击底线安全、重量轻质的传统理念惯性存续三大挑战。在新发展格局下推进地方政府债务风险治理，需要秉持底线思维和系统观念，维护财政安全、金融安全、经济安全、人民安全，助力畅通国内、国际大循环，强化地方政府债务绩效管理。本章认为，新发展格局下的地方政府债务风险治理，战略要点主要有五个方面。一是着力克服传统治理模式下地方政府债务投资的"大水漫灌"倾向，使债务投资更加契合民生诉求；二是将发展战略眼光从短期延伸到中长期，使债务融资更加契合基建投资项目的公共属性；三是将地方政府债务投资领域从实物资本适应性地调整到人力资本、科技资本、生态资本等广义资本范畴，推动经济实现质的有效提升和量的合理增长；四是坚持经济建设中心的发展道路不动摇，通过体制优化建设高水平社会主义市场经济体制；五是转变政府包揽基础设施建设的传统理念，引导民间资本参与基础设施建设，共同服务于中国特色社会主义建设实践。

"凡事预则立。"第七章介绍地方政府债务风险的预警评估方法及技术应用前景。该章通过总结国内外地方政府债务风险预警评估方法的历史沿革，指出预警评估技术总体上经历了"事后管控—事中监测—事前预案"的发展历程。在技术发展过程中，风险预警时点越来越前移，从而更加便于提前制定防控预案，降低风险冲击带来的经济和财力损失。根据本章研究，"事后管控"型预警评估方法具有简单、直接、可操性强的优点，但也至少存在三方面的技术缺陷：一是预警指标的警戒阈值是外生设定的，难以适应风险态势的发展演化；二是预警时点被动后置，可能贻误风险治理的战略先机；三是指标排序不分轩轾，主导警源模糊不清，难以有的放矢控制风险。事后管控型预警评估方法的缺陷，可通过结合"事中监测"型预警评估方法加以克服。该方法经历了从线性到非线性的技术演进过程，综合采用了层次分析法、熵权法、优劣解距离法、灰色关联法、神经网络法等前沿量化技术，将预警时点有效前移，实现了对地方政府债务风险的实时监测预警，但仍然存在定性与线性方法植入以及风险评估的内生性问题。"事前预案"型预警评估方法将预警时点进一步前移至危机触发的前两年，具有避免风险治理的内生性、定量方法主导预警评估流程、输出端数据的降维处理、防范预案的相机调整等技术优势。该章总结认为，债务风险的量化预警评估绝不是一项简单基于历史经验便能推衍预知未来的程式化工作。由于风险诱因的复杂性、隐蔽性和风险冲击结果的不确定性，在预警评估过程中融入专业智库的经验观察和定性判断仍然非常必要。构建适用于中国的地方政府债务风险防控体系，应针对不同层级债务风险的表现特征设计差异化预警评估机制，通过政府间联防联控，协同维护大国财政安全。

第八章设计地方政府债务风险的大国预警评估机制。我国作为一个坚持社会主义市场经济体制的发展中大国，地方政府层级众多，债务风险纵向失衡。构建适用于中国的债务风险预警机制，应根据"事后管控""事中监测""事前预案"型预警评估方法的技术特征，将不同方法匹配到不同政府层级，发挥出各级政府治理风险的比较优势。本章认为，我国应在省级层面构建"事前预案"型预警机制，在地市级层面构建"事中监测"型预警机制，在县市级层面构建"事后管控"型预警机制，实现各级政府间的联防联控，协同预警。该章首先结合"先导指标法"和"分类递归树"结构模型，展开省级"事前预案"型债务风险预警，对新《预算法》颁布前的省级债务风险进行先导预警研究。结果表明，中央转移支付依赖度高、财力事责严重错配、本地税基不稳、信用背书诱发救助预期等因素导致落后省区的债务风险高于沿海省区。该章进而构建了适用于地市级政府的"事中监测"型债务风险预警指标体系，以熵值法为指标权重赋值，进行了新《预算法》生效后地市级债务风险的事中监测评估。结果表明，无论财力稳固的东部、中部地区还是人口流出或税基孱弱的东北、西部地区，坚持"资金跟着项目走"，在微观项目层面实现融资与收益自求平衡，都是防范债务风险冲击的重要举措。从风险的集聚特征看，风险指数位居前列的地区往往也是高险频发的"热点"地区，需要在厘清分布规律的基础上进一步洞察风险传播扩散诱因，将风险阻断在高危地区。该章进而以"政府逾期债务"为核心指标，构建了县市级"事后管控"型风险预警机制。理论分析表明，即便基期政府逾期债务有一定数量的累积存压，只要将其绝对规模控制在一定浮动范围之内，随着经济体量和有效税基的不断扩张，地方政府便有能力通过设置债务准备金将警源险兆"亡羊补牢"，坚守住不发生系统性风险的底线。除在不同行政层级匹配适宜的预警监管技术外，我国也亟需设计构建与大国预警机制相配套的组织机构和管理制度，从而将理论框架落地为实际部门可操作执行的决策机制。

第九章设计地方政府债务风险的大国治理战略体系，为继续释放深水区改革红利提供决策方案。该章认为，中国应沿着"短期指导债务重组—中期推进绩效导向—长期完善制度体系"的战略路径，有序推进债务治理规范化、透明化、制度化。简言之，防范地方政府债务"灰犀牛"，短期看"重组"，中期看"绩效"，长期看"制度"。在短期，中央指导地方政府债务重组，旨在使财力孱弱地区和经济稳固地区都能通过债务期限结构的中长期化缓释偿债压力，降低债务风险暴露概率。这需要统筹推进表外债务置换与表内债务监管，建立地方政府债务风险处置的应急响应机制，敦促高危地区实施财政重整。在中期，中国需要有序推进绩效导向，着力提升债务风险治理效率。绩效导向的债务治理应从监控绩效和投资绩效两个方向展开，一方面实时发掘警兆险源，将风险遏制在萌芽状态；另一方面稳步涵养中长期税基，消化稀释存量债务。地方政府债务风险的长期治理战略应着眼于建立制度保障体系，从制度层面保障财政常态运行安全。这要求以"修正黄金法则"约束政府债务支出投向，明晰省以下政府举债的权责边界，逐步推动债务风险监管模式从行政约束和规则控制过渡到市场纪律。培育品种丰富、交易完善的债券市场既是提高资源配置效率之所需，也必将融入中国式现代化的改革进程，为构建高水平社会主义市场经济体制夯实财政基础。

第二章　中华人民共和国成立后地方政府债务风险的治理历程回顾

本章基于制度演进视角，对中华人民共和国成立后70年间地方政府债务风险的大国治理历程进行全景式回顾。无论在计划经济还是市场经济时期，我国中央政府进行顶层设计，都要通过有效的制度激励引导地方政府积极投身经济建设。但激励地方"搞建设，谋发展"的前提，是能够有效控制债务风险，为发展营造稳定环境，保障经济行稳致远。一言以蔽之，中华人民共和国成立后70年间地方政府债务风险治理的总体理念体现为因势利导，在经济发展和风险控制的"双底线思维"之间寻求战略平衡。70年债务风险治理取得的基本经验，对推进改革深水区的地方政府债务治理，促进经济高质量发展，具有重要的历史借鉴意义。

2.1 计划经济时期的地方政府债务风险治理（1950—1968）

中华人民共和国成立之初，经济凋敝，百业待兴。为尽快夯实社会主义现代化建设的工业基础，中国仿效苏联构建了高度集中的计划经济体制，通过"统收统支"的财政管理体制集中国家财力资源，优先支持"重工业赶超战略"。为配合这一战略的贯彻实施，在计划经济时期，地方政府主要发展出发行地方公债和扩张银行信贷两种举债形式，分别衍生出不同程度的风险冲击，对改革开放后的地方政府债务治理产生深远影响。

2.1.1 地方公债及其风险治理

在计划经济时期，地方政府公债发行主要基于中央国债的发行管理经验展开，但地方公债和中央国债在风险特征和政策工具方面有较大差异。

1949年12月12日，中央人民政府委员会第四次会议审议通过了《关于发行人民胜利折实公债的决定》。这次国家公债发行旨在弥补财政赤字，稳定市场物价，促进经济的恢复与发展。（赵梦涵，2002）在中华人民共和国成立初期，为平衡财政收支，缓解资金短缺困境，我国主要发展出两种应对思路，一是增发货币，二是发行公债。与发行公债筹资相比，增发货币极易引致通货膨胀，给经济生产和人民生活带来不利影响。时任政务院副总理兼财政经济委员会主任陈云同志指出，"为弥补财政赤字，依靠发行钞票的方式，导致从（1949年）十月中旬开始的币值下跌和物价上涨，对全国人民带来很大损失"。因此，"在政府的财政措施上，不能单一依靠增发通货，应该在别的方面寻找出路"。（陈云，1949）

根据政务院向中央人民政府委员会提交的议案，保障财政收支平衡的可行措施是发行"人民胜利折实公债"。从对人民生活的影响看，增发货币引发的通货膨胀将降低货币实际购买力，而

第二章 中华人民共和国成立后地方政府债务风险的治理历程回顾

发行公债的代价仅是一段时期的货币流动性，待债务本息偿还后，货币实际购买力仍然有望恢复至原有水平。此外，发行公债还有助于稳定货币供应和市场物价，对企业投资经营也有助益。正如陈云同志指出的："人民购买国债，在全国经济困难情况下，也是一种负担。但是这种负担，比起因增发钞票、币值下跌所受的损失来说，是比较小的。因为币值下跌的结果，其下跌部分是全部损失了的，而购买公债，在一时算来是负担，但是终究可以得到本息，不是损失。如果发行公债缩小赤字的结果，使明年币值与物价情况比今年改善，则不但对全国靠工资生活的劳动人民和军教人员有好处，而且对于工商业的正常经营也是有益的。所以从全体人民的利益说来，发行公债比之多发钞票要好些。"

中央人民政府委员会第四次会议原定发行公债二万万分，年息五厘，分五年还清。"分"是人民胜利折实公债的单位，每分值以上海、天津、汉口、西安、广州、重庆六大城市的大米（天津为小米）六市斤、面粉一市斤半、白细布四市尺、煤炭十六市斤的平均批发价格的总和计算。1950年1月至3月发行了第一期公债一万万分后，鉴于国家财政经济状况基本好转，第二期公债没有发行。为控制公债发行的衍生风险，保证公债信誉，当时主要采取了三种发行策略。第一，协调公债和货币政策。为避免公债发行导致通货紧缩，在发行公债时适度增发新钞，使银根不过紧[①]，以便既推销公债，回笼货币，又避免物价下跌，工商业受困。第二，控制区域和城乡公债发行比例。为避免公债负担苦乐不均，

[①] "银根"一词沿用的是旧时金融市场上货币供应情况的习称。如果市场上货币供应大于需求，称为银根松；反之，称为银根紧。

区域和城乡债务分配比例由中央统筹安排，因地制宜灵活调整。区域分配情况是，华东百分之四十五，中南百分之三十，华北百分之十五，西南百分之七，西北百分之三。城乡方面，老区限在城市发行，新区以城市为主，农村向地主富农少量推销。第三，视银根松紧调节外汇收购数量。预定购债人可以百分之三十的黄金美钞向国家银行兑换人民币缴纳公债，银根紧时公债催收得松些，银根松时催收得紧些。一般来说，发行公债将导致货币回笼，物价下跌和币值上升，通过多投放货币收兑一些黄金美钞，既可增加国家外汇储备，又能提高货币供应量，稳定物价和币值。（赵梦涵，2002）

基于"人民胜利折实公债"的发行和管理经验，经中央政府批准，一些区域开始探索发行地方公债。1950年，东北地区作为重工业基地，获准发行"东北生产建设折实公债"，用于筹措建设资金，加速东北经济恢复和发展。"东北生产建设折实公债"参考了中央政府发行"人民胜利折实公债"的实践经验，一定程度上缓解了财权高度集中导致的地方财力匮乏和建设资金不足的困境，是中华人民共和国地方公债发行史上的一次成功尝试。

与中央国债不同，地方公债影响范围有限，一般不会冲击币值和物价稳定，其风险主要体现在地方政府偿债能力、辖区居民应债能力、资金使用绩效等方面。（樊丽明等，2006）与"人民胜利折实公债"类似，"东北生产建设折实公债"的募集和还本付息均以实物为计算标准，单位仍然为"分"，每分值以沈阳市高粱米五市斤、五福布一市尺、粒盐五市斤、原煤三十四市斤的市价总和计算。与国债实际发行规模低于计划发行额不同，本次地方公债原计划发行3 045万分，实际发行3 629万分，高于计划发行额，这说明地方资金缺口和征收压力是相对高于中央的。在发行

第二章 中华人民共和国成立后地方政府债务风险的治理历程回顾

对象方面，本次公债发行主要面向东北地区的职工、农民、工商界人士和市民，其中工商界人士认购了发债总量的70.6%，职工、市民和农民认购量依次递减，公债认购数量同承债能力基本匹配，没有给人民生活带来明显冲击。本次公债发行期限设定为5年，分5次偿还，年息5%，略高于"人民胜利折实公债"利率，基本能够反映地方公债相对国债利率的风险溢价。

在计划经济时期，另外一次地方公债发行实践发生在20世纪50年代末至60年代初的"大跃进"时期。1957年，为鼓励地方政府"鼓足干劲，力争上游，多快好省地建设社会主义"，国务院扩大地方财政管理权限，允许地方有一定数量的机动财力来安排特殊支出，发挥地方组织收入、解决支出的积极性。[①]1958年，国务院出台"下放收支，计划包干，地区调剂，总额分成"的决定，将地方基本建设拨款和企业流动资金全部划拨给省、自治区、直辖市。[②]这两项具有"放权"性质的改革举措，为扩大地方财政自主权、发挥中央与地方两个积极性奠定了制度基础。在实践层面，1954—1958年，中央政府连续5年发行"国家经济建设公债"，发行总体规模达到35.69亿元。基于"国家经济建设公债"的发行经验，1958年4月2日，中央作出《关于发行地方公债的决定》，决定从1959年起停止发行全国性公债，允许各省、自治区、直辖市根据本地情况和财力需要发行地方公债。同中华人民共和国成立初期集中在东北地区的生产建设折实公债类似，"大跃进"时期发行的"地方经济建设公债"同样参考了同类中央公债的前期发行

---

① 详见国务院1957年11月8日颁布的《关于改进财政管理体制的规定》。
② 详见国务院1958年9月24日颁布的《关于进一步改进财政管理体制和相应改进银行信贷管理体制的几项规定（草案）》。

经验。这两次地方公债发行的主要区别是地方经济建设公债的覆盖面更广，在中央政策支持下，安徽、福建、江西、黑龙江等省份相继发行了经济建设公债。

总体来看，"大跃进"时期发行的地方经济建设公债表现出三个突出特点。（樊丽明等，2006）第一，立法授权。本次公债发行是基于《中华人民共和国地方经济建设公债条例》，以全国人大常委会决议的形式公布的，具有较高的法律位阶。第二，发行权集中。本次公债发行权集中在各省、自治区和直辖市政府，并且保留一部分债券发行收入归省级政府调剂使用。为支持地方政府发债，中央政府不再发行国债。第三，集权与分权相统一。中央对地方经济建设公债的偿还期限、利率水平、偿债方式、违规处罚等作了限制性规定，但赋予省、自治区、直辖市政府较大自主管理权，如人民委员会的政策制定权、人民代表大会的政策审批权、省级政府对债券发行收入的调剂支配权等。计划经济时期累积的地方公债发行管理经验，对2015年新《预算法》全面放开各省区市的自主发债融资权有历史指导意义。例如，新《预算法》赋权省级政府统筹发债、将中央统一限额管理同地方自主发债相结合等方面的制度设计，同地方经济建设公债的相关制度条例具有显然的历史承续关系。

尽管地方经济建设公债将人民生产生活同公债承购能力相结合，促进了本地工农业发展，增强了辖区民众对发展地方工农业的责任感，但也带来了不容忽视的风险挑战。一是硬性摊派问题。"大跃进"期间，在"高收入，多支出，多建设"等不切实际的思想指导下，一些省份为超额完成生产计划，采取一些强行摊派手段，将规模大、期限长的债券发行出去，给社会应债主体带来一定负担。二是发债主体违规下移问题。按照条例要求,地方经济建设公债的发行权应集中在省、自治区、直辖市政府,并按中央设定的制度框架规范发行。但在实际执行中,由于地方政府普遍秉持"大干快上"的生产建设冲动,中央也欠缺对省以下地方政府的有效监督制约,一些地区和县同样发行了类似地方公债的债券,造成了基层政府违规发债的混乱局面。(姜长青,2010)三是利用效率问题。"大跃进"运动严重扰乱了正常经济秩序,很多省份发债筹资仅考虑能否超额完成生产建设指标,而未考虑投资项目能否发挥长远绩效,导致债券发行后难以如期兑付。例如,安徽省截至1962年12月底,总共偿付存量债券4 300万元,尚有3 300万元债务无力还本。(姜长青,2010)鉴于地方公债发行存在上述风险和管理机制问题,加之受特殊的国内和国际政治环境影响,自1968年还清所有内外债后,我国停止发行中央和地方公债,进入了一段"既无外债也无内债"的特殊历史时期。当我们再次将视野投向2015年时,会发现省级发债融资权重新放开后,中央始终严格限制地方债券的发行主体、总量规模和期限结构,这应该是汲取计划经济时期的地方公债管理经验,为防止地方债券无序膨胀而作出的审慎战略决策。

2.1.2 地方借款及其风险治理

与发行地方公债相比,计划经济时期更严峻的地方政府债务风险来自银行借款。中华人民共和国成立后,中国财政管理体制可归结为中央统一领导下的地方分级管理。根据经济发展和政治社会稳定需要,全国实行高度统一的财政收支、物资调度和现金管理,从中央到地方"全国一盘棋""上下一本账",地方财政并不是一级独立的财政。（张宏安，2011）作为中央政府在地方的代理机构，地方政府对其本身的财政收支结余具有一定留用权。当支出高于收入时，收支缺口全部由中央财政弥补，加之预算实行"以收定支"，地方预算收支都由中央进行核定，因此地方政府在通常情况下不具有主动借债需求。为实现经济赶超，我国计划经济时期确立了重工业优先发展战略，基本建设支出占这一时期财政支出的主要比重，无论中央还是地方，都将筹集基本建设资金列为财政工作的中心任务。为支持地方经济建设，中央设置了专案拨款支出，作为地方预算支出的一部分，专项用于地方基本建设投资。事实上，由于地方主动借债需求不高，计划经济时期的地方基建投资主要是通过中央财政拨款解决的。在计划经济体制下，保持财政、信贷收支平衡，是维持国民经济比例协调和社会生活健康稳定的制度基础。信贷计划作为国民经济和社会发展计划的一部分，经过国家有关部门对财政和信贷的综合平衡并予以批准后，交由银行执行。与财政资金不同，银行资金以有偿使用为前提，国家对银行资金的使用方向有明确规定，要求只能用于生产和商品流通，原则上不提供基本建设贷款。[①]基本建设资金全部以财政拨款而非银行贷款的形式划拨给地方，有助于促进财政信贷收支平衡和国民经济协调运行，避免基本建设支出导致货币超发和通货膨胀，将风险传递到金融领域。

地方财政收支的体制性平衡局面在1958—1960年发生重大转

[①] 在1958年之前，银行提供基本建设贷款仅限于三类情形：一是投资规模小，收益见效快，一年左右即可收回贷款成本的县级以下基本建设投资；二是地方政府组织的特定储蓄存款，如干部群众的长期储蓄，可用于稍长时期的基本建设贷款；三是从农业贷款中划拨出一部分资金用于农业基本建设拨款。（樊丽明等，2006）

第二章 中华人民共和国成立后地方政府债务风险的治理历程回顾

变。期间，银行放松了对地方投资项目的审查、监督及管理力度，转而盲目扩大贷款，支持高速度、高积累、高指标的生产建设运动，投资规模逐步失控。大量银行信贷资金被投向效率低下、财务混乱的基本建设项目，资金损失浪费极其严重。地方政府不仅发行"地方经济建设公债"促进本地工农业发展，还从银行系统获得大量超范围贷款，这使国民经济主要比例关系严重失调，财政赤字和通货膨胀不断加剧。1958至1960年，我国财政收入分别为388亿元、487亿元、572亿元，财政支出则分别达到409亿元、553亿元、645亿元，财政赤字从1958年的21亿元迅速攀升至1960年的73亿元。正常情况下，为保持财政信贷收支平衡，银行商业贷款应主要源于财政结余资金。但在这一时期，中央和地方财政收支不仅没有结余，还出现巨额赤字。在储蓄资金严重不足的情况下，为保证盲目跃进的贷款需要，银行不得不扩大货币发行量保障信贷供给。货币超发打破了前期建立的积累与消费的适当比例，重化工业因比例失调面临生产停顿，农业、轻工业产品和社会生活消费品供应紧张，人民生活水平大幅下降。（赵梦涵，2002）

地方借款更严峻的风险在于，各级地方政府从银行获取的大量超范围贷款项目普遍存在重复建设和效率低下的问题，地方投资企业的欠账、亏损和基本建设欠款非常严重。面对这种局面，中央一方面重新收回下放给地方的信贷资金和投资项目管理权限，强化对信贷系统的统一全面领导；另一方面，对于地方投资亏损累积的债务，最终还是要由中央财政向国家银行注入专款予以清理核销，全部转化为中央政府的偿债责任，才能使生产建设得以恢复和发展。例如，1962年中央财政向建设银行划拨20亿元专款，

用于清理原建设单位拖欠生产企业的欠款。(赵梦涵,2002;樊丽明,2006)

2.1.3 计划经济时期地方政府债务风险的治理经验启示

纵观计划经济时期我国先后展开的地方公债发行和银行借款的制度实践,其所取得的历史经验以及在债务治理过程中衍生的经济社会风险,可为社会主义市场经济条件下地方政府债务风险的大国治理提供以下政策启示:

第一,地方政府举债应主要依托债券发行渠道展开,充分考虑社会公众的应债能力和投资项目的实施绩效,避免采取运动摊派的方式发行债务。与中央政府发行国债不同,地方政府债券一般不会冲击币值稳定,无需考虑同货币、外汇政策的协调搭配,其主要风险在于债券的发行方式、规模和应用绩效。回顾计划经济时期的地方公债发行实践,在"大跃进"运动以前,"东北生产建设折实公债"充分汲取了"人民胜利折实公债"的发行管理经验,对标实物价值发行债券筹集资金,既考虑到东北地区不同阶层民众的应债能力,又弥补了建设资金短绌的财政困境,是我国地方公债发行史上的一次成功实践。其后地方公债发行暴露出重大风险隐患,主要原因是采取了运动式、摊派式债券发行方式,脱离了辖区公众的应债能力以及投资项目的绩效约束,严重扰乱了经济社会秩序。

第二,地方公债管理应坚持集权和分权相统一的原则,在省以下分权框架内宜适当集中债务监管权限,避免过度分权诱发举债道德风险。"东北生产建设折实公债"作为成功的地方公债发行实践,其重要历史经验在于实行集权与分权相统一的管理原则,

第二章 中华人民共和国成立后地方政府债务风险的治理历程回顾

既发挥中央政府对债务发行方式、规模、渠道和风险的监管职能，又赋予地方政府较大自主权。后来地方公债风险有所暴露，原因在于中央和省级政府对债务风险的监管力度减弱，发债主体违规下移，市县级基层政府竞相仿效发行经济建设公债。由于投资项目缺乏绩效审计和科学论证，违规发行的地方债务难以产生税收贡献，导致债务发行难以为继，风险不断自下而上传导转嫁，直至冲击中央财政安全。

第三，地方政府向银行借款的进入门槛过低，尽管有助发挥地方生产建设的积极性，但也可能导致信贷过度投放和财政向银行透支诱发通货膨胀，将风险传递到金融领域。在计划经济时期，财政与银行是"连裆裤"的关系，就像"国家的两个底下通着气的钱口袋"。（陈雨露、郭庆旺等，2003）由于财政与银行关系密切，相对程序规范的公债发行机制而言，地方政府直接向银行申请信贷门槛极低，一旦政策环境允许，银行也乐于加大对政府信贷的投放力度。问题是，为维持计划经济体制下的财政信贷综合收支平衡，当银行加大对地方政府的增信支持时，信贷资金供不应求的矛盾应诉诸财政结余解决。一旦财政收支失调产生赤字，信贷差额只能通过追加货币流通的方式弥补，市场供求平衡和国民经济比例随之遭到破坏（黄达，2009），债务风险随币值下跌和通货膨胀传递到金融领域。这种风险传导机制，相当于财政向银行透支，地方政府与中央政府共享铸币税。由此可见，通过制度设计避免地方政府直接或间接向银行过度借款，无论在哪个历史时期，始终是我国防范债务风险转嫁升级的重要任务。

第四，治理地方政府债务风险，应在纵向分权框架中硬化地方政府举债融资的预算约束，而非中央政府直接充当地方债务的最终偿债人。在计划经济时期，对于地方政府超范围扩张信贷造成的亏损和欠账，中央政府均进行兜底，通过中央财政结余贴补或财政向银行透支的途径解决。问题是，中央财政兜底极大软化了政府预算约束，强化了地方政府的中央救助预期。基于现实中确实接受了中央提供的事后救助，地方政府策略性地降低了投资项目的绩效约束，增强了对低效重复性、政绩性项目的举债冲动，并在财政入不敷出时将偿债责任推卸给中央政府承担。这意味着，即便我国的中央政府和地方政府并非联邦制国家的平行竞争关系，也应在央地分权框架中厘清各级政府的举债权责边界，明确释放不救助信号，避免债务危机救助强化地方政府盲目举债的道德风险。这个经验启示在2015年新《预算法》实施后，成为官方正式发文的管理制度。

2.2 探索扩张阶段的地方政府债务风险治理（1978—2007）

1978年改革开放后，中国经济体制开始从计划经济向社会主义市场经济转型，逐步走上了中国特色社会主义市场经济的发展道路。在30余年的改革开放历程中，中国财政管理体制经历了从"分灶吃饭"到"分税制改革"的制度演进，经受住了1998年亚洲金融危机冲击，首度启动积极财政政策"扩大内需，刺激经济增长"。与制度演进和外部冲击相对应，地方政府债务融资表现出探索扩张的演进趋势，债务风险治理压力随积极财政政策的扩张与淡出不断变化。

2.2.1 财政"分灶吃饭"阶段的地方政府债务风险治理（1980—1993）

1978年12月召开的第十一届三中全会在"解放思想，实事求是"路线的指引下，冲破了"左"倾错误的束缚，明确了以经济建设为中心，坚持四项基本原则，坚持改革开放的基本路线。计划经济向社会主义市场经济体制转型，打破了统收统支的财政管理体制，开始在财政、金融、政企关系等领域向地方"放权让利"。

一、"分灶吃饭"初期阶段的地方政府债务风险治理（1980—1985）

1980年，中国开始实行"分灶吃饭"财政管理体制。① 与"统收统支"的财政管理体制不同，财政"分灶吃饭"是指中央与地方政府通过签订具有"承包"性质的财政协议，形成以划分收支为基础的分级包干和自求平衡的垂直财政关系。根据国务院1980年出台的政策文件，中央与地方财政"分灶吃饭"，旨在"明确各级财政责任与权力，做到权责结合、各司其职、各负其责，充分发挥中央与地方两个积极性"。从演进视角观察，"分灶吃饭"财政管理体制改革可分为三个阶段，分别是1980—1984年实行的"划分收支、分级包干"体制，1985—1987年实行的"划分税种、核定收支、分级包干"体制，以及1987—1993年实行的"多种形式包干制"。

在财政分灶吃饭的第一阶段，中央和地方政府按照行政隶属关系明确划分财政收支范围，中央所属企业收入、关税收入和中央其他收入划归中央财政，地方所属企业收入、盐税、农牧业税、

---

① 详见《国务院关于实行"划分收支、分级包干"财政管理体制的通知》，国发〔1980〕33号。

工商所得税、地方税和地方其他收入划归地方财政。

　　与财政"分灶吃饭"管理体制改革同步，金融和国企管理分别实行了"拨改贷"和"利改税"。所谓"拨改贷"，是指国家预算内基本建设投资由财政拨款改为银行贷款，这是我国投资管理体制及财政预算体制的一项重要制度变革。"拨改贷"旨在改变统收统支财政管理体制下基本建设投资全部由财政拨款而引发的"投资饥渴症"，使建设单位更加注重提升投资项目的利润回报，推动银行职能从财政"出纳"向商业银行方向转型。所谓"利改税"，是指将国有企业利润全部上缴财政改为国家按照规定税率向国有企业征收所得税。财政"分灶吃饭"、国企"利改税"、投资项目"拨改贷"等制度改革，激励地方政府竞相发展"税高利大"的建设项目，争取财政"承包"基础上的收入剩余索取权，暴露出"以邻为壑"、重复建设以及"藏富于企""藏税于地"等问题。特别是，投资项目"拨改贷"政策的本意是解决项目资金全部来自财政拨款的预算软约束问题，但由于贷款项目大多是先定计划再作可行性论证，建设单位申请基本建设拨款时往往直接找上级主管部门而非银行机构，主管部门则是确定投资计划后才赋权银行进行项目审核，无论主管部门还是银行机构都对贷款回收不负直接责任。（陈雨露、郭庆旺等，2003）由此，"拨改贷"并未实质性解决地方政府的"投资饥渴症"，反而进一步加剧了地方政府向上级主管部门"争资金、要项目"的博弈策略倾向，这种策略倾向一直延续并演化为分税制改革后所谓"跑部钱进"的制度乱象。

　　在"放权让利"背景下，由于财政"分灶吃饭"加剧了地方政府投资建设和涵养税基的竞争冲动，为解决项目融资难题，地方政府发展出"集资摊派"的举债融资方式。所谓"集资摊派"，是指地方政府为弥补财政基建拨款和银行信贷资金缺口,通过向企业和个人集资摊派的方式集中社会闲置资金,兴办各类经济社会事业建设项目,如集资办学、集资修路、集资办矿、集资建厂等。(赵斌等,2019)集资是有偿的,地方政府征收集资款需要承诺还本付息,因此对其而言,社会摊派集资是一种没有纳入预算监管的"表外债务"。尽管集资摊派能够发挥地方政府的行政动员优势,缓解改革开放初期建设资金不足、可支配财力匮乏的困境,但一些摊派推动的集资项目后续暴露出集资随意性大、居民负担加重、资金使用低效、拖欠集资款等问题。如表2-1所示,根据审计署提供的2011年《全国地方政府性债务审计结果》公告,在财政"分灶吃饭"的早期阶段,全国共28个省级政府、56个地市级政府、351个县级政府举借了表外债务,债务举借主体主要集中在行政级别高、集资动员能力强的省级政府。

表2-1 全国各地区政府性债务发生起始年情况表(1979—1996)

年度区间	省级 当期开始举借个数	省级 累积个数	省级 累积占总地区比例	市级 当期开始举借个数	市级 累积个数	市级 累积占总地区比例	县级 当期开始举借个数	县级 累积个数	县级 累积占总地区比例
1979—1980	0	0		4	4	1.02%	51	51	1.84%
1981—1985	28	28	77.78%	56	60	15.31%	300	351	12.63%
1986—1990	5	33	91.67%	121	181	46.17%	833	1 184	42.61%
1991—1996	3	36	100%	172	353	90.05%	1 221	2 405	86.54%

资料来源:审计署2011年第35号公告《全国地方政府性债务审计结果》。

基于运动式、摊派式集资举债带来的问题隐患，1986年7月19日，国务院发文严禁通过社会集资方式增加企业和居民负担。[①]鉴此，一些地方政府建议恢复计划经济时期的地方公债发行制度。但中央政府担心，放开地方政府的公债发行权，将进一步扩大固定资产投资规模，引发固定资产投资膨胀。一旦固定资产投资超过国家财力物力承受能力，银行将被动增发货币冲击市场，导致物价上涨和通货膨胀，将风险传递到金融领域。殷鉴不远，"大跃进"后期的通货膨胀便是由地方政府的投资建设冲动诱发的。在这种形势下，1985年中央下发通知，决定"暂不发行地方政府债券"。[②]直至1994年分税制改革，旧《预算法》仍然要求地方政府按照"量入为出、收支平衡"原则编制预算，不列表内赤字，这项制度设计依然旨在防范地方政府债务风险传导到货币金融领域，冲击金融系统安全。

二、"分灶吃饭"中后期阶段的地方政府债务风险治理（1986—1993）

1985年中央禁止地方政府发行公债后，一个值得关注的现象是，市、县两级政府举债数量及覆盖的地区范围迅速增加，相对财政"分灶吃饭"初期阶段扩张了三倍左右。为何财政"分灶吃饭"中后期阶段的债务举借主体从省级政府转移到市县级政府？

从财政"分灶吃饭"的制度演进来看，1985年出现的一个重要变化是中央和地方政府之间开始划分税种，基于税种划分实行

---

① 详见《国务院关于坚决纠正提价或变相提价集资搞基建的通知》，国发〔1986〕80号。

② 详见国务院办公厅1985年9月9日发布的《国务院办公厅关于暂不发行地方政府债券的通知》。

第二章　中华人民共和国成立后地方政府债务风险的治理历程回顾

更加规范的财政包干制,为实行"分税制"财政管理体制创造条件。[①]根据国务院文件,按照"利改税"第二步改革的税种设置,中央财政固定收入包括中央国营企业的所得税、调节税等,地方财政固定收入包括地方国营企业的所得税、调节税等,中央和地方共享收入包括产品税、营业税、增值税、资源税、建筑税、盐税、个人所得税、外资和合资企业的工商统一税、所得税(不含海洋石油企业交纳的部分)等。从"划分收支"到"划分税种",是央地财政分权关系的一个重大变化,预示财政管理体制将按照"统一领导、分级管理"的原则,进一步明确各级财政的权责边界,通过发挥中央和地方两个积极性引领国民经济现代化建设。

固定资产投资是经济增长的引擎,但经常导致国民经济宽幅波动。如何改革投资管理体制,才能着力发挥好中央和地方两个积极性,兼顾地方利益和国家重点建设需要? 1988年,国务院印发《关于投资管理体制的近期改革方案》,决定从机构改革入手,推动固定资产投资管理体制改革,解决盲目铺摊子、低水平重复建设和投资膨胀的问题。[②]根据改革方案,中央一级成立能源、交通、原材料、机电轻纺、农业、林业六个国家专业投资公司,负责管理和经营本行业中央投资的经营性项目的固定资产投资。其中,能源、交通、原材料、机电轻纺四个投资公司由国家计划委员会归口领导,行业归口主管部门参与指导;农业、林业投资公司由国家计划委员会与部门归口领导,以国家计划委员会为主。

[①] 详见《国务院关于实行"划分税种、核定收支、分级包干"财政管理体制的规定的通知》,国发〔1985〕42号。

[②] 详见《国务院关于印发投资管理体制改革近期改革方案的通知》,国发〔1988〕45号。

国家专业投资公司是从事固定资产投资开发和经营活动的企业，是组织中央经营性投资活动的主体，既具有控股公司的职能，要使资金保值增值，又要承担国家政策性投资职能。为保障建设周期长、关系国民经济发展后劲的国家重点建设项目有稳定资金来源，我国建立基本建设基金制，由建设银行按计划负责管理，实行专款专用，在财政预算中列收列支。国家专业投资公司实行总经理负责制，公司人员从各部门现有的行政、事业人员中调剂解决。相应地，国务院各主管部委结合机构改革转变行政职能，不再主导经营性投资，而是将主要精力转向行业规划和投资管理。

以专业化投资公司统领中央基本建设和技术改造项目的投资工作，在固定资产投资职能配置方面是一项政企分开的制度举措。投资管理体制改革旨在改变"在投资安排上仍然主要采用行政办法，按条块隶属关系切块分钱，权、责、利严重脱节，敞口花钱而不管效益的情况"，用经济办法管理投资，将行政关系转变为经济合同关系，将专业投资公司转变为独立核算的经济实体。国家级专业投资公司的成立带动各地组建大量省级投资公司，加大了省级层面的建设投资力度。全国各省区市除西藏、云南、贵州、广东外，其余26个省区市和14个计划单列市相继成立综合性投资公司，为地方基本建设筹集资金，确保重点建设。（胡靖，1994）这些省级政府成立的专业化投资公司，成为1994年分税制改革后地方政府融资平台的前身。

1988年投资管理体制改革暴露出两方面的制度问题。第一，尽管固定资产投资资金从无偿拨款变为有偿贷款，强化了中央和省级投资公司的财务约束，在一些运营良好的地方实现了固定资产投资基金的保值增值和良性运转，但计划经济体制下的中央和地方投资公司需要发挥"政策性投资"职能,并不具备完全的投资自主权,改革开放初期投资分散、效率低下的体制痼疾并未得到根本解决。一些地方投资公司仍然将大量资金投放到回报高、见效快的一般加工工业项目和商贸项目,进一步助长了重复建设和投资膨胀,通过体制改革进行宏观调控的政策意图并未得以有效贯彻和实现。第二,1988年投资管理体制改革通过组建6个中央一级的国家专业投资公司,带动省级政府成立大量投资公司。由于政府专业化投资公司需要满足相对严格的资质条件才能获批成立,并且需要作为宏观政策工具载体承担投资调控职能,因此地方投资公司主要是省级政府组织建立的,地市级和县市级投资公司数量较少。由于欠缺平台公司和基金支持,地市级和县市级政府只能诉诸企业和个人集资、国外金融组织贷款等协议借款方式弥补建设资金缺口。根据审计署调查结果,市级和县级政府举借债务集中在1986—1996年。在这段时期,共有293个市级和2 054个县级政府举借了债务。截至1996年底,全国所有省级政府、392个市级政府中的353个(占90.05%)和2 779个县级政府中的2 405个(占86.54%)举借了债务。

  财政"分灶吃饭"中后期阶段的债务结构演化,为分税制改革后的地方政府债务风险治理提供了历史镜鉴。根据前文分析,省以下地方政府债务杠杆之所以形成结构下移趋势,原因是投资管理体制改革仅在中央和省级层面展开,没有延伸到省以下市县级政府。在大国分权治理框架中,中央政府主导的制度改革往往仅限于中央和省级政府之间,囿于信息问题,省以下制度改革主要赋权省级政府操作实施。问题是,省级政府不仅是省以下制度框架的设计者,同时也是央地纵向博弈的参与人。在发展导向战略引领下，省级政府往往默许甚至鼓励市县级政府的表外举债行为，冀图在省际横向策略博弈中赢取竞争优势。如何通过激励相容的制度设计避免地方政府策略性下移杠杆，引导省级政府主动控制表外债务风险在市县级层面的累积扩张，是大国债务风险治理需要着力解决的重要问题。这个问题在分税制改革后还将再次浮现。

2.2.2 分税制改革后的地方政府债务风险治理（1994—2007）

分税制财政管理体制改革是我国政府间财政关系的一次重大制度变革。从分税制改革后至国际金融海啸冲击前，地方政府债务风险治理可以1997年亚洲金融危机为界分成两个阶段。两个阶段的地方政府债务风险表现出不同的制度特征，分别适用差异化的治理策略。

一、亚洲金融危机前的地方政府债务风险治理（1994—1997）

鉴于财政"分灶吃饭"后，地方政府"藏税于企""藏富于地"的博弈策略诱发"两个比重下降"[①]的制度现象（吕冰洋，2022），中央适时启动"分税制"财政管理体制改革，对中央和地方政府的财权事权进行重新界定配置。根据国务院下发的文件[②]，分税制财政管理体制改革旨在按照中央与地方的事权划分，合理确定各级财政的支出范围，将税种统一划分为中央税、地方税以及中央与地方共享税。中央与地方共享税包括增值税、资源税、

[①] 所谓"两个比重下降"，指的是国家财政总收入占GDP比重下降和中央财政收入占国家财政总收入比重下降。一般认为，这个特征事实是导致中国实施分税制财政管理体制改革的主因。

[②] 《国务院关于实行分税制财政管理体制的决定》，国发〔1993〕85号。

第二章 中华人民共和国成立后地方政府债务风险的治理历程回顾

证券交易税,其中增值税中央分享75%,地方分享25%;资源税按不同的资源品种划分,大部分资源税为地方收入,海洋石油资源税为中央收入;证券交易税中央与地方各分享50%。从"分灶吃饭"到"分税制",整体上是一项集中财力的改革举措,旨在应对"两个比重下降",保障事关发展全局的战略性公共品供给,并为区域协调发展提供财力支持。但正如一些文献的分析(郭玉清等,2016;郭玉清等,2017),1994年分税制财政管理体制改革在纵向分权框架中植入了"财权上移、事权下放"的制度安排,进而在省以下分权治理框架中逐级向下示范延伸,使基层政府面临严峻的收支失衡局面。当地方政府普遍面临纵向财政失衡,又需要筹集资金"搞建设,谋发展"时,一个重要问题摆在决策者面前:是否有必要撤销1985年中央政府关于暂不发行地方政府债券的规定,全面放开地方政府的表内发债融资权?

1994年3月22日,第八届全国人民代表大会第二次会议审议通过的《中华人民共和国预算法》规定,"除法律和国务院另有规定外,地方政府不得发行地方政府债券"。1994年预算法进一步要求,"地方各级预算按照量入为出、收支平衡的原则编制,不列赤字"[1],这就从法律层面禁止了地方政府的表内发债融资权。此外,1995年10月1日起生效的《中华人民共和国担保法》规定,"国家机关不得为保证人";1996年8月1日起生效的《中国人民银行贷款通则》第四章第十七条规定,"借款人应当是经工商行政管理机关(或主管机关)核准登记的企(事)业法人、其他经济组织、

---

[1] 详见1994年3月22日第八届全国人民代表大会第二次会议通过的《中华人民共和国预算法》。

个体工商户或具有中华人民共和国国籍的具有完全民事行为能力的自然人。借款人不具备本通则第四章第十七条所规定的资格和条件的，不得对其发放贷款"。结合上述法律规定，尽管分税制改革削弱了地方政府的表内财权，但旧《预算法》既不允许地方政府发债融资，地方政府也不能直接作为借款人申请银行贷款，并且不能为企业借款提供信用担保。

为何分税制改革使地方政府面临严峻收支错配局面，中央却拒不放开地方政府的表内发债融资权？结合计划经济时期的债务风险治理实践，原因可能在于，中央担心一旦允许地方政府发行债券，就可能在纵向失衡的财政压力下，诱发新一轮运动式、摊派式地方举债，不仅难以根除投资过热，甚至可能因地方政府债券的"准国债"性质影响金融市场稳定，导致货币超发和信用膨胀。分税制改革试图以三种形式的垂直转移支付，即税收返还、一般性转移支付、专项转移支付，弥补地方财政收支缺口，对冲地方上解中央支出，实现地方一般公共预算"收支平衡，不列赤字"。问题是，为引导地方预算财力优先履行上级政府委任的支出事责，垂直转移支付中占大头的专项转移支付被限定了支出领域，这使地方政府"搞建设，谋发展"财力短绌的困境进一步凸显。在一些财政严重失衡的市县级基层政府，预算内财力"保吃饭，保运转"尚且困难，遑论划拨出一块资金用于发展建设。因此，地方政府（特别是基层政府）的预算外举债融资压力与日俱增。

将视野继续往前回溯到1992年。当时邓小平同志在南行最后一站上海考察，提出"开发浦东、振兴上海、服务全国、面向世界"的战略构想。为支持浦东新区建设，上海市于1992年7月率先成立全国第一家城市建设投资公司——上海市城市建设投资开发总公司（现上海城投集团），发行了5亿元"浦东新区建设债券"，专项用于浦东新区开发建设。1994年分税制改革后，地方政府面临的纵向财政失衡压力迅速增大，一些省级行政区（如福建、重庆）开始仿效上海组建城投公司，以城投公司发行的企业债券弥补建设资金缺口。由此，以分税制改革为界，地方隶属平台公司的业务范畴开始从"投资"向"融资"拓展（李奇霖等，2017），通过发行城投债绕过1994年旧《预算法》的约束，成为地方政府缓解财政压力、筹措建设资金的重要渠道。与地方国有企业发行的企业债券不同，由于城投公司是从事政府投融资业务的企业法人，因此其发行的城投债券不仅有地方政府提供信用背书，债券融资也直接用于地方经济事业发展和基础设施建设，具有一定程度的"市政债"性质。[①]但与联邦制国家发行的"市政债"不同，城投公司发行的城投债是企业债而非政府债，因此从债券信用级别看低于市政债。一旦城投公司的信用背书被制度性剥离，市场供求机制将还原其作为企业债券的风险溢价，这是后文将要进一步阐述的情形。

在今天回想当时的制度设计，中央一方面禁止地方政府发行债券，另一方面默许地方政府组建融资平台公司扩张表外债务，主旨即在于既有效调动地方发展经济的积极性，又避免"准国债"冲击货币金融市场，控制潜在的通货膨胀风险。此外，中央政府对过早放开地方发债融资权大概还有两点担心。一是担心中央政府难以调节地区间举债融资能力差异，可能导致省区间财力差距

[①] 以上海市城市建设投资开发总公司为例，其募集资金主要用于杨浦大桥、青草沙水源地原水工程、苏州河环境综合整治工程和城市更新等项目的融资建设，建设项目具有显然的公益性质。

持续扩大。地方政府债券市场放开后，经济基础稳固、偿债能力强的东部地区发行的地方债券无疑更具投资潜力，中西部地区很难在资本市场上同东部地区竞争；但依托地方政府融资平台，中西部地区也能够争取到基建融资，可以减轻中央政府对地区间融资能力的协调成本。二是担心减少中央政府调解地方举债融资进度的政策回旋余地。通过默许地方政府组建融资平台举借表外债务，中央政府能够视情出台针对融资平台的管理制度，灵活调节地方政府举债融资的规模和进度。在执行层面，针对地方融资平台的制度条款主要由原银监会、中央银行、发展和改革委员会等机构颁布，在资本市场尚未发育成熟的前提下，行政手段无疑更具调控效力和灵活机动性。但问题是，城投债发行能否满足地方政府的债务融资需求？根据相关法律规定，地方政府融资平台发行城投债需要经过主管部门，即发展计划委员会（简称计委）审批，并由中国人民银行和证监会会签，而且还要满足相对严苛的资质条件。[①]有能力在资本市场发债融资的一般是资本金充裕、财务基本面良好的省级平台公司，市县级融资平台一般不具备债券发行资格，但恰恰是市县级基层政府面临的纵向财政失衡压力最为严峻。而即便对于省级平台公司，其债券发行额度也取决于政策环境、担保强度、投资人偏好等诸多因素，发行的城投债未必能够填补建设资金缺口。因此，无论中央还是地方政府，都需要发展其他渠道满足地方基建投资需求，1997年亚洲金融危机冲击加速了这一制度演化进程。

---

① 根据中国《公司法》《证券法》《企业债券管理条例》等法律规定，地方融资平台发行城投债要求股份有限企业的净资产不低于3 000万元、有限责任公司和其他类型企业的净资产不低于6 000万元，且最近三年可分配利润足以支付企业债券一年的利息。

第二章　中华人民共和国成立后地方政府债务风险的治理历程回顾

二、亚洲金融危机后的地方政府债务风险治理（1998—2007）

1997年，中国经济遭遇亚洲金融危机冲击。基于国内投资消费需求增长乏力、外贸形势持续恶化、宏观经济陷入通货紧缩的严峻现实，中国政府适时启动首度积极财政政策，以国债投资"扩大内需，刺激经济增长"。1998年8月，全国人民代表大会常委会审议批准了国务院提交的中央预算调整方案，决定增发1 000亿元长期国债，用所筹资金进行基础设施专项建设。根据中央决策，千亿国债资金的重点投资领域包括农田水利、生态环境、通信路网、市政设施等。为弥补地方财力缺口，中央决定将部分国债资金转贷给省级及计划单列市政府，用于地方经济和社会发展建设项目。①

由中央政府增发国债，将部分国债发行收入按协议利率转贷给地方，承贷地区如期向中央政府偿还本息的制度设计，称为"国债转贷"。根据财政部预算司下发的第267号文件，"省级人民政府要平衡全省的综合财力，根据建设项目的特点，决定和落实还款资金的来源，在本省范围内统借、统筹、统还。省级财政部门作为人民政府的债权、债务人的代表，负责对财政部的还本付息工作"。在利率方面，"转贷给沿海发达地区的还贷期限为6年（农村电网还贷期限为15年），含宽限期2年（农村电网宽限期为10年），年利率为5.5%；转贷给中西部地区的还贷期限为10年（农村电网还贷期限为15年），含宽限期2年（农村电网宽限期为10年），年利率为5%。转贷资金从财政部拨款之日起开始计息。

---

① 详见《财政部关于制发〈国债转贷地方政府管理办法〉的通知》，财预字〔1998〕267号。

省级财政部门必须在规定期限内向财政部还本付息"。为强化转贷资金使用的财经纪律约束，财政部向各省份派驻监察专员，负责监督、检查项目实施单位及其主管部门是否按协议使用转贷资金，以及是否按期归还资金本息。

图2-1绘制了1999年各省份国债转贷收入的分布情况，可结合全省人均产出观察中央对各省份国债转贷的政策倾向。根据图示结果，中央并未完全根据各省份经济实力决定转贷份额，各省份国债转贷收入同人均产出同步波动的趋势并不显著。原因可能在于，国债转贷被限定投资基础设施建设项目，以基建投资扩大内需，刺激增长。本着区域财力平衡原则，将转贷资金向中西部地区适度倾斜，更有利于促进中西部资源、劳动等生产要素向东部地区流动，缓解东部外向型经济下滑的现实困境。从东、西部地区转贷项目期限和利率的差异化设计，亦可观察到中央通过国债转贷进行结构调整和资源配置的战略意图。

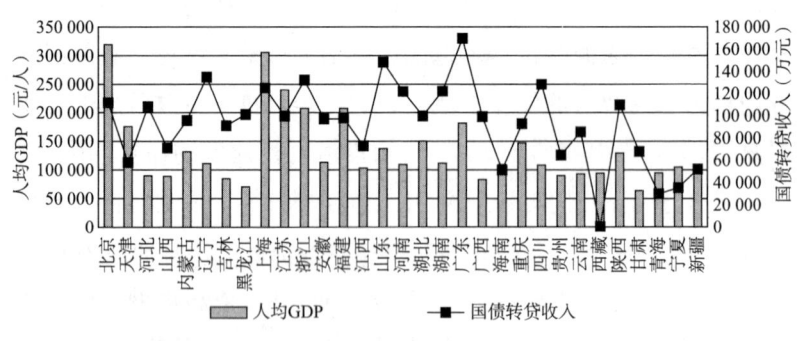

图2-1　1999年各省份国债转贷收入的分布情况

资料来源：《中国财政年鉴》（2000）。

国债转贷作为一种自上而下的政府间协议借款，对地方政府

第二章　中华人民共和国成立后地方政府债务风险的治理历程回顾

债务治理产生了重要的制度影响。第一，国债转贷并非地方政府直接举债，而是中央政府发行国债后，将部分国债发行收入转贷给地方。这种举债模式既有利于中央政府视情调整地方转贷份额，在基建投资方面发挥中央与地方两个积极性，又能够强化中央对转贷投资项目的审计监管和纪律约束，控制地方政府违规用债的潜在风险。由此，作为一项过渡性制度安排，国债转贷既未违背旧《预算法》禁止地方政府表内发债的制度规定，又能在规模可控的前提下贯彻中央决策意图、保障重点项目建设，体现了"激励"与"约束"并重的治理理念。第二，国债转贷制度赋权省级政府统筹全省范围内的项目遴选、资金配置和转贷资金的本息偿还工作。[①]省级政府统筹转贷资金的借入和偿还，意味着接受转贷资金的市县级政府预期省级政府将作为转贷资金的"最终偿债人"，在市县级政府陷入偿债困境时代为履行债务偿还责任。第三，国债转贷原则上可以通过扣减政府间往来款（如税收返还、基建拨款等），约束下级政府及时、足额偿还转贷资金本息。但国债转贷资金支持的基础设施项目一般具有周期长、见效慢的特点，存在资产负债期限结构错配的难题。若硬性减少对下级政府的财政转移支付，在地方政府面临严峻纵向财政失衡的情况下，将进一步加重地方政府的流动性困境，从而硬化转贷资金本息偿还的预算约束制度并不容易付诸实施。（房坤，2005）

在实行执行层面，国债转贷制度确实暴露出预算软约束内生的问题隐患。由于国债转贷资金是中央政府筹资后转贷给地

---

① 根据财政部预算司下发文件，转贷资金应当用于以下方面的建设项目：（一）农林水利投资；（二）交通建设投资；（三）城市基础设施和环境保护建设投资；（四）城乡电网建设与改造；（五）其他国家明确的建设项目。

方，相当于"中央发债，地方使用"，这就导致无论中央还是地方，均不把这部分债务资金列入本级政府的财政赤字。从中央角度看，国债资金转贷给地方使用，理所当然应由承贷方负责偿还债务本息，这部分资金不属于中央政府的偿债责任，不应列入中央财政赤字；从地方角度看，这部分资金的发债主体并非本级政府，尽管本级政府实际支用资金并投资于本地基础设施项目，但本级政府未必具有项目甄选的自由裁量权，资金运用也被中央和省级政府审计监管，不具备自主发债融资的财力支配权，因此也不应列入地方财政赤字。实际操作下来，国债转贷资金仅在中央和地方政府预算报表的往来科目中反映，在双方决算报表中均不列入财政赤字，暴露出债务权责归属不清、举债主体和使用主体脱节等问题。偿债责任主体不明晰，资金用度的道德风险便难以避免，在预算软约束体制环境下，这是经常被观察到的特征事实。（Rodden，2006）在实践层面，国债转贷制度暴露的问题主要有四点：一是建设项目立项把关不严、草率上马；二是项目普遍超规模、超预算；三是部分地区安排使用国债转贷资金过于分散，重复建设严重；四是建设单位财务监管薄弱。（赵凤鸣，1999）原因在于，当国债转贷资金不纳入中央和地方预算时，地方政府的最优博弈策略是大力铺摊子，上项目，尽量多争取中央转贷资金投资本地基础设施，而不论项目的中长期绩效如何。也就是说，尽管国债转贷制度能够调动地方政府举债谋发展的积极性，但预算软约束导致这项制度设计同地方政府内控风险、提质增效的策略导向是激励不相容的。由此，在2007年各省份接受最后一批国债转贷资金后，这项过渡期政策正式退出历史。放开地方发债融资权随之被提上日程，需要在财政管理改革中予以审慎谋划和有序推进。

第二章　中华人民共和国成立后地方政府债务风险的治理历程回顾

亚洲金融危机冲击过后，地方政府融资平台得到进一步探索发展。在2008年国际金融危机冲击前，两个地区的模式成为地方政府组建融资平台的典型范例，即"芜湖模式"和"重庆模式"。1998年，国家开发银行在安徽芜湖试行"打捆贷款"。具体运作模式是，芜湖市政府指定芜湖市建设投资有限公司作为统借统还的融资平台企业法人，市政府建立"偿债准备金"，为平台公司债务提供财政兜底。以政府信用为依托，国家开发银行同芜湖市建设投资有限公司签订10.8亿元的10年期贷款协议，支持芜湖市公路、供水、垃圾处理等基础设施项目建设。2002年，重庆市为融资平台公司进行了"土地注资"。重庆市相继组建了能源、城建、地产、交通等领域的"八大投"融资平台，由政府注入储备土地，以土地作抵押申请银行贷款。国家开发银行同其中五个融资平台公司签订531亿元的合作协议，实际发放贷款144亿元。鉴于"芜湖模式"和"重庆模式"有力推动了基建投资和经济增长，各地纷纷组建融资平台公司，通过政府信用背书向政策性银行申请建设贷款，融资平台公司的举债规模开始稳步增长。

国债转贷与平台贷款一内一外、一收一增，刻画了两次危机冲击期间地方政府债务融资的基本演进趋势。一方面，尽管国债转贷存在权责模糊的预算软约束问题，但其毕竟反映在政府预算收支表中，属于数据可查、规模可控的表内债务。亚洲金融危机过后，这种表内举债赋权方式经历了"探索—式微—退出"的完整政策周期，为后续地方政府自行发债乃至自主发债的制度实践，提供了重要经验借鉴。另一方面，依托地方政府融资平台的表外举债模式在此期间得到稳步发展。与亚洲金融危机前不同，危机冲击后的融资平台举债不再局限于审批程序严格的城投债发行渠道，而是开始依托政府信用背书，争取政策性银行提供的信用贷款。融资平台贷款相对其他举债方式更有利于发挥地方政府"搞建设，谋发展"的积极性。与发行城投债相比，银行贷款进入门槛较低，融资数额较高，能够极大拓展地方政府的可支配财力空间；与国债转贷相比，融资平台贷款主要投向本地市政基础设施建设，可以通过推动土地升值快速涵养税基，克服国债转贷项目投资分散、效率低下的弊端。

无论"芜湖模式"还是"重庆模式"，在融资平台申请政策性贷款时，均将政府信用背书植入表外借贷程序，政府信用背书强化了融资平台公司的举债能力。其中，"芜湖模式"由政府设立"偿债准备金"，以税收和规费收入作为融资平台借贷的偿债担保；"重庆模式"则采取"土地注资"，以土地预期升值收益作为偿债担保。伴随中国加入世界贸易组织以及房地产业步入"黄金十年"，融资平台信用贷款规模稳步增长。但在国际金融海啸冲击之前，我国积极财政政策整体上呈"淡出"态势，加之商业银行信贷尚未对融资平台完全放开，地方政府债务风险仍然处于安全可控区间。

2.3 宽幅起落阶段的地方政府债务风险治理（2008—2010）

2007年国债转贷制度甫一退场，2008年中国经济即意外遭遇国际金融海啸冲击，面临下滑的严峻态势。中央高层审时度势，决定启动新一轮积极财政政策"保增长，扩内需，调结构"。新积极财政政策拓宽了地方政府表外举债的融资空间，诱发各地政府性债务飙涨，债务风险濒于失控。为遏制债务风险传导升级，2010年政策姿态遽然转向，在短短三年间，债务治理经历了从宽松到紧缩的完整政策周期。尽管此轮政策周期较短，但其所面临的挑战和取得的经验，对试点扩容乃至全面放开各省区市表内发债融资权，具有重要意义。

2.3.1 竞争飙涨阶段的地方政府债务风险治理（2008—2009）

2008年，中国经济遭遇国际金融危机冲击，适时重启新一轮积极财政政策如箭在弦，不可不发。从全球视野观察，尽管本轮国际金融危机由美国次贷危机触发，但它具有第三次产业革命红利释放殆尽、全球收入分配格局持续恶化、新自由主义发展理念盛行的深层次诱因，其酝酿背景、波及范围、冲击力度堪比20世纪30年代的全球经济危机。（刘鹤，2013）以史为鉴，各国政府竞相采取反周期扩张政策，避免本国经济陷入"大萧条"的泥沼。

受国际金融危机冲击，中国经济增速明显回落，出口负增长导致大批农民工返乡，宏观经济面临"硬着陆"风险。为应对危机困局，2008年11月，中国政府制定了"扩大内需促进经济增长十项措施"[①]，经测算，完成这十项措施任务需要到2010年底投资4万亿元。基于实体经济评估出台的一揽子危机应对方案，史

---

① 2008年11月5日，时任国务院总理温家宝主持召开国务院常务会，确定了进一步扩大内需、促进经济增长的十项措施，具体包括：加快建设保障性安居工程；加快农村基础设施建设；加快重大基础设施建设；加快医疗卫生和教育事业发展；加强生态环境建设；加快自主创新和结构调整；加快地震灾区灾后重建各项工作；提高城乡居民收入；全面实施增值税转型改革；加大金融对经济增长的支持力度。

称"四万亿计划"。与1998年的积极财政政策不同，2008年新积极财政政策增加了"调结构"，旨在避免上轮积极财政政策盲目铺摊子、上项目、重复建设严重的弊端，将公共投资延伸到环保、医疗、教育、安居工程等民生领域。在这种形势下，中国政府应如何筹集公共建设资金，有效拉动大国经济增长？根据中央顶层设计，"四万亿计划"将由中央财政在两年内投资1.18万亿，其余2.82万亿由地方自筹，配合中央国债项目投资执行反周期操作。这就需要在表内和表外双向发力，鼓励地方政府拓宽表外融资渠道，加大基本建设投资力度。

一、地方政府表内债券"代发代还"的制度实践

以新积极财政政策为契机，中国开始逐步赋予地方政府表内发债权。自2009年起，财政部开始代理发行地方政府债券，用于解决地方融资难题。同国债转贷相比，"财政部代发地方债"是纳入预算管理的地方政府债券发行收入①，而非地方政府向中央申请的协议借款。这项制度实践向地方政府自主发债迈出了坚实一步。

既然1994年旧《预算法》要求地方财政保持"收支平衡，不列赤字"，财政部代理发行地方政府债券是否违背了相关法律规定？旧《预算法》第二十八条规定，"除法律和国务院另有规定外，地方政府不得发行地方政府债券"。但经国务院批准后，由省级政府在国务院审核批准限额内，提请同级人民代表大会或同级人民代表大会常委会审查批准一定数量的地方政府债券，是符合

---

① 详见财政部《关于印发〈2009年地方政府债券预算管理办法〉的通知》（财预〔2009〕21号）。

相关法律规定的制度举措。①财政部预算司（2009）一并列举了代发代还地方政府债券的具体缘由。根据财政部预算司的解释，各省份的债券由财政部代理发行偿还程序，而非赋权当地自发自还，是由于针对地方政府债券的信用评级和发行机制尚未有效建立，不具备制定统一管理制度框架的条件。2009年地方政府债券由财政部通过国债发行渠道代理发行并优先偿还，优点有四个方面：一是能够利用财政部多年发行国债积累的管理经验、成熟技术以及同投资者形成的良好关系；二是降低地方政府融资成本，提高债券发行效率；三是保障投资者按时收回本金和利息，提高地方政府债券信用等级，保护投资人利益；四是根据地方需求和债券市场状况，统筹安排发行节奏，促进债券市场稳定。

尽管财政部代理地方债券的发行和偿还程序，有助于累积债券管理经验，降低地方融资成本，特别是在国际金融危机冲击期间配合国家积极财政政策"扩大内需，促进经济增长"，但在实际执行层面暴露出四个主要问题（陈少强，2009；许晖，2009），即资金挪用、过度发债、风险转嫁、债信扭曲。首先，尽管财政部代发地方债被要求重点支持基建、民生、环保等建设项目领域，但由于代发代还债券是在国际金融危机冲击期间发行的，一些处于严峻收支困境的地方政府将债券融资收入违规用于填补经常性收支缺口，背离了公债融资的"黄金法则"。其次，由于地方债券有中央政府作为最终偿债人，且中央在各省份的债券额度配置上有区域平衡的考量，因此债信较低和风险较高的地区存在超出实

---

① 详见财政部《关于印发〈2009年地方政府债券预算管理办法〉的通知》（财预〔2009〕21号）。

际偿债能力的过度举债倾向,人大监督缺位则助长了高险地区的过度融资冲动。再者,由于代发代还债券的实际使用是"额度决定项目"而非"项目决定额度",容易混淆责任人、使用方和受益人,模糊不同级别政府的权责边界,使风险拾级而上转嫁给中央政府。最后,地方政府债券由财政部代发代还,致使相关信息拘囿在体制内,债券投资者无法基于地方政府的偿债能力、投资绩效、还款计划等信息判断其真实债信,不利于投资者基于市场信号执行监督反馈职能,提高债务资金使用效率。从暴露的各种制度问题看,"财政部代发地方债"同国债转贷性质类似,仍然是应对外部冲击的过渡性制度安排。

二、宽松政策环境下的表外债务融资激励

一方面,"四万亿计划"通过"财政部代发地方债"在预算收支表内推进实施;另一方面,中央营造了宽松的政策环境,支持地方政府多渠道拓展表外融资业务。与表内代发代还地方债券同步,2009年3月,中国人民银行联合银行业监督管理委员会,向中国人民银行上海总部、各省区市银监局、各政策性银行、国有商业银行、股份制银行等发布信贷结构调整意见,"鼓励地方政府通过增加地方财政贴息、完善信贷奖补机制、设立合规的政府投融资平台等多种方式,吸引和激励银行业金融机构加大对中央投资项目的信贷支持力度;支持有条件的地方政府组建投融资平台,发行企业债、中期票据等融资工具,拓宽中央政府投资项目的配套资金融资渠道"[①]。这项政策文件意味着,银行业金融机

[①] 详见中国人民银行和原银监会2009年3月18日联合下发的《关于进一步加强信贷结构调整促进国民经济平稳较快发展的指导意见》(银发〔2009〕92号)。

第二章 中华人民共和国成立后地方政府债务风险的治理历程回顾

构作为债权方，将向地方融资机构提供政策性贷款，从而贯彻国务院关于进一步扩大内需、促进增长的十项措施，助推"四万亿计划"顺利落地。

中国人民银行和原银监会联合发布的信贷结构调整意见诱发了各地区政府债务的竞争性飙涨。根据审计署2011年第35号《全国地方性政府债务审计结果》公告，2009年全国地方政府性债务余额相比上年增长61.9%，超出1998年积极财政政策执行年份13个百分点，达到了历史峰值。审计署公告之所以用"地方政府性债务"统计口径，而非"地方政府债务"，是由于2009年债务举借主体是融资平台公司而非地方政府，融资平台举借的企业债务未必全部归属地方政府债务。信贷结构调整意见诱发各地政府性债务急速飙涨的原因在于，我国融资平台公司的企业负责人主要从党政机关后备干部中选调，而非从职业经理人的"市场池"中聘任，融资平台举债直接挂钩地方官员的政绩考评。无论债务融资规模本身，还是利用表外债务拉动本地经济增长，都是地方官员政绩评定的重要内容。为提高有限任期内的政治晋升概率，地方官员亟需通过组建融资平台扩张表外举债。通过组建更多融资平台公司，依托融资平台公司申请银行贷款或发行城投债，地方官员可以取得相对竞争地区的更大政绩优势，将举债融资收益转化为个人的政治晋升收益。从这个角度观察，2009年地方政府性债务规模的异常飙涨，背后影射的是地方官员之间激烈的政治晋升博弈。以政绩竞争驱动举债竞争，成为债务飙涨阶段的一个非常典型的本土化制度特征。

图2-2分别绘制了2005—2011年各省份在债券市场公开发债融

资平台的组建数目、发债支数及其非线性演化趋势线,[①]数据取自万得资讯金融终端（WFT）。由图可见，无论全国范围内组建的融资平台数目，还是各级融资平台发行的城投债支数，2009年都是演化趋势的一个结构突变时点，达到2008年对应规模的3倍左右。原因即在于，2009年中国人民银行和原银监会针对融资平台出台的激励政策迎合了地方政府表外举债的扩张需求，结合纵向分权框架中植入的政绩考评机制，诱发了各地融资平台债务的竞争性飙涨局面。

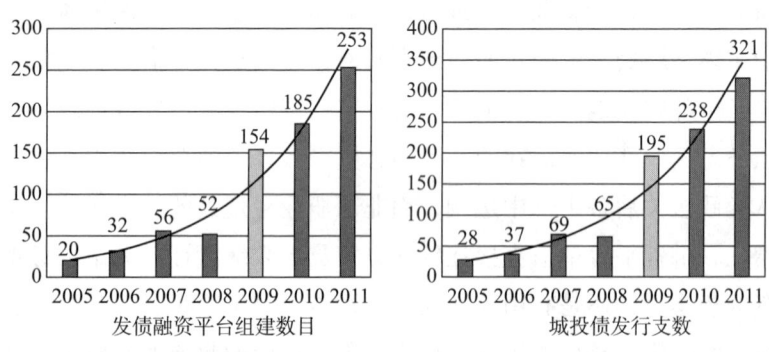

图2-2 发债融资平台数量及发行支数统计（2005—2011）

资料来源：万得资讯金融终端（WFT）。

2009年地方政府表外债务的竞争性飙涨会诱发哪些债务风险？学界和政策层面逐渐认识到，除总量扩张风险外，宽松政策诱发的债务风险更多体现在结构层面。尽管银发〔2009〕92号文

---

① 根据审计署公布的2011年第35号公告《全国地方政府性债务审计结果》，截至2011年3月，审计涉及的融资平台公司共6 576家。由于无法获得未在债券市场公开发行城投债的融资平台数据，图2-2主要基于在深市、沪市、银行间债券市场公开发债融资平台的统计数据，观察平台规模的演化趋势。

鼓励地方融资平台发行企业债（城投债）和中期票据，但在实际操作中，融资平台更加偏好申请银行贷款。根据黄佩华等（2003）的研究，地方政府凭借同本地金融机构的利益互联，能够以存款权置换贷款权，引导金融机构将信贷资源优先配置给平台公司；金融机构则在人事任命、吸储竞争、政策扶持等方面换取利益补偿，这些隐性补偿收益是无法从民间信贷项目获取的。地方政府和金融机构的隐性契约软化了债权方信贷约束，即便不具备发债资质的融资平台公司的贷款需求，本地金融机构也会尽可能给予增信支持，以便换取隐性补偿收益。

基于审计署2011年第35号公告《全国地方政府性债务审计结果》公布的审计数据，可以大体观察到地方债务竞争飙涨阶段蕴含的结构性风险。如表2-2所示，截至2010年末，全国包含政府负有偿还、担保、救助责任在内的总体债务余额中，79.01%来自银行贷款。这说明，地方政府债务的主要举债渠道已经从分税制改革初期的城投债发行，转变为依托融资平台公司直接向银行申请商业贷款，这是地方政府表外举债的一个重要变化。以银行贷款为主体的表外举债迎合了地方官员的量化政绩考评需求，高风险地区同样能够凭借商业银行的增信支持获取表外贷款，支持本地市政基础设施建设，并冀图在债务危机触发时，通过中央转移支付"公共池"将偿债压力转移给财力基础稳固的低风险地区承担。[①]

[①] 所谓"公共池"，是指在预算软约束的纵向分权治理框架中，中央政府为救助地方政府债务危机提供的事后转移支付类似于一种公共池资源。为争夺公共池资源，地方政府往往策略性无视自身偿债能力扩张举债规模，冀图在危机暴露时将偿债责任通过公共池转嫁给其他地区。关于"公共池"效应的理论分析，感兴趣的读者可参考古德斯皮德（Goodspeed，2002）以及郭玉清等（2016）。

表2-2　2010年底地方政府性债务资金来源情况　（单位：亿元）

债权人类别	三类债务合计 债务额	三类债务合计 比重	政府负有偿还责任的债务 债务额	政府负有偿还责任的债务 比重	政府负有担保责任的债务 债务额	政府负有担保责任的债务 比重	其他相关债务 债务额	其他相关债务 比重
银行贷款	84 679.99	79.01%	50 225.00	74.84%	19 134.14	81.88%	15 320.85	91.77%
上级财政	4 477.93	4.18%	2 130.83	3.18%	2 347.10	10.04%	0.00	0.00%
发行债券	7 567.31	7.06%	5 511.38	8.21%	1 066.77	4.56%	989.16	5.92%
其他单位和个人借款	10 449.68	9.75%	9 242.3	13.77%	821.73	3.52%	385.65	2.31%
小计	107 174.90	100.00%	67 109.51	100.00%	23 369.74	100.00%	16 695.66	100.00%

资料来源：审计署2011年第35号审计公告。

图2-3进一步基于省级视角，刻画了截至2012年底，以银行贷款为主体的表外债务融资模式蕴含的道德风险和错配扭曲。尽管图2-3（a）显示各省份的人均债务余额正相关于人均产出，说明经济发达地区人均背负的债务存量更高，债务承载力更强，图2-3（b）却反映出省级负债率逆经济分布的制度怪象。由拟合趋势线可见，距离东部海岸线越偏远的内陆欠发达省区，政府性债务余额占GDP比重越高，债务风险越严峻。原因即在于，经济落后省区"搞建设，谋发展"的政绩冲动非常强烈，更有意愿凭借隐性契约获得本地金融机构增信支持，并冀图在风险暴露时谋求中央救助，将偿债压力通过"公共池"推卸给其他省区。

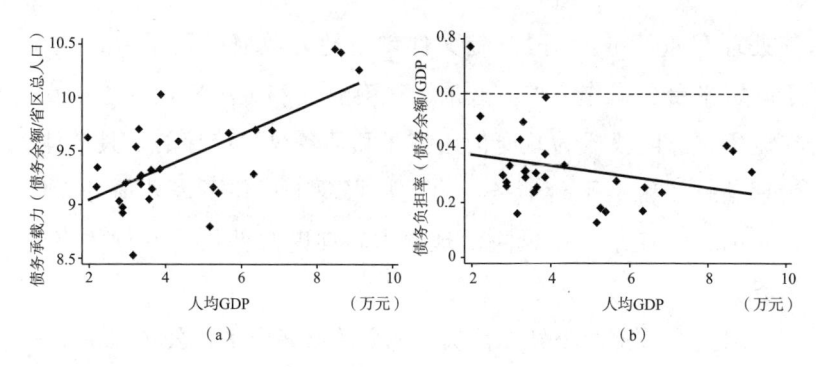

图2-3 各省区债务承载力及负担率的区域布局（2012）

注：图2-3（a）纵轴标识的是债务承载力（元/人）的自然对数值；图2-3（b）虚线刻画的是债务负担率的欧盟警戒线。

资料来源：万得资讯金融终端（WFT）、各省份政府性债务审计公告。

基于上述分析，竞争飙涨阶段的表外债务风险主要源于债权方预算软约束诱发的政府信用扩张，表现有二：一是在总量层面，表外债务在政绩竞争压力下急速飙涨，债务体量与偿债财源错配严重，流动性风险濒于失控；二是在结构层面，高险地区以及市县级基层政府可以获取本地金融机构增信支持，有概率先陷入偿债困境，向其他省区和中央政府转嫁偿债压力。总量和结构层面暴露的债务风险表明，强化债权方信贷约束，遏制地方政府举债融资的道德风险和错配扭曲，已然势在必行。

2.3.2 紧缩回落阶段的地方政府债务风险治理（2010）

针对表外债务扩张隐含的道德风险和错配扭曲，在中国人民银行和证监会联合发布信贷结构调整意见仅一年后，2010年6月，国务院发布第19号文，敦促各地清理规范融资平台，妥善处理存量债务。①国务院文件剑指地方政府融资平台,是由于融资平台公司作为地方政府、国有企业和金融机构的连接点,在竞争飙涨阶段成为政府信用扩张和债务风险传导的工具载体。清理整顿了融资平台债务,也就从根源上抓住了表外债务无序扩张的核心症结,使风险治理压力转向财政部代理发行的表内债务。

国发〔2010〕19号文首次给地方政府融资平台公司提供了一个清晰的官方定义,即"地方政府及其部门和机构等通过财政拨款或注入土地、股权等资产设立,承担政府投资项目融资功能,并拥有独立法人资格的经济实体"。根据这份官方文件,强化融资平台公司管理,将执行四个方面的政策。第一,清理核实并妥善处理融资平台公司债务。中央敦促各省区市对融资平台债务进行分类处置,具体分为三类情形:融资平台因承担公益性项目建设举借、主要靠财政性资金偿还的债务;融资平台因承担公益性项目建设举借、项目本身有稳定经营性收入并主要依靠自身收益偿还的债务;融资平台因承担非公益性项目建设举借的债务。第二,清理规范融资平台公司。中央文件指出,对于仅承担公益性项目融资任务且主要依靠财政性资金偿债的融资平台公司,不再保留政府融资职能,对公司作妥善处理;对于承担有稳定经营性收入的公益性项目融资任务并主要依靠自身收益偿还债务的融资平台

---

① 详见《国务院关于加强地方政府融资平台公司管理有关问题的通知》,国发〔2010〕19号。无独有偶的是,在计划经济时期,对于地方政府超计划投资、超范围使用银行信贷资金带来的表外风险冲击,中央同样主要通过加强信贷管理的行政手段进行防范控制。(樊丽明等,2006)

公司,以及承担非公益性项目融资任务的融资平台公司,要充实公司资本金,通过引进民间投资等市场化途径促进投资主体多元化,改善公司股权结构。第三,强化对融资平台公司的融资管理和银行业金融机构等的信贷管理。清理整合后保留的融资平台公司申请银行贷款需落实到项目,符合国家有关产业政策规定,履行项目审批、核准或备案手续;银行业金融机构应加强风险识别和管理,向融资平台公司新发贷款要直接对应项目,按照要求将符合抵质押条件的项目资产或项目预期收益等权利作为贷款担保。第四,坚决制止地方政府违规担保承诺行为。要严格执行《中华人民共和国担保法》等相关法律法规规定,地方政府及其所属部门、机构和财政拨款事业单位,均不得以财政性收入、行政事业等单位的国有资产,或以其他任何直接、间接形式为融资平台公司融资行为提供信用担保。

国发〔2010〕19号文颁布约一个月后,财政部、发展改革委、人民银行及原银监会联合发布《关于贯彻国务院关于加强地方政府融资平台公司管理有关问题的通知相关事项的通知》(财预〔2010〕412号),明确要求以2010年6月30日为节点,清理核实该节点前各省区市融资平台通过直接借入、拖欠或因提供担保、回购等信用支持形成的债务。四部门联合下发的文件进一步要求,对于自身没有稳定经营性现金流或者没有可靠偿债资金来源的融资平台公司,银行业金融机构不得发放贷款;地方政府不得为融资平台公司的融资行为出具担保函,不得承诺在融资平台公司出现偿债困难时,或给予流动性支持,或将融资平台公司的偿债资金安排纳入政府预算。

2010年密集出台的政策文件[①]表明,在不到两年的时间里,地方政府债务治理便完成了一轮从"扩张"到"紧缩"的完整政策周期。按照凯恩斯"萧条经济学"和勒纳"功能财政论"的观点,财政政策周期应视经济形势的变化执行反周期操作,从而经济萧条时期累积的财政赤字可被经济繁荣期的财政盈余抵补,实现"全周期预算平衡"。国际金融海啸冲击过后,为配合中央"四万亿计划"执行反周期操作,以融资平台为工具载体的举债激励政策本应视经济内生增长动力的恢复程度而逐步淡出;但该轮激励政策仅执行一年后便遽然转向,说明表外债务竞争飙涨暴露的流动性风险已然非常严峻,甚至不排除偿债危机有正在部分财力孱弱地区凝聚扩散,冲击财政金融运行安全的可能。

2010年国务院出台的紧缩政策是否有效遏制了表外债务的竞争飙涨趋势?如图2-4所示,地方政府性债务余额增长率在两度积极财政政策执行期间分别达到周期峰值,其中1998年积极财政政策使地方政府性债务增长率达到48.2%,2009年积极财政政策则将该增长率推高到历史峰值61.9%。两度积极财政政策的显著区别是,1998年积极财政政策随经济内生动力的恢复而逐步退出,表现在地方政府性债务增长率呈现相对平滑的下降态势,至2008年大致恢复到危机冲击前的水平;2009年积极财政政策则在实施一年后即转为严厉紧缩姿态,政策遽然收紧使2010年的政府性债

[①] 除四部门联合下发文件外,2010年7月至12月,原银监会平均每月出台一份官方文件,敦促各地清理核查融资平台债务,防范融资平台公司信贷风险。较具代表性的文件包括2010年8月发布的《关于地方政府融资平台贷款清查工作的通知》(银监办发〔2010〕244号)、2010年10月发布的《关于做好下一阶段地方政府融资平台贷款清查工作的通知》(银监办发〔2010〕309号)、2010年12月出台的《关于加强融资平台贷款风险管理的指导意见》(银监发〔2010〕110号)。

务增速呈"断崖式"下降，跌至18.9%的历史低位，彰显出中央遏制地方政府债务风险的坚定决心。

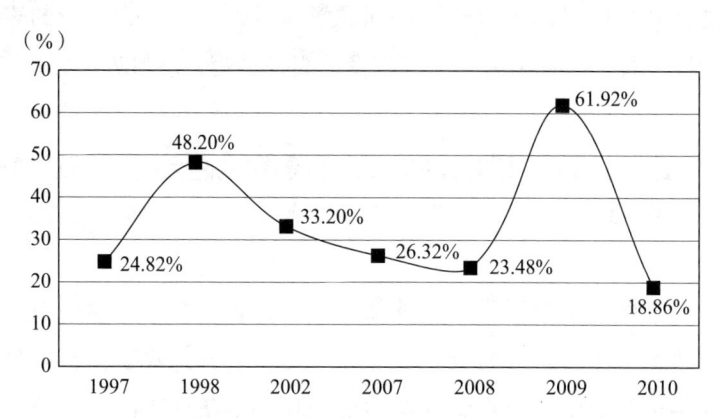

图2-4 全国地方政府性债务余额增长率变化情况（1997—2010）

注：（1）各年增长率数据来自审计署2011年第35号审计公告；
（2）图中2002年增长率为1998年至2002年年均增长率，2007年增长率为2002年至2007年年均增长率。

反思2009—2010年地方政府债务调控政策的这轮"收放周期"，战略启示意义有二。一是在大国体量中执行反周期操作，需要在"激励"和"约束"的目标权衡中掌握好政策执行尺度。由于央地分权框架中嵌入了政绩考评机制，鼓励地方政府组建融资平台的政策极易导致地方政府利用同本地银行业金融机构的隐性契约进行竞争性信用扩张，这会在微观主体的互动博弈中诱发"合成谬误"，衍生出很多决策者意料之外的负面冲击。一旦债务风险突破警戒线，后续政策将不得不被动转向，对冲前期衍生风险，这就是所谓"风险治理的内生性"问题。二是融资平台公司作为地方政府与金融机构的结合点，是地方政府信用扩张的重要工具载体。以"银行信贷"方式绕过旧《预算法》约束扩张表外举债，会导致金融信贷资源过度向融资平台公司倾斜，策略性挤出更富效率的民间投资。这些问题意味着，放开地方政府的表内举债权，替代监管不力、问题频发的表外融资，已然势在必行。

2.4 试点扩容阶段的地方政府债务风险治理（2011—2014）

鉴于融资平台举借的表外债务始终隐含着政绩驱动的道德风险和错配扭曲，自2011年起，中国开始有选择地在试点地区推行表内举债融资赋权，探索社会主义市场经济条件下的地方政府自行发债。改革开放以来，中国陆续推行的家庭联产承包责任制、国有企业股份制、沿海经济开放区等制度改革，都带有类似的政策试验性质。（周黎安，2008）政策试验的好处是风险可控和绩效可期，特别是在一个人口和地理空间意义上的发展中大国，通过在试点地区引入一个政策冲击，决策层可以先行观察试点改革绩效，再将审慎评估后的成功经验渐进推广到其他地区，避免贸然推行全面改革引发经济社会风险。在表内举债赋权试点扩容阶段，一个典型现象引发了学界的普遍关注：随着表内举债赋权省份的不断扩容，地方政府表外债务呈现"明暗交替"的结构演化趋势。这个现象背后的逻辑机理，需要结合试点扩容政策推行的制度背景予以深刻解读。

2.4.1 表内举债赋权的试点扩容

2011年，中国在上海、浙江、广东、深圳四地试行地方政府

"自行发债"，为全面赋权地方政府自主发债提供试点经验。首选四个东部沿海省（市）作为自行发债试点，是考虑到这些地区经济基础稳固，偿债能力无虞，特别是上海和深圳作为两大证券交易所所在地，更在债券市场交易方面累积了充分的前期管理经验。表2-3简要列示了2011—2014年地方政府自行发债试点扩容期间，主要政策规定的历年演化情况。

表2-3 地方政府自行发债政策演化情况（2011—2014）

年份	发债模式	试点范围	偿债保障机制	发债规模	债券期限结构	定价方式
2011	自发代还	东部4省（市）	中央专户汇缴	限额管理	3年、5年各50%	单一利率
2012	自发代还	东部4省（市）	中央专户汇缴	限额管理	3年、5年、7年均不得高于50%	单一利率
2013	自发代还	东部6省（市）	中央专户汇缴	限额管理	3年、5年、7年均不得高于50%	单一利率
2014	自发自还	全国10省（市）	地方自行组建	限额管理	5年、7年、10年比例4∶3∶3	单一利率

资料来源：财政部历年印发的财库［2011］141号、财库［2012］47号、财库［2013］77号、财库［2014］57号文件。

根据《财政部关于印发〈2011年地方政府自行发债试点办法〉的通知》（财库［2011］141号），自行发债是指"试点省（市）在国务院批准的发债规模限额内，自行组织发行本省（市）政府债券的发债机制"。为确保表内债券本息能够及时足额偿还，还本付息工作仍由财政部代理完成，因此试点扩容初期阶段的地方政府自行发债被称为"自发代还"模式，这种发行模式有别于财政部代理发行地方债的"代发代还"模式。中央限制了首批试点地区的自行发债规模,规定发债限额"当年有效,不得结转下年",这应该是汲取了计划经济时期地方公债无序扩张以及"四万亿计划"执行期间表外债务竞争性飙涨的教训,旨在通过限额管理坚守不发生系统性风险的底线,逐步推进债务治理规范化、透明化、制度化。

接下来逐年分析试点扩容期间推行的具体制度举措。根据官方文件,2011年试点省(市)债券期限包括3年、5年两类,两类债券各占发行总量一半,都属于政府中期债券。[①]长期债券一般用于期限较长的大型基础设施和公共工程项目建设,例如中华人民共和国成立初期(1954—1958)发行的国家经济建设公债便属于长期债券。由于长期债券流动性差,转换为现金相对困难,受通货膨胀影响实际还本付息额不断下降,因此为补偿投资者的潜在损失,其票面利率一般高于短期债券,这使债券发行主体面临更大的还本付息压力。在试点扩容初期阶段,中央要求试点省(市)只能发行3年期、5年期两类债券,从而控制发债地区的债务偿还成本和偿债能力的不确定性,为未来全面放开地方自主发债融资权累积管理经验。进一步地,根据2011年出台的官方文件,四个试点省(市)发行的地方政府债券全部为记账式固定利率附息债券。相对浮动利率债券,固定利率附息债券在整个偿还期内以不变利率定期付息,筹资成本和投资收益可以事先预计,非常适用于市场利率相对稳定的中短期债券。因此,无论从发债规模、期

[①] 按照政府债券的发行期限区分,可将政府债券分为短期债券(1年以下)、中期债券(1年至10年)、长期债券(10年以上)三类。企业债券方面,区分短期债券和中期债券的期限同样是1年,但长期债券的发行期限是5年以上。

限结构还是发行方式考察，地方政府自行发债试点扩容的初期阶段都侧重控制试点风险，累积管理经验。

2012年，地方政府自行发债仍然选择上海、浙江、广东、深圳作为试点省（市），延续2011年试行的"自发代还"制度。根据财政部《关于印发〈2012年地方政府自行发债试点办法〉的通知》（财库[2012]47号），2012年试点办法同2011年的主要区别是，允许地方政府发行期限为3年、5年、7年三类中期债券，每种债券发行规模不得超过本地区债券规模限额的50%。延长债券发行期限，可使地方政府有更大决策自由度安排债务资金，支持本地回报期较长的基础设施建设项目。站在中央决策层的角度思考，延长地方债券发行期限也可能基于2011年发行的中短期债券在及时足额偿付本息方面始终表现良好，从而希望在风险可控的基础上视情丰富债券发行种类和期限结构，允许地方政府累积更长期债券的发行管理经验。除试发7年期地方政府债券外，2012年自行发债试点办法基本延续了2011年的制度举措。

2013年，地方政府自行发债试点开始扩容，增补了江苏和山东两个东部经济大省。根据万得资讯金融终端（WFT）提供的政府性债务余额审计数据，截至2013年6月，江苏和山东两省包括政府负有偿还责任、担保责任、救助责任在内的政府性债务总余额分别是1.5万亿元和7.1万亿元，债务体量在东部省区中位居前列。但对比可用财力[①]，经简单匡算可得江苏和山东两省的"债务率"分别为1.33和0.94，属于相对低风险省区。由此，将自行发

[①] "可用财力"包括各省份公共财政预算收入、政府性基金收入和国有资产经营收益等地方政府具有裁量权的各类表内预算收入。后文数据取自2014年《中国财政年鉴》。

债试点扩容至江苏和山东两个东部经济大省，仍然旨在坚守不发生系统性风险的底线，在偿债能力无虞的基础上累积地方债券管理经验，为全面放开地方政府自主发债融资权提供经验示范。

2014年，即地方政府自行发债试点扩容政策推行三年后，制度设计出现四点重大变化。第一，发债模式从"自发代还"变为"自发自还"。地方债券由地方政府自发自还，中央退出债券偿还程序，将削弱市场主体将中央政府视为地方债券"最终偿债人"的刚性兑付预期，还原地方债券投资的风险溢价。在"财权上移、事权下放"的中国式分权治理框架中，中央政府的偿债能力显然高于地方政府，中央代还地方政府债券相当于为地方债券的偿还机制提供了一层"隐性担保"，使地方债券发挥了类似"准国债"的职能。当中央政府退出地方债券偿还程序时，隐性担保随之剥离，市场投资主体可能会面临高险地区展期违约的信用风险。第二，试点范围从东部六地区扩容至全国十地区。在2014年自发自还阶段，地方政府自行发债试点进一步增补北京、青岛、宁夏、江西四地区，至此全国东、中、西部三大区域均被纳入发债试点。中国地域广袤，人口众多，不同省区之间的经济基础、财力规模、债务体量、应债能力差异极大。将全国三大区域全部纳入自行发债试点，有助基于各地具体情况观察债务绩效和监测风险状态，设计差异化的监管机制。此外，由于发债试点是在三大区域中视情选取的，相互距离较远，这也有利于将改革过程中的债务风险隔离在试点地区，避免风险蔓延传播。第三，在期限结构方面，增设10年期债券，停发3年期债券。鉴于前期发行债券的偿还保障机制运转良好，各地能够及时足额将偿债资金汇缴至中央专户，自发自还阶段的债务治理进一步延长了地方债券发行期限，要求各省级行政单位按30%的比例发行10年期债券。长期债券的试发行，为自主发债阶段将债券发行期限继续延长至15年以上提供了制度准备。第四，在保障机制方面，从"中央专户汇缴"变为"地方自行组建"。偿债资金汇缴中央专户，是同"自发代还"模式配套的保障制度，旨在敦促各省区市及时足额上缴偿债费用，避免将偿债责任推卸给中央政府。"自发代还"转为"自发自还"后，偿债保障机制顺势转型为地方自行组建，可以进一步打破地方政府和投资主体的刚兑预期，厘清中央与地方的债务权责边界，以债务自还、风险自担的理念推进新时代地方政府债务治理。

深刻理解地方政府自行发债政策的制度影响，需要把握两个制度细节。一是同计划经济时期的地方公债发行模式一致，地方政府自行发债乃至表内举债权全面放开后的地方政府自主发债，均将发债主体严格限定在省级政府，省以下市县级政府的债务配额只能从省级政府转贷获得。这样的转型期制度设计，有利于中央随时监控省级债务风险的运行状态，避免债务主体下沉导致风险在基层政府持续累积凝聚。二是地方政府"自发自还"债务规模仍然不能突破国务院批准限额，地方政府也不能随意调整债券期限结构。限定发债规模和期限结构仍然旨在控制风险，但也隐匿了地区间偿债能力差距，难以通过债券利差区别不同地区的风险溢价，形成低效融资的信用过滤机制。具体表现是，一些省份甚至出现地方债券发行利率低于同期国债发行利率的"利率倒挂"现象。（王治国，2018）从完善价格发现功能的视角观察，政策试验阶段的"自发自还"模式同完全市场化的"自主发债"模式仍有差距。

2.4.2 表外债务融资的结构替代

在地方政府自行发债试点扩容阶段，债务风险治理暴露出的另一个问题是表外债务类型的"结构替代"。按照政策要求，新时代地方债务风险治理应基于"开前门、关后门、修围墙"的原则展开（贾康，2014），即逐步开放发行地方政府债券的"前门"，关闭融资平台举借表外债务的"后门"，构建债务风险监测预警机制。那么，随着债务"前门"的试点放开，"后门"是否随之自动闭合？表外债务风险又表现出哪些新的演化特征？

前文述及，2010年6月国务院发布第19号文，引领一揽子融资平台治理政策[①]，要求金融机构贷款给地方融资平台需直接对应项目，符合国家宏观调控政策、发展规划、产业政策、行业准入等制度规定，融资平台信贷规模的无序扩张由此得到有效遏制。但随着融资平台信贷规模的政策性收缩，审计署后续查明，地方政府又陆续发展出信托融资、委托贷款、融资租赁等"非标业务"融资渠道，使新增债务来源形成了"银行贷款"与"非标业务"的结构替代。[②]对比2011年和2013年政府性债务的官方审计结果，可以更直观看出地方政府表外债务的结构演化趋势。由表2-2和表2-4可见，截至2011年底，"银行贷款"占各类地方政府性债

[①] 国发〔2014〕19号文引领的一揽子融资平台治理政策具体包括：2010年8月中国原银监会办公厅发布的《关于地方政府融资平台贷款清查工作的通知》（银监办发〔2010〕244号）、2010年10月原银监会发布的《关于做好下一阶段地方政府融资平台贷款清查工作的通知》（银监办发〔2010〕309号）、2010年12月原银监会出台的《关于加强融资平台贷款风险管理的指导意见》（银监发〔2010〕110号）等。

[②] 详见中华人民共和国审计署2013年第32号公告《全国地方政府性债务审计结果》（总第174号）。

务比重高达79%,"发行债券"占比仅为7%；截至2013年6月,"银行贷款"和"发行债券"占比分别调整为56%和10%,委托贷款、信托融资和融资租赁三类新审计出来的"非标业务"占比达到11%,"银行贷款"与"非标业务"此消彼长的结构替代演化趋势非常显著。

表2-4 2013年6月底地方政府性债务资金来源情况（单位：亿元）

债权人类别	三类债务合计 债务额	比重	政府负有偿还责任的债务 债务额	比重	政府负有担保责任的债务 债务额	比重	政府可能承担一定救助责任的债务 债务额	比重
银行贷款	101 187.39	56.56%	55 252.45	50.76%	19 085.18	71.60%	26 849.76	61.87%
发行债券	18 456.91	10.32%	11 658.67	10.71%	1 673.58	6.28%	5 124.66	11.81%
信托融资	14 252.33	7.97%	7 620.33	7.00%	2 527.33	9.48%	4 104.67	9.46%
金融机构融资	3 366.13	1.88%	2 000.29	1.84%	309.93	1.16%	1 055.91	2.43%
融资租赁	2 318.94	1.30%	751.17	0.69%	193.05	0.72%	1 374.72	3.17%
小计	178 908.66		108 859.17		26 655.77		43 393.72	

资料来源：审计署2013年第32号审计公告（2013年12月30日）。

为何地方政府与金融机构的"隐性契约"被制度性破除后,"非标业务"成为地方政府表外融资的重要渠道？研究表明,银行业金融机构投资非标资产至少有两大收益：一是同信用贷款相比,金融机构投资非标业务的收益率较高,能够创造更多经营收益；

二是非标业务属于银行表外业务，并不体现在银行的会计科目中，金融机构在做大非标资产的同时无需考虑存贷比限制，有更大的决策自由度获取信贷回报。从地方政府的角度观察，随着债权方信贷管理力度的逐步强化，通过融资平台申请银行贷款越来越困难。地方政府选择"非标业务"渠道扩展表外举债空间，可以继续加大公共投资力度，是新制度环境下的一种理性替代选择。这相当于在自行发债试点扩容期，地方政府与银行业金融机构达成一种新的"隐性契约"。即，地方政府通过融资平台向银行业金融机构申请"非标贷款"，利用非标融资填补银行信贷紧缩后的融资缺口，维持市政基础设施投资力度；银行业金融机构努力迎合地方政府的非标融资需求，通过做大非标资产规模提升决策自由度，获取相对银行信贷业务的更高经营回报，换取地方政府提供的隐性政策支持。在新的制度环境下，资金供求双方通过拓展"非标业务"实现了合作共赢，但这种博弈互动继续压抑了民营企业通过正规金融渠道获取信贷资金的空间。

郭玉清等（2016）揭示了自行发债试点扩容期"非标"债务扩逆势张的另一重决策动机。根据这篇论文构建的理论模型，地方政府举债融资偏好取决于对中央政府的事后救助预期。如果地方政府观察到政绩考评机制即将变化，则其将赶在政绩考评机制转型前加大举债融资力度，尽量不错过政治晋升或干部交流的"末班车"。这是地方政府应对政策周期的一种前瞻性反映。在自行发债试点扩容期，中央出台的一揽子治理转型政策，预示平台公司的政府融资职能即将被制度性剥离，中央将不再以融资平台举债规模考评地方官员的量化政绩。随着表内债券发行的试点扩容，规范融资将取代融资平台协议借款，量化考评随之转为绩效考评，这将激励地方官员赶在政绩考评机制全面转型前，加大"非标业务"融资力度。地方政府这种应对政策周期的前瞻性反映，将一直持续到新的政绩评价机制出台并且企稳为止。

另外一个需要密切关注的结构变化是，在自行发债试点扩容期，表外债务杠杆呈现向市县级基层政府梯度下移的演化趋势。原因主要有两方面。其一，地方政府自行发债权集中在省级政府，市县级基层政府的债务配额只能从省级政府转贷获得。对争取到转贷资金的市县政府来说，其表内转贷债务投资将受到省级政府的严厉预算约束，因为一旦偿债资金不能及时足额上缴省级财政专户，省级政府必须代为履行偿债责任，并可能受到中央审计问责。由此，市县级政府对表内转贷债务并没有太多自由裁量权，通过非标业务扩张表外举债是更加可行的融资途径。其二，市县级政府的财力基础和偿债信用远低于省级政府，一旦强化债权方信贷管理，省级融资平台仍然能够获得银行业金融机构的增信支持，市县级政府则难以申请到银行贷款，只能更多诉诸非标业务筹集资金。

上述分析表明，在自行发债试点扩容期，表外债务规模主要形成两类此消彼长的结构替代演化趋势，一是"银行贷款"与"非标业务"的结构替代，二是省级债务和市县级债务的结构替代。表外债务向隐性化、基层化方向发展，无疑增加了地方债务风险的治理难度。相对银行贷款来说，委托贷款、信托融资、融资租赁等非标业务的融资渠道非常隐蔽，实际规模难以准确核定，且债务主体模糊，很难剥离清楚政府和企业的偿债责任。鉴于融资平台公司始终是地方政府同中央决策部门展开策略博弈、软化财经纪律约束的工具载体，2014年，国务院正式发文剥离了融资平台的政府融资职能，敦促各地推进融资平台公司的市场化和实体化转型，加强存量债务的统计核算和风险防控。①这项政策文件的出台，意味着地方政府举债融资的"后门"正式宣告闭合，规范化、透明化、制度化的表内发债融资模式将逐步取而代之，中国进入全面推进债务治理现代化的新时期。

2.5 全面转型阶段的地方政府债务风险治理（2015—2018）

2015年，中国完成"破冰之举"，全面放开了各省、自治区、直辖市的表内发债融资权。按照官方的表述，自2015年新《预算法》生效起，地方政府要在三年左右的过渡期内完成表外存量债务置换，实现债务治理模式的全面转型。在治理战略转型期，有必要分析地方政府债务风险出现哪些新的表现形式，中国采取了什么样的组织框架，具体出台了哪些制度举措予以防范控制，从而为进一步推进债务治理现代化提供决策依据。

2.5.1 国发〔2014〕43号文引领的一揽子债务风险治理政策

深入理解战略转型期的债务风险发展趋势和治理取向，有必要首先回顾2014年9月国务院出台的地方政府性债务管理意见（国发〔2014〕43号文）。这份官方文件首次提出治理地方政府性债务风险的基本原则，出台了系统的治理措施，是指导新时代地方政府债务风险治理的纲领性文献。

---

① 详见《国务院关于加强地方政府性债务管理的意见》（国发〔2014〕43号）。

第二章　中华人民共和国成立后地方政府债务风险的治理历程回顾

国发〔2014〕43号文主要从四个方面提出地方政府性债务风险的治理措施。第一，剥离融资平台的政府融资职能，明确要求融资平台不得新增政府债务。在国发〔2014〕43号文以前，融资平台公司始终是地方政府变相举债的工具载体，或者直接向银行业金融机构申请信用贷款，或者发展非标业务、扩张影子银行风险。剥离平台公司的政府融资职能，意味着地方政府不再为融资平台债务提供隐性担保，政府和企业债务的权责边界将逐步厘清。这将促进融资平台公司向市场化和实体化方向转型，成为市场化运营的地方国有企业。第二，地方政府对举借的债务自行承担偿还责任，中央明确表态"不救助"。在央地分权框架中明确释放不救助信号，旨在破除地方政府举债融资秉持的刚性兑付预期，遏制地方政府通过转移支付"公共池"转嫁偿债责任的道德风险。自中华人民共和国成立以来，这是中国首次在官方正式文件中明确提出以"不救助"原则引领地方政府债务治理。第三，转变地方官员政绩考评机制，将政府性债务作为硬指标纳入政绩考核。"分税制"改革后，发展战略导向塑造了以GDP为核心的量化政绩考评机制，各级地方政府为凸显量化政绩竞相举借表外债务，这是地方债务风险扩张的重要制度诱因。将债务风险纳入政绩考评，承诺对过头举债、逃废债务的地方官员离职追责，将彻底扭转"唯GDP论英雄"的功利主义政绩观，约束地方官员谨慎举债，内控风险。第四，强化债权方信贷约束，制度性破除地方政府与金融机构的隐性授信契约。国发〔2014〕43号文强调，金融机构不得违法违规向地方政府提供融资，不得要求地方政府违法违规提供担保。金融机构购买地方政府债券要符合监管规定，切实加强风险识别和风险管理。分别从债权方和债务方遏制地方政府表外举债，有助"双管齐下"推进债务治理规范化，对重塑政府、企业和商业银行关系必将产生深远制度影响。

除"关后门"外，国发〔2014〕43号文进一步明确了如何"开前门"。根据这份政策文件，自2015年起，中央将赋予地方政府依法适度举债权限。所谓"依法"，是指省、自治区、直辖市政府举债需经国务院批准授权，市县级政府债务由省、自治区、直辖市代为举借；所谓"适度"，是指地方政府债务将实行限额和余额管理，地方政府举债不得突破批准限额。根据文件要求，地方政府债务将分为一般债和专项债，分别纳入公共财政预算和政府性基金预算，进行全口径限额预算管理。各省区市的限额由财政部在全国人民代表大会或其常委会批准的地方政府债务规模内，根据债务风险和财力状况等因素统筹测算得出。自1994年旧《预算法》要求地方财政保持"收支平衡，不列赤字"的制度规定运行长达20年后，这是中央文件首次放开各省区市的表内发债融资权，规范化、透明化、制度化的新型债务治理模式正式在全国范围内全面铺开。

国发〔2014〕43号文一方面致力于将债务风险显性化，另一方面引领了一系列官方治理文件，加强了对融资平台风险的防范控制。如表2-5所示，在2014年9月至2015年1月，财政部、发改委、原银监会等部门密集出台官方文件，要求地方政府清理整顿融资平台存量债务，推进平台公司的市场化和实体化转型，切实防控融资平台债务风险。厘清企业债务和政府债务的权责边界，是债务治理"开前门，关后门"最重要的工作。只有将融资平台历史举借的公益性和收益性债务甄别清楚，分别归为一般债、专项债和企业债，才能彻底推进债务治理规范化，完成治理模式的战略转型。融资平台转型后,可以通过产业链运营、多元化业务整合、股权投资等方式提升其财务绩效和资产质量,无需继续依托政府信用背书衍生泛化表外隐性债务,因此融资平台市场化转型的制度改革对保障财政金融安全具有深远影响。

表2-5　国发〔2014〕43号文引领的一揽子融资平台风险治理政策

文件编号	生效时间	颁发机构	具体内容
国发〔2014〕43号	2014年9月	国务院	加强政府或有债务监管。剥离融资平台公司政府融资职能,融资平台公司不得新增政府债务。取缔对融资平台的政府担保和违规授信。地方政府新发生或有债务,要严格限定在依法担保的范围内,并根据担保合同依法承担相关责任
财预〔2014〕351号	2014年10月	财政部预算司	清理存量债务,甄别政府债务。甄别工作由财政部门牵头,将地方政府负有偿还责任的债务逐笔甄别为一般债务、专项债务。地方各级政府以2013年政府性债务审计确定的融资平台名单为基础,统计本级融资平台公司名录。明确政府和企业的责任,企业债务不得推给政府偿还
银监办发〔2014〕39号	2014年9月	中国银行业监督管理委员会	严格控制非标准化债权资产的比例,并对各类合作金融机构的准入条件、资质、风险控制能力等进行严格审核及把关
财金〔2014〕76号	2014年9月	财政部金融司	重点做好融资平台公司项目向政府和社会资本合作项目转型的风险控制工作,切实防范和控制财政风险

续表

文件编号	生效时间	颁发机构	具体内容
财金〔2014〕112号	2014年11月	财政部金融司	积极引入社会资本参与存量项目的改造和运营，切实有效化解地方政府融资平台债务风险
财金〔2014〕113号	2014年11月	财政部金融司	保证政府和社会资本合作项目实施质量，规范项目识别、准备、采购、执行、移交各环节操作流程
发改投资〔2014〕2724号	2014年12月	国家发展和改革委员会	扎实有序开展政府与社会资本合作
2015年生效的新《预算法》	2015年1月	全国人民代表大会常委会	在国务院确定的限额内，(地方政府及其所属部门)可以通过发行地方政府债券的方式筹措建设资金，除此之外不得以任何方式举借债务，不得为任何单位和个人的债务以任何方式提供担保。违反本法规定举借债务或者为他人债务提供担保，对负有直接责任的主管人员和其他直接责任人员给予降级、撤职、开除的处分

资料来源：笔者根据相关政策文件整理。部分内容经过了概括。

与之前的治理政策不同，在全面转型阶段，国发〔2014〕43号文提出一种新的地方政府融资机制，即"政府与社会资本合作"（PPP）。根据这份官方文件，地方政府应"鼓励社会资本通过特许经营等方式，参与城市基础设施等有一定收益的公益性事业投资和运营。政府通过特许经营权、合理定价、财政补贴等事先公开的收益约定规则，使投资者有长期稳定收益。投资者按照市场化原则出资，按约定规则独自或与政府共同成立特别目的公司建设和运营合作项目。投资者或特别目的公司可以通过银行贷款、企业债、项目收益债券、资产证券化等市场化方式举债并承担偿债责任"。国发〔2014〕43号文的这项制度举措为融资平台转型提供了新的方向。2015年，国务院办公厅转发财政部、发改委、人民银行联合发布的《关于在公共服务领域推广政府和社会资本合作模式的指导意见》（国办发〔2015〕42号），敦促各地"推动融资平台公司与政府脱钩，进行市场化改制，健全完善公司治理结构，对已经建立现代企业制度、实现市场化运营的，在其承担的地方政府债务已纳入政府财政预算、得到妥善处置并明确公告今后不再承担地方政府举债融资职能的前提下，可作为社会资本参与当地政府和社会资本合作项目，通过与政府签订合同方式，明确责权利关系"。同时，国办发〔2015〕42号文也意识到这种新的融资模式可能隐含的衍生风险，明确提出"严禁融资平台公司通过保底承诺等方式参与政府和社会资本合作项目，进行变相融资"。

全面转型阶段的一项重要工作是地方政府债务置换。根据2015年12月财政部预算司颁发的《关于对地方政府债务实行限额管理的实施意见》（财预〔2015〕225号），"地方政府存量债务中通过银行贷款等非政府债券方式举借部分，通过三年左右的过渡期，由省级财政部门在限额内安排发行地方政府债券置换。为避免地方竞相发债对市场产生冲击，财政部根据债务到期、债务风险等情况予以组织协调，并继续会同人民银行、银监会等有关部门做好定向承销发行置换债券等工作"。这意味着，中国将用三年左右时间完成存量债务的置换工作，在避免冲击市场的前提下，稳步过渡到新型治理模式。存量债务置换采取发行置换债的方式有序推进,分别将一般债置换进公共财政预算,将专项债置换进政府性基金预算。根据财政部预算司文件,一般债务主要以一般公共预算收入偿还,当赤字不能减少时,可采取借新还旧的办法缓释偿债压力;专项债务通过对应的政府性基金或专项收入偿还,政府性基金或专项收入暂时难以实现时,可先通过借新还旧周转,收入实现后即予归还。由此,国发〔2014〕43号文引领的一揽子治理政策充分考虑了全面放开自主发债后可能暴露的流动性风险,彰显决策层以三年作为转型过渡期,全面推进债务治理现代化的坚定意志。

2.5.2 战略转型期的债务演化特征及管理组织框架

在治理模式的战略转型期,中国经济从高速增长转为高质量发展,高速增长阶段隐含的矛盾问题和发展短板势将逐步凸显。在高质量发展阶段,经济社会发展理念发生深刻变化。其中,经济发展强调质的有效提升和量的合理增长并重,社会发展主要矛盾调整为"人民日益增长的美好生活需要和不平衡不充分的发展之间的矛盾"。上述经济形势和发展理念的变化,为审视转型期债务演进特征提供了必要的制度背景。

基于改革开放以来地方政府债务治理的渐进改革路径以及新时代经济形势和发展理念的历史性转变,转型期地方政府债务将从类型结构、偿债压力、风险主体、权责配置等方面表现出新的演进特征。决策层应保持密切关注,进行治理战略的适应性调整。

1.类型特征:债务权属明晰化

2015年新《预算法》实施后,官方长期沿用的"地方政府性债务"口径被取缔,代之以"地方政府债务"口径。从"地方政府性债务"到"地方政府债务"仅一字之差，却有本质之别：一是举借主体不同，"地方政府性债务"的举借主体主要是融资平台公司，"地方政府债务"的举借主体则是地方政府；二是举借渠道不同，"地方政府性债务"通过银行贷款、城投债发行、非标业务等渠道举借，"地方政府债务"则只能通过发行地方政府债券渠道举借；三是类型结构不同，"地方政府性债务"包括地方政府负有偿还、担保、救助责任的三类债务，而"地方政府债务"仅包括纳入预算监管的一般债务和专项债务；四是本质特征不同，"地方政府性债务"是游离于预算监管体系之外的"表外债务"，"地方政府债务"则是纳入预算收支表、数据公开可查的"表内债务"。[①]

在治理战略转型期，中央推出的一系列监管举措，包括剥离平台公司的政府融资职能、禁止地方政府信用背书、强化债权方信贷管理、对逃废债务的地方官员离职追责等，逐步厘清了政府、企业、官员的权责归属，使突击式审计发展出的"地方政府性债务"口径失去沿用意义，取而代之的"地方政府债务"定义为2014年底经甄别后纳入表内预算管理、明确由地方政府承担偿还责任的债务，以及2015年后地方政府自发自还的债务。（刘昆，2018；毛捷、徐军伟，2019）随着债务权属边界的逐步厘清，"可稽查性"和"问责机制"将成为债务治理的突出导向，约束地方政府缜密论证，审慎举债，提质增效。

[①] 关于"表外债务"和"表内债务"的概念界定，国内文献同国外文献有一定区别。国外文献界定表内、表外债务一般根据其是否编入政府"资产负债表"。鉴于我国迄今尚未编制地方政府资产负债表，国内文献对表内和表外债务的界定一般根据其是否纳入地方政府一般公共预算和政府性基金预算。

2.体制特征：偿债压力显性化

改革开放以来，无论高危还是低险地区，偿债压力都在预算软约束的体制环境中长期处于隐匿状态，没有暴露可观察的债务危机。特别是在21世纪初，中国经历了房地产业发展的"黄金十年"，地方政府获取的土地租费收入成为决定偿债能力的重要"制度外"财源。（朱军，2019）以融资平台为中介，地方政府和金融机构都将土地租费收入视为偿债财源，即便土地租费无力支撑到期债务，地方政府仍可凭借同金融机构的隐性契约获取增信支持，使偿债压力在政府、企业、银行之间传导转嫁，卸责避险，即所谓的"政府借企业还，企业借银行担"。

治理模式全面转型后，融资平台公司举借的表外债务被逐步置换到预算收支表内，实行省级层面的统筹预算管理；中央明确以不救助原则引领债务危机治理，危机成本概由举债地区自担。在经济高速增长转为高质量发展的新常态背景下，这些制度举措势将打破偿债压力的隐性循环链条，显化地方政府偿债压力，可能使风险在一些财力孱弱的欠发达地区率先暴露。但在不突破系统性风险底线的前提下，局部地区释放风险有助过滤低效融资，减少政绩扭曲，迎合新时代发展理念。

3.风险特征：微观主体分散化

在传统政绩机制驱动下，地方政府与中央政府展开策略博弈，主要通过平台公司拓宽融资渠道，累积表外债务。由于风险集中在地方融资平台，中央可以将其作为政策载体，主要针对融资平台制定宏观调控措施，在激励与约束的目标导向间寻求战略平衡。

治理模式全面转型后，财经纪律约束硬化，融资平台的隐性背书、违规授信、风险管控全部纳入问责机制，极大限制了地方政府信贷融资的操作空间。但审计表明，转型期的地方政府表外举债，从之前集中依托融资平台突破财经纪律约束，转换为主体更加分散的项目会计做账方式，进一步增加了风险监管难度。由此，转型期地方政府债务又有"地方政府显性债务"和"地方政府隐性债务"之别。其中，"地方政府显性债务"等同于纳入表内预算管理的"地方政府债务"；"地方政府隐性债务"指未纳入表内预算，经由各种协议融资渠道衍生泛化的违法违规债务，其中既包括政府及其部门、融资平台公司、国有企事业单位等以非政府债券形式进行的举债，也包括新兴的政府购买服务、专项建设基金、政府投资基金等形成的债务。（刁伟涛，2018）这些协议融资方式名义上表现为股权投资，却通过交易结构设计，将股权投资转化为固定收益的债权关系，成为实质上的债权投资，继续以"明股实债"方式扩张表外债务，冲击财政金融安全。针对转型期微观主体更加分散的隐性债务风险冲击，中共中央办公厅和国务院联合发文，强调要"厘清政府债务与企业债务边界。坚决遏制地方政府以企业债务的形式增加隐性债务"，防止"大而不能倒"可能造成的系统性风险。[①]

4.分权特征：杠杆转移多样化

从分权视角观察地方政府举债融资的权责配置，传统治理模式体现为省以下债务杠杆的单一维度下移倾向。在"财权上移、事权下放"的分权治理模式中，举债融资事责被逐级下移，地方

[①] 详见中共中央办公厅、国务院办公厅印发的《关于加强国有企业资产负债约束的指导意见》（2018年第27号）。

行政层级越下移,"搞建设,谋发展"的投融资缺口越大,举债冲动越强烈。由此,高杠杆隐含的流动性风险长期在基层地区累积凝聚,在部分高危地区有所暴露。

治理模式全面转型后,中央政府在省级层面推进债务置换,使转型期债务杠杆呈现更加多样化的转移趋势。一方面,各个省份发债融资权全面放开后,随着市县级表外债务的置换回收,显性存量杠杆上移至省级,以便实现显性债务的全口径预算管理和表内风险的联防联控。根据官方公布数据,截至2018年底,纳入预算管理的地方政府债务占综合财力比重为76.6%,表内风险整体可控。[①]另一方面,在地方主体税系建成之前,地方政府仍将面临财力事责错配局面,基层政府仍然具有变相扩张隐性债务填补表内收支缺口的融资冲动,使隐性增量杠杆保留下移空间,风险隐患不容忽视。

基于转型期债务演进特征的理论审视,进一步思考其内在逻辑关系,可见这四类演进特征是相互关联且紧密交织的。正是由于地方政府债务在政、企、银之间的权属边界逐步厘清,无法继续通过"风险大锅饭"相互推诿卸责,偿债风险才有可能在局部地区率先暴露,将传统治理模式的"短板"和扭曲显化出来;正是由于融资平台的政府融资职能被制度性剥离,且取而代之的债券发行模式实施的是省级层面的限额管理,地方政府才转而利用更加隐匿分散的"明股实债"方式填补省以下投融资缺口,使杠

---

① 详见财政部预算司:《2018年地方政府债务发行和债务余额情况》,财政部官方网站(http://www.mof.gov.cn)。财政部部长刘昆在第十三届全国人大二次会议(2019年3月7日)的记者招待会上重申,截至2018年底,中国76.6%的地方政府债务率低于主要市场经济国家和新兴市场国家水平,风险整体可控。

杆转移和权责配置趋于多样化。由演进特征观察得到的战略启示是，转型期债务治理将是一个牵一发而动全身的系统工程。在此过程中既要遏制地方政府衍生泛化表外债务的融资冲动，矫正配置扭曲，又要避免一刀切式的刚性管控，保留适度流动性和激励政策的转圜空间，推进结构调整。在改革深水区，上述多元目标约束下的战略路径选择，将给地方政府债务治理带来更加严峻的决策考验。

在分权治理体系中，地方政府债务风险治理离不开管理组织框架的构建。如图2-5所示，在战略转型期，中国建立了包括全国人民代表大会、国务院和财政部等国家最高权力、行政机关在内的地方政府债务治理管理组织架构，通过出台相关政策文件，形成了层次分明的制度体系。

首先，全国人民代表大会审批修订的2015年新《预算法》以及国务院2014年出台的第43号文件，提供了转型期债务治理的基本制度框架。为实现债务治理规范化、透明化、制度化，新《预算法》要求地方政府债务全部纳入预算管理，实行规模控制；国务院文件赋予省级政府经申请发行地方债券的权力，以将表外债务置换为纳入预算管理的表内债务。其次，基于新《预算法》和国务院文件提供的制度框架，国务院办公厅出台债务治理指导意见，重在强化财经纪律约束，控制举债道德风险。曾长期"以GDP为纲"的政绩评价机制，将逐步让位于更加突出"提质增效"发展理念的新型政绩观。最后，财政部预算司、国库司出台具体的部门规章、管理办法，落实国务院下发指导意见，敦促各地出台地方性法规遵照执行。例如，财政部预算司2017年出台第50号文件，对规范地方政府举债融资行为提出具体要求；财政部国库司2017年出台第59号文件，明确了地方债券的发行方式和规模进度。①财政部将各地执行情况反馈给国务院后，国务院办公厅可以同财政部进行部门间管理制度协调，视情下发新的指导意见，管控潜在风险。

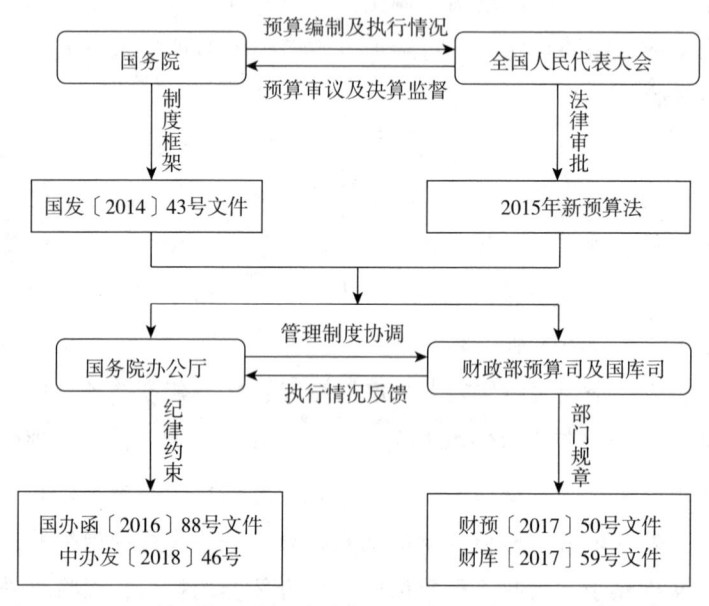

图2-5 转型期地方政府债务治理的组织框架及制度体系

系统回顾中华人民共和国成立后70年间地方政府债务风险的大国治理历程，可见70年债务风险治理的总体理念是基于双底线思维，寻求激励与约束的战略平衡，推进债务治理规范化、透明化、制度化。在新时代背景下构建地方政府债务风险的大国治理

---

① 详见《关于进一步规范地方政府举债融资行为的通知》（财预〔2017〕50号）以及《关于做好2017年地方政府债券发行工作的通知》（财库〔2017〕59号）。

机制，有必要借鉴高收入国家、转型国家和新兴市场经济体的治理经验，汲取典型国家遭受危机冲击的历史教训，在国际比较的基础上进一步厘清适用于中国的债务风险治理模式。这一工作将在下一章深入开展。

第三章　地方政府债务风险的国际治理经验比较与启示

正如美国著名政治学家和社会学家李普塞特（S. M. Lipset）所说，"只懂得一个国家的人，他实际上什么国家都不懂"。在新发展格局下推进地方政府债务风险的大国治理，有必要借鉴高收入国家、转型国家和新兴市场经济体的债务风险治理经验，在充分考虑国情差异的基础上寻找共同规律，探索形成地方政府债务风险的中国治理模式。具体地，本章分经合组织（OECD）国家、拉丁美洲国家、东南亚国家等国别类型展开案例研究，一方面借鉴其风险防范的成功经验，另一方面汲取其危机冲击的失误教训。在国际比较基础上得到的政策启示，能够为完善我国债务风险治理机制提供参考依据。

3.1 OECD国家的地方政府债务风险治理

OECD国家多属高收入的联邦制国家。联邦制国家进一步可分为"竞争联邦制"和"合作联邦制"国家，前者如美国、加拿大、瑞士，后者如德国、意大利、西班牙，两类联邦制国家具有不同的垂直分权特征。在竞争联邦制国家，中央与地方政府明确划分税基，地方拥有税收自治权，中央政府一般不对地方政府债务危机提供事后救助，而是允许地方政府以破产的极端形式自行承担危机成本，政府间预算约束高度硬化。在合作联邦制国家，中央和地方政府税基重叠，职责交叉，中央经常对地方政府债务危机施以"援助之手"，政府间预算约束相对松弛。

为防范地方政府债务风险冲击，OECD等成熟市场经济国家普遍设置了相应的监管制度和防控策略，以期实现对地方政府债务风险的监测、控制和化解。尽管OECD国家的禀赋特征同我国差异极大，但总结其地方政府债务风险的发生规律及治理得失，可以为构建适用于我国的债务风险防范机制提供有益的政策启示。

3.1.1 竞争联邦制国家的地方政府债务风险治理：以美国为例

竞争联邦制国家普遍实行政府间彻底分权，地方政府债务风险主要靠市场机制约束，中央政府一般不对陷入危机的地方政府提供事后救助。在OECD竞争联邦制国家中，美国是经济最发达、市场化发展水平最高的高收入经济体。本节主要以美国为例，介绍竞争联邦制国家应对地方政府债务风险冲击的有效经验，分析中国应如何规避其危机治理带来的经济社会成本。

一、地方政府债务风险治理原则与危机触发诱因

竞争联邦制国家的主要制度特征是中央和地方政府彻底分权，当地方政府陷入偿债危机时，中央政府一般不介入危机地区的债务重组。在竞争联邦制国家中，美国将财政分权理论贯彻得最为彻底，其政府间事权与支出责任划分基于事权范围、信息获取、

需求偏好等因素，通过宪法和其他法律保障事权配置结构。例如，《美国联邦宪法》第一条第八款列举了国会和联邦政府享有的各项事权；第一条第十款列举了州和地方政府禁止涉足的一些事权项目，如缔结条约、发行货币等。具体地，美国联邦政府主要负责国家主权、收入再分配、维护经济社会稳定相关事务，如外交、社会保障、社会福利等；州和地方政府主要负责资源配置、公共安全、区域发展相关事务，如警察、消防、工业发展等；联邦、州和地方三级政府共同承担医疗、教育、交通运输、跨区域污染防治等支出责任。

在美国式分权治理框架中，联邦政府的权力由州政府让渡而来，凡是《联邦宪法》中未列举的权力均属于州权。因此，联邦政府对州和地方政府的举债行为和债务风险既没有监督权，也没有救助责任。（孙大海，2016）例如，2008年国际金融海啸导致底特律市和杰斐逊郡的债务危机一度呈蔓延趋势，但美国财政部一直未通过相关救助法案。2017年美国的海外领地波多黎各以730亿美元债务申请破产，而美国白宫同样明确表示联邦政府资金不会用于偿还波多黎各的政府债务。（王玉萍、刘波，2019）历史地看，美国是OECD竞争联邦制国家中，联邦政府从未救助过地方政府债务危机的极少数国家之一。

尽管美国联邦政府对州政府严格执行"不救助"原则，但州政府经常对地方政府的债务危机施以救助之手，典型如密歇根州州长任命的应急经理人接管底特律财政、亚拉巴马州政府干预杰斐逊郡债务危机等。不过，也有一些州政府拒绝对地方政府债务危机提供救助，如1994年美国加州橘县申请破产时，加利福尼亚州政府拒绝提供纾困资金，而是要求橘县政府通过削减公共开支、重组债务结构等方式自行化解债务危机。美国这种区域间差异显著的债务危机治理模式与不同州的制度环境和文化传统有关，但同时也可以看到一些共性因素，即美国地方政府债务危机主要发生在县市级，较少发生县市级政府债务危机冲击州政府乃至联邦政府财政安全的案例。

为何美国县市级政府经常触发可观察的债务危机？总结多项案例研究不难发现，其危机触发诱因主要有两种。一是传统优势产业衰落同高福利支出相结合催生债务危机。以密歇根州底特律市为例，这座城市在第二次世界大战后进入发展全盛期，由于主导产业汽车制造业创造了大量就业岗位，其一度成为全球最大的制造业中心城市。但随着德国和日本汽车制造业的崛起，底特律市汽车制造业的全球份额迅速下降，导致经济下滑、人口流失。尽管主导产业陷入衰落，底特律市的福利支出却居高不下，其汽车企业工人的工薪收入中将近一半是各种名目的医疗保险、人身保险、退休金等，这种高福利支出使政府财政逐渐入不敷出。2013年7月，底特律市以185亿美元债务正式申请破产，美国联邦法官裁决底特律市获得破产保护。二是地方政府的投融资决策失误诱发债务危机。例如，杰斐逊郡债务危机主要源于污水处理项目的投融资决策失误。全球金融危机爆发前，杰斐逊郡为建设污水处理项目发行市政债，在摩根大通集团操纵下，杰斐逊郡政府以较高利率发债，发债规模超过其实际资金需求量的四倍。摩根大通不仅亲自购买市政债，还提供了利率掉期交易。2008年金融危机爆发后，杰斐逊郡政府损失惨重，不得不申请破产。无独有偶，1994年发生在美国加州橘县的政府债务危机，同样源于财政官员动用政府资金从事债券回购交易的决策失误。

二、地方政府债务风险的监测预警机制

为防范地方政府债务危机，美国州政府普遍设计了适用于本地的债务风险预警机制，以期提前对风险要素进行监测、识别、研判、预警。

美国俄亥俄州的财政风险监控体系比较有代表性。俄亥俄州政府设计了一套预警监测指标，旨在控制地方政府违约债务，对具有高违约风险和已经处于危机状态的地方政府制定管控措施。（中国地方债务管理研究课题组，2011）这套风险监控体系源于20世纪70年代美国俄亥俄州经历的多次地方政府违约事件。根据政府间关系顾问委员会关于加强地方财政监控的建议，俄亥俄州构建了"地方财政监控计划"。这个计划由州审计局负责，规定任意地方政府的财政状况符合下述三种情况之一，即被列入"预警名单"：第一，出现两种情况中的任一种，即（1）财政年末普通预算中逾期超过30天的应付款减掉年末预算结余后超过该预算年度收入的1/12，或（2）截至财政年末，普通和专项预算中逾期超过30天的应付款，减掉普通和专项预算结余后超过该财政年度可使用收入的1/12。第二，上个财政年度总赤字减掉所有可被用于弥补赤字的普通和专项预算资金，超过本年度普通基金预算收入总额的1/12。第三，财政年末地方政府金库所持有的现金和可售证券，减掉已签出的支票和担保余额，其价值少于普通和专项预算的结余额，并且差额超过上个财政年度金库收入的1/12。（李萍等，2009）

当上述任一情况出现时，俄亥俄州审计局将发布书面通告，并持续监视该地区财政运行状况。州审计局确定警报解除后，才将地方政府从"预警名单"中清除。反之，假如监视期内财政

状况进一步恶化，则审计局将把地方政府从"预警名单"升级至"危机名单"。进入"危机名单"的地方政府符合以下测试：测试一（债务违约），即地方政府债务违约达30天以上；测试二（工资拖欠），即未能在30天内支付雇员的工资（2/3雇员同意延迟支付工资的情况除外）；测试三（额外转移支付要求），即要求从其他地方政府向该地方政府进行税收再分配；测试四（其他支付欠款），即逾期未付达30天以上的应付账款，在减去现有现金余额后，超出前一年普通预算或全部预算收入的1/6；测试5（赤字规模），即预算总赤字减去可用于减少赤字的预算余额超出前一年收入的1/6；测试6（现金短缺），即未承诺支付的现金和可售证券余额大于前一年预算收入的1/12。（李萍等，2009）

根据财政危机法，陷入"危机状态"的地方政府需成立"财政计划与监督委员会"，工作目标包括消除债务危机、削减财政赤字、收回投资基金、避免再次出现财政紧急状况等。（Ma，2002）除建立"负面清单"外，为避免地方政府陷入偿债困境，俄亥俄州还要求各地方政府设立偿债准备金，数额与每年偿付本息额相等或略高。随着债券余额被分期偿还，偿债准备金规模也滚动缩减。准备金的资金来源包括债券发行溢价收入、投资项目收益、信用证收益等。为实现资金保值增值，偿债准备金只能投资低风险的联邦政府支持债券，投资债券期限不能长于偿债剩余期限。从实践结果看，美国俄亥俄州的风险预警模式行之有效，对债务危机的处理围绕地方政府违约债务展开，目标明确，管控有力。俄亥俄州通过成立专属机构，全权监管危机状态的地方政府，指导、督促其改善财政状况、控制违约风险的治理模式，有效遏制了地方政府债务风险的扩散蔓延，为构建适用于我国的债务风险预警机制提供了可行的决策方案。①

三、地方政府债务危机与政府破产重组机制

作为彻底分权治理的竞争联邦制国家，美国各级政府的偿债信用主要由金融市场决定。尽管有较完善的债务风险预警机制，但由于主导产业衰落、债务管理不善等原因，美国市县级政府依然经常陷入危机状态。处于偿债困境中的地方政府如果无法得到上级政府提供的事后救助资源，其新发行债券的风险溢价将在金融市场供求机制的作用下迅速攀升。"看不见的手"引导稳健型市场投资者转而购置其他地区发行的低险债券，使高危地区很难通过"借新偿旧"的债务展期手段缓释偿债压力，这将导致地方政府陷入破产境地。地方政府若破产，一般责任债券持有人可上诉至法院拍卖政府或其代理机构的资产以避免损失。但收益债券或非担保地方政府债券只能以项目收益弥补，不得动用预算资金，这意味着一旦发生偿付危机，收益债券持有人可能会承担部分损失。

根据《美国破产法》第九章，无力偿还债务的地方政府可以申请破产保护程序。该法案适用于地方政府、学区和公共区域以及发行收益债的桥梁、高速公路等收费运营主体。美国各州根据本地法律决定是否允许市政债发行主体申请破产保护，可以选择的债务重组策略包括延长债务期限、减少本金和利息、借新偿旧等。破产保护期间，一般责任债券的偿付暂停，收益债券在扣除必要运营费用后，仍将优先偿还给有担保的投资者。在实践层面，

---

① 后文关于地方政府债务风险的大国预警机制设计部分，有两处预警机制参考了美国俄亥俄州的财政风险监控体系：一是地市级"事中监测"型预警机制参考了俄亥俄州的风险预警指标体系，二是县市级"事后管控"型预警机制借鉴了俄亥俄州以"违约债务"作为核心监管指标的设计思路。

第三章 地方政府债务风险的国际治理经验比较与启示

地方政府破产仅是财政意义上的破产，并不改变政府行政职能。破产保护可以为地方政府摆脱危机状态、恢复财政健康提供战略缓冲，避免其陷入债务违约的恶性循环。政府破产法律的出台，旨在解决所谓"钳制问题"，即个别强势债权人威胁否决多数债权人与债务人自愿谈判达成的债务重组方案，以便得到债务清偿上的优先待遇。《美国破产法》第九章使得一项被多数债权人接受的债务重组方案，对少数持异议的强势债权人同样具有约束力（刘珣珣，2011），否则债务重组方案将无法达成一致行动，从而失去危机化解的战略先机。

仍以密歇根州底特律市为例。2013年6月，底特律市政府因无力偿债，停止支付部分到期债务。政府试图与债权人协商削减债务，但未获成功。2013年7月18日，底特律市政府依照《美国破产法》第九章规定，向联邦破产法院申请破产保护。按照底特律市政府提交的破产申请，其总量约180亿美元的债务拟通过再融资等措施予以兑付，但需削减养老金和退休福利支出，整体债务的偿付比率约为17%。然而这一破产申请被美国联邦巡回法院裁定违宪，认为地方政府无权修改雇员合约，削减养老金和退休福利涉嫌违反美国宪法关于保护雇员权益的相关条款。此后，经过美国破产法院、巡回法院、州和地方政府等相关部门的反复博弈，美国联邦法院最终受理了底特律市政府的破产申请，经过约4个月的审理，于2013年12月4日裁定同意底特律市破产。底特律市债务重组历经了一年时间，市政府与包括城市工会和养老基金、退休员工协会、瑞银集团、美国银行等在内的主要债权人进行了反复商谈，双方互有妥协，如政府放弃售卖"底特律艺术中心"以偿还债务的计划，养老基金和退休员工协会同意削减部分养老金和退休福利。最终,双方达成削减70亿美元债务的重组计划,主要削减对象为养老金和退休福利,总体债务削减幅度约37.8%。为确保债权人和投资人的信心,密歇根州政府成立了专门的债务重组计划委员会,对底特律市财政进行监督审查,并有权否决底特律市政府提出的任何投融资方案,这一制度将至少执行10年。2014年11月7日,联邦破产法院历时2个月,审查同意底特律市债务调整方案;同年12月11日,底特律市政府正式宣布完成债务重组,脱离破产状态,重新获得财政管理权。

美国联邦政府践行不救助原则并通过联邦法律指导破产重组的治理经验逐步被其他国家借鉴采纳。(安立伟,2012)典型有:法国规定地方政府债务只能由地方财政自行偿还,偿债资金源于地方税收、中央转移支付、发行新债偿还旧债等;阿根廷规定当地方政府出现债务危机时,中央政府不得援助地方政府,要求地方政府将中央与地方共享收入作为还款担保,只有完全清偿债务后,才能重新获得分享收入。

3.1.2 合作联邦制国家的地方政府债务风险治理:以德国为例

合作联邦制国家与竞争联邦制国家不同。在垂直分权框架中,合作联邦制国家地方政府的税收自主权较低,中央与地方政府共享税基,职能交叉,当地方政府陷入偿债困境时,相对竞争联邦制国家更倾向于获得中央政府的显性或隐性救助。(Seitz,2000)由于地方政府举债秉持中央救助预期,合作联邦制国家的分权治理框架具有典型的预算软约束特征,这使其地方政府债务风险的形成机理同竞争联邦制国家有较大区别。本节以德国为例,介绍合作联邦制国家地方政府债务风险的治理经验及政策启示。

一、财政分权制度框架设计

德国作为一个典型的合作联邦制OECD国家，是欧盟核心成员国，其行政管理框架包括联邦政府、州政府和市政府三级。德国联邦政府对州政府和市政府具有广泛的行政影响力，全国各州在几乎所有重要问题上的立法保持一致，税制设计和公共产品供给标准基本统一，各级政府在宏观政策上的协调性明显高于竞争联邦制国家。(李萍等，2009)

与行政管理框架相对应，德国的财政分权治理体制同样分联邦、州、市三级，其中州和市政府没有税收立法权，财政收入主要来自共享税，这种税基重叠、收入共享的财政体制显著区别于竞争联邦制国家。在德国，联邦、州和市政府间实行专享税和共享税并存、以共享税为主体的分税制，税额大、税源稳定的税种被列为共享税，由联邦、州和市政府按照特定比例分配。如表3-1所示，除消费税、遗产税和财产税在三级政府间明确划分外，其他重要税种如增值税、个人所得税、公司所得税全部是共享税，由联邦政府分享最高比例，同时承担重要支出事项（如国防、货币、海关、区域平衡等）的供给责任。德国的税收分享制度设计，同我国以增值税、个人所得税、企业所得税为主的税收分享制度高度相似。

表3-1 德国政府间税收分享情况（2007年）

	联邦政府	州政府	市政府
消费税	100%		
遗产税		100%	
财产税			100%

续表

	联邦政府	州政府	市政府
增值税	52%	46%	2%
个人所得税	42.5%	42.5%	15%
公司所得税	50%	50%	
利息返还	44%	44%	12%
地方贸易税	14.8%	7.7%	77.5%

资料来源：李萍等（2009）。

与收入分享制度对应，德国设计了横向与纵向相结合的财政转移支付制度。一是纵向转移支付，即上下级政府间的财政转移支付。纵向转移支付在联邦、州和市三级政府之间进行，内容涵盖联邦政府对经济落后各州的财政转移支付，以及各州对其管辖范围内财政资金紧张的市政府的转移支付。二是横向转移支付，旨在将经济富裕州和市的部分财政收入转移给较为贫困的州和市。横向转移支付的资金来源主要有两种，一种是剔除各州消费税的25%后，将剩余资金按照各州的人头数直接拨付；另一种是比较简单的财力平衡，即经济富裕州将部分财力直接拨付给经济贫困州。基于两类相互补充的转移支付，经济贫困州的财政决策经常存在策略性目标，即便决策失败，也可以积极争取来自联邦政府和其他州的财政转移支付弥补财力损失。财政转移支付诱发的策略性动机和道德风险，是合作联邦制国家普遍面临的制度问题。

二、地方政府债务风险监管及财政重建制度设计

德国的地方政府举债分为州政府举债和市政府举债，债务来源随行政级别不同有明显差异。其中，州政府的举债方式有发行

州债券、EDPFA银行贷款、储蓄银行及州清算银行贷款等；市政府没有债券发行权，其举债主要通过州政府控制的银行或属于本市的地方储蓄银行。无论对州政府还是市政府，相关银行都愿意提供廉价贷款，这类贷款也被称为"关系借款"。关系借款降低了地方政府举债融资的风险溢价，这种借贷方式类似于新《预算法》生效前，中国融资平台公司向银行业金融机构申请的隐性契约贷款。

由于大量州和市政府举债依赖银行的关系型借款，德国的地方政府借贷不时扰乱财经秩序，倒逼中央政府提供救助。（Singh & Plekhanov，2006；郭玉清等，2016）为控制地方政府债务过快增长，德国提出了"债务刹车"计划，旨在遏制地方政府的举债冲动，防范地方政府债务风险。（赵军等，2014）2009年6月，德国联邦和各州政府通过了《新债务限额》法案，并为提升限额法案的长期约束力，将其写入联邦《基本法》。这项法案要求德国的结构性赤字不得超过国内生产总值的0.35%；除特殊情况外，联邦政府和州政府不得新增债务，财政预算原则上不再通过银行贷款维持平衡。为控制地方政府举债冲动，《新债务限额》法案对德国各级政府的年度最高贷款额作了明确规定，要求"政府债务收入不得超过预算草案中的投资性支出，例外情况只允许在扭转宏观经济失衡时发生"。基于政府间信用背书的救助预期，以及州和市政府缺乏税收自主权的制度设计，德国债券市场投资者普遍认为州和市政府发行的债券存在中央政府隐性担保。尽管各州之间财政能力差异巨大，但各评级机构对所有联邦州发行的债券的评定都为3A级。

在OECD国家中，日本是实行地方自治制度的单一制国家，但无论其中央和地方的分权制度框架设计还是债务风险暴露后的应急治理措施，都同合作联邦制国家非常相似。历史上，日本一度饱受地方政府债务危机之苦，884个地方政府曾宣布破产。2006年，日本北海道北部城市夕张申请破产，其630亿日元的负债大约是年财政收入的14倍，该事件直接触发了日本的财政重建计划改革。日本财政重建计划旨在改善地方财政收支状况，避免陷入偿债危机的地方政府削减基本公共服务供给。这项计划具体包括三方面内容：一是构建全面的债务风险指标体系，监控地方财政收支状况；二是中央和地方政府共同参与危机地区的财政重建；三是以短期赤字代替地方公债。假如特定地区的预警指标突破警戒阈值，地方政府将被认为存在财政运行风险，需要在中央政府的严格监管下制定债务重组方案，直至高危指标回落到正常区间。债务重组过程中，地方政府将被敦促实施增收节支计划，包括降低公共福利支出标准、提高财产类税收征缴力度等，但这可能进一步恶化危机地区的公共服务竞争力，导致资源和要素外流。根据日本夕张市的治理经验，一旦实施财政重建计划，危机地区可能要经历十年以上的时间才有望恢复财政常态运行，在这期间，危机地区需要找到新的经济增长点，培育经济内生增长动力，以免陷入地区衰落。底特律市和夕张市的债务危机治理经验，对我国东北、西部等传统资源型城市的转型发展具有重要启示意义。

3.1.3 治理经验借鉴与启示

在OECD国家中，通过观察以美国为代表的竞争联邦制国家和以德国为代表的合作联邦制国家的债务风险治理经验，可为构建适用于中国的地方政府债务风险治理机制提供以下借鉴和启示：

第一，坚持中央政府不救助原则，逐步以金融市场反映政府债券的风险溢价，推进债务风险的市场化定价机制，引导市场投资者理性决策。美国具有全球最发达的资本市场，各级政府都可发行市政债券，金融市场将检验和评定债券发行主体的偿债信用。由于政府债券和企业债券都不含有联邦政府的显性或隐性担保，市场投资者对各类债券都不持有刚性兑付预期，主要根据债务发行主体的财务状况和第三方信用评级机构提供的财务报告制定投资决策。这使美国资本市场具有强大的价格发现功能，能够引导市场投资者审慎决策，以价格机制这只"看不见的手"提高债务资源配置效率。

第二，地方政府是否具有偿债能力，最终取决于地区主导产业能否贡献稳定税基。一旦本地主导产业衰落，应立即着手扶持培育新的经济增长点，增强经济内生增长动力。美国底特律市的债务危机案例表明，一旦地区主导产业衰落，地方政府又致力于维持高福利支出，则税基流失和福利支出之间的财力缺口难免持续放大，直至地方政府陷入破产境地。类似情形在我国东北地区已经有所显露。东北地区作为我国重工业基地，具有良好的产业基础和资源优势。近年来，东北经济发展缓慢，人口大量流失，部分地区陷入偿债困境，申请实施财政重整。根据美国底特律市的危机治理经验，推动产业结构转型升级，涵养中长期税基，提升经济内生增长动力，是解决东北地区债务风险问题的根本着力点，但这需要实行中长期结构性改革，予以统筹规划和稳步推进，不可能一蹴而就。

第三，为防止局部风险暴露为区域危机，地方政府应秉持"有为有不为"的原则，一方面避免不符合国情的过高福利支出诱发"福利陷阱"，另一方面坚持基本公共服务均等化，避免将债务危机成本转嫁给本地辖区公众。从美国地方政府债务危机的冲击后果可见，地方政府破产并进行财政重组时，教育、医疗、治安等基本公共服务支出往往被动削减，引发本地资本和劳动要素"用脚投票"向外逃逸，这相当于将债务危机成本转嫁给了本地居民承担。中国治理地方政府债务风险，可借鉴美国经验，一方面在纵向分权治理框架中坚持"不救助"原则，另一方面完善省以下财政转移支付制度，保障危机地区的公众仍然能够享受到同正常地区基本持平的民生服务，为涵养中长期税基、促进产业结构转型升级夯实民生基础。

第四，从德国案例观察，合作联邦制国家的地方政府通过金融机构举借了大量"关系型借款"，这是其债务风险暴露的主要来源。关系型借款的问题是，由于脱离资本市场对偿债能力的检验，偿债能力孱弱的落后地区同样能够获得无差别贷款，并在风险暴露时将偿债压力转抛给联邦或州政府。2015年新《预算法》生效前，中国省以下政府同样凭借融资平台和金融机构的隐性契约申请了大量银行信贷，为避免危机暴露，强化债权方信贷约束、破除地方政府对银行信贷的隐性干预，是我国债务风险治理的重要制度取向。

第五，为控制地方政府债务风险，德国联邦政府主要采取制度约束的办法，通过设定债务限额禁止州政府和市政府的新增举债权。这种方法尽管能够达到约束举债的目标，但也诱导市场主体将联邦政府视为州和市政府债务的"最终偿债人"，判断联邦政府将在州和市政府陷入偿债困境时提供纾困资源。由于市场投资主体普遍秉持的刚兑预期扭曲了政府债券的风险溢价，资本市场难以对经济落后地区发行的高险债券合理定价。2015年新《预算法》生效后，中国同样采取限额和余额管理方式约束地方政府举债，将债券发行权赋予省级政府。从合作联邦制国家的治理经验来看，破除刚兑预期、完善债券市场价格发现功能的根本举措，在于逐步放开我国省以下各级地方政府的自主发债融资权，取缔政府间信用背书，使资本市场检验并滤除扭曲授信，推进债务风险的市场化定价机制。这是建设高水平社会主义市场经济体制的应有之义。

第六，合作联邦制国家的债务风险管理一般采取指标控制方式，基于指标是否突破警戒线判断地方政府危机状态，视情采取监管措施。从其选取的指标看，一般围绕地方政府是否违约、债务融资是否具备可持续性、经济基础能否支撑财政赤字等内容进行设置，而非泛化延伸到财政的"收、支、平、管"诸方面。一旦确定地方政府处于危机状态，中央政府即通过机构组建、框架指导、整改预案等方式介入高危地区的债务重组过程，直至财政运行恢复健康。合作联邦制国家发挥中央和地方两个积极性应对债务危机冲击的制度实践，对我国构建与社会主义制度相适应的债务风险治理机制，具有重要参考价值。

3.2 拉丁美洲国家的地方政府债务风险治理

拉丁美洲国家多为曾被殖民的发展中国家，历史上多次触发可观察的政府债务危机，其特点是逐步从外源性危机转化为内源性危机。在外源性危机方面，拉美债务危机普遍始于20世纪80年代大量借入外债诱发的主权债务危机。主权危机爆发后，中央政府作为地方政府债务的担保人，需要承担地方政府举借外债的偿还责任，外源性危机逐步转化为内源性危机。无论外源性危机还是内源性危机，都是拉美国家落入"中等收入陷阱"的重要诱因。

拉丁美洲国家中，巴西和中国同为发展中大国，且都是"金砖国家"①，研究巴西政府债务危机的触发机制和治理经验，对中国治理地方政府债务风险尤为重要。本节主要以巴西作为典型案例，分析拉丁美洲国家治理地方政府债务风险的制度得失，同时也结合其他拉美国家的治理案例展开系统反思，发掘出有益于中国的政策启示。

3.2.1 拉丁美洲国家债务危机爆发的背景溯源

1982年，墨西哥首先触发债务危机，成为那只引爆拉丁美洲国家债务危机的"黑天鹅"。步墨西哥后尘，阿根廷、巴西、委内瑞拉、秘鲁、智利等国家相继爆发债务危机，形成债务危机跨国传导的"龙舌兰酒效应"②。为何20世纪80年代的拉丁美洲国家普遍陷入债务危机？中国应该从拉美债务危机中汲取哪些经验和教训？回答上述问题，需要系统回顾拉美债务危机爆发的国际环境和制度背景，比较拉美国家与中国治理地方政府债务风险的制度差异，进而得出政策启示。

从制度层面观察，拉美债务危机的爆发既有内部原因，也有外部影响，是多因素协同作用的结果。其一，从外部因素看，发

---

① 金砖国家（BRICS）特指世界新兴市场，包括巴西（Brazil）、俄罗斯（Russia）、印度（India）、中国（China）和南非（South Africa）。由于这五个国家的英文首字母与英语单词的"砖"（brick）类似，因此被称为"金砖国家"。

② "龙舌兰酒效应"是指1994年墨西哥债务危机爆发后，基于墨西哥有一种特产的龙舌兰酒，是这个国家的象征性产品，人们就把墨西哥主权债务危机产生的国际传播效应称为"龙舌兰酒效应"。

第三章 地方政府债务风险的国际治理经验比较与启示

达国家贸易保护主义政策和国际金融市场借贷利率急剧上升是首要原因。拉美国家大多是中等收入或低收入的发展中国家，历史上长期被殖民，产业结构单一，国际贸易以出口原材料和农矿产品为主。20世纪70年代末，发达国家普遍陷入"滞胀"，国际市场上的初级产品和石油价格大幅下跌，使拉美国家出口收入锐减。同时，为保护自身利益，发达国家实行了名目繁多的保护主义政策，提高了对拉美国家商品的关税税率，来自发达国家的关税壁垒造成了拉美国家的巨大贸易逆差和国际收支失衡。（尤安山，1986）其二，20世纪80年代初，为控制日益严重的通货膨胀，美国里根政府采取了货币紧缩政策，导致美国货币市场利率迅速攀升。利率提高一方面增加了拉美国家的利息支出，造成借新偿旧的恶性循环；另一方面也导致拉美国家资金外流，进一步削弱了其本就羸弱不堪的外债偿还能力。

外部因素固然重要，拉美债务危机还有其难以规避的内部诱因。具体来说，拉美债务危机的爆发应首先归因于过度追求数量型的经济增长目标。第二次世界大战以后，拉美国家为拉动本国经济发展，普遍制定了过于庞大的经济发展计划。为实现数量型增长目标，许多国家制定的进口替代发展战略罔顾实际偿债能力，以高投资、高举债拉动本国经济增长。例如，巴西推出的1981—1985年发展计划，雄心勃勃地列入了包括能源、矿业、运输、通信、钢铁等在内的43项大型工程，其中57.5%的资金靠外债筹集。作一下简单对比：1977—1980年，墨西哥每年投资额递增16.4%，而巴西仅1981年一年就完成了1981—1985年计划投资额的32.8%。（尤安山，1986）图3-1绘制了第二次世界大战以来拉丁美洲国家引进外国直接投资（FDI）和举借外债的情况。由图可见，自20世纪60年代起，拉美国家的外债举借规模迅速超过FDI引资额，在近20年的时间里保持快速攀升趋势，至20世纪80年代初，其外债举借规模达到顶峰，总量超过FDI引资额的5倍。随后，由于墨西哥主权债务危机引发"龙舌兰酒效应"，资本开始向欧美国家回流，拉美国家的外债举借才快速回落到同FDI大致持平的规模。

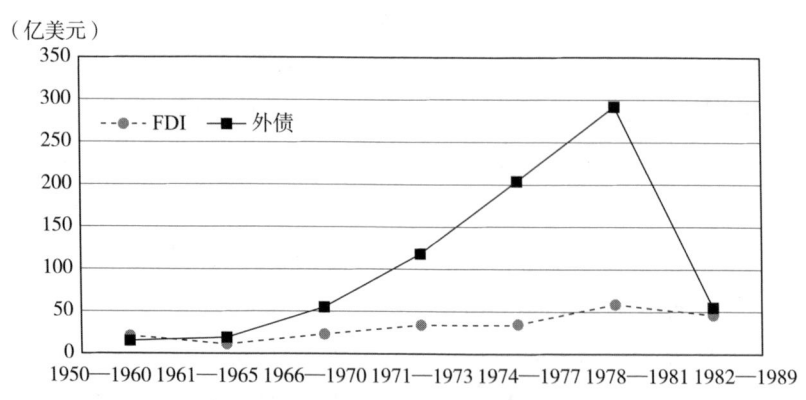

图3-1 拉丁美洲国家FDI引资额和外债举借规模的演进趋势比较

资料来源：杜锦（2006）。

在庞大经济发展计划的指导下，拉美国家缺乏对外债规模的必要控制，往往不能基于国情基础对外汇储备、资金回收期、出口创汇能力、借债期限等进行统筹规划，这导致拉美国家的外债投资效率普遍低下。大量外债资金被投资到水利水电工程、石油矿藏开采等公共事业，但这些公共投资项目具有周期长、回报慢的特点，很难快速涵养稳定利润流，偿还国际债务。另有一些拉美国家将借债收入用于政府人员供养和公共福利性开支。例如，委内瑞拉政府雇用的工作人员达130万人，在总计320亿美元的外债总量中，公共部门外债占比高达78%；阿根廷政府在"庇隆主义"指导下，不惜以印钞、借债等粗暴方式大肆扩张社会福利，落入福利陷阱。这种通过征收铸币税贴补公共福利支出的举措严重违背了债务融资的"黄金法则"，是不可持续的。在各种内、外部因素影响下，拉美国家在20世纪80年代初普遍陷入债务泥潭难以自拔，最终由墨西哥主权债务危机触发了债务危机跨国传染的"龙舌兰酒效应"，给拉美经济带来巨大损失。

与OECD国家爆发的债务危机性质不同，拉美债务危机是"自上而下"蔓延，而非"自下而上"冲击。也就是说，拉美债务危机并不像OECD国家那样，是从市县级政府率先触发，经由州政府的救助责任冲击联邦财政安全；而是由于借入外债过多，首先从国家层面暴露主权债务危机，在治理主权债务危机的过程中逐步延伸为地方政府债务危机，致使中央政府不得不疲于应对接二连三的地方债危机冲击。地方政府债务危机带来的一个直接副效应是价格失控。例如，阿根廷很多地方政府借款来自本省银行，本省银行以地方政府贷款向中央银行贴现，各省都没有严格的预算约束，反而与中央银行共享国家铸币税，最终触发了席卷全国的恶性通货膨胀。

3.2.2 拉丁美洲国家债务风险治理的制度措施

频繁爆发的主权债务危机和地方政府债务危机，促使拉丁美洲国家普遍设置了政府债务风险的安全预警机制和防范控制体系，以期提前捕捉警情险兆，并在风险暴露时采取针对性措施予以防范化解。

将视野再次投向巴西。既20世纪80年代拉美主权债务危机之后，巴西相继爆发了两次地方政府债务危机。第一次发生在1993年前后。当时随着经济增速放缓以及通货膨胀率大幅上升，巴西地方政府的还本付息压力剧增，各州陆续出现政府无力偿还联邦金融机构债务的违约行为，引发第一次地方政府债务危机。该次债务危机以联邦政府对地方政府债务进行重组、展期、规定偿债成本上限等方式予以解决。第二次地方政府债务危机发生在20世纪90年代末。1994年，巴西政府引入"雷亚尔计划"（经济稳定计划），将通货膨胀率从1994年的929%急剧压减到1996年的9%。货币紧缩升值一方面使地方政府承担的工资和养老支出压力剧增，另一方面使地方政府债券的实际利率攀升，增加了地方政府债务的还本付息压力。在双重压力下，地方政府拒绝履行偿债义务，诱发第二次地方政府债务危机。这次地方政府债务危机最终以中央政府授权地方政府将其债券兑换成联邦银行债券的方式予以解决。中央政府以包括税收分享在内的地方政府自有收入作为偿债担保，成为州及市政府的债权人，要求其每月支付相当于州及市净经常性收入的13%。在整个危机治理期间，中央政府重组的地方债务总计超过1 000亿美元，从地方到中央每年流动的还本付息额达到60亿美元。

巴西历史上爆发的数次地方政府债务危机，都倒逼中央政府接管债务或提供事后救助，对中央财政运行造成了严峻冲击。经历多次危机教训之后，巴西于2000年5月颁布《财政责任法》，强化了对地方政府借贷的供求双方监管。（张志华等，2008b）针对资金需求方，巴西政府作如下限制性规定：第一，不允许地方政府从下级企业和供应商借款；第二，地方政府借款额必须小于或等于资本性预算规模；第三，新增借款不得超过经常性净收入的

第三章 地方政府债务风险的国际治理经验比较与启示

18%，偿债成本不得超过经常性净收入的13%，债务总额必须低于经常性净收入的200%；第四，借债政府的财政收入必须超过非利息支出（即保持基础性盈余），曾违约者不允许借款；第五，政府签发的担保余额必须低于经常性净收入的25%；第六，短期收入预借款不得超过经常性净收入的8%；第七，在债务展期内，禁止发行新的债券；第八，债券到期时至少偿还债务余额的5%，如果借款政府的偿债支出小于经常性净收入的13%，则必须在债券到期时偿还10%以上的余额，或者将偿债支出提高到13%的经常性净收入。此外，巴西还赋予中央银行监管权，对商业银行实施贷款余额限制，从供给方遏制地方政府借贷规模。具体政策规定包括：第一，授权中央银行以监管者身份控制商业银行对地方政府的贷款，规定银行对地方政府的贷款余额须限制在银行净值的45%以内，全国银行体系对政府部门的贷款总额不得超过6亿雷亚尔。第二，所有借款申请必须首先提交给中央银行审查，中央银行于收到申请后30天内对地方政府财政状况进行研究。如果中央银行认为地方政府具备偿债能力，则将借款申请和银行建议共同提交参议院；如果分析表明申请借款的地方政府存在违约风险，则有权单方面拒绝转交申请。

巴西对地方政府借贷的供求双向限制，具有政策时滞短、调控见效快的优点，但通过行政控制而非市场机制防控地方政府债务风险，可能在遏制危机的同时出现干预过度的问题。过度硬化的预算约束影响了基础性公共品的有效供给，引发实体经济下滑，诱发了实体面风险。（邓淑莲、彭军，2013）此外，由于巴西参议院仍然保留了特例审批权，中央银行的独立审批权限难免受限，通过借款申请的地方政府进一步增加了刚性兑付预期，认为其陷入偿债困境后中央政府将实施事后纾困，从而引发举债道德风险，助长地方政府的借债融资冲动。（Singh & Plekhanov，2006）如何协调中央银行和参议院的贷款审批权限，促进地方政府借贷实现成本收益的最优权衡和风险内控的激励相容，是巴西政府完善债务风险治理机制有待解决的制度问题。

3.2.3 治理经验借鉴与启示

回顾拉丁美洲国家地方政府债务危机爆发的制度背景和治理措施，可以为构建中国地方政府债务风险治理机制提供以下借鉴和启示：

第一，拉丁美洲地方政府债务危机主要源于大量举债诱发的主权债务危机，地方政府债务危机同主权债务危机相互叠加，将拉美国家拖入"中等收入陷阱"。第二次世界大战以来，在新自由主义思潮引领下，拉美国家按照"华盛顿共识"开具的政策处方全面推进市场化改革，在经济根基不稳的背景下贸然采取金融自由化路线，过度放松金融监管和汇率管制，损害了经济发展的独立性基础。（多斯桑托斯，2012）当发达国家加大关税壁垒并采取货币紧缩政策时，不断提升的国际金融市场利率导致资本迅速回流，利息成本大幅提升，这使拉美国家普遍陷入偿债困境。为摆脱债务和贸易赤字，拉美国家一方面放任货币贬值，另一方面滥发货币征收铸币税，结果引发恶性通货膨胀，使本就羸弱不堪的经济基础雪上加霜。与拉美国家不同，中国政府累积的主要是内债而非外债，外债同外汇储备和经济体量相比占比极低，政府债务风险不易受到美国货币政策影响。但拉丁美洲债务危机的触发和传播，对我国筑牢金融监管藩篱，守住系统安全底线，具有重要借鉴意义。

第二，拉丁美洲国家的地方政府举债主要不是通过发行政府债券，而是向本地商业银行申请"关系型"贷款，来自债权方的预算软约束导致拉美国家政府投资效率低下，风险极易向金融系统传递扩散。与发行政府债券的市场化举债方式不同，银行信贷的偿债信用无需得到金融市场检验，地方政府凭借对本地银行的干预可以轻易获得政策性贷款。由于债权方主动压减了地方政府借贷的风险溢价，大量拉美国家的银行贷款被投放到长周期公共项目，甚至被用于补贴消费型、福利型收支缺口，背离了政府举债的"黄金法则"。从预警机制设计看，拉美国家普遍以银行借贷规模作为债务风险控制的核心指标，就是这种举债融资模式的反映。一旦地方政府无力偿债，拉美国家或由中央政府接管地方政府债务，成为地方债务的最终偿债人；或由本地银行向中央银行贴现，与中央银行共享铸币税，导致通货膨胀居高不下。这种地方政府债务风险的形成机理和传导机制，同新《预算法》生效前我国地方政府债务风险的传播扩散有某种相似之处，可以为构建新时代风险防控机制提供经验借鉴。

第三，拉丁美洲国家治理地方政府债务风险经常在"大收"和"大放"之间诱发治乱循环，欠缺风险治理的柔性机制，这使拉美国家容易陷入"去杠杆化"和"修复资产负债表"两难的境地。仍以金砖国家巴西为例。巴西面临过两次债务危机的治理困境，一次是20世纪80年代的拉美债务危机，另一次是20世纪末的地方政府债务危机。1983年，为应对拉美债务危机冲击，巴西政府根据国际货币基金组织（IMF）提供的建议，大力削减公共支出，裁撤公务人员，降低人民生活水平，致使民怨鼎沸，社会动荡，经济增长率一路下滑至3.3%。（尤安山，1986）为应对20世纪末的拉美债务危机冲击，巴西政府出台"经济稳定计划"大力紧缩财政杠杆，导致国债利息支付成本提升，财政赤字滚动扩张，宏观经济再次落入"债务—通缩"陷阱。（郭玉清、薛琪琪，2019）"信心贵过黄金。"巴西案例提供给中国的政策启示是，在新发展格局下执行"三去一降一补"的供给侧结构性改革战略，需要审慎掌握好政策执行尺度，避免来自多部门的去杠杆政策叠加形成"合成谬误"，给市场主体信心带来难以弥补的伤害，甚至引发经济衰退。

3.3 东南亚国家的地方政府债务风险治理

东南亚国家是中国的近邻国家，彼此具有相近的文化传统、风俗习惯、历史背景。其中印度与中国地理毗邻，基础相近，同为发展中大国，也都是"金砖国家"。研究印度的地方政府债务风险治理经验，对构建中国地方政府债务风险治理机制具有重要参考价值。

3.3.1 东南亚国家的债务融资发展历程：以印度为例

20世纪90年代初，印度推行了"一级政府、一级事权"的财政分权改革，政府事权开始向地方转移。与中国20世纪90年代推行的分税制改革相似，印度的财政分权改革在下移事权的同时并未同步下放财权，这使地方政府面临的制度性收支错配压力逐步增大。进入21世纪后，印度城镇化进程不断加快，如何筹措资金发展道路交通、医疗卫生、地下管网等公共基础设施，成为地方

第三章　地方政府债务风险的国际治理经验比较与启示

政府亟需解决的重要任务。无独有偶，这一时期的中国地方政府也面临着相同的问题。

为缓解地方政府筹资压力，自1996年起，印度采取中央财政专项拨款的方式，为贫民窟基础设施建设提供资金支持。尽管取得一定效果，但仅靠中央财政拨款难以长期维系基建投资。为实现可持续融资，印度政府开始论证发行市政债券为基础设施筹资的可行性。1996—2005年，印度多个邦政府以政府担保的形式组建了专门市政机构，通过发行市政债券为基础设施和公共服务筹资，应税市政债券、免税市政债券和集合融资债券累计发行了128.8亿卢布。这种市场化的债务融资方式为印度基础设施建设开辟了新的财源渠道，推进了融资渠道的多元化，但由于发行主体的筹资规模取决于债信能力，在市场化尚不成熟的发展阶段，总体筹资规模依然有限。

2008年后，受国际金融危机冲击，印度地方政府债务融资模式的缺陷开始显现，迫使地方政府加强债务风险监管，防范债务危机冲击。值得一提的是，印度地方政府债务风险的一大特点是"或有性"，其或有风险主要源于印度政府为国有企业和市政机构提供的债务担保。在国际金融危机冲击下，印度大型国有企业普遍陷入经营困境，中央和邦政府加大了对国有企业和市政机构的担保力度，以期增强国有企事业单位的融资发展能力。担保债务计入中央和地方政府的或有负债，如果受保企业出现债务拖欠，或有负债将转化为中央政府和地方政府的直接负债，冲击财政运行安全。以泰米尔纳德邦供电局为例，由于不断增加的供电成本以及对农业和消费者提供的用电补贴，泰米尔纳德邦供电局的经营亏损逐年增长。为弥补其收支缺口，泰米尔纳德邦政府为供电局提供了信用担保，供电局利用政府担保申请金融机构贷款，带来大量邦政府或有负债。根据印度联邦储备银行公布的数据（林力，2015），截至2014年底，印度中央政府和邦政府未清偿的担保债务总额达到GDP的9.4%，部分城市的担保债务率位于历史峰值，已经逼近财政安全警戒线。与债务存量对应，印度地方政府的债务增量同样在国际金融危机冲击后快速攀升，2009年地方财政赤字率达到3.01%，突破了《马斯特里赫特条约》设定的赤字率警戒线，成为印度经济和债务可持续增长的严重隐患。

为防范地方政府债务风险，印度主要采取了三方面的制度举措。第一，构建债务风险治理的法律框架。例如，印度宪法明确规定，一旦地方市政债出现违约，中央政府有权介入干预调整。《1914年地方政府贷款法案》规定，地方政府债务融资必须得到上级政府批准，获批后可以根据本地情况制定灵活的债务融资方案。第二，建立信息披露制度，强化社会监督视野。印度委托特许会计师协会，为所有市政融资背景的机构制定了基于权责发生制的会计准则，要求财会报告必须能够真实反映财务状况、债务规模和经营绩效。印度证券交易委员会要求地方政府发行市政债券必须提交相关财会报告及证明，在债券托管机构资质、筹集资金用途、债券违约的清算补偿细节等方面出台了具体规定。第三，以信息评级制度引导市场主体合理决策。客观公正的政府偿债信用评级有利于市场投资主体合理评估发债主体债信能力，避免债务违约带来的投资损失。印度主要有三家信用评级机构：印度信贷研究与信息系统有限公司、印度信用评级机构以及信贷分析与研究公司，其中印度信贷研究与信息系统有限公司是全球五大著名评级机构之一。印度的三大信用评级机构主要根据发债地区的经济基础、财政绩效、债务结构、分权状况、管理效率等因素评估债务违约风险，在推进政府债务的市场化定价机制、避免投资者违约损失和提高债务资源配置效率等方面发挥了重要作用。

3.3.2 东南亚国家地方政府债务的来源结构及发展瓶颈：以印度为例

地方政府债务融资的发展历程决定了政府债务的来源结构。通过以印度为典型案例观察地方政府债务的类型布局和来源结构，可以分析东南亚国家的经济增长缘何普遍陷入基础设施瓶颈制约和债务风险持续扩张的两难困境，为构建适用于中国的债务风险治理机制提供经验借鉴和政策启示。

根据学界的研究（李萍等，2009；林力，2015），印度邦及邦以下地方政府主要通过四类渠道举债融资，筹资渠道既20世纪90年代的财税分权改革之后，呈现出多元化发展特征。

第一，向中央银行申请财政流动性调节贷款。根据印度《1934年储备银行法案》，印度储备银行作为国家中央银行，可以向各邦政府提供贷款，用于弥补地方财政收支的短期失衡。印度邦政府向央行申请的财政赤字贷款根据年度收支状况确定，并可以定期调整，若财政赤字超过协定借款额，邦政府通常有14天的透支期。除中央银行贷款外，印度中央政府也可以向邦政府提供临时性贷款，用以解决财政收支流动性错配。比较来看，印度允许中央银行向地方政府提供财政赤字调节性贷款的制度举措，迥异于中国的相关法律规定。根据《中华人民共和国中国人民银行法》第三十条，"中国人民银行不得向地方政府、各级政府部门提供贷款，不得向非银行金融机构以及其他单位和个人提供贷款，但国务院决定中国人民银行可以向特定的非银行金融机构提供贷款的除外"。这说明，为防范财政赤字货币化引发的财政透支、货币贬值和变相征收"铸币税"，我国地方政府并不具备直接向中央银行申请财政调节贷款的权利。从印度实践来看，中央银行贷款导致地方政府债务增速过快，在经历1998年的峰值后，中央银行对地方政府的贷款额大幅下降，2003—2008年甚至出现负增长。

　　第二，公共机构及市政融资平台提供发展基金。与中国组建的融资平台公司类似，印度地方政府资助成立了多种类型的公共机构或市政基金作为基础设施融资平台，为地方政府供给基础设施和公共服务提供资金支持。比较著名的公共机构和市政融资平台有住宅与城市发展公司、泰米尔纳德邦城市发展基金等。但印度公共机构和市政基金的经理人主要来自市场聘任，无法像中国那样，指定党政机关后备干部作为融资平台公司的经理人。相应地，与中国相比，印度无法通过政绩竞争引领举债竞争，激励融资机构多方筹集发展基金，突破发展中国家屡见不鲜的基础设施建设瓶颈。由于欠缺组织动员能力，印度的公共机构和市政基金无法填补快速城市化内生的基建融资缺口。从印度延伸到其他金砖国家的发展进程作进一步观察，可发现这是发展中国家基础设施建设滞后的重要原因。

　　第三，发行市政债券。市政债券是印度邦政府批准发行、资信机构提供信用评级的债券，一般由市政机构作为发行主体。市政债券采取市场化融资方式，市政机构能否发行债券、能够发行多少债券，取决于所在城市的经济基础、财政绩效、管理制度等因素。一般来说，经济稳固、管理绩优的地区，市政机构能够以较低利率发行债券，为本地基础设施筹集充裕建设基金；否则将被迫提高债券发行的风险溢价。印度市政债券类似于中国地方政府融资平台发行的城投债，但在提升高险债券的增信能力方面，两个国家有明显区别。新《预算法》生效前，中国融资平台发行的城投债一般由地方政府提供隐性担保，基于刚兑预期，无论高债还是低险地区发行的城投债都能得到市场投资者认可。印度市政债券的发行机制则更加趋向市场化。为提升中小型市政机构的融资能力，印度发展出一种所谓"集合融资"的模式，即大型地方市政机构整合其他城市中小型市政机构的优质资源，实行抱团融资。在这种融资模式下，印度小型市政机构发行市政债券不是靠地方政府提供信用背书，而是依托附属的大型市政机构。这种市场化的信用担保机制，是分析东南亚地方政府债务风险的治理机制时，应予以重点关注的制度设计。

第四，在市政建设中引入公私合营机制。由于政府举债融资整体上难以迎合城市化内生的基建融资需求，印度在市政建设中进一步引入公私合营机制，以期引导社会资本参与公共项目建设，缓解政府资金投入不足的困境。具体地，印度设计出服务外包合同、管理外包合同、操作和维修管理合同、建设及经营转移项目等公私合营模式，这些引资模式在地方政府与民营企业合作开发道路管网、污水处理等市政项目建设方面发挥了积极作用。此外，印度政府通过给予盈利稳定的特许经营权，积极吸引大财团填补基建支出缺口，像阿达尼、信实、塔塔等实力雄厚的大财团在通信、电力、港口等基础设施领域均投资巨大。截至2015年底，印度共有119个城市的污水处理泵站由私人承包商负责运营维护，约一半的新增发电能力是由私人资本投资的。（毛克疾，2023）新《预算法》生效后，中国同样放宽市场准入，在省以下大力推广政企合营模式,将社会资本和竞争机制引入公共投资项目建设。为防范衍生隐性债务,避免社会引资异化,印度的公私合营项目运作经验值得借鉴。

3.3.3 治理经验借鉴与启示

印度与中国同为发展中的金砖国家,地缘毗邻,基础相近,通过观察印度等东南亚国家地方政府债务风险的治理历程及制度瓶颈,可以为构建中国地方政府债务风险治理机制提供重要借鉴和启示。

首先,发展中国家突破基础设施建设瓶颈,引入包括市场化机制在内的多元筹资渠道固然重要,但也应注重发挥有为政府的组织协调能力,在"做对价格"的同时"做对激励"。印度财政管理体制改革同中国的分税制改革大体同步,均发轫于20世纪90年代初,并都采取了"财权上移、事权下放"的制度安排。但与中国不同的是,印度作为一个联邦制国家,无法在地方政府债务融资中植入政绩激励,因此更多采取组建市政机构、发行市政债券、引入公私合营机制等市场化融资渠道,为城市化内生的基础设施建设需求提供资金支持。市场化融资方式有利于约束举债主体内控风险,但对市场化基础孱弱的发展中国家而言,如果不注重发挥政府部门的组织动员能力,仅靠市场化渠道难以筹集基础设施建设所需的巨量资金,基础设施融资不足反过来会成为制约城市化和经济增长协调推进的核心瓶颈。尽管在20世纪90年代初,两国的基础设施建设水平基本位于同一起跑线,但由于中印两国政府组织动员能力的巨大差异,经过20余年的财政体制改革后,中国的基础设施建设无论在数量、质量还是经济效能方面,都取得了远超印度的成就。从这个角度观察，发展中国家在涉及国家发展瓶颈的重大战略性公共产品的建设供给方面，由于市场尚不完全，"做对激励"可能比"做对价格"更加重要。（张军、王永钦，2018；陆铭等，2008；张军，2022）在发展中国家，各类市场的价格发现功能有待逐步增强，尚无法完全依靠价格机制这只"看不见的手"实现各类产品和生产要素的有效调度。这就需要政府发挥积极有为的市场增进作用，将基础设施、营商环境、标准质量体系等软硬件环境创造出来，为市场转型提供政策支持。中国和印度的债务治理实践，对其他发展中国家将改革驱动型的有效市场和市场增进型的有为政府结合起来，在关键环节突破发展瓶颈制约，具有重要的案例分析价值。

其次，发展中国家为地方政府债务融资提供增信支持，不宜采取中央银行直接为地方政府提供流动性调节贷款的方式，否则可能诱发地方政府的策略性举债。我们观察到，尽管印度中央银行为地方政府提供信用贷款的政策主旨是收支调节，即在地方财政收不抵支的时候为地方政府补充流动性，保障基础性公共产品的供给能力，但这种地方财政直接向中央银行透支的融资方式，容易使地方政府将中央银行认定为债务危机的"最终偿债人"，从而策略性地扩张债务融资力度。与中国严禁中央银行弥补地方赤字不同，印度中央银行提供的调节性贷款不仅导致地方政府同中央银行共享铸币税，还在一定程度上导致财政赤字货币化，将债务风险传导至金融领域，这一点是评估印度地方政府债务治理的经验得失时，尤需注意的方面。

再者，应鼓励信用评级机构对地方政府债务风险展开第三方视角的独立客观评估，扩展社会监督视野，实现债务风险的全社会联防共治。印度是发展中国家中最早实施政府债务风险信用评级的国家之一，其组建的信用评级机构甚至跻身全球五大著名评级机构。印度信用评级机构的超前发展，与其坚持以市场化方式防范地方政府债务风险的战略导向有关。信用评级强化了债务风险的信息披露能力，避免了市场投资者秉持的刚兑预期带来的资源配置效率损失。在新《预算法》生效前，中国主要通过政府间隐性担保激励地方政府拓展表外融资渠道。这种隐性担保激励机制尽管在经济高速增长阶段是必要的，但经济从高速增长转入高质量发展后，传统激励机制诱发的债务风险势将在财力基础孱弱的相对落后地区率先凸显。这就需要借鉴印度经验，逐步采用从行政控制转向市场化规则约束的方式治理债务风险。印度组建并发挥信用评级机构监管职能的治理经验，值得我国深入研究借鉴。

3.4 地方政府债务风险治理的其他国际经验借鉴

除OECD国家、拉丁美洲国家和东南亚国家地方政府债务风险的治理经验外，既有文献还从风险规避、信息披露、危机处理等方面进行了治理经验的国别比较，其研究结论可以为完善我国地方政府债务风险的大国治理机制提供决策依据。

第一，构建地方财政偿债约束机制。地方政府债务风险治理的首要任务是显示警情，将风险信号传递给决策部门；保障地方政府偿债能力的措施则是控制警度，约束地方政府合理举债。在发展中国家，地方财政偿债约束机制普遍薄弱，体现在政府间偿债责任配置不明晰、地方政府普遍存在中央刚性兑付预期、策略性举债动机诱发道德风险等方面。为限制地方政府过度扩张债务，中央政府有必要约束地方政府及时清偿债务，典型措施是敦促地方政府提供偿债担保和设置偿债准备金。在构建地方政府偿债约束机制方面，南非的做法比较有代表性。其制定的具体措施包括：市政府必须为自身及其附属市政机构举借的政府债务提供偿债抵押，抵押方式包括提供一项资产或权益的留置权，或抵押、出让该资产或权益，或提供任何其他形式的担保；保证用可获取的资金或从可行的资金来源取得的资金来直接偿还或履行保证的职责；保证给贷款人、投资人或第三方提供押金作为担保；同意使用特定的方式或程序来还款，以保证对贷款人或投资人的还款是特殊的和专用的；将任何类型的收入或权益转到未来收益中作为抵押；保证通过调节、仲裁或其他解决争议的途径来解决出现的任何争议；使一般收入、特定收入及其他收费收入保持在一定数额之上，以保证履行其偿债责任；保证在预算案中对履行其债务责任所需要的还款作出规定，包括本金和利息；同意对市政府在担保债务或担保责任履行完成前所发生的债务作出限制规定；市政府作出的其他安排。

第二，提高债务信息透明度。防范地方政府债务风险，有必要敦促地方政府及时搜集、整理、公布债务信息，缓解政府、媒体和社会公众之间的信息不对称，提高债务信息透明度。措施一是在政府预算中公布债务信息，将政府债务纳入预算管理。例如，法国要求地方政府的举债、偿还和变更信息必须按预算程序编制报告，执行情况按月逐级报告给中央政府。中央政府通过强化预算管理系统掌握全国举债融资信息，公共预算的网络化管理为提高地方财政管理透明度、防范财政赤字风险提供了制度保障。澳大利亚规定地方政府必须将借款分配及调整情况反映在预算报告中，报告方式遵循财务标准框架，需披露贷款、租赁、抵押、透支等负债款项，并报告存量资产。措施二是构建联网信息系统，为提高信息透明度提供技术支撑。例如，巴西要求地方政府每年向联邦政府汇报财政账户收支情况，作为评估地方财政运行风险的依据。财政赤字信息主要依托与各银行联网的国家信息系统披露，财政部负责系统建设维护，任何政府性借贷信息都要登记反映。措施三是改革财务会计管理制度，按权责发生制原则披露债务信息。例如，澳大利亚要求地方政府不仅要披露直接显性债务，还要报告担保或有负债情况；新西兰要求地方政府定期编制政府预算平衡表、政府综合财务报表、年度偿债计划报告、融资效果报告，举债项目要报告应付账款、地方政府借款、政府养老基金支付等内容。上述制度实践对编制我国政府资产负债表具有参考价值。

第三，中央政府介入并指导地方债务危机处理。当地方政府债务扩张导致资不抵债，陷入偿债困境时，危机局面即已形成。面对这种状况，很多国家的中央政府选择及时介入地方政府债务清偿程序，通过提供框架指导辅助化解危机；甚至直接接管危机地区的政府债务，代为实施债务重组。例如，法国采取了激进的行政接管方式，规定当地方政府资不抵债并宣布政府破产时，省级官员有权直接接管当地政务，原地方政府及议会相应解散。行政接管期间，中央政府代偿部分地方政府欠债，待新政府经选举产生后，由新组建的政府机构制定增税计划或融资方案，逐步清偿政府欠款和中央垫付资金。但由于历史欠债转嫁给现届政府，现届政府的执政能力将面临严峻考验。有能力清偿历史欠账、恢复财政健康的政府将获得稳定执政权；否则将继续选举新政府，直至债务危机得以有效化解。巴西与法国不同，选择由中央政府干预危机地区的债务重组。当地方政府无力偿债时，为保护债权人利益，巴西中央政府将基于国家信用发行长期债券，以长期国债发行收入替地方政府清偿历史欠债，同时要求地方政府按30年期重组债务，中央承担长期债券利率和中央债券利率的差额成本。这种做法的实质是将债务期限结构中长期化，给予地方政府改善财政状况和经济绩效的战略空间，是一种类似于中国债务重组的风险缓释举措。与商业银行实施的债务展期操作相比，中央政府主导的债务重组有利于降低地方政府的利息偿还压力，提升地方政府的偿债信用保障，但危机地区能否摆脱偿债困境，仍有赖于能否实施有效的财政、经济恢复计划。

3.5 基于文献研究的治理经验总结述评

"它山之石，可以攻玉。"梳理OECD国家、拉丁美洲国家、东南亚国家、发展中"金砖国家"等不同国家地方政府债务风险治理的发展历程和制度举措，可见各国基于制度框架、发展阶段、经济基础、国际环境的差异，分别采取了适用于本国的债务融资方案和风险治理政策，取得了迥然相异的治理成效。针对代表性国家的治理案例，特尔－米纳斯安（Ter-Minassian，1997）从全球视角总结出四类地方政府债务风险的典型治理模式。米纳斯安（1997）研究发现，这四种治理模式在不同的制度环境下发挥的效果不同，很难断定哪一种是最优的。换句话说，这四种治理模式在不同制度环境下都有可能成为相对最优模式。

第一种治理模式是"市场纪律"，典型国家是美国、加拿大和瑞士。在这种完全市场化的治理模式中,中央政府不对地方政府举债规模设限,地方政府可自主决定举债多少、向谁举债以及债务资金投向何处,中央政府不对陷入危机的地方政府提供任何事后救助。在这种情形下,为维持偿债信用、获得可持续融资,地方政府举债融资相对审慎,主要通过发行市政债券、引入公私合营机制等市场化渠道获取债务融资,债务风险主要源于管理不善和外部冲击,并可通过市场供求机制反映风险溢价。莱恩(Lane,1993)指出,将地方政府债务风险的治理职能完全赋权金融市场,需要具备四项严苛的制度条件:其一,金融市场是开放而自由的,不存在针对金融体系的政策干预,地方政府不享有融资特权;其二,债务方的资产负债状况和偿债能力信息是共同知识,在潜在的债权方中共享;其三,对地方政府违约事件,中央政府从未提供过事后救助,换言之,不存在针对地方政府债务危机的中央救助事件史;其四,地方政府举债融资对瞬息万变的市场信号反应灵敏。显然,大多数新兴市场国家并不具备发展成熟的金融市场,不建议采取这种模式控制地方政府债务风险。

第二种治理模式是"行政约束"。在这种治理模式中,中央政府直接控制地方政府举债,控制方式有限制地方政府债务规模(立陶宛)、禁止地方政府举借外债(墨西哥)、监管地方政府举债程序(印度、玻利维亚)、中央政府集中举债后转贷地方(拉脱维亚、印度尼西亚)等。行政约束模式在管制举债的同时,保留了财政调整的灵活性,中央政府可视宏观经济形势的变化调整控制力度。在这种情形下,地方政府退化成为中央政府的派出机构,中央政府允许地方政府扩张债务,相当于为其举债行为提供了隐性担保,一旦地方政府陷入偿债困境,中央政府将视情提供事后救助。这种治理模式的缺陷是,举债融资项目的非完美信息使中央和地方政府之间存在目标不一致。地方政府的初衷可能是选择有效率的举债融资项目,但中央政府只能将项目审批成本控制在高效和低效项目的折中水平,效率因素未必是中央政府的唯一考量。为提高项目审批通过概率,地方政府可能忽视举债项目的质量和风险,仅申报中央政府偏好的项目,但这会引发"逆向选择",使举债融资陷入低效循环。

第三种治理模式是"规则控制"。在这种模式中,中央政府设立明确的财政规则控制地方政府举债,中央和地方政府都必须遵守宪法或其他法律规章的约束,财政政策执行是稳定可预期的,具体措施包括预算赤字限制(澳大利亚、西班牙)、预算赤字操作程序(挪威)、偿债能力指标(西班牙、日本、巴西、韩国)、支出总量限制(比利时、德国)等。规则控制模式的优点是简单、透明、可操性强、框架稳定;缺陷是中央政府必须在规则遵从度和政策灵活性之间进行权衡:覆盖面过宽的财政规则会降低宏观经济遭受冲击时财政调整的灵活性,过于灵活的财政规则又会促使地方政府策略性规避规则,松懈财政纪律。更主要的问题是,如果财政规则仅针对地方政府的预算内举债设立,而对准政府机构(如融资平台公司)没有约束力的话,地方政府将利用准政府机构扩张表外赤字,积累大量难以观测的隐性债务。[①]

第四种管理模式是"合作协议"。在这种模式中,中央政府同地方政府通过协商程序控制举债规模,地方政府可以参与宏观政

---

① 例如,1982年澳大利亚中央政府放松了对准政府机构的融资约束,随后两年中,地方公共企业的债务存量增长了近3倍。表外债务风险的快速扩张,迫使澳大利亚中央政府不得不在1984年取消了这一政策。

策制定过程，同时要为债务扩张的经济后果负责。在合作协议模式中，中央和地方政府为全国债务总体规模设限，然后将债务限额分配到每个省，省级债务限额结合地方政府的融资需求商议确定。合作协议模式结合了其他三种风险治理模式的优点，通过构建政府间协商机制，中央政府能够保持宏观政策的连续性，并保留足够的政策灵活性。此外，这种治理模式使地方政府更清楚预算赤字的宏观政策含义，中央政府无需为地方举债决策提供担保承诺。但合作协议模式的混合特征也有制度缺陷，如果执行不力，中央政府的行政权威极易被削弱。同时地方政府可能为争取债务融资权，同中央政府长期讨价还价，这不仅会增加政治协商成本，协商失败的情况下甚至会干扰政策制定。

特尔-米纳斯安（1997）的理论研究列举了不同治理模式的优劣。如果从实践层面观察，哪种债务风险治理模式可以成为最优模式呢？这就需要提到辛格和普列汉诺夫（Singh & Plekhanov，2006）基于四类治理模式展开的实证分析。根据他们的研究，地方政府财经纪律越松弛，地方政府的债务扩张力度越大，财政收支平衡度越低。而财经纪律松弛主要源于转移支付公共池、预算软约束、区域竞争、财力事责错配、政治选举周期等制度因素。控制住上述制度因素后，两位作者以虚拟变量反映不同国家地方政府债务风险的异质性治理模式，对地方财政收支平衡度指标进行回归分析，结果表明并不存在实践意义上的绝对最优模式。换言之，在不同的制度环境下，市场纪律、行政约束、规则控制、合作协议都有可能成为地方政府债务风险的相对最优治理模式，其中纵向财政失衡度、债务危机救助史、财政预算透明度是最重要的影响变量。例如，美国作为竞争联邦国家，从未有过中央对地方政府债务危机的事后救助史，市场主体也不存在中央救助债务危机的刚兑预期。由于地方政府债券的风险溢价能够反映到其发行价格中，美国可以赋权其高度成熟的资本市场引导债务资源配置，以价格机制这只"看不见的手"提高资源配置效率。反观德国，作为合作联邦制国家，其政府间财政制度安排引入了共享税，而非采取美国式的彻底分税制。共享税提高了纵向财政失衡度，意味着"市场纪律"模式的治理效能下降，"规则控制"模式的治理效能提升，从而德国对全国债务总量和地方举债规模设置了多重规则限制。结合理论和实证层面的经典文献，可以得到的政策启示是，各国应基于实际国情，选择适用于自身发展阶段、制度框架乃至传统习俗的债务风险治理模式。

基于理论梳理、案例分析和实证研究，接下来的问题是，中国应如何借鉴国际经验，选择和设计适用于本国的债务风险治理模式？笔者认为，中国应在市场化改革有序推进的过程中，逐步转变地方政府债务风险治理模式，使债务资源配置效率始终保持动态最优。2015年新《预算法》生效后，中国采取了"行政约束"和"规则控制"相结合的模式治理地方政府债务风险。行政约束措施包括剥离平台公司的政府融资职能、取缔政府间信用背书、赋权省级政府发行地方政府债券、推进融资平台市场化转型等；规则控制措施包括为各省债务增量和存量配置限额、以债务率和赤字率警戒线约束地方政府审慎举债等。这些自上而下设置的债务治理措施，旨在遏制传统模式下地方政府举债融资的卸责动机和道德风险，坚守不发生系统性风险的底线。随着表外债务的逐步清零和表内债务管理经验的逐年积累，下一步可以考虑将治理模式逐渐过渡到"合作协议"，通过债务执行信息自下而上的制度性反馈，引导地方政府参与宏观政策制定。作治理模式改革的长远期构想：随着地方政府债券发行定价机制的市场化转型，债务风险治理模式将最终转变为"市场纪律"，主要以价格机制这种"看不见的手"引导债务资源配置，将扭曲授信彻底过滤出资本市场。

瞻望前路，市场纪律治理模式将以国债无风险利率为基础，实现省级债券和市县债券、政府债券和企业债券、国内债券和国外债券的发行定价机制的有序融合，最终破除各类债券的刚性兑付预期，引导市场投资者理性决策。在制度转型的意义上，这是构建高水平社会主义市场经济体制的应有之义。为推动和实现这一目标，有必要厘清我国传统地方政府债务治理的制度特征和风险机理，从中国的资源禀赋和制度框架出发，解构经济高增长阶段"高债务"和"稳增长"并立的"中国之谜"，为经济高质量发展阶段的债务风险治理模式转型提供理论依据。本书将在下两章系统展开这一工作。

第四章 传统地方政府债务治理的制度特征与风险机理

通过回顾我国地方政府债务风险的治理历程,以及进行地方政府债务风险治理的国际案例比较分析,可见在2015年新《预算法》生效前,我国整体上执行了一种激励导向型的债务治理模式。这种债务治理模式的基本特征是通过经济、政治、财政、金融相互协同的制度安排,激励地方政府努力拓宽表外举债融资渠道,积极投身属地经济建设。激励导向型的传统债务治理模式突破了发展中国家屡见不鲜的基建瓶颈制约,稳定了危机冲击期间的大国经济增速,但也带来了不容忽视的地方政府债务风险。构建我国地方政府债务风险的治理机制,有必要从制度经济学视角厘清传统治理模式的制度特征和债务风险的形成机理,为设计适用于我国的债务风险防范控制机制提供理论基础。

4.1 传统地方债务治理模式的制度背景

历史地看,中国传统地方政府债务治理是在经济高速增长期形成的激励导向型的治理模式。这种治理模式植根增长导向的战略安排，是依托中国式纵向分权治理框架设计的本土化债务治理模式，具有其勃兴、存续和转型的特定历史背景。

将视野再次转回1992年。当时，邓小平同志在南行讲话中提出"发展才是硬道理"，确立了社会主义市场经济体制的大国发展道路。社会主义市场经济体制强调"以经济建设为中心"，既重视市场运行规律，调动地方政府涵养税基、发展经济的积极性；又着力发挥社会主义制度的优越性，集中财力物力优先保障重点建设。[①]问题是，改革开放初期各省分别推行的"财政包干制"致力于"藏税于企""藏富于地"，削弱了中央财政集中度和中央政府"集中财力办大事"的战略空间，导致中央财政大多数时候处于赤字状态。（科斯、王宁，2013）为强化中央政府的协调控制能力，1994年分税制改革通过"财权上移、事权下放"的分权制度安排，优先保障中央政府事关发展全局的战略性公共品供给，并利用财政转移支付制度设计，将中央决策意图贯彻到各个省区。与中央政府的财力集中相对照，分税制改革增大了地方政府的财力缺口，进而通过省以下制度安排的示范延伸效应，使基层政府面临严峻的财力失衡局面。弥补地方财力缺口的国际通行经验是允许地方政府发行债券，但为避免地方政府大量发行"准国债"导致货币超发和通货膨胀，将风险传递到金融领域（郭玉清、毛捷，2019），1994年《预算法》要求"地方各级预算按照量入为出、收支平衡的原则编制，不列赤字"，明确禁止了地方政府的表内发债融资权。由此一项治理难题摆在决策者面前：如何在"财政分权、

[①] 邓小平（1982）在会见国家计划委员会负责同志的谈话中指出，"社会主义同资本主义相比较，它的优越性就在于能做到全国一盘棋，集中力量，保证重点"。详见《邓小平文选》（第三卷），人民出版社2009年版。

政治集权"的中国式分权框架中设计必要的制度激励,引导地方政府积极投身经济建设?

为解决基建融资难题,地方政府融资平台应运而生。融资平台公司同地方政府具有行政隶属关系,是以政府融资为目的组建的企业法人机构。依托融资平台公司,地方政府可以绕开1994年《预算法》约束,向金融机构申请信用贷款或发行城投债,利用表外举债融资积极投身市政建设。在旧《预算法》禁止地方政府表内举债的制度背景下,中国地方政府发展出融资平台公司的工具创新,可谓"守正出奇"之举。表内禁止发债融资权致力于"守正",避免地方政府债券过度发行引致货币超发和信用膨胀;表外默许融资平台举债可谓"出奇",使中国克服了发展中国家屡见不鲜的基建融资瓶颈,依托融资平台表外举债适度超前提供出配套完善的基础设施。基础设施一般具有投资大、回报慢的特点,很多发展中国家(包括高收入国家)的政府部门无力筹资兴建,私人部门也没有足够供给意愿,导致产业升级和市场扩张被基础设施拖累,落入中低收入陷阱。在经济高速增长期,中国通过组建融资平台公司有效破解了这一难题。这一工具创新有助于中国依托要素成本优势向内挖潜,提供出城市化快速推进所需要的基础设施和公共服务。

进一步观察,中国的融资平台工具创新有其独特之处。与很多高收入国家或新兴市场经济体设立的融资工具公司不同,中国地方政府融资平台的经理人主要从本地党政机关后备干部中选调,而非从职业经理人的"市场池"中聘任,平台公司经理人的投融资业绩将直接决定其政治晋升前景。这样的人事任命安排,使中国能够将政治晋升机制嵌入纵向分权框架,激励地方政府努力拓宽债务融资渠道，展开以GDP为核心的量化政绩竞争。（周黎安，2008）财政激励与政治激励相互叠加，形塑了中国式分权框架内生的"压力型"体制。一方面，为应对财政压力，地方政府需要依托表外融资填补不断放大的表内收支缺口，履行上级政府委任的支出事责；另一方面，为应对政治压力，地方官员同样需要依托表外融资努力提高晋升概率，在激烈的政治晋升博弈中赢取竞争优势。

与地方政府面临的财政和政治压力相对应，传统地方政府债务治理表现出"激励导向"的典型制度特征。这种治理模式的主要战略目标是，通过默许甚至鼓励地方政府拓宽表外融资渠道，以表外融资填补纵向失衡内生的财力收支缺口，引导地方政府"聚精会神搞建设，一心一意谋发展"。严格来说，运行良好的制度设计应包括"激励"和"约束"两面，即一方面通过激励机制促进市场竞争，提高资源配置效率；另一方面通过约束机制控制衍生风险，避免债务危机冲击社会秩序。分税制改革后，地方政府举债融资游离于预算收支表外的方式，导致预算约束过于软化，可谓"激励有余，约束不足"。这具体体现在，传统治理模式在激励地方政府获取表外融资的同时，对融资平台资质、举债项目绩效、信贷资金投向等缺乏有效的监管制约，诱发了政府性债务的竞争性飙涨局面。从这个视角观察，激励导向型的债务治理模式同社会主义初级阶段的发展战略高度相容，是在社会主义市场经济条件下，以经济增长目标为主导发展的制度创新。

4.2 传统治理模式下地方政府举债融资的激励机制

1994年分税制改革后，中国地方政府债务治理形成了一种

"表内不列赤字，表外不设限制"的内紧外松治理模式。这种治理模式使各级地方政府能够通过组建融资平台公司，绕过1994年《预算法》禁止表内举债的制度约束，利用表外融资推动发展中大国的高速经济增长。反过来看，经济高速增长为地方政府表外举债提供了稳步扩张的偿债税基，不断强化了地方政府的举债融资冲动。整体观察，中国传统地方政府债务治理是依托经济高速增长背景，由一系列经济、政治、财政、金融因素协同影响的结果。多重制度因素的协同激励，形塑了一种"激励导向型"的大国债务治理模式，对高速增长期的地方政府行为和竞争博弈策略产生了深远影响。

4.2.1 经济激励

研究传统治理模式下地方政府债务融资的激励机制，首先要关注分税制改革后的一个典型事实，即中国作为发展中大国所经历的快速城市化进程。大国城市化拉动了中国经济的高速增长，经济高增长稳定了地方政府的偿债预期和扩张偏好，激励地方政府不断拓宽表外融资渠道，诱发表外债务"灰犀牛"持续膨胀。

1. 快速城市化进程

1992年，邓小平同志南行讲话确立了社会主义市场经济的发展道路。市场经济的快速发展使中国城市化表现出新的典型特征，即"以多元城市化动力替代单一或二元城市化动力，以集中的城市开发模式替代分散的乡村工业发展模式"（宁越敏，1998）。尽管1998年中国经济遭遇亚洲金融危机冲击，城市化进程一度放缓，但中国政府审时度势，启动积极财政政策扩大内需，刺激经济增长。在积极财政政策拉动下，作为发展中大国的中国，城市化迎来快速推进期。

图4-1绘制了2000—2010年中国城镇、农村人口规模及城乡人口比例的变化趋势，从人口结构反映中国的城市化进程。在21世纪前十年，我国城镇人口从4.59亿攀升到6.70亿，农村人口从8.08亿减少到6.71亿，城乡人口比例从56.8%提高到99.8%，表现出明显的结构替代演化趋势。造成这一现象的主要原因是务农人口持续向城镇迁移流动，使城镇人口相对农村人口的比例直线平滑提升。[①]对于一个拥有14亿人口的发展中国家来说，在10年左右的时间里城市化率提高近1倍，意味着每年大约有1 200万人从农村迁移到城市。中国城市化如此快速推进，在全球人口大国的经济发展史上是极为罕见的。（Naughton，2007）

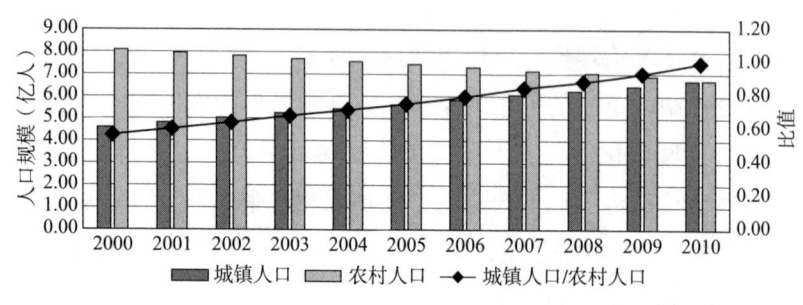

图4-1 2000—2010年中国的城市化

资料来源：《中国统计年鉴》（2001—2011）。

暂时搁置大国城市化快速推进的原因不论，先看其影响结果。城市人口规模激增的直接后果是基础设施也越来越拥挤，需要地

---

① 根据官方统计数据，2011年我国城镇人口首次超过农村人口，城市化率突破了50%。但官方数据没有统计未取得城市户籍的进城务工人员（俗称"农民工"）。若将这部分城市常居人口计算在内，则中国的实际城市化率还将进一步提升。

第四章　传统地方政府债务治理的制度特征与风险机理

方政府提供更加完善的基建服务。在分权治理国家,基础设施的供给责任一般由地方政府承担。根据第一代财政分权理论,地方性公共产品的效益外溢范围往往局限在本辖区。由于地方政府更接近本地居民,在了解公共品需求方面更加具备信息优势,所提供的公共服务同本地居民偏好更加匹配,从而由地方政府提供本地基础设施,在提高效率的同时更能增进民生福祉。(Stigler,1957)为缓解人口激增带来的基础设施拥挤性问题,地方政府需要对基础设施建设项目进行合理排序,将有限的财政资源按优先顺序配置到道路、桥梁、能源、通信等公共投资领域,为本地经济发展和产业集聚提供外部性。

分税制改革后,中国同样将区域性公共品的供给责任赋予地方政府,但随着地方政府的表内财力缺口不断放大,如何拓宽基建融资渠道,填补建设资金缺口,始终是各级地方政府面临的制度难题。分区域看,东部地区在要素和产业集聚中不断增强经济实力,财力基础稳固,地方政府可以划拨较多预算资金从事市政建设。中西部地区则发展滞后,很多基层政府的预算内收入维持机关运转(即俗称的"保运转""保吃饭"[①])尚不宽裕,投资于基建项目更加捉襟见肘。表内财力约束迫使中西部地区偏好拓宽表外融资渠道,从而为基础设施和公共事业提供资金支持。

考察一下地方政府的收入家底,除税收、非税收入、中央转移支付等表内收入外,地方政府可以支配的表外收入主要包括"费""租""债"等类型。1998年开始推行的"收支两条线"改

[①] 基层政府以预算内财力维持机关运转,被形象化地俗称为"保吃饭""保运转",勉强能够维持机关运转的县乡财政被称为"吃饭财政"。

革不断压缩地方政府行政性收费、罚没收入等形式的表外财力空间，自2011年起，预算外"规费"收入全部并入预算内"非税收入"口径，对应收入需全额上缴国库或非税收入财政专户，按照预算内收入程序规范管理。为抵补规费收入并入预算内损失的财力支配权，地方政府转而依赖"租""债"等形式的表外财源。其中，"租"是国有土地使用权出让收益，即地方政府让渡有限期国有土地使用权获取的土地租金折现收入；"债"是以国有土地使用权出让收益作为偿债担保，由地方融资平台公司通过申请银行贷款、发行城投债等方式获取的举债融资收入。批租收入和举债收入的主要区别是，前者是无偿收入，财力支配自由度等同于税收；后者是有偿收入，未来需要还本付息。此外，地方政府还发展出股权融资方式，即利用参股、控股等方式，吸纳社会资本进入公共投资领域，以政企合营（PPP）模式推进基础设施建设。但在2015年新《预算法》生效前，地方政府的股权融资规模同土地批租、债权融资相比一直处于较低水平。[①]进一步分析，地方政府主要通过两种渠道获取土地批租收入。一是在城市近郊，经过变更农地权属、补偿失地农民、土地收储平整、土地规划建设等步骤，将"生地"变成"熟地"，再协议或招标出让给房地产开发商；二是在城区内部，通过旧城拆迁、居民补偿安置、棚户区改造等方式，将旧城区土地收储、整合后，按照规划程序出让给房地产开发商。无论"农地征用"还是"旧城改造"，均使城市辖区面积不

---

① 根据财政部"政府和社会资本合作中心"（CPPPC）提供的"全国PPP综合信息平台项目管理库"，政企合营入库项目主要是2015年新《预算法》生效后推动的。地方政府发展的政企合营模式，旨在应对平台公司融资职能弱化问题，扩展地方基础设施建设项目的融资空间。

断扩容,在人口城市化外,还引发了地理空间维度上的大国城市化。郭玉清(2015)测算发现,自2004年起,地方政府每年征地面积维持在1 200—1 600平方公里,城市建成区的面积扩张同人口增长基本维持同步。在这个过程中,地方政府的土地批租和城市化是循循相因的互动过程。一方面,地方政府将土地批租收入用于征地拆迁和安置补偿,推动了中国的人口城市化和空间城市化;另一方面,城市化带动的劳动、资本等生产要素的流动集聚也不断推动土地增值,提高了地方政府的土地批租收入。

尽管城市化使地方政府得以通过土地财政快速筹集发展基金,但刘守英等(2018)研究发现,将批租收入扣除征地、拆迁补偿成本后,剩余净收益并不足以弥补大国高速城市化内生的基建投资缺口。[①]为缓解预算约束,地方政府继而发展出同土地批租相关联的另一种表外财源,即以土地出让收益为担保,依托融资平台公司申请银行贷款或发行城投债。这意味着,传统模式下的地方政府举债融资是以融资平台公司为载体、以土地批租收入为杠杆,由地方政府提供信用背书实现的。尽管举债融资收入的自由裁量权低于土地批租收入,但由于平台公司举债几乎不需要垫付前期补偿成本,偿债压力可以通过信用背书向外转嫁,这极大迎合了地方政府的基建融资需求,提高了地方政府以表外举债"搞建设,谋发展"的积极性。

地方政府举债融资渠道的拓展,极大推进了21世纪初的大国

[①] 土地批租收益从历年《中国国土资源统计年鉴》查询,经弥补拆迁、安置补偿成本后,土地纯收益计入"政府性基金"预算收入。经统计,成本补偿约占土地批租总收入的三分之二,剩余纯收益还要拨付给教育、医疗、农林水利、环境整治等支出项目,不足以填补快速城市化内生的基建融资缺口。

城市化进程。利用土地批租杠杆撬动的债务融资被大量投向轨道交通、管道敷设、垃圾清运等市政设施和公共事业项目，不断推动土地升值，吸引要素集聚，促进了产业结构升级和经济高速增长。大国城市化的快速推进反过来贡献了高额土地批租收益和政府信用背书能力，为融资平台公司拓展表外融资渠道夯实了经济高速增长期的偿债基础。

2. 财政收入超经济增长

改革开放后，中国作为发展中的"金砖"大国，经历了40余年的经济高速增长，经济社会发展取得历史性成就。这一高增长阶段背后，有着体制转型、人口红利、贸易开放、投资驱动等多重诱因，学界从不同视角提供了相应的理论解释，不过主导原因尚未凝聚共识。（巴里·诺顿，2011）除经济高速增长的主导动因尚存争议外，另一个高速增长期的特征事实也引发了学界的研究兴趣，即财政收入超经济增长。

图4-2绘制了从分税制改革到2015年新《预算法》正式生效的22年间，中国名义GDP增长率、公共财政收入增长率以及宏观税负（公共财政收入/GDP）的变动情况。测算结果表明，自1996年起，中国公共财政收入增速保持高于名义GDP增速，前者年均增速超出后者3.1个百分点，导致观察期内的宏观税负从10.7%稳步增至22.1%，年均增长0.54个百分点。进入21世纪后，中国宏观税负增速加快，测算宏观税负弹性（财政收入增长率/GDP增长率），可见财政收入增长率保持在名义GDP增长率的1.1倍至2.3倍。在此期间，宏观税负弹性仅2009年降至0.6，2010年迅速反弹至1.5，体现出极强的增收韧性。表内财政收入的超经济增长，强化了地方政府的表外融资偏好和偿债能力预期。尽管地方政府

表外举债主要靠土地批租收入作为融资杠杆和偿债担保，但表内预算收入的超经济增长，使地方政府预期即使土地批租收入受外部冲击大幅下降，也可通过调拨表内财力迎合偿债需求，以预算内涵养的稳定税基弥补历史欠债。①

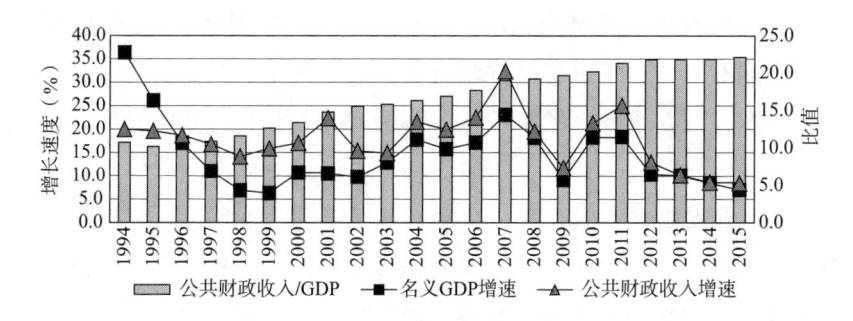

图 4-2　1994—2015 年财政收入超经济增长情况

资料来源：《中国统计年鉴》（1995—2016）。

接下来，我们分别从征收能力和征管效率视角，分析经济高速增长期财政收入超经济增长的主导诱因，以及财政收入的超快增长如何影响了地方政府的偿债预期。

先看征收能力。税收征收能力由名义税率和经济税基决定，最终取决于经济基本面。在经济基本面中，城市化带来了交通、通信、能源、环卫等市政基础设施和商用、民用楼宇建造等方面的巨量需求（曹广忠等，2007），使中国房地产业在21世纪初迎来"黄金十年"。房地产业贡献了充裕的营业税、耕地占用税、城市维护建设税、契税等财产税和流转税收入，而房地产业存在的营

---

① 在地方政府为融资平台公司出具的"担保函""宽慰函"中，作为偿债担保的资金来源主要有两类，一是表外土地批租收入，二是表内税基贡献的税收收入。

业税重复征税①进一步放大了税收增速。（吕冰洋、郭庆旺，2011）尽管以房地产业为核心的增收模式效率极高，但也带来了房价畸高、收入两极分化等社会问题，滋生了一些特权部门的贪腐寻租空间，并不是一种可持续的财政增收模式。

财政收入超经济增长的另一个实体面诱因是产业结构升级。分税制改革前，中央与地方政府实行财政包干，企业利润大部留存地方，地方政府"藏税于企""藏富于地"的博弈策略导致地区间产业结构趋同，地方保护主义盛行，区域发展存在以邻为壑的问题，市场分割极其严重。分税制改革后，企业所得税划为中央地方共享税，地方政府办企业的热情迅速消退，转而促进本地产业结构向制造业和服务业升级，特别是大力推进制造业垂直一体化及房地产、金融、物流、中介等服务业发展。这些产业有助于涵养营业税等地方主体税种（周飞舟，2012），在税基分配上更有利于地方。2010年，营业税占地方税收总量达到33.6%，成为增收最快的地方主体税种。

人口红利也推动了财政收入的超经济增长。改革开放后，我国中小企业迅速融入全球产业链，吸引大量劳动适龄人口就业。我国劳动力群体大多接受过"普九"义务教育，具有良好的知识禀赋和劳动技能，严格的计划生育政策进一步减轻了就业人口的抚养性支出压力。（巴里·诺顿，2011）高技能与低成本相结合，使沿海外向型企业获得源源不断的优质劳动力供应，在国际市场

---

① 根据学界研究，房地产业营业税增税主要表现在三方面：一是提供建筑劳务和卖方环节存在重复征税，二是房地产业存在的兼营、混合销售等行为导致营业税和增值税存在重复征税，三是营业税和土地增值税存在重复征税。但全面推进"营改增"税制改革后，房地产业营业税重复征税问题得到了有效缓解。

第四章　传统地方政府债务治理的制度特征与风险机理

上树立了人口红利带来的长期竞争优势，贡献了不断增长的企业所得税。但随着我国人口老龄化趋势日益严峻，劳动要素成本将随着"刘易斯拐点"的逼近持续上涨，人口红利对财政收入超经济增长的贡献将随之减弱。

接下来看征管效率。提高税收征管效率有助遏制偷逃税行为，使实际税基逼近理论税基。在征管效率的影响因素中，税务信息化建设发挥了重要作用。2003年，我国推广"全国增值税发票监控网"，对百万元、十万元以及部分万元版的增值税专用发票进行了全面监控。全国超过40万户一般纳税人配备了防伪税控开票子系统，系统监控的缴税额占增值税征收总量80%以上，有效填补了税收征管漏洞。与税务信息化建设同步，税务机关工作人员的整体素质也得到有效提升。我国各级政府公务员统一通过国家机关公务员考试（俗称"国考"）方式录用，国、地税系统大学以上学历的从业人员比重从2003年的77.3%提高到2010年的91.1%，政府部门吸收的高学历人才数量不断攀升。

除税务信息化和高素质人才队伍建设外，征税努力也会影响税收征管效率。1994年分税制改革后，在分级分税框架尚不稳定的体制环境中，地方政府有强烈的征收诉求，以便确保收入上解中央后，尚有余裕财力应对刚性支出任务。在征收考核压力下，地方政府（特别是基层政府）更加需要足额乃至超额完成征税任务，确保税收及时征收入库。根据历年《中国财政年鉴》提供的数据，各省级行政单位财政预算报表中的财政收入决算数一般高于预算数5—10个百分点。以2009年为例，尽管当时宏观经济遭受国际金融危机冲击，宏观税负大幅下滑，但全国仅8个省份的财政收入决算数低于预算数，其余各省份均超额完成税收征收任务，

173

四川省的财政收入决算数甚至超出预算数10.6个百分点。

将"快速城市化"和"财政收入超经济增长"结合起来，可以从经济激励视角讲清楚地方政府举债融资的完整叙事。这条路径是：地方政府举债融资—缓解基础设施拥挤性压力—推进城市化进程—带动房地产相关产业发展—财政收入超经济增长—强化融资偏好及偿债能力预期—地方政府举债融资。我们看到，无论快速城市化还是财政收入超经济增长，都是这条循环路径中的一环，因而都是同地方政府举债融资循循相因的。这条循环路径得以持续运转，依赖于房地产业的超常发展。房地产业发展带动土地升值和税收扩张，使地方政府得以撬动更大规模的表外举债融资，但同时也隐含着资产泡沫化的巨大风险。基于新兴市场国家展开的案例研究表明，在经济繁荣期，地方政府及金融机构往往高估抵押的土地收益权（刘琍琍，2011），使债务杠杆扩张表现出明显的"顺周期性"。一旦宏观经济因遭受外部冲击陷入萧条，房地产价格首当其冲宽幅震荡，进而牵连其他产业，使地方政府土地财政收入锐减，威胁其可持续举债融资能力，甚至冲击财政经济运行安全。一个典型案例是20世纪80年代的日本。当时日本刚经历了一轮高速增长，大量投机性资本涌入股票和土地交易市场，拉动地价飙升，仅东京23个区的地价便超过了美国国土价值的总和。以土地资产作抵押，日本银行大量发放贷款，推动日本的泡沫经济在1989年达到顶峰。随后，美国以《广场协议》干预国际货币市场，迫使日元升值，导致日本资产泡沫破裂。在金融危机冲击的高峰阶段，日本许多政府和机构投机者因过度负债陷入破产境地，东京地价连日跌幅超过46%。泡沫经济破裂引发资产负债表衰退和"流动性陷阱"，使日本经济陷入"失去的20年"。

（野口悠纪雄，2005，中译本；伊藤隆敏、星越雄，2022，中译本）

上述分析表明，防范我国地方政府债务风险，应避免地方政府以房地产业为核心过度发展土地财政，透支未来税收。中国经济从高速增长转为高质量发展后，应引导地方政府从土地财政依赖转向培育主体税种和稳定主体税源。这就需要进一步厘清政府间财力事责配置框架，逐步以财产税收替代土地融资，稳定地方政府的征税和偿债预期，为规范地方政府举债融资行为夯实财税基础。

4.2.2 政治激励

研究传统地方政府债务融资的激励机制，绝不能忽视政治因素发挥的作用。中国是一个财政分权和政治集权相结合的发展型大国，这样的分权治理框架对地方官员的举债融资行为必然具有重要影响。本节主要围绕量化政绩考评、偿债期限错配、代理人机会主义、隐性信用背书等方面，具体阐释政治激励对地方政府举债融资的影响。

1.量化政绩考评

改革开放后，中国确立了增长导向的大国发展战略，党政工作重心是"解放生产力，发展生产力"，着力解决"人民日益增长的物质文化需要同落后的社会生产之间的矛盾"。[①]实现大国经济赶超目标，必须切实发挥"有效市场"和"有为政府"的作用，在推进改革开放、发展社会主义市场经济的同时，引导地方政府

[①] 我国社会主义初级阶段基本矛盾的阐述和定位，是在1981年中国共产党第十一届六中全会上集体决议通过的。

积极投身经济建设,为市场经济发展提供基础设施和公共服务。这就需要构建针对地方官员的政治晋升激励机制,鼓励地方官员展开以经济绩效为核心的政绩竞争,聚精会神搞建设,一心一意谋发展。

中国设立的地方官员绩效考评机制,是依托中国的本土化制度体系设计的激励制度,具有"贤能政治"的文化传统特色。加拿大学者贝淡宁(Daniel A. Bell)以及我国学者姚洋、秦子忠(2021)等均认为,中国选贤任能的政治尚贤制传统可追溯到东汉时期的察举制和隋朝时期的科举制,有着深远的历史渊源。这种政治激励制度影响了中国的社会变革,获得广泛民众支持,成为21世纪倍受全球瞩目的政治发展模式。钱穆在《国史大纲》(1996,修订本)中指出,"考试"和"铨选"①作为维持中国历代政府纲纪的两大骨干,均有客观法规作为公开准绳,充分体现了《礼运》所说的"天下为公,选贤与能"的理性精神。联邦制国家同样需要评估地方政府的行政绩效,但其绩效评估是自下而上,来自具有选举权的本地辖区居民。问题是,辖区居民在本地政府行政运转和公共品供给成本方面具有信息劣势,往往以邻近地区的政府收支策略作为判断本地政府行政绩效的标尺,并通过投票机制约束本地政府模仿其他辖区政府的有效决策,这会驱动地方政府之间展开"标尺竞争"。(Besley & Case,1995;Ashworth & Heyndels,2000)中国则不然。中国的地方政府并非在法律上实行自治的行政实体,而是主要以代理人角色执行中央分管职能,

---

① "铨选"是我国唐宋到清沿用的选官制度,是对那些科举成功并有入仕资格的人进行的第二次筛选。

第四章　传统地方政府债务治理的制度特征与风险机理

其权利来自中央政府的授权或特许。为监督和控制地方政府行为，中央政府可以通过委任官员的方式将决策意图层层传达。这种"自上而下"的人事任命制度安排，同联邦制国家"自下而上"投票选举、约束本地官员有着本质区别。

大量文献对"任命制"地方官员选拔模式的制度激励展开理论研究（张军、周黎安，2007；周黎安，2008）。基本观点是，为考评地方官员的执政绩效，中央政府主要以便于量化核算的经济指标为依据，鼓励地方官员展开"以GDP为纲"的相对绩效竞争，择优选拔政绩突出的地方官员晋升到更高职级。像GDP增长率、公共投资率、政府融资规模、招商引资额等指标，都曾作为量化考核指标引入地方官员政绩评价体系。这种相对绩效考评机制营造了一种"功利主义"①的政绩观，引导地方官员展开政绩竞争策略博弈，以期在有限任期内赢得比竞争地区更快的经济增速，提高自身政治晋升概率。为迎合中央量化政绩考评，地方政府发展出"预算内"和"预算外"两套相互分野又内在统一的竞争策略。其一，在预算收支表内，通过提供财政补贴、改善服务环境、低价划拨土地等方式招商引资，②利用外部流入要素带动本地产业

---

① "功利主义"政绩观可用"功利主义"的社会福利函数反映，这种社会福利函数由19世纪功利主义学派哲学家边沁（J. Bentham）提出。他认为，社会福利是个体福利的简单加总，通过制度设计激励经济个体提高福利值，社会总体福利也将随之提高，并且社会总体福利值与个体福利的配置状态无关。中国古代思想家墨子、叶适、陈亮等人在不同时期也提出过类似功利主义的理论。

② 1994年分税制改革限制了地方政府的税种选择权和税率减免权。为招商引资，地方政府采取了一些隐性的税式支出政策降低外资企业实际税负，如财政奖励、税收返还、土地折价等。由此，高速增长期的地方政府税收竞争并不是以显性税率竞争方式呈现，而是以隐性税收减免方式展开，更加难以有效监控和规范。

升级，涵养中长期税基。其二，在预算收支表外，将政策着力点置于非流动的土地要素，利用土地资产升值获取土地批租收益及其杠杆撬动的债务融资，将预算外融资投向基础设施和公用事业，推进大国城市化。这样一种表内降低资本税负、表外扩张债务融资的竞争模式，[1]既能拓宽税基规模，提高财力自主支配权，又能迎合上级政府展开的量化政绩考评，因此在竞争示范效应下迅速得到各级地方官员效仿，引发了激烈的政治绩效竞争。

在"选举制"和"任命制"下，政治绩效评估的激励结果主要有哪些区别？在选举制下，尽管地方政府面临被本地选民投票评估的执政压力，不得不以邻近地区的公共支出决策作为自身决策的标尺，但这并不必然意味着地区间存在举债融资策略的竞争互动。根据一些国外文献的研究，选民对道路、桥梁、通信等基础设施的偏好具有显著异质性，并不像教育、医疗、养老等与选民福利密切相关的"敏感性支出"那样高度趋同，从而选民并不倾向于约束本地政府仿效其他地区的举债融资策略。(Brueckner & Jan，2003；Baskaran，2011)另一些文献指出，理性选民终将意识到本地政府以举债方式支撑基础设施建设并非无代价，如果基础设施不能带来稳定利润流，地方政府举借的债务最终还是要靠增税的方式偿还，从而基础设施建造成本最终还是要分摊给本地纳税人(Burnside，2005)，这也使得辖区选民未必青睐本地政府的基建投资决策。"任命制"下的政治绩效评估显然区别于"选举

---

[1] 在国外文献中，表内降低资本税负的税收竞争被称为"逐底竞争"(Race to the Bottom)，即一种税率越低越有利于争夺资本要素和经济资源的竞争模式。与之对应，表外债务融资竞争可称为"力争上游"(Race to the Top)，即融资规模越大越有利于凸显政绩、提高获胜概率的竞争模式。

制"。在任命制下,地方官员主要对上而非对下负责,他们需要尽快在有限任期内筹集资金投资本地基础设施和公用事业,以举债融资拉动增长,凸显政绩。政治压力迫使地方官员仿效其他地区提高本地举债融资力度,从而使地区间债务融资呈现显著的竞争性策略互补。(缪小林、伏润民,2015;郭玉清等,2016)由于任命制下的地方政府更偏好以基础设施拉动经济增长,这会在地方政府的公共支出结构上体现出明显的基础设施支出偏向,相应压缩对政绩评定影响轻微的民生性支出。[①]

图4-3绘制了1980年、1994年、2010年三个代表性年份各省基础设施和科教文卫支出占全部预算内支出比重的核分布密度图。核密度线表明,在1994年分税制改革前,地方基建支出比重下降,文教科卫比重提升,说明财政支出由以经济建设为重心逐步

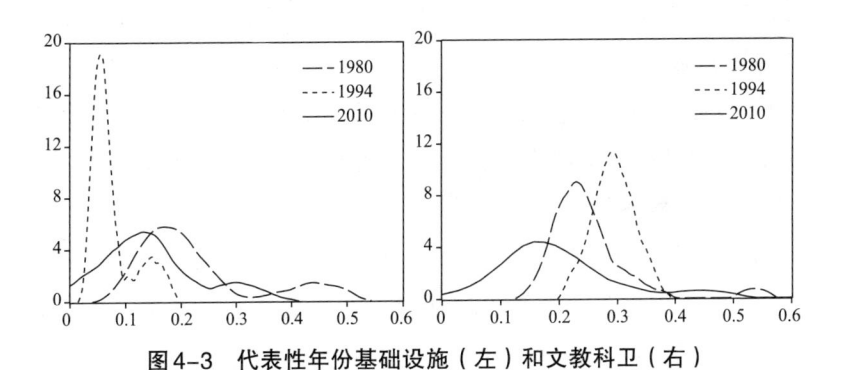

图4-3 代表性年份基础设施(左)和文教科卫(右)支出占比的变动趋势

数据来源:《新中国五十年统计资料汇编》。

[①] 傅勇、张晏(2007)在一篇引用率极高的文章中,提供了中国式分权影响财政支出结构偏向的经验证据。这篇文章发现,分税制改革后地方政府财政支出结构出现了"重基础设施,轻人力资本和公共服务"的结构变化。

过渡到向支持各项改革和提供公共服务倾斜。分税制改革后,纵向分权框架嵌入了地方官员的政治晋升博弈,在大国发展战略引领下,各省份提高基建支出比重,压缩文教科卫支出比重,经济性与社会性支出呈现明显的结构替代。这两幅图相互替代的变动趋势,正是政治激励引导地方政府强化基建投资的现实反映。

2. 政治机会主义

在"财政分权,政治集权"的中国式分权治理框架中,地方官员之所以展开表外举债融资的激烈竞争,除"以GDP为纲"的晋升考评激励外,另一个重要原因是偿债期限和地方官员任职期限之间的错配,使地方官员无需考虑举债融资成本及其可能带来的政治风险。从这个角度观察,债期和任期错配使地方官员面临进一步的预算软约束,不仅能够避免表内举债的严格预算审计,更能通过期限错配推诿卸责,将偿债责任转嫁给继任官员承担。

关于地方官员债期与任期错配的原因,可参考2006年8月6日中央办公厅颁布的《党政领导干部交流工作规定》。根据这份中央文件,"县级以上地方纪检机关(监察部门)、组织部门、人民法院、人民检察院、公安部门的正职领导成员,在同一职位任职满10年的,必须交流;新提拔的一般应异地交流任职。副职领导成员在同一领导班子中任职满10年的,应当交流";"党政机关处级以上领导干部,特别是从事执纪执法、干部人事、审计、项目审批和资金管理工作的领导干部,在同一职位任职满10年的,应当交流"。推进领导干部异地交流,有助强化党风廉政建设,避免权力固化构筑利益藩篱,衍生裙带关系,滋生贪腐寻租空间。但从另一个侧面看,领导干部异地交流也为地方政府举债融资中蕴含的政治机会主义提供了制度条件。

何为"政治机会主义"？按照阿什沃思等（Ashworth et al.，2005）的定义，政治机会主义是指地方政府策略性地运用财政政策实现政治诉求、制造外部性成本的行为。政治机会主义概念脱胎于诺德豪斯（Nordhaus，1975）等学者发展的政治经济周期理论，他们发现，现任政府可能为了寻求连任在竞选之前刺激经济，执政党更迭甚至会彻底改变宏观经济政策。从本质上说，这是一种政治机会主义的行动策略。艾莱斯纳和塔贝里尼（Alesina & Tabellini，1990）以及彼得森（Pettersson，2001）剖析了联邦制国家政党轮替诱发的政治机会主义。他们的研究表明，在新选举周期到来前，若现届政党不确定其政党同盟能否在竞选中获胜，则将策略性地运用减税或增债等扩张性政策，以期赢得"中位投票人"青睐，拉拢更多政治选票。这种政治周期诱导的策略性举债会带来跨期外部性，体现在无论现届政党及其政治同盟连任与否，其政策赤字都会挤压下一届执政党的财政空间。在选举敏感期执行的政治机会主义决策带来的另一个外部性后果是债务融资被所谓中位投票人的"福利偏好"钳制，损害经济增长的内生基础。（Wolf，2014）至于选举敏感期的策略性扩张政策能否实现政治诉求，国外文献尚有争议。例如，布伦德和德拉赞（Brender & Drazen，2008）的研究表明，选举年份实施的扩张政策不仅不能赢得选民青睐，反而降低了现届执政党或其政党同盟的连任概率。原因在于选民是理性的，他们意识到选举年份的扩张政策带来的就业产出拉动效应不过是一种"财政幻觉"，增加的赤字最终要靠增税来弥补，厌恶赤字的理性选民最终会作出不支持赤字扩张的投票决策。

毋庸置疑，中国的传统地方政府债务治理模式同样提供了政治机会主义的发挥空间。在激烈的政治晋升博弈中，地方官员的首要政治诉求是在有限任期内凸显政绩，提高政治晋升概率。给定地方官员的有限任期，越接近异地交流的政治敏感年份，地方官员越倾向于扩张举债融资规模，提升继任官员的偿债成本。原因在于，越接近政治换届敏感年份，由扩张性政策拉动的本地经济增长越有助于提高地方官员的政治晋升概率。举债官员异地交流后，继任官员将不得不代为承担债务偿还责任，从而政治敏感年份的债务融资不仅能使举债官员获得政治晋升的内化收益，还可将偿债责任顺势转嫁给继任官员承担。由此我们观察到，当地方党政官员初到某地就职时，由于偿债期限和任职期限重叠，其举债融资决策相对谨慎；随着地方官员在特定地区就职时间的延长，越逼近政治换届敏感年份，偿债期限和任职期限错配越严重，地方官员越偏好采取扩张性的债务融资策略。地方官员在有限任期内对举债融资策略的这种非线性偏好，使地方政府债务规模呈现一种"棘轮式"的增长态势。（郭玉清，2015；郭玉清等，2017）在政治换届前，地方政府债务规模增长趋势基本平稳；一旦逼近政治换届敏感年份，债务余额即发生时间维度上的"结构突变"，跳跃到一个新起点后再维持原有增长趋势。这种"棘轮式"增长的特征事实，其制度根源即在于期限错配诱发的政治机会主义。进一步研究表明，政治换届敏感年份的债务突变式增长，因应一个地区市长和市委书记的换届时点而有所不同。如果在政治敏感年份市长和市委书记并非同步换届，则债务增幅偏低，说明留守干部一定程度上限制了交流干部的扩张偏好，否则可能要独自承担交流干部离任后的偿债责任；反过来看，如果在政治敏感年份市长和市委书记同步换届，双方很容易在卸责举债方面达成策略共识,这种情形下的债务增长棘轮效应更为凸显,结构异化更为突出。对党政干部异地交流时点和债务增长演化规律的考察,进一步反映了传统治理模式下期限错配诱发的政治机会主义。

在分权治理框架中植入政治机会主义,直接影响是引发了地方官员晋升博弈的"逆向选择"。由于传统政绩评价体系突出强调经济绩效,相对忽视风险溢价,因此地方官员预算外举债规模越大,越有利于在有限任期内凸显政绩,赢取政治晋升优势。那些审慎决策、左顾右盼的地方官员,势将在激烈的政绩竞争中居于劣势,甚至被一票否决,末位淘汰出晋升博弈赛场。这样一种典型的"逆向选择"机制,会产生类似"劣币驱逐良币"的效果。坚守预算平衡、审慎扩张债务的地方官员将退出竞争,留下来继续参与晋升博弈的都是扩张偏好强烈、政绩表现突出的官员。在这样一种晋升博弈中,地方官员不仅可将债务融资的经济绩效转化为政治晋升收益,还无需承担债务扩张成本或履行债务清偿责任。当密集偿债期到来时,举债官员往往已经晋升或交流至外地,偿债责任则"甩包袱"给继任官员,将成本不断向后传递转嫁。结果是,继任官员不得不继续拓宽表外融资渠道,既为迎合绩效考评,也为偿还上届官员遗留下来的旧债,造成债务规模的滚动膨胀局面。也有一些官员将偿债责任推卸给下级政府或企事业单位,形成所谓"本级借下级还,政府借企业担"的制度乱象,模糊了债务融资的权责边界。

3.代理人机会主义

正如前文的分析,传统债务治理模式默许地方政府组建融资平台,拓展表外融资渠道。既然是在"表外"融资,债务融资的收、支程序脱离预算监管，地方政府便有可能违背"黄金法则"，擅权以债务融资满足自利性偏好，这是另一种"坏"的政治激励。

地方政府以债务融资迎合自利性偏好的行为，被称为"代理人机会主义"。"代理人机会主义"同"政治机会主义"有什么不同？根据前文分析，政治机会主义是地方官员利用偿债期限和任职期限错配，以债务融资提高政治晋升概率、推卸债务偿还责任的行为。尽管政治机会主义同样存在自利偏好，但从债务资金的投向来看，政治机会主义驱动的债务融资主要用于轨道交通、管道敷设、垃圾清运等市政基础设施建设，仍然坚守了"黄金法则"。违背"黄金法则"的债务资金运用将不利于地方官员的政绩评定，政治机会主义也无从实现其目标诉求。代理人机会主义则不然。在传统治理模式下，代理人机会主义源于经济学意义上的委托代理关系，指地方官员以表外债务融资迎合自利性偏好，擅权违背债务融资"黄金法则"，从事低效违规支出的行为。

理论上讲，若地方财政收支全部纳入预算管理，代理人机会主义将难以具备操作空间。从征收程序看，预算收入以正税为主，课税对象、税基、税率稳定，非税收入[①]需全额纳入财政专户，实行"收支两条线"管理。从支出程序看，预算支出有严格细目，各部门人员经费、办公经费、设备购置经费账目明确，人大、审计、监察等部门负责监督预算执行情况，擅权脱离预算支出程序将面临审计问责风险。预算外收支则不同，无论土地批租收益还是平台公司举债，均欠缺必要的财经纪律约束。如果将中

---

① "非税收入"是在正税以外，由国家机关、事业单位、具有行政管理职能的社会团体和其他组织依法凭借国有资产、政府投入、国家赋予的垄断职能、政府信誉等，征收、提取、筹集的财政性资金。

央政府和社会公众视为委托人，将地方官员视为代理人，则将有两类问题影响委托代理视域下的地方政府决策效率：一是代理人可能囿于有限知识，决策判断失误；二是代理人可能利用委托人和代理人之间的信息不对称，采取自利性支出决策。(Buchanan et al., 1980) 特别是当外部监督机制缺失时，很难保证代理人不会利用信息优势谋求私利。由此，在政治机会主义以外，传统地方政府债务融资模式还隐含着第二种政治激励，即债务融资不仅能凸显政绩，推卸责任，还能在一定程度上迎合地方官员的代理人机会主义动机，使其得以在纵向博弈中执行符合自身偏好的策略。例如，在传统治理模式下，土地作为国有和集体资产，由地方政府掌握批租权和土地出让收益。征地成本和批租价格之间的巨额剪刀差，诱发了地方官员的土地寻租行为，很多贪腐案件孳生于地方政府"经营土地"中的行政垄断特权。一项针对市县的研究（袁飞等，2008）发现，地方政府获得多大规模的财政转移支付，同财政供养人口密切相关。在一些基层政府，预算外融资被用于供养财政冗员，地方官员之间可能形成政治网络内生的人事配置契约，相互安排利益相关人员在对方单位就职，导致部门重叠，机构臃肿，效率低下。这种行为类似于在一些联邦制国家，政府官员通过利益交换建立政治同盟，"投桃报李"换取对方支持其政治诉求。尽管交易双方实现了"合作共赢"，但这种行为却使公权力植入市场资源配置，侵蚀了社会公众福祉。

进一步地，以土地收益为杠杆的表外举债在拓宽基建融资渠道的同时，也使地方官员获得更加宽泛的资金决策权。由于欠缺预算监督机制，这部分预算外融资容易被擅权挪用到其他领域，甚至迎合在职消费、政治声誉等自利性需求。审计署2013年总第

174号审计公告指出,"财政部等4部委2012年底明确要求地方政府规范平台公司注资行为后,仍有部分地方将市政道路、公园等公益性资产和储备土地等以资本金形式违规注入71家融资平台公司,涉及金额544.65亿元;部分地方违规将债务资金投入资本市场22.89亿元、房地产市场70.97亿元和用于修建楼堂馆所41.36亿元"。无论债务融资是被投向资本市场和房地产市场,还是用于修建楼堂馆所、迎合地方官员的在职消费需求,显然都违背了政府债务融资仅能用于公益性资本项目支出的"黄金法则"。根据审计署调查结果,违规资金占政府负有偿还责任债务的比重为0.12%。尽管这部分代理人机会主义支出比率极低,但由于基数高,数额大,绝不能轻视其所带来的负面影响。完善新时代地方政府债务风险的大国治理机制,应严肃财经纪律,规范举债行为,将债务融资严格限制在公益性资本支出领域,提高债务资源的配置效率。

4.中央政府信用背书

在传统治理模式下,地方政府债务扩张不仅源于量化政绩考评和自利支出偏好,还在于中央政府为地方举债融资提供了信用背书,激励地方政府罔顾偿债能力拓宽表外融资渠道,冀图在陷入流动性困境时将偿债责任逐级转嫁给中央政府。

为何判断中央政府为地方政府举债提供了信用背书?1994年旧《预算法》要求地方财政保持收支平衡,不列赤字,地方政府的本级预算收支缺口仅能倚靠纵向转移支付弥补,不能发行表内债券。为激励地方政府"搞建设,谋发展",中央默许地方政府组建投融资平台公司,以发行城投债、申请银行贷款等方式绕过旧《预算法》约束,不断拓宽表外举债融资渠道。这样一种债务治理模式，具有典型的预算软约束体制特征，使地方政府举债融资秉持了强烈的中央救助预期。

郭玉清等（2016）通过构建一个内嵌政治激励的央地纵向博弈模型，对传统治理模式下地方政府举债融资秉持的救助预期进行了理论分解。这篇文章研究发现，传统地方政府举债融资隐含着三类交织于一体的救助预期，即晋升考评压力、成本自担份额和中央救助倾向。

首先，由于中央政府将官员晋升考评机制嵌入分权治理框架，举债融资越努力、竞争意识越强烈的地区，事实上预期其陷入偿债困境时，越能获得中央更多事后纾困资源。地方政府意识到，如果中央不对积极参与政绩考评的地区提供救助担保和信用背书，政治晋升考评机制便失去意义。若地方官员瞻前顾后、左顾右盼，不敢冒险拓宽表外融资，如何能够"一心一意谋发展，聚精会神搞建设"，实现社会主义初级阶段以"经济建设为中心"的大国发展战略目标？减轻地方官员表外举债融资的顾虑，最有效的方式是为积极参与晋升博弈的地方官员提供保险机制，承诺一旦地方政府无力偿债，中央将提供事后救助。由此，基于晋升考评救助预期，地方官员普遍罔顾风险扩张举债，形成了政绩竞争引领举债竞争的博弈格局。

其次，地方政府在秉持救助预期、谋求纾困资源的过程中，也基于中央救助成本权衡了债务扩张程度。在债务危机的救助成本方面，有必要提及两篇经典文献的研究。第一篇是怀尔德森（Wildasin，1997）最早提出的"大而不能倒"（Too Big to Fail）假说。其主要观点是，当债务危机爆发时，高人口地区相对低人口地区更容易得到中央政府的事后救助，否则债务危机迁延扩散，将带来中央政府难以承受的外部性成本。但这种理论仅关注了危机冲击的外部性，忽略了与人口规模相关的征税成本。第二篇是古德斯皮德（Goodspeed, 2012）构建的"成本分担"理论。这种观点认为，当债务危机爆发时，中央政府并不能提供免费救助，其纾困资源主要来自从各地区分散征缴的中央税。以各地区承担的中央税率无差异为前提，人口规模越多的地区，承担的救助成本份额越高，从而低人口地区更能从中央政府主导的财力转移中获益。哈根等（Hagen et al., 2000）针对 OECD 国家的典型案例研究，证实"成本分担"理论比"大而不能倒"假说更具解释力。作为发展中大国，中国地域广袤，人口高度集中在"胡焕庸线"①的东南方，以"成本分担"理论解释救助预期的跨域差异，当更具备理论成立的现实基础。这意味着，在传统治理模式下，低人口地区相对高人口地区秉持的中央救助预期和举债融资冲动更加强烈。

再者，地方政府对中央政府的事后救助预期，还取决于对中央政府救助能力和救助倾向的判断。救助能力取决于中央政府可提供事后救助的财力资源，以及在分配救助资源时拥有的斟酌裁量权。其中，提供救助的财力资源主要由裁量性转移支付决定，即扣除税收返还、一般性转移支付等公式化转移支付后的转移性财力。救助倾向主要基于以往年度裁量性转移支付的区域分配格

---

① "胡焕庸线"也称"瑷珲—腾冲线"，是一条连接中国黑龙江省黑河市瑷珲区和云南省腾冲市的地理分割线，它将中国分为面积大致相等的东南、西北两大区域。"胡焕庸线"东南侧地狭人稠，年均降水量高于400毫米，历史上属于农耕民族聚居区，聚集了全国96%的人口；"胡焕庸线"西北侧地广人稀，年均降水量低于400毫米，历史上属于游牧民族聚居区，人口总量仅占全国4%。

局。我国裁量性转移支付主要是专项转移支付,[1]中央政府具有对这类转移支付的斟酌裁量权,可以通过资金配套、支出约束等方式引导地方政府贯彻中央决策意图,在重大危机冲击到来时提供防御资源。尽管迄今尚未观察到中国存在地方政府危机救助的事实,但在传统治理模式下,地方政府基于中央裁量性转移支付的区域配置格局,调整其对中央救助倾向的量化预期,可以得到经验证据的支持。(郭玉清等,2016)

关于中央救助倾向的研究,有必要进一步溯及"大而不能倒"理论的两个扩展版本,即"敏感而不能倒"及"特殊而不能倒"理论。前一批文献认为,中央政府对地方政府债务危机的外部性考量并不是基于人口规模,而是基于地方政府提供的公共服务类型。(Blöchliger & King,2006;Bordignon & Turati,2009)如果地方政府承担的教育、医疗、社会保障等"敏感性"公共服务的支出责任较重,为避免地方政府陷入危机后降低上述公共服务的供给质量,将危机成本转嫁给社会公众,中央政府将提高救助力度。后一批文献认为,中央政府更倾向救助具有典型政治、经济、文化属性的地区。(Singh & Plekhanov,2005;Aidt et al.,2011)若这类地区出现政府破产,在国际债信市场上往往会连带提高其他地区的举债成本,甚至拖累主权债信评级。上述信息反馈到地

---

[1] 按照外文文献的定义口径,我国财政转移支付可分为激励性、均衡性、裁量性转移支付三类。其中,激励性转移支付是中央对省税收返还扣减地方上解中央支出;均衡性转移支付基于固定规则划拨,包括"体制补助"和"一般性转移支付",旨在促进公共服务均等化;其余部分是中央政府具有斟酌裁量权的"裁量性转移支付",主要是专项转移支付,包括需要资金配套的专项转移支付和无需资金配套的专项转移支付。后文将进一步分析不同类型转移支付的制度影响。

方政府，若地方政府判断其支出责任或区位属性使得债务危机的外部性成本高企，则将强化其举债融资偏好。

基于上述理论分析，在传统治理模式下，中央政府信用背书究竟如何形塑了地方政府的危机救助预期呢？郭玉清等（2016）认为，适用于解释中国事实的理论应该是"成本分担"假说，即中西部低人口密度地区更加乐于扩张举债融资规模，冀图在陷入流动性困境时，将偿债压力转嫁给高人口密度地区。由于东部高人口密度地区预期到无法从中西部地区获取转移配置过来的救助资源，其举债融资反而相对谨慎，危机触发概率更低。基于政治体制的差异，国外文献提出的"敏感而不能倒"假说并不适于解读中国现象。在选举制下，地方政府主要根据中位投票人偏好调整支出策略，教育、医疗、保健等与中位投票人福利密切相关的公共品供给责任将决定地方政府的救助预期。在任命制下，由于社会事业类支出责任对地方官员晋升概率的影响偏弱，地方官员对这类支出并不"敏感"，因此其不会给地方政府救助预期带来显著影响。由此推断，地方政府主要基于基础设施建设等经济性支出责任的区域配置，形成了关于中央救助倾向的决策预期。

由于中央信用背书降低了地方政府举债融资的风险溢价，形塑了晋升考评压力、成本分担份额、中央救助倾向交织于一体的事后救助预期，我们观察到，传统治理模式使地方政府债务风险形成"西高东低"的空间布局，即距离东部海岸线越偏远、人口密度越低、官员晋升压力越高的地区，越有动力参与举债竞赛，扩张融资空间。这意味着，尽管中央信用背书益于激发地方政府从事融资创新和经济建设的积极性，但有一利必有一弊，这种信用担保模式也带来债务资源的空间错配和布局失衡，其根本原因在于，信用背书扭曲了政府举债的风险定价，与债务成本自担激励不相容。在央地财政关系中取缔政府间信用背书，终将成为债务治理模式转型的改革取向。

4.2.3 财政激励

1994年分税制改革一般被视为中国财政管理改革的分水岭。分税制改革通过制定《预算法》限制了地方政府的发债融资权、税基选择权和税率调整权，进而通过"财权上移、事权下放"的财税体制安排，导致地方政府（特别是基层政府）面临严峻的收支错配局面。以分税制改革为界，地方政府开始努力拓宽表外融资渠道，以表外债务融资填补表内收支缺口，这项制度改革成为传统治理模式下地方政府债务扩张的重要制度诱因。（高培勇，2014）

1.纵向财政失衡

正如很多经典文献提到的，1994年分税制改革最重要的制度设计，是将纵向失衡的财政制度安排植入分权治理框架，彻底扭转了1980年财政包干制改革后一直延续的"两个比重下降"趋势。所谓"两个比重下降"，是指财政收入占GDP比重和中央财政收入占财政收入比重双下降。[1] 显然，两个比重下降相互叠加，意味着分税制改革前，中央财政征收能力被显著弱化。

参照财政分权指标的通常设计思路（贾俊雪、郭庆旺，2008），图4-4绘制了1987—2008年经省际均值处理后的表内收

---

[1] 按照科斯、王宁（2013）提供的数据，1979年中央财政收入占国内生产总值比重为27%，1986年下降为21%，1992年进一步下降至14.5%；同期中央财政收入占全国财政收入比重从1979年的46.8%下降到1992年的38.6%。

入分权和表内支出分权的演进趋势。①如图所示，以1994年分税制改革为界，我国财政收、支分权形成两幅截然不同的演进图景。在分税制改革前，财政收入分权和财政支出分权相互交织，地方政府支出基本可由本地财政收入支撑，中央和地方政府之间缺乏收支策略互动，地方政府缺乏涵养中央税基的激励。我们观察到，1980年中央和地方财政"分灶吃饭"以后，地方政府开始采取"藏税于企""藏富于地"的博弈策略应对财政包干制，不断侵蚀中央税基。王绍光（1997）认为，从国际横向比较来看，在20世纪90年代初期，中国已经触及分权化改革所能达到的底线，若任由这种情况持续下去，将严重威胁中央政府提供战略性公共品和实施宏观政策调控的能力。

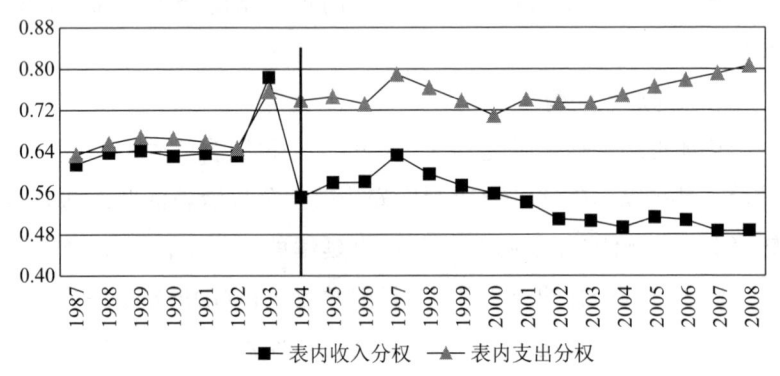

图4-4 分税制改革前后表内收支分权的演进趋势比较

资料来源：《新中国六十年统计资料汇编》。

---

① 表内收入分权的测算方法是，省级收入分权=（省财政收入/全省总人口）/（省财政收入/全省总人口+全国财政收入/全国总人口），支出分权测算方法类同。由于数据不全，财政分权的测算没有考虑西藏自治区，同时将重庆市并入四川省，以保持统计数据前后可比。

第四章 传统地方政府债务治理的制度特征与风险机理

基于中央税收征收能力式微引发的不利影响,1994年分税制财政管理体制改革将关税、消费税以及增值税的较大比例划归中央,一举扭转表内收入分配格局。与收入划分相配合,分税制改革限制了地方政府税基选择权、税率调整权,禁止地方政府擅自减免税收,侵蚀中央税基。[①]上述改革举措使图4-4中的财政收入分权趋势线急剧下坠,在1994年出现一个时间维度上的结构突变。此后,表内收入分权保持波动下降趋势,并通过2002年的"所得税收入分享改革"巩固了中央财政收入集中度。[②]反观表内支出分权,在分税制改革前,支出分权同收入分权基本保持同步,地方政府承担的支出责任基本可以得到预算收入支撑,无需依赖中央转移支付。分税制改革后,财政支出分权度并未随收入分权度同步提升,大量支出责任仍然滞留在地方。财政收、支分权的反向演进,使两条趋势线在1994年交汇成了一个"喇叭口",收入分权相对支出分权呈断崖式下降。此后,收支分权喇叭口不断放大,说明纵向财政失衡度不断深化。

何谓"纵向财政失衡"?按照埃劳德和卢森延(Eyraud & Lusinyan,2013)的定义,这个概念是指政府间支出责任与收入分享不同步,导致地方政府依赖转移支付和政府举债填补收支缺口的制度现象。在全球视野下理解这个概念,应把握两点理论内

[①] 1994年分税制改革明确两点改革方向。第一,将税源集中、税收贡献大的税种或者划为中央税(如消费税、关税),或者划为中央占大头的共享税(如增值税)。第二,1993年国务院在《关于实行分税制财政管理体制的决定》中,明确禁止省级政府越权减免税收,提供税收优惠,侵蚀中央税基。

[②] 《国务院关于印发所得税收入分享改革方案的通知》(国发〔2001〕37号)规定,除少数特殊行业和企业外,企业所得税、个人所得税由地方税转为中央、地方共享税。收入分享原则是:2002年中央、地方政府各分享50%,2003年中央政府分享比例提高到60%,以后年份分享比例根据实际收入情况再行考虑。

涵。其一，纵向财政失衡是一种制度现象，是政府间纵向权责划分诱发的；其二，纵向财政失衡会引导地方政府行为，促使地方政府采取表内、表外相区别的博弈策略。其中，表内策略是积极争取上级转移支付，表外策略是努力拓宽债务融资渠道。将这个概念延伸到中国，理解传统治理模式下的地方政府举债行为，纵向财政失衡同样是一个不容忽略的制度诱因。

回顾20世纪90年代的分税制改革，其主旨是在中央和地方之间搭建一个与社会主义市场经济相适应的制度框架，优先保障中央政府提供战略性公共品的能力。但我国分税制改革仅界定了中央和地方的财权划分，并未触及事责配置，因而形成事责逐级下沉的改革取向，导致地方政府支出责任繁重、政府间事权交叉重叠、财力事责错配严重等历史遗留问题。此外，分税制改革仅设计了中央和省级政府之间的财力事责配置方案，省以下分权规则由各省份自行安排。从实践结果看，中央和省之间"财权上移、事权下放"的纵向失衡制度安排产生示范延伸效应，省级政府普遍效仿央地分权模式，在同下级政府的制度设计中继续集中财力、下放事责。这样一种逐级仿效的制度设计一直延伸到市县，使基层政府面临严峻的财力职责错配局面。基层政府不仅要维持机关运转，保障公教人员工资发放，还要提供基础教育、社会保障、民兵训练等本应由中央和省级政府承担的公共事责，使表内财力更加捉襟见肘。周飞舟（2012）的研究表明，很多基层政府（特别是西部地区）的预算内财力仅够维持政府机关运转，已经沦为事实上的"吃饭财政"，根本没有富余的表内财力"搞建设，谋发展"。在政绩压力驱动下，地方政府只能诉诸表外渠道举债融资，借以填补制度性错配导致的收支缺口。地方政府的行政级次越低，表外举债意愿越强烈。

根据审计署发布的《全国政府性债务审计结果》公告,截至2013年6月底,全国省、市、县、乡四级地方政府负有偿还责任的债务共计108 859.17亿元,其中市、县两级政府性债务余额为8 808.21亿元,总量占比高达80.8%。这进一步证实,由于分税制改革后的纵向财政失衡随政级下移逐渐放大,市县级政府相对省级政府具有更加强烈的举债融资冲动,依托融资平台公司累积了更大规模的表外债务。从制度层面缓解地方政府的表外举债融资冲动,需要厘清中央和省以及省以下各级地方政府的财权事权边界,使各级政府财力事责相匹配。既然政府间事权配置是分税制改革缺失的一环,下一步改革战略是厘清省以下财政事权和支出责任,适度强化中央财政事权。2015年新《预算法》生效后,这个战略举措成为国务院正式发文的改革指导意见。①

2.中央转移支付的"公共池"效应

分税制改革后,政府间分权治理框架植入了"财权上移、事权下放"的纵向失衡制度安排,在这个过程中,中央政府是否保留了对上移财力的独立支配权?表4-1列示了1997—2014年各省份的预算收支、财政缺口和中央财政转移支付。由表中数据可见,在2011年以前,中央政府通过转移支付形式返还给地方的财力,保持高于地方政府的财政收支缺口。考虑到地方上解中央支出和预算周转金、调出资金等其他形式的地方平衡性收支,中央上收财力基本都返还给了地方,这从资金流量上保证了地方财政

---

① 详见《国务院关于推进中央与地方财政事权和支出责任划分改革的意见》(国发〔2016〕49号)。

收支平衡，不列赤字。2011年后，情况发生变化，中央财政转移支付保持低于地方收支缺口，原因是随着地方政府自行发债的试点扩容，表内不列赤字的制度约束逐步软化，地方政府除争取中央转移支付外，还可以通过发行地方政府债券弥补表内收支缺口。2015年对地方政府自主发债全面赋权后，随着各省级政府债券发行规模的不断提升，中央转移支付同表内收支缺口的差距将保持扩大趋势，直至地方政府债券发行规模整体企稳为止。

表4-1 分税制改革后的地方收支缺口及中央转移支付 （单位：亿元）

年份	地方财政收入	地方财政支出	表内收支缺口	中央转移支付
1997	4 424.22	6 701.06	2 276.84	2 674.80
1998	4 983.95	7 672.58	2 688.63	3 284.23
1999	5 594.87	9 035.34	3 440.47	3 992.26
2000	6 406.06	10 366.65	3 960.59	4 747.64
2001	7 803.30	13 134.56	5 331.26	6 117.16
2002	8 515.00	15 281.45	6 766.45	6 891.09
2003	9 849.98	17 229.85	7 379.87	8 261.41
2004	11 893.37	20 592.81	8 699.44	10 407.96
2005	15 100.76	25 154.31	10 053.55	11 484.02
2006	18 303.58	30 431.33	12 127.75	13 501.45
2007	23 572.62	38 339.29	14 766.67	18 137.89
2008	28 649.79	49 248.49	20 598.70	22 990.76
2009	32 602.59	61 044.14	28 441.55	28 563.79
2010	40 613.04	73 884.43	33 271.39	33 341.09
2011	52 547.11	92 733.68	40 186.57	39 921.21
2012	61 078.29	107 188.34	46 110.05	45 361.68
2013	69 011.16	119 740.34	50 729.18	48 019.92
2014	75 876.58	129 215.49	53 338.91	51 591.04

数据来源：《中国财政年鉴》（1998—2015）。

第四章 传统地方政府债务治理的制度特征与风险机理

中央政府将体制性上移财力通过转移支付的方式返还给地方，是否意味着对地方政府行为不会产生任何制度影响？答案是否定的。纵向财政转移支付的引入，相当于在省区间构筑了一个财力配给的"公共池"（Weingast，2009），使一些地方政府不必承担全部财务成本，可适度超前开展本地基础设施建设。由此，积极争取中央财政转移支付，成为地方政府"负赢不负亏"的策略选择。从中央对各省转移支付的配置结构来看，出于区域均等化考量的财力资源配置为地方政府谋求中央转移支付提供了策略空间。根据《中国财政年鉴》公布的各省级行政单位2012年中央转移支付数据，除北京、上海、广东、江苏、浙江、天津、山东、福建、辽宁9个东部省市外，中央政府对其余省区市的财政转移支付均多于其一般预算收入。不考虑西藏自治区，[①]中央转移支付占各省一般预算收入的比重呈现从东到西平滑递增的趋势，从而中央转移支付的区域配置整体上是以基本公共服务均等化为导向的，西部落后省区从转移支付制度中获益更多，获取的转移财力全部来自东部发达省市。对很多中西部省份来说，中央转移支付可以达到其预算收入规模的两倍以上，是需要积极争取的重要财源。由于转移支付资金比本地税收高出数倍，经济越落后的地区，越容易形成对中央转移支付的制度依赖。在政绩压力下，落后省区的地方官员从中央争取到的转移支付越多，本地公共投资项目由"公

---

① 作为少数民族聚居区，坐落于西南边陲的西藏自治区2009年一般预算收入仅30.09亿元，但获得中央财政转移支付470.9亿元，转移支付收入是一般预算收入的14.6倍，同其他省份不具有可比性。并且，西藏自治区的大部分转移支付资金是以"体制补助"的形式划拨，这更加凸显出中央政府对边疆少数民族地区提供资金和政策支持的倾向。

共池"承担的成本份额就越大。即便举债支撑的公共投资项目未能获得稳定利润流,当地方政府陷入偿债困境时,仍可期望通过政府间信用背书谋求中央救助,继续将举债成本转嫁给"公共池"。由此,分税制改革后的中央财政转移支付事实上承担了两类"公共池"功能:一是显性公共池,即为促进基本公共服务均等化,在省区间转移配置财力形成的公共池;二是隐性公共池,即为救助项目投资失败触发的债务危机,在省区间转移配置纾困资源形成的公共池。第一类公共池之所以称为显性公共池,是由于地方政府对这类公共池资源的争夺可以直接观察到;第二类公共池之所以称为隐性公共池,是由于地方政府对这类公共池资源的争夺是通过举债融资策略间接反映的,截至当前,中国尚未发生中央对地方政府债务危机的救助事实。

首先分析显性公共池对地方政府博弈行为的影响。在实际执行中,中央财政转移支付除平衡地区间财力差距外,还要贯彻中央决策意图,引导地方政府投资建设重大战略项目,为区域一体化发展提供配套资金支持。按照国际文献的口径,可将中央财政转移支付分成两块。一块是非裁量性转移支付,包括税收返还、体制补助、一般性转移支付等,这部分资金按公式测算结果转移给地方,不设具体投向限制,旨在推进基本公共服务均等化。另一块是裁量性转移支付,中央政府对这部分资金有斟酌裁量权,将其配置给地方的同时,一般会限定支出投向(如专项转移支付要求严格投向基础设施、公共教育、社会保障等公益性项目),一些重大公共投资项目还会要求地方政府提供配套资金。鉴于非裁量性转移支付基于公式划拨,地方政府对中央转移支付的争夺主要集中在裁量性转移支付方面。

第四章 传统地方政府债务治理的制度特征与风险机理

作为显性公共池效应的典型表现,地方政府对裁量性转移支付的争夺诱发了"跑部钱进"的制度乱象。所谓"跑部钱进",是指地方政府利用驻京办衍生的关系网络,到中央相关部委"要资金,争项目",达到拓宽预算内可支配财力的目的。地方政府争取裁量性转移支付需要付出高昂成本,原因在于,专项转移支付的审批权分散在各职能部门,资金拨付权则集中在财政机关。例如,道路整修资金要向交通部门申请,水利工程资金要向水利部门申请,基础教育资金要向教育部门申请,等等。为提高申请成功概率,地方政府通常采取的策略是向各职能部门无差别地提出资金需求,这被形象化地称为"撒胡椒面"。项目审批通过后,地方政府还要到财政部门申请加快资金拨付进度,否则仍然可能因政策时滞过长衍生不确定性。项目审批部门囿于有限知识,难以逐一甄别地方申报项目的真实成本和收益,从而地方政府往往夸大财力匮乏程度和项目建设需求,以此争取更多中央转移支付,俗称"会哭的孩子有奶喝"。从上述角度分析,省级、市级甚至县级政府组建驻京办,是占优的策略选择。这有利于地方官员长期驻留京城拓展关系网络,谋求财力资源,降低信息搜集、关系营造、交通往返等交易成本。为争取显性公共池资源,一些驻京办擅权提高公务接待标准,供养预算超编人员,甚至影响党风廉政建设,滋生贪腐寻租空间。鉴于地方驻京办存在设置过多、职能混杂、监管缺失、公务失范等问题,2010年国务院办公厅正式发文,要求各地加强和规范驻京办管理,撤销地方职能部门、开发区管委会及县级政府设立的驻京办事机构。[①]

---

① 详见《国务院办公厅关于加强和规范各地政府驻北京办事机构管理的意见》(国办发〔2010〕8号)。

除显性公共池效应外，中央财政转移支付还发挥了隐性公共池效应。尽管中国从未发生过中央救助地方政府债务危机的事实，但在中央为地方举债融资提供信用背书的制度环境中，很多地方政府罔顾偿债能力扩张举债融资，冀图未来陷入流动性困境时获得中央政府的转移支付救助。由此，地方政府对中央转移支付的争夺主要从两个维度展开：在显性公共池方面，通过设立驻京办"跑部钱进"，谋求专项转移支付；在隐性公共池方面，积极展开表外举债竞争，谋求事后纾困资源。正如格拉姆利克（Gramlich, 1969）的研究，中央政府在不同地区间配置转移支付资源，相对特定地区等额的居民收入增长而言，将刺激地方公共支出更快增长，这被称为"粘蝇纸效应"[①]。刘畅、马光荣（2015）以及陈小亮等（2020）证实，与一般性转移支付相比，专项转移支付诱发了更明显的"粘蝇纸效应"。基于县级数据展开的断点回归研究显示，一般性转移支付占GDP比重每提高1%，带动财政支出占GDP比重提高1.5%；专项转移支付占GDP比重每提高1%，带动财政支出占GDP比重提高3.0%。换言之，裁量性转移支付的"粘蝇纸效应"大致是非裁量性转移支付的两倍。裁量性转移支付之所以带动了更大规模的公共支出扩张，一是由于很多专项转移支付需要地方政府提供资金配套，获取中央财力资源是有条件的；二是由于地方政府谋求显性和隐性公共池资源时，需要付出机构

[①] 所谓"粘蝇纸效应"，是指地方政府获得的中央转移支付趋于滞留在公共部门，用于公共开支，而非削减地方税收，让利于民。理论上说，中央转移支付和居民收入扩张都增加一个地区的生产总值，应按照"萨缪尔森法则"在公共产品和私人产品之间实现资源最优配置。但在实践中，中央转移支付更倾向于粘附在地方公共部门，这种现象同公共决策者的偏好有关。

组建（驻京办、融资平台等）、关系营造、信息搜集、业务招待等交易成本，而为弥补资源获取成本，地方政府需要拓展表外融资填补资金缺口，从而进一步带动了公共支出扩张。由此，中央转移支付在纵向配置过程中发挥的显性和隐性公共池效应，成为地方政府举债融资的另一个重要财政制度诱因。

4.2.4 金融激励

如果说经济、政治、财政激励是债务扩张的需求端影响因素，在供给端，传统治理模式同样存在不容忽视的制度诱因，即金融激励。分税制改革后，融资平台公司作为财政和金融部门的连接载体，可以利用地方政府和金融机构的利益互联压减风险溢价，向银行业金融机构争取信用贷款。来自需求方和供给方的双向预算软约束，强化了金融机构向融资平台的增信意愿，协同导致地方政府性债务规模快速膨胀。

1.流动性过剩

从金融学视角观察，地方政府融资平台向金融机构申请信用贷款主要取决于两个因素：资金供给和利率成本。一般来说，金融机构可供贷放的资金越多，贷款利率越低，越有利于融资平台获取信贷资源，积累地方政府性债务。（毛捷等，2019）

在资金供给方面，进入21世纪后，大量文献关注了我国金融体系的流动性过剩。所谓"流动性过剩"，是指金融系统整体头寸过度宽裕，导致投放市场的货币供给量超过实体经济的需求量，引发经济过热。反映到具体指标，流动性过剩表现为银行存贷比下降、存差增长、M2超经济增长等。图4-5绘制了我国金融机构吸储额和贷款量的演进趋势，不难发现，进入21世纪后我国金融体系始终保有高额存贷差，存贷差年均递增30.1%，意味着金融机构在计提拨备和保持必要的流动性冗余后，仍有大量资金可供贷放。

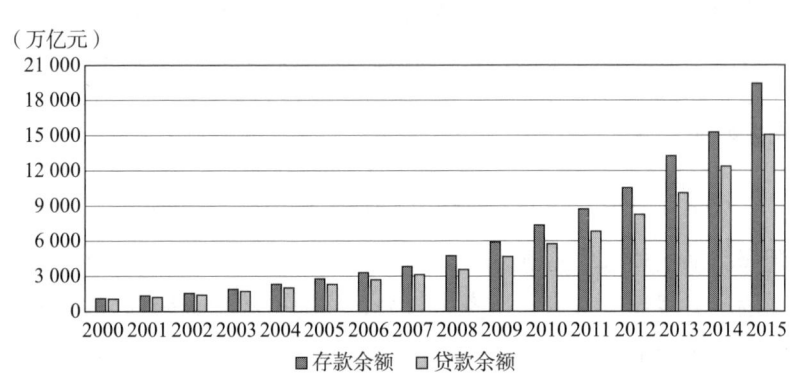

图4-5 2000—2015年金融机构人民币储蓄存贷款余额

资料来源：万得资讯金融终端（WFT）。

金融体系流动性过剩有体制机制的原因，也有收入分配、消费习俗的原因。从制度层面观察，我国长期实行有管理的浮动汇率制，在外汇管理制度方面实行经常项目强制结售汇制度。除国家规定的外汇账户外，企业和个人要将手中持有的外汇卖给外汇指定银行，外汇指定银行再将高于国家外汇管理局批准的头寸额度卖给中国人民银行，积累国家外汇储备。2001年12月11日，我国加入世界贸易组织（WTO），劳动密集型产业迅速融入全球价值链，拉动外向型经济迅猛发展，贸易出口成为拉动经济增长的需求端"三驾马车"中越来越重要的驱动因素。凭借低成本竞争优势，沿海开放型企业获取了巨额贸易利润。这些企业赚取的外汇收入需按当期牌价换购人民币，不断推涨为维持汇率稳定而被动投放市场的货币量。长期贸易顺差使国内外汇市场上的外币供给大于需求，产生外币贬值预期和人民币升值预期。人民币升值预期诱发大量国际游资涌向中国，即所谓"热钱涌入"，这进一步加剧了中国高速增长期的流动性过剩。过剩流动性催生了房地产、股票、基金等资产价格的飙涨，为地方政府举借表外债务提供了偿债信用，同时也诱导一些地方政府将债务融资违规投向资本市场。

在收入分配和消费习俗方面，学界提供了关于中国高储蓄率的理论解释。改革开放后，"效率优先，兼顾公平"的市场导向发展战略使城乡居民收入差距持续扩大。2009年，我国居民收入整体基尼系数达到0.47，表明国民财富已经高度集中于少数富裕群体。由于高收入阶层的边际消费倾向低、收入占比高，收入差距扩大不断降低了"三驾马车"中的消费需求，提高了全社会储蓄率。在低收入阶层一端，预防性储蓄意愿不断增强。我国城乡居民社保水平普遍低下，并且背负着教育、医疗、住房、养老等多重压力，胼手胝足挣取的可支配收入需要在保留必要生活开支后，尽可能多地储蓄以应对不时之需。两者的结合，即随着收入分配差距的不断扩大，高收入阶层的低边际消费倾向和低收入阶层的强预防性储蓄意愿，对经济高速增长期的"消费不振"现象有很强的解释力。数据表现是，2009年中国城乡人民币存款余额高达59.77亿元，自2000年以来年均递增21.75%，保持高于同期经济增速。

在流动性过剩背景下，金融机构有充裕的资金储备向融资平台提供信用贷款，即便在2010年国务院发文敦促各地清理整顿融资平台、妥善处理存量债务的形势下，金融体系仍然发展出委托贷款、信托融资、融资租赁等"影子银行"渠道，继续为融资平台公司提供增信支持。①问题是，资产价格膨胀极易引发激进型投资者的货币幻觉②。一方面，当投资者预期资产价格将进一步上涨时，将产生追涨逐利的投机动机；另一方面，已购置资产的货币价值升值会引发财富效应，激励社会资金持续大量涌向资本市场。同市场投资者类似，地方政府同样会出于货币幻觉和财富效应，主动推进征地拆迁和旧城改造进程，降低债务融资的风险预期。从这个角度观察，传统治理模式能够使地方政府致力于经营土地，扩张债务，从公共服务的供给者变为经济博弈的参与人，与中国长期处于流动性过剩的金融发展背景是密不可分的。

2.风险溢价扭曲

在市场经济条件下，若信贷配置完全由资本市场决定，金融机构将根据贷款项目的风险评估，对借款方索取基准利率之上的"风险溢价"。借贷项目评估风险越高，金融机构需要补偿的潜在呆坏账损失越高，从而索取的风险溢价越高。基本规律是，以国家信用担保发行的主权债券信用最高，称为"金边债券"，一般不存在信用风险；以地方信用担保发行的地方政府债券信用级别低于主权债券，称为"银边债券"，同金边债券的发行利差反映其风

---

① 根据中国审计署总第174号审计公告，在中央政府限制地方融资平台向银行申请借贷和发行城投债的紧缩背景下（详见国发〔2002〕19号文件），部分地区的政府融资平台仍通过建设—移交模式（BT）项目、非金融机构借款等渠道违规举债2 457.95亿元，这说明过剩流动性放大了金融系统的影子银行规模。影子银行增加了地方政府债务的审计难度，进一步扩张了地方财政隐性赤字的潜在风险，使风险冲击更具不确定性。

② "货币幻觉"由美国经济学家欧文·费雪提出，指人们对货币名义价值作出反应，而忽略其实际购买力变化的一种心理错觉。

第四章 传统地方政府债务治理的制度特征与风险机理

险溢价;①以企业信用担保发行的企业债券信用级别低于政府债券,风险溢价相应高于政府债券。②

同债券发行机制类似,金融机构为规避风险损失,一般基于贷款项目的风险评估,提供差别化的信贷利率。正如莱恩(Lane,1993)的分析,金融机构自主设定风险溢价需要满足三项前提条件:第一,金融市场是开放而自由的,不存在针对金融机构的政策干扰;第二,借款方的资产和负债信息在潜在的贷款方机构中共享,不存在信息非公开和不对称;第三,借款方债务违约后,政府未提供过任何事后救助,从而不会干扰金融机构对贷款项目风险溢价的独立判断。当金融市场满足全部以上条件时,由金融市场配置信贷资源能够达到效率最优。此时,信贷资源将在利率价格这只"看不见的手"的引导下,实现各个贷款项目的净边际收益趋同;风险越高的借款主体,需要承担的风险溢价越大。一般来说,新兴市场国家的金融市场大多不具备这些制度条件,其信贷利率受中央银行管制,金融机构很难为融资主体设定市场化的定价机制。这意味着,发展中国家完全赋权金融市场配置信贷资源未必能够实现最优效率。

作为全球最大的发展中国家,我国商业银行同样没有利率决定权,存、贷款利率长期受到中央银行管制。1995年,全国人民代表大会常务委员会第十三次会议审议通过《中华人民共和国商业银行法》,其中第三十一条和第三十八条规定,"商业银行应当

---

① 在成熟市场经济国家,地方政府债券分一般责任债券和收益债券两种类型,风险溢价因债券类型而异。一般责任债券以地方税收收入担保,违约风险小,风险溢价相对较低;收益债券以公共投资项目预期收益担保,存在一定违约概率,风险溢价相对较高。

② 穆迪、惠誉、标普等国际信用评级机构一般将国家主权债务的信用评级定为其他债券类型信用评级的上限,主权债券、地方政府债券、企业债券的信用级别排序顺次递减。

防范"灰犀牛":地方政府债务风险的治理机制研究

按照中国人民银行规定的存款、贷款利率的上下限,确定存款、贷款利率",这项规定意味着商业银行调整项目风险溢价的利率浮动空间是相对有限的。2013年7月20日,中国全面放开金融机构贷款利率管制,宣布取消金融机构贷款利率七折下限,由金融机构基于商业原则自主确定贷款利率。这项改革向利率市场化迈出了坚实一步,有利于金融机构利用差异化定价策略,更好发挥金融支持实体经济的作用;但由于存款利率管制仍未完全放开,商业银行之间缺乏利率竞争动力,总体来看这项政策对金融衍生品的定价影响不大。[①]在制度效应方面,利率管制有利于地方政府举债融资。韦森(2012)发现,我国国有银行提供的信贷利率同民间借贷利率至少存在10个百分点的剪刀差,国有企业和融资平台相对民营企业的贷款成本极低,贷款利率未必真实反映平台公司的风险溢价。由此,地方政府作为资金需求方,会积极参与廉价信贷资源竞争;商业银行确定信贷投向时,也会综合考量利率以外的影响因素,以隐性收益补偿贷款的潜在损失。那么,哪些价格以外的因素会干扰商业银行的信贷决策?

学界研究表明,风险溢价扭曲主要源于地方政府为融资平台提供的信用背书。地方政府为融资平台公司提供信用担保是落在纸面上的。2009年中国人民银行和原银监会联合发文鼓励各地组建融资平台后,地方政府为融资平台借贷出具了大量的"担保函""宽慰函",承诺以土地批租收益作为平台公司借贷的偿债来源,部分地区甚至承诺以税收收入作为偿债担保。根据《中华人

[①] 历史地看,放开存款利率管制是利率市场化改革最关键、风险最大的阶段。20世纪70年代,美国放开存款利率管制,导致几千家银行因利润缩水而倒闭,因此一些文献将放开存款利率管制形象化地称为利率市场化改革的"惊险一跳"。

民共和国担保法》,国家机关不得作为担保人,地方政府及其所属部门不得为任何单位和个人的债务以任何形式提供担保。由此,地方政府出具的担保函件并不具有实际的法律效力。但从经济影响看,地方政府出具担保函强化了债权方对融资平台借贷的低风险预期,扭曲了平台公司举债的风险溢价,提升了金融机构对平台公司的授信意愿。债权方判断,即便融资平台投资项目难以取得稳定利润流,陷入偿债困境,地方政府作为平台公司的拨款和注资主体,终将承担"最终偿债人"责任,替平台公司履行偿债义务。由于民营企业欠缺类似的信用担保机制,风险溢价扭曲引导大量金融信贷资源优先流向地方政府融资平台,支持市政基础设施建设。如表4-2所示,在2009—2010年宽松政策执行期间,代表性的国有商业银行和股份制银行提供给地方融资平台的贷款余额占比普遍超过了10%,一些银行甚至超过20%。

表4-2 代表性商业银行对地方政府融资平台的贷款规模 （单位：亿元）

银行	2009年		2010年	
	融资平台贷款余额	占总贷款比重	融资平台贷款余额	占总贷款比重
工商银行	7 200	13%	6 900	11%
建设银行	6 463	14%	5 400	9%
中国银行	5 350	15%	4 197	8%
交通银行	1 393	8%	1 353	8%
招商银行	1 020	9%	1 353	11%
中信银行	1 299	13%	1 682	14%
民生银行	821	10%	2 015	21%
兴业银行	1 483	23%	1 590	20%
华夏银行	600	14%	755	15%

资料来源：余斌、魏加宁等（2012）。

3.隐性授信契约

接下来,我们从制度经济学视角阐述一个新观点:地方政府债务融资不仅源于市场化定价机制的缺失干扰了金融机构的风险溢价判断,还在于金融机构与地方政府之间的隐性契约影响了金融机构的信贷配置决策。"隐性契约"作为一个制度经济学概念,指不出现在交易双方正式契约中,但对交易双方有实际约束力的潜在制度规则。需要澄清的三个关键问题是,地方政府和金融机构为何存在隐性契约,存在什么样的隐性契约,以及对地方政府举债融资带来了哪些制度激励。

在流动性过剩背景下,我国金融机构之间存在激烈的行业竞争。为在行业竞争中占据优势,金融机构致力于争夺大客户资源,以吸储规模衡量员工业绩,争取到大客户资源的员工能够获得更多业绩奖励以及职业晋升机会。大型国企和地方政府存款额度高、议价能力强,往往成为商业银行优先争取的对象。一个值得注意的现象是,银行资金贷放后,若发生资金链断裂和坏账损失,政府贷款项目和民间贷款项目的负责人承担的风险责任是高度非对称的。若政府贷款项目资金链断裂,发生坏账损失,项目负责人被事后追责的概率很低,甚至未必担责;若民间贷款项目违约导致坏账损失,项目负责人可能面临减薪、削权、降职、裁撤等严厉的问责后果。这就需要从学理上澄清,为何金融机构对政府项目和民间项目坏账损失的问责力度明显不同。

一些研究发现,传统治理模式存在债权方预算软约束问题,金融机构信贷投向受控于地方政府。地方政府不仅掌控着金融机构经理人的人事任命权,还能通过工商、行政、税务等手段干预金融机构信贷决策,甚至金融机构的水电供应、房屋租赁、员工聘任、子女教育都难以摆脱地方政府的隐性控制。黄佩华等（2003）以及郭玉清等（2017）进一步证实，地方政府还可通过存款权置换贷款权的方式占据信贷优势，即通过将一般预算收入、预算外规费、制度外收入存入指定银行，换取银行优先贷款的权利。由于政府存款资金量巨大，争取到这部分"大客户资源"，对于金融机构建立行业竞争优势非常重要。由此，即便提供给融资平台公司的贷款项目亏损，带来一定呆坏账损失，金融机构也能在职务晋升、吸储竞争、政府扶持等方面获得相应隐性补偿，而这些补偿性收益是无法从民间信贷项目获取的。

基于债权方和借贷方的成本收益分析，可以进一步厘清地方政府和金融机构之间达成隐性授信契约的经济学逻辑。通过达成隐性授信契约，地方政府融资平台可以向金融机构申请低价贷款，支持本地轨道交通、管道敷设、垃圾清运等市政基础设施建设，但要为金融机构创造竞争优势和提供政策扶持；金融机构可以在愈益激烈的市场竞争中争取政策扶持，提升吸储业绩，但要为融资平台贷款提供信贷支持，并主动承担公共投资成本和利润流错配内生的潜在呆坏账损失。隐性契约双方各有收益，各担成本，在契约执行中实现了制度交易双方的福利增进，代价是不断压缩了民营企业的融资空间。由于无法从民营贷款项目获得补偿性收益，金融机构对民营企业贷款项目的审核批复非常谨慎，致使一些有发展前景但现金流不畅的小微企业难以获得正规金融支持，被迫诉诸民间借贷解决融资瓶颈。（韦森，2012）相对而言，金融机构对平台公司、国有企业的贷款审批程序往往流于形式，对平台公司套取信贷资金、更改贷款用途、缺失财务说明等问题采取"睁一只眼闭一只眼"的放任态度。(中国地方债务管理研究课题组，2011)上述制度怪象均可从隐性契约视角得到有说服力的解释。

从宏观层面观察，隐性契约引导大量信贷资金被低成本提供给平台公司而非民营企业，形成了金融资源配置的"挤出效应"。(刘畅等，2020)这种政策性的"挤出效应"与教科书概念有本质区别，①如何判断其规模和影响程度，还有待学界深入研究。将信贷资源优先配置给平台公司而非民营企业，从经济学视角看是低效率的，毕竟民营企业以追逐利润最大化为目标，将信贷资源配置给民企更有助于实现投资利润流对信贷成本的回收和覆盖。不过也有观点认为，如果将视野放宽，信贷资源配置给平台公司后，压力型体制驱策地方政府以债务融资支持市政建设，使中国适度超前拥有了配套完善的公共基础设施。公共项目投资注重发挥公益性，其作用主要体现在促进要素流通、缓解拥挤外部性、推进区域一体化等方面。通过地方政府融资平台的融资工具创新以及对金融机构对平台公司借贷的政策支持，中国突破了新兴市场国家屡见不鲜的基础设施建设瓶颈，避免了落入基建瓶颈内生的"低发展陷阱"。这意味着，对金融信贷"挤出效应"的分析，还

---

① 在宏观经济学教科书中，"挤出效应"一般指扩张性财政政策提高市场利率，挤出民间投资，从而在公共投资和民间投资之间形成规模替代，其政策传导效应是通过利率价格变动实现的。"隐性授信契约"诱发的挤出效应则通过制度性扭曲融资平台公司的举债风险溢价，引导金融机构为融资平台提供流动性增信，相应减少对民营企业的正规金融支持。这种挤出效应是通过政府信用背书蕴含的制度扭曲，而非市场化利率价格传导机制实现的。

需要结合大历史观作长周期视野下的审慎评估。①不过，到了经济高质量发展阶段，基建投资的增长拉动效应式微，政府举债融资空间愈益逼仄。这时就需要破除地方政府与金融机构的隐性授信契约，引导信贷资源投向更富效率的民间投资，着力发挥政府举债对民间投资"四两拨千斤"的带动效应，推动实体经济实现量的合理增长和质的有效提升。

4.3 激励导向型债务治理模式的风险机理分析

理论分析表明，依托融资平台的地方政府举债扩张，是经济高速增长期一系列经济、政治、财政、金融等制度安排协同激励的结果。这种"激励导向型"的债务治理模式植根于增长导向的大国战略，以经济高速增长为因，反过来又作用于经济高速增长，具有其特定的历史阶段背景。任何制度设计都有正负两方面的影响，尽管这种治理模式存在风险溢价扭曲、支出结构偏向、信贷挤出效应等问题，但在维持经济高增长、破解基础设施建设瓶颈、对冲国际金融危机冲击、推进大国城市化等方面，也取得了不容否认的历史贡献。

---

① 基于类似的逻辑，科斯、王宁（2013）分析了地方政府竞争导致重复建设的理论争议。主流观点认为，分税制改革后中国地方政府在政绩竞争驱动下建设了大量产业园区，导致地方重复建设、产能过剩和产能利用率低下，这是资源配置低效的典型表现。而两位作者指出，尽管地方政府竞争确实导致了一些有形资本的浪费，但也促进了生产技术的传播和工人技术能力的提升，其内部规模经济（资本）的损失在外部规模经济（技术和劳动力）方面可以得到充分补偿。由此，从大历史观的视角考察，对地方政府建设产业园区和招商引资的经济影响，需要更谨慎地予以权衡评估。

在肯定传统债务治理模式历史贡献的同时，有必要分析一下这种激励模式隐含的债务风险。历史经验表明，激励和约束从来都是制度设计的两面。激励旨在调动经济主体参与市场竞争的积极性，提高资源配置效率；约束旨在控制经济主体决策的道德风险，防范潜在危机冲击。激励导向型债务治理模式在有效调动地方政府展开举债竞争、投身经济建设的同时，其核心问题在于，这种模式下的地方政府债务融资长期游离于预算监管约束之外，忽视了对举债融资行为的有效控制，隐含着压力型体制下举债主体短视决策、推诿卸责的道德风险。接下来，我们从四个方面阐释"激励导向型"治理模式隐含的债务风险。

4.3.1 表外融资风险

1994年通过的《预算法》禁止地方政府发债融资后，地方政府以融资平台为主体，绕过其约束举借了大量表外债务。融资平台举债方式很多，如申请商业银行贷款、发行城投债券等。融资平台公司发行城投债需要提交国家计划主管部门、中国人民银行、证监会等主管部门审批，满足更为严苛的资质条件，总体发行规模相对有限。为满足地方政府基建投资需求，融资平台公司的主要融资手段是门槛较低的银行贷款，举借的是商业性债务。（姚洋，2022）

表4-3对比了审计署2011年和2013年地方政府性债务资金来源情况的审计结果。数据显示，在2011年地方政府性债务余额中，银行贷款占比高达79.01%，规模远超发行城投债券等其他融资方式。2013年银行贷款方式累积的债务余额占比降至56.54%，是由于国务院敦促各地加强对平台公司的融资管理，要求新增贷

款项目符合国家规划和产业发展政策，直接对应审批项目。[1]此外，自2010年起，中央赋权试点地区发行政府债券，这也导致银行贷款和发行债券此消彼长的变动趋势。但截至2013年底，银行贷款累积的债务余额占比仍然高达56.54%，是地方政府最为倚重的融资方式。这就需要思考：以银行贷款为主的表外举债融资方式究竟蕴含着哪些风险隐患？一旦风险暴露，可能会给宏观经济带来什么样的影响和冲击？

表4-3　地方政府性债务资金来源情况审计结果　（单位：万亿元）

年份	银行贷款 债务余额	银行贷款 比重	发行债券 债务余额	发行债券 比重	其他方式 债务余额	其他方式 比重
2011	8.47	79.01%	0.75	7.06%	1.50	13.93%
2013	10.12	56.54%	1.85	10.33%	5.93	33.13%

资料来源：审计署总第104、总第174号审计公告。

研究发现，在城市快速扩张期，以抵押土地资产为地方政府借贷提供信用担保，是发展中国家的普适经验。（刘珊珊，2011）地方政府举债投资城市基础设施，带动土地资产价值提升，土地资产价值提升进一步为地方政府举债提供偿债信用，两者循循相因地推进了城市扩张。但问题是，土地资产的价格极不稳定，在经济繁荣和萧条期，地价可以在正负50%的区间内宽幅波动，特别是当重大危机冲击到来时，地价波动尤为剧烈。（Rodden, 2002）这种现象的根源在于，市场投资者对资产价格波动往往表

---

[1] 详见《国务院关于加强地方政府融资平台公司管理有关问题的通知》（国发〔2010〕19号）。

现出"追涨杀跌"的羊群效应。在经济繁荣期,大量国际游资和民间资金涌向房地产业,带动土地价格飙升;一旦经济从繁荣转向萧条,投机资金即结束收割,从房地产业退出,地价随之断崖式下降。以银行贷款为主的表外举债模式,风险恰来自对土地资产的过度依赖。无论为融资平台公司提供信用担保,还是密集偿债期到来时作为主要偿债财源,地方政府都高度依赖土地批租收益。举债融资与土地批租挂钩,激励地方政府大力扶持本地房地产业,"允涨不允跌"。地价稍有下行压力,地方政府即采取限购松绑、官商谈话、贷款补贴等政策刺激楼市,企稳价格。问题是,对房地产业的过度扶持,容易诱发产业空心化。(周飞舟,2012)在巨额利润的驱策下,炒房者以高负债、高杠杆投机住房交易,带动房地产价格不断攀升。社会中低收入者往往要透支数十年甚至一代人的积蓄购置房产,这会导致贫富差距扩大,居民家庭杠杆率畸高,乃至社会阶层固化等问题。坚持"房住不炒",因城施策促进房地产市场健康发展,成为防范化解我国重大经济金融风险的政策底线。

抛开传统举债融资模式诱发的社会问题不谈,单就债务本身,这种表外融资模式也难以应对密集偿债期的流动性压力。如前文所述,商业银行在审批融资平台的贷款项目时,往往要求地方政府提供隐性担保。尽管地方政府出具的各种担保函件并无实际法律效力,但在纵向失衡持续深化的体制背景下,融资平台公司偿还银行贷款确实要依赖土地资产升值贡献的租金和税费收入。在房地产业发展的"黄金十年",飙涨的地价贡献了大量土地租税收入,流动性压力尚未暴露。中国经济步入中高速增长"新常态"后,我国面临"百年未有之大变局",中美战略博弈、增长动能转换、新冠疫情冲击等挑战接踵而至，这些风险冲击压抑了土地资产的升值空间，使土地财政发展模式难以持续。在小幅震荡格局中，微刺激政策尚可阻止房价下滑；一旦宏观形势全面收紧，地方政府无论如何救市都无力扭转房价下行态势，土地收益势将随之锐减。如果地方政府继续依赖土地收益作为偿债来源，债务风险就有可能在土地收益下滑严重的落后地区率先凸显，这是有国际案例可循的不争事实。①

4.3.2 期限错配风险

在传统治理模式下，期限错配风险是内生于融资方式的一类债务风险，但鉴于其重要性，我们单独予以讨论。

根据审计署2013年总第174号审计公告，图4-6绘制了地方政府负有偿还责任债务的偿债情况及其拟合趋势线。不难发现，在10.9万亿地方政府负有偿还责任的债务存量中，2013—2017年度的应还债务额呈累退分布。相对审计时点（2013年6月）来看，地方政府将在未来两年内迎来偿债高峰期，共需偿还全部债务存量的62.7%。由于偿债高峰期快速逼近且偿债压力非常集中，可以想见，密集偿债期到来时，财力羸弱的地区将面临严峻的偿债困境。无独有偶，根据2011年审计署总第104号公告公布的应还债务额，地方政府偿债压力同样呈累退分布，地方政府短期内迎来偿债高峰的状况非常稳定。这就需要澄清，为何传统治理模式下的地方政府始终面临着严峻的流动性偿债压力。

---

① 一个可参考的案例是，在19世纪中期，法国巴黎重建市政借款、美国加州特殊附加税（Mello-Roos）债券，都曾以土地预期价值作偿债担保过度发行融资，最终触发债务危机，给国家金融体系带来恶性冲击。

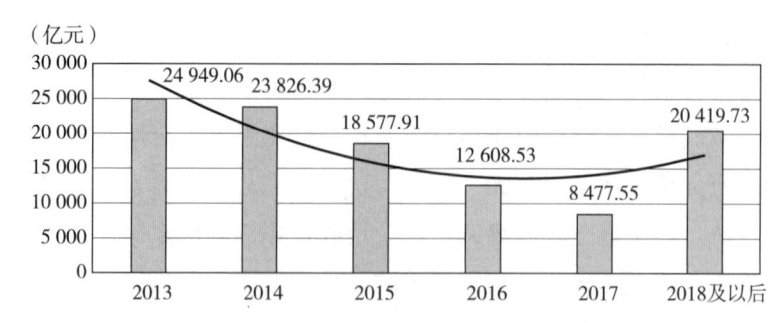

图4-6　2013年6月底地方政府性债务的未来偿债情况

资料来源：审计署2013年总第174号审计公告。

正如前文的分析，传统治理模式下的地方政府表外举债主要是申请银行贷款而非发行城投债券。发行城投债券的好处是债权方非常分散，稳健型投资者追求的是企业债券的升值潜力和中长期收益，从而债券融资方式允许的偿债期较长，[1]发债方有比较大的自由度安排投资进度，使债务偿还与收益回报达成动态匹配。地方政府发债融资权放开后，以政府信用作担保的政府债券发行期限进一步拉长，从而更加适合为公益性市政建设项目融资。与债券发行方式不同，银行贷款的债权人非常集中，通常是为数不多的几家政策性或股份制银行。受信贷资金流动性限制，银行业金融机构提供信用贷款的偿债期限一般短于发行债券，这使地方政府在三年左右便会迎来偿债高峰期，面临严峻的偿债压力。

发债融资的另一项优势是发债规模需要经受资本市场考验，构建偿债信用评级体系。由于市场投资者是否购置债券取决于发债企业的财务状况及评级机构提供的信用报告，城投债券或政府

---

[1] 以2013年为例，根据万得资讯金融终端（WFT）提供的数据，全国各省份融资平台公司发行期限5年以上城投债券510笔，占各类期限债券发行总量的55.9%。

债务评级结果须及时向社会公众披露,这有利于发债主体接受社会监督,努力改善财务绩效,从而提高债务融资能力。银行贷款则缺乏类似的社会监督机制。由于传统治理模式下的金融机构与地方政府之间存在隐性契约和政治互联,即便平台公司债信不高,地方政府依然可通过对本地金融机构的信贷干预使其获得增信支持,实质性的第三方信用评估体系始终未能有效建立。

从偿债能力角度看,地方政府融资平台多以注入非现金资产、划拨土地使用权等方式虚置资产,实质是地方政府主导成立、以土地收益或政府资产为担保、从事市政基建资本运作的"壳公司"。然而,政府资产变现困难,而土地批租收益作为担保标的物,在扣除土地拆迁、征用、收储、平整等财务成本,以及配套用于教育、医疗、养老等基金支出后,剩余部分并不足以覆盖平台公司举借的到期债务。审计署多次组织的政府性债务审计均发现,一些基层政府存在"借新偿旧"应对偿债压力的情况,部分市县逾期债务率过高,濒于陷入偿债困境。为解决期限错配问题,一些地区将债务投资领域违规延伸到股票和房地产市场,试图以营利收益偿还到期债务。但这种"与民争利"的投资方式违背了政府举债"黄金法则",势将挤出更富效率的民间投资,不利于发挥市场配置资源的基础性和决定性作用。

4.3.3 转嫁升级风险

在传统治理模式下,地方政府债务风险并不囿于融资平台公司内部,而是会沿着图4-7所示的财政和金融两个方向转嫁升级,冲击财政金融运行安全。一方面,融资平台隶属地方政府,其举借的债务由地方政府承担兜底责任,属于政府性债务范畴。一旦平台公司陷入偿债困境，到期债务要由地方政府代为履行偿还责任，这将威胁财政安全。另一方面，融资平台的主要举债方式是银行贷款、非标业务等间接融资方式，一旦平台公司无力偿债，银行体系累积存压的逾期债务势将随之扩张，增加金融系统呆坏账，这将威胁金融安全。

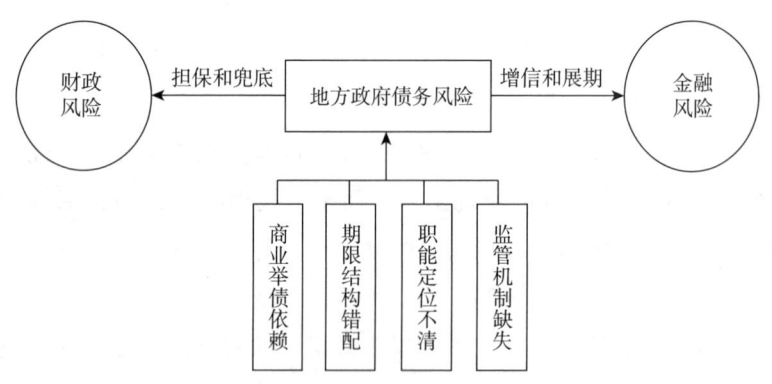

图4-7 地方政府债务风险转嫁升级的机理和路径

在"激励导向型"的传统债务治理模式下，为何存在债务风险财政化和债务风险金融化两个方向的转嫁升级压力？笔者认为，这种现象的根源在于传统地方政府举债融资依托的是融资平台公司，而非直接在资本市场发行债券。融资平台举债有四点难以克服的制度缺陷，导致其债务风险可能转嫁升级为财政风险和金融风险：其一，商业举债依赖。融资平台举债主要通过银行贷款、非标业务等间接融资方式，而非直接在资本市场发行城投债券，商业性债务的偿债期限普遍较短。其二，期限结构错配。当密集偿债期到来时，融资平台公司难以将市政基础设施项目投资快速变现利润流偿还债务，资产负债期限错配非常严重。其三，职能定位不清。除承担政府融资职能外，一些融资平台公司擅权将债务融资投向房地产、证券基金等营利性行业，不仅违背了债务融资的"黄金法则"，还加剧了债务融资的运营风险。其四，监管机制缺失。融资平台公司举债大多无需提供信用评级证明，外部监管机制的缺失降低了平台公司的举债门槛，大量没有发债融资权的平台公司可以凭借地方政府和金融机构的隐性契约获得增信支持，强化信贷风险。

基于融资平台举债的特征事实和制度缺陷，可以厘清财政和金融两个方向上的风险传导升级路径。

首先，在财政风险方向，当地方政府难以调和短期偿债压力和利润回报滞后性、偿债资金波动性之间的矛盾时，由于偿债缺口没有对应收入来源，待偿债务将以各种名目的"挂账""缺口""拖欠"累积存压于基层政府。这将使地方政府疲于应对持续攀升的财政刚性支出和债务本息支出压力，可支配财力空间被不断侵蚀。若上级政府代为"兜底"履行偿债责任，向高危地区增拨转移支付，债务风险将沿着由低到高的行政链条层层传导，逐级转化，不断推升中央和省级政府的财政风险。在地方政府表内发债融资权尚未完全放开的形势下，中央政府遏制地方财政风险传导升级，可选择三种策略：一是以应急性专项转移支付救助陷入危机的地方政府，但这会削弱低险地区可用财力，诱导高债地区扩张策略性举债，主动谋求中央救助。二是增设中央税种或调整共享比例，提高中央政府救助危机地区的能力。这种策略将税收楔子打入市场价格体系，会带来消费替代效应和税收超额负担，降低资源配置效率。三是发行中央政府债券，以国债转贷方式救助危机地区，这种以国债置换地方债的策略相当于延迟征收的中央税。为偿还未来到期债务，中央政府将不得不向后代人增税，这会引发更复杂的税负代际转嫁和税收跨期公平问题。此外，中央政府以发行国债的方式缓释地方偿债压力，还会挤压全国外溢性公共品的财力空间，影响区域一体化进程。

其次，在金融风险方向，传统模式下金融机构对融资平台公司的增信支持，使地方政府债务风险传递扩散到金融领域，冲击系统性风险底线。地方政府融资平台主要依托地方政府和金融机构之间的隐性授信契约，通过银行贷款、非标业务等方式获取债务融资。平台公司信用贷款主要投向市政基础设施，很难快速贡献足以覆盖成本的偿债利润流，从而银行机构提供给地方政府融资平台的信用贷款，将难以避免地以呆坏账形式累积存压在金融系统，这会因四方面原因扩张金融风险：其一，金融机构将信用贷款提供给融资平台和民营企业的项目甄别机制完全不同。提供给民营企业的项目需要详细考察项目可行性和预期利润回报，确保项目收益能够覆盖成本，避免违约风险；提供给平台公司的项目则旨在获取吸储竞争、政策扶持、职位晋升等补偿性收益，这使金融机构刻意放松了对融资平台的信贷资质审计。其二，当密集偿债期到来时，若金融机构无法回笼资金支持更富效率的民营企业，随着短期流动性压力不断中长期化，民营企业融资难、融资贵的问题将愈益凸显。这将持续压抑经济底层活力和内生增长动力，带来需求不足、预期疲弱等不利局面。其三，传统模式下的地方政府债务风险同房地产泡沫风险捆绑于一体，给商业银行资产负债表管理带来严峻考验。由于地方政府举债融资靠土地财政维系，一旦房地产业风险暴露，不仅会放大地方债对金融风险的冲击效应，还会恶化商业银行资产负债表，甚至引发包括企业、家庭部门在内的全社会资产负债表衰退。其四,面对金融风险深化局面,中央政府曾以发行特别国债、动用外汇储备注资等方式剥离商业银行的不良贷款。[①]但中央政府的危机救助可能进一步软化商业银行信贷约束,强化金融机构对融资平台公司的违规增信意愿。

4.3.4 风险治理的内生性

基于上述表外融资、期限错配、转嫁升级风险,决策层需要秉持底线思维,对地方政府债务风险给予高度重视和沉着应对,打好新时代重大风险防御攻坚战。然而根据国际经验,地方政府债务风险治理可能存在内生性问题,即治理地方政府债务风险的政策反而引发了新的次生风险。在主流财政学话语体系中,风险治理的内生性源于"政府失灵",即政府决策部门难以掌握风险治理所需要的完整信息,知识问题会影响风险治理的决策效率。具体来说,在中国这样一个发展中大国治理地方政府债务风险,为避免风险治理的内生性,应主要把握以下原则:

第一,为避免风险治理的内生性,我国不宜采取竞争联邦制国家的做法,以地方政府破产的极端方式暴露危机。根据国际经验,如果放任地方政府破产,地方政府将被迫采取削减公共服务、减少福利支出、变现政府资产等方式偿还债务。由于教育、医疗、养老等基本公共服务供给水平下降,危机地区的社会公众将"用

[①] 20世纪90年代末,我国中央政府发行2 700亿元特别国债注资国有商业银行,同时成立四大国有资产管理公司,剥离国有商业银行的不良资产。2004年1月,国务院动用450亿美元(按当年汇率折算达3 720亿元人民币)外汇储备为中国银行和中国建设银行补充资本金,使两家银行的资本充足率达到《巴塞尔协议》设置的底线。

脚投票"逃逸到其他地区,这会循循相因地导致债务危机地区陷入治乱循环。一种观点认为,允许局部地区暴露债务危机,有助于促进生产要素的跨地区流动,在危机地区释放要素、正常地区吸纳要素的过程中,要素流动可以改善宏观资源配置效率。这种观点的实质是用局部地区的失序换取宏观经济的活力。问题是,无论债务危机地区的公共服务供给水平下降,还是人口重新配置流动需要背负的高昂成本,都意味着这种治理方式相当于将危机治理成本转嫁给辖区公众承担,不利于实现社会公平。社会主义市场经济条件下的人口流动,应该是美好生活愿景驱动的自发流动,而非政府破产驱动的被迫迁徙。再者,既然债务危机存在区域传染效应,如何保证放任后的地方政府破产仅发生在局部地区,而不会冲击更广域范围的经济社会秩序?更何况,我国经济步入中高速增长新常态后,尽管地方政府债务风险在结构性和流动性层面凸显,但债务风险依然整体可控。在债务治理模式转型期以地方政府破产的极端方式应对风险冲击,既无此必要,也不具备可行的现实基础。

第二,为避免风险治理的内生性,应审慎权衡政策尺度,合理推进政策步骤,避免政策执行中的分解谬误和合成谬误。在大国体量中,宏观政策经常在微观主体的博弈互动中衍生出很多决策者难以预期的副效应,这些意料之外的政策副效应可能震荡叠加成负面冲击,使政策实际执行效果背离设计初衷。特别是在宏观经济遭受危机冲击时,若过度收缩银根、削减杠杆,可能在经济下行期推高利率,增加企业或个人的债务利息支出压力。伴随政府部门去杠杆,企业和家庭部门将被动加杠杆,可能诱发植根微观主体的资产负债表衰退。一个可资参考的案例是,与中国同为发展中"金砖国家"的巴西，为应对20世纪80年代初和90年代末的两次拉美债务危机冲击，大力紧缩财政杠杆，削减公共支出，结果导致国债利息支付成本大幅提升，财政赤字被动扩张，宏观经济两度落入"债务—通缩"陷阱。中国正面临从高速增长到高质量发展的战略转型期，在这样的宏观背景下推进"三去一降一补"的供给侧结构性改革，应审慎掌握好去杠杆的政策执行尺度，一方面避免各部门密集出台的去杠杆政策叠加为合成谬误，另一方面避免政令向下传递过程中被层层加码，在执行层面出现分解谬误。为维持经济中高速增长，以提质增效为前提的适度加杠杆仍有必要。

第三，为避免风险治理的内生性，应强化预期管理，减少政策频繁转向带来的超额负担。根据制度经济学的基本理论（柯武刚等，2018，中译本），经济主体经反复博弈后形成的均衡制度安排，有利于稳定各方行动预期，降低交易成本。①在2015年新《预算法》生效前，地方债治理政策的频繁更迭对举债主体决策影响极大。当时的基本治理思路是，当宏观经济遭遇外部冲击时，以宽松政策默许或鼓励地方政府拓宽表外融资渠道，防范经济下行风险；当债务规模畸高且濒于失控时，以紧缩政策削减表外债务增量，防范债务违约风险。国际金融海啸冲击期间的地方政府债务过快增长，就是由于2009年中国人民银行联合原银监会颁布信贷结构调整指导意见，鼓励各地组建融资平台，拓展表外融资业务；而鉴于债务增速过快，积累风险较高，国务院又于2010年出

---

① 新制度经济学认为，制度是经济主体长期博弈形成的、有益于交易各方的稳定契约，引导经济博弈沿着"纳什均衡"的路径展开。如果制度设计无法导向纳什均衡，则至少将有一方的博弈策略偏离现有制度导向，并最终使短视化制度设计难以存续。

台文件要求各地加强政府融资平台公司管理，清理整顿存量债务。频繁更迭的政策规则使政府举债宽幅起落，催生了信托、委托贷款、融资租赁等非标业务的扩张，加大了债务风险的治理难度。

第四，为避免风险治理的内生性，应秉持底线思维和系统观念，实行债务风险的跨部门、跨区域联动治理。地方政府债务风险治理是一个牵一发而动全身的系统工程，既要遏制地方政府衍生泛化表外债务的变相融资冲动，矫正错配扭曲，坚守风险底线；又要避免一刀切式的刚性管控机制，保留适度流动性和激励政策的转圜空间，推进结构调整。在改革深水区，多元目标约束下的战略路径选择，将给地方债务风险治理带来更加严峻的决策考验。这就要求新时代大国债务风险治理要打破部门、机构、学科之间的利益藩篱，在政、企、学界凝聚智慧，发挥合力。针对债务风险的传导升级路径，财政金融部门要创新政策工具，强化管理协同，利用积极有为的财政政策和灵活适度的货币政策，加大宏观政策调节力度。随着财政透明度的持续提升，全过程、穿透式债务监管体系建设，将推进治理能力现代化，释放深水区改革红利；科研院所、评级机构、高校智库展开独立测评，将拓展社会监督视野，助推绩效问责机制落地。基于底线思维和系统观念引领的部门协同，有助于保持供给侧结构性改革的战略定力，不断通过体制机制创新提高管理效能，维护财政金融运行安全。

第五章 地方政府债务风险治理的大国资源禀赋与制度框架
——一个理解"中国之谜"的分析视角

改革开放以来,中国不仅保持了长达40年9.8%的经济增速,同时也实现了长达40年的稳定高速增长(中国财政金融政策研究中心课题组,2009),取得了举世瞩目的经济成就。在经济稳定高速增长的过程中,一个长期困扰学界的"中国之谜"随之凸显,有待学界提供更深入的理论解释。本章承续上一章的研究,致力于构建一个理解"中国之谜"的分析框架,从大国治理理论视角澄清,为何中国在经济高速增长期政府债务"灰犀牛"体量不断膨胀,却没有触发严峻的地方政府债务危机。基于大国治理理论视角,本章进一步从全球化视野解读中国的大国发展道路,展望新时代地方政府债务风险的治理战略前景。

5.1 "中国之谜"的理论与经验审视

改革开放以来,中国长期保持经济稳定高速增长,一跃成为世界第二大经济体，跻身全球中高收入国家行列。在长达40余年的经济高速增长中，中国不但没有诱发内源危机，还两度运用积极财政政策，分别对冲了1998年亚洲金融危机和2008年全球金融危机冲击，从而累积了体量庞大的地方政府债务。基于"高债务"和"稳增长"两个具有典型"灰犀牛"风险特征的并立事实，学界亟需从理论层面揭开中国之谜的内核真相，为经济高质量发展阶段的地方政府债务治理提供理论依据。

5.1.1 "中国之谜"的理论审视

分税制改革后，中国传统"激励导向型"的债务治理模式是依托增长导向的大国战略设计的。在经济高速增长期，作为一个拥有超大市场、超大社会、城市化快速推进的发展中大国，中国必须解决的首要问题是，如何才能赋予地方政府足够的建设财力，迎合人口从农村向城市迁移流动的巨量基础设施融资需求。

在城市化快速推进阶段，假如地方政府不发展必要的融资工具创新，城市道路交通、管道敷设、垃圾清运等基础设施建设的滞后必将严重拖累大国发展进程，使大国经济落入基础设施瓶颈匮乏内生的"低发展陷阱"。正如大量文献所指出的，"激励导向型"的债务融资模式存在预算软约束、举债道德风险、政治机会主义等新兴市场经济体的共性问题；但如果用"两点论"而非"一点论"看问题，就会发现中国的地方政府债务融资也累积了大量有中长期回报潜质的公共资产，在推进大国城市化、促进产业结构转型升级、提供反危机操作空间等方面发挥了不容否认的历史贡献。1994—2020年，中国共建设城市道路38.2万公里，城市

第五章　地方政府债务风险治理的大国资源禀赋与制度框架

供水管道87.6万公里,地铁轨道交通线6 651.1公里。①截至2021年底,中国高铁建设里程超过4万公里。中国铁路不仅穿越高山,横跨江河,甚至逶迤蜿蜒于海拔3 000米以上的青藏高原,建成了一条直达雪域圣城的"天路"。如果没有中央和地方政府长期投入的债务融资努力,很难想象中国能够在不到20年的时间里建成这么多适度超前且配套完善的基础设施。基础设施一般兼具"收益性"和"公益性"两种属性特征,其中"收益性"可以通过市场价格反映出来,"公益性"则是无法市场定价的"影子收益",具有惠及全体民众的巨大外部性效益,并在重大危机到来时发挥民生托底作用。2020年新冠肺炎疫情爆发时,中国凭借完善的基础设施和便捷的物流网络,保障了隔离窗口期社会公众的物资供应,这正是基础设施发挥民生托底作用的有力佐证。

抛开实体面贡献不谈,单就债务风险而论,基于中国资源禀赋、制度框架的特殊性,将历史上的债务危机案例照搬到中国也未必合适。从案例比较看,影子银行和金融衍生品危机肇始于美国,房产泡沫危机发生于日本,外部冲击引发内源危机见诸拉美和"欧猪"②国家。问题是,无论分权特征、资源禀赋还是制度框架,中国都与上述国家不同。中国作为坚持社会主义市场经济体制的发展中国家,一方面致力于调动地方政府发展经济、涵养税基的积极性,另一方面中央政府具有强有力的组织、协调和行政

---

① 全国市政建设基础数据根据万得资讯金融终端(WFT)数据库整理而得。
② "欧猪"国家指葡萄牙(Portugal)、意大利(Italy)、爱尔兰(Ireland)、希腊(Greece)、西班牙(Spain)。这五个欧洲国家因其英文国名的首字母组合"PIIGS"类似英文单词"pigs"(猪),故此得名。由于这五个欧洲国家的主权债信评级极低,国际债券分析家、经济界和媒体机构一般贬称其为"欧猪五国"或"笨猪五国"。

动员能力。当地方政府债务风险有所显化时，中央政府可以酌情采取行政措施将风险隔离在局部地区，赢取危机处理的战略先机，而非任由局部危机扩散传递，直至拖累主权债信，冲击国家安全。将底线思维和系统观念相结合，在发展中防范风险，在改革中保障安全，为中国长达40余年的稳定高速增长提供了重要制度保障，这对新兴市场国家具有一般化的借鉴意义。

正如罗伯特·席勒在《叙事经济学》(Robert J. Shiller, 2020, 中译本)中指出的，"学者圈共享的专业叙事，……包含复杂的观点，潜移默化地影响着更广泛的社会行为，这其中不仅包括衰退和萧条，还包括其他重要的经济现象"。由此可见，将"中国之谜"转化为"中国之道"，进而以"中国之道"引领"中国之治"，必须讲清楚在经济高速增长期，中国地方政府为何超常举借了大量政府性债务。如果我们从唯物史观的视角去理解发生在中国的故事，就会看到，中国作为一个和平崛起的发展中大国，只能"向内挖潜"集中社会闲置资源，通过一两代人的努力建成全民共享的基础设施，为贯通全国统一大市场提供正外部性。当我们将视线转向整个资本主义发展史时，不禁要问一句：在资本原始积累阶段，如今的发达资本主义国家又是通过什么手段筹集国家资本，推动殖民扩张的呢？①

5.1.2 "中国之谜"的经验审视

解答地方政府债务融资的"中国之谜"，有必要基于中国的资

---

① 卡尔·马克思在《资本论》(2011，中译本)中指出："公债为原始蓄积之最强有力的杠杆之一。……公共信用制度即国债制度，在中世纪时代，已可从热那亚和威尼斯发现其起源，不过到制造业时代，它才征服全欧洲。殖民制度及伴起的海上贸易与商业战争，都是育成这种国债制度的温床。"

第五章　地方政府债务风险治理的大国资源禀赋与制度框架

源禀赋和制度框架，剖析中国地方政府债务风险的大国治理优势。在评述大国治理优势前，本节首先对中国地方政府债务的演化趋势和结构布局作初步经验观察。

首先观察中国传统预算软约束的体制环境是否诱发了地方政府债务体量的快速膨胀。所谓"预算软约束"的体制环境，一般指1994年分税制改革到2015年地方政府自主发债融资权全面放开以前，即2014年国发43号文颁布之间的20年。在这期间，旧《预算法》禁止了地方政府的表内发债融资权，要求地方财政保持收支平衡，不列赤字，但地方政府可以通过组建融资平台公司举债表外债务。因此，这20年符合预算软约束的体制特征。

2011年至2013年，审计署按照"见人、见账、见物、逐笔、逐项审核"的原则，组织多次大规模地方政府性债务审计，审计结果成为地方政府性债务余额最权威的公开数据资料。[①]郭玉清等（2016）介绍了如何根据审计署总第104、166、174号政府性债务审计公告，测算省、市、县、乡四级地方政府债务总余额的估算方法。图5-1刻画了1996—2013年，全国地方政府性债务总余额的增长情况。根据审计署权威数据刻画的演化趋势线，能否从学界的分散研究中得到印证？图5-1同时列示了一些代表性文献的估算结果。

---

① 审计署公布的"地方政府性债务"余额口径包含了地方政府负有偿还、担保、救助责任的三类债务，相当于2015年新《预算法》生效后的显性债务和隐性债务总和，因此能够较全面地反映地方政府表外举债规模的变动情况。

图5-1 地方政府性债务余额的演进趋势及估算结果比较

刘尚希、赵全厚（2002）最早估算了2000年中国各级政府的债务余额，其中不仅包括直接显性债务，也包括白海娜（Hana Brixi，1998）定义的或有和隐性债务。为使统计口径同审计署一致，我们从中剔除国债、政策性亏损、社保基金缺口、银行不良资产等债务类型，剩余包含在审计署口径中的地方债包括欠发工资、乡镇政府负债和国债投资配套资金等，共计13 750亿元。这个结果高于笔者估算的8 052.94亿元，原因可能是刘尚希、赵全厚（2002）引用新闻媒体估计的乡镇债务数据偏高。此外，国债配套资金也未必全部来自地方借债，其中有一部分是地方留存或结转的财力。

其后，财政部科研所课题组（2008）基于"直接债务""担保债务"和"政策性挂账"三项调查口径，对2007年地方政府性债务余额展开抽样统计。根据对中国东、中、西部遴选省份的债务调查及其债务规模同经济发展的数量关系，财科所估计2007年底地方政府性债务余额为41 159.0亿元，这个结果略低于笔者估算的46 036.8亿元，应该是抽样误差所致。

第三篇文献社会反响较大，是美国西北大学史宗瀚（Victor Shih，2010）教授利用收集到的"政银合作协议"估算的地方政府债务余额。"政银合作协议"是银行与地方政府签订的授信协议，其中有政策性银行或商业银行计划给地方政府融资平台提供的贷款额。根据史宗瀚（2010）的测算，截至2009年底，中国地方政府债务余额"保守"估计达到114 247.1亿元，这个结果明显高于笔者估算的92 045.5亿元。但史宗瀚教授承认，其估算程序可能存在两个问题。第一，地方政府融资平台对银行授信额度的提取不会一次告罄。为保证市政建设资金链不断裂，融资平台公司一般会分批提取，因此史宗瀚教授也认为仅靠政银协议提供的授信额难以准确反映地方政府在"某个特定时点"举借的债务。第二，银行业金融机构有虚报授信额的动机，以便未来贷款出现问题的时候推卸责任。综上，史宗瀚（2010）的测算有高估之嫌。

第四篇文献是余斌、魏加宁等（2012）的一项估算。在省、市、县债务余额方面，余斌、魏加宁等（2012）同样引用审计署104号公告中的数据，但为纳入乡镇政府债务，他们采用了北京福盛德经济咨询有限公司的一项粗略估算，这个结果同审计署公布的乡镇政府债务出入较大。不过，由于乡镇政府债务占债务总余额比重极低，反映在图5-1中，其估算结果115 274.9亿元基本落在指数型演化趋势线上。

揆诸既有文献，尽管统计口径、测算方法、数据来源不同，但各类代表性文献的分散估算结果紧密围绕在指数型演化趋势线周围，演化趋势线成为对历史估算数据的良好拟合。这说明，根据审计署权威数据估算的地方政府性债务余额能够准确捕捉到债务体量的发展演化,是可以用历史文献证据检验的可靠结果。根据笔者的测算,在预算软约束体制环境中,我国地方政府性债务余额呈加速增长态势,从1996年的2 449.2亿元飙涨至2013年的183 429.1亿元,年均递增30.6%,是同期名义GDP年均增速的3.12倍。用一条指数曲线拟合债务总额的演化趋势,最优拟合线为

$$\ln(DEBT)_t = -1.527_{(0.036)} + 0.258_{(0.003)} t, adj\text{-}R^2 = 0.9969$$。

由于调整后可决系数接近1,这条拟合线能够反映出地方政府债务余额的增长趋势。可以看到,随着考察期的后移,债务增速明显加快($\partial DEBT_t/\partial t = 0.258 \cdot e^{-1.527+0.258t} > 0$),这说明中国地方政府债务规模确实在传统预算软约束的体制环境中"快速膨胀"。

图5-1进一步显示,地方政府性债务扩张具有典型的顺政策周期特征,地方债增长率既随中央调控政策显著波动,又放大了中央政策的干预效应。例如,在1998年、2009年两度积极财政政策实施期间,地方债余额分别增长了48%和62%,体现出地方政府配合中央国债政策意图,以债务融资拉动本地增长,执行反周期操作的策略反应。随着积极财政政策转为中性甚至淡出,地方债增长率也随之回调,恢复常态增长趋势。进一步地,地方政府债务的常态增长趋势在2008年出现一个结构性拐点,即2008年前增长缓慢,2008年后增速提升。这是由于2008年中国经济遭遇国际金融海啸冲击,中央迅速启动"四万亿计划"扩大内需,促进经济增长,各地随之组建大量平台公司拓展表外融资渠道,使地方债不再延循之前的温和增长路径。由此,根据审计署权威数据测算的演化趋势线不仅能够得到历史文献的印证,也能够反映出政策冲击的影响。

第五章 地方政府债务风险治理的大国资源禀赋与制度框架

接下来从结构布局视角继续作经验观察。基于前文测算的地方政府性债务余额,图5-2绘制了2003—2012年中国各类口径财政杠杆率的演化趋势以及截至2012年底各省财政杠杆率的散点分布,并标识出财政杠杆率的国际公认警戒线(100%)。具体地,我们分"地方显性杠杆率""地方综合杠杆率""全国显性杠杆率""全国综合杠杆率"四个口径观察地方财政杠杆率的变化。其中,"地方显性杠杆率"以"偿还责任债务余额/地方可用财力"测度,"地方综合杠杆率"将上式分子替换为"偿还、担保、救助责任债务余额";"全国显性杠杆率"以"(偿还责任债务余额+中央政府债务余额)/(全国可用财力+外汇储备)"测度,"全国综合杠杆率"将上式分子替换为"偿还、担保、救助责任债务余额+中央政府债务余额"。"可用财力"包括公共财政预算收入、政府性基金收入、国有资本经营收益等地方政府可支配财力。

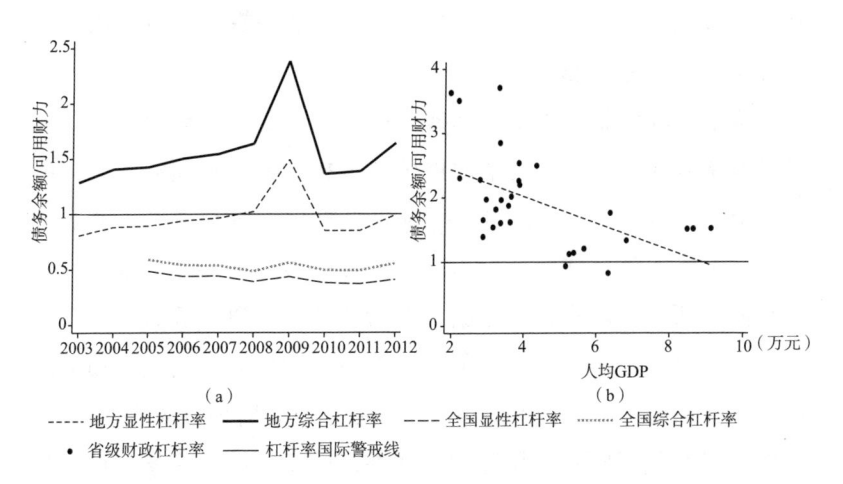

图5-2 地方财政杠杆率的演化趋势及区域布局(2012)

数据来源:郭玉清等(2017)。

233

图5-2（a）显示，"地方综合杠杆率"始终位居国际警戒线（100%）以上，说明地方政府的可用财力不能覆盖政府负有偿还、担保、救护责任的三类债务总余额，流动性风险不容忽视。但地方政府负有担保和救助责任的两类债务未必转化为实际偿还责任，若破除刚性兑付，这两部分杠杆率有可能反映的是平台公司的企业杠杆而非地方政府的财政杠杆。由此，能够更直接反映地方偿债压力的是偿还责任债务余额占可用财力的比重。经测算，"地方显性杠杆率"仅2009年全面铺开"四万亿计划"期间飙升至150%，其余年份均低于国际警戒线，说明整体观察，地方政府负有直接偿还责任的偿债压力仍在可控范围之内。进一步，我们将"地方政府性债务"和"中央政府债务"合并，对比"全国可用财力"及"中央外汇储备"之和，发现无论"全国综合杠杆率"还是"全国显性杠杆率"，中国都距离欧盟警戒线构筑的"危机天花板"尚远，从而中央政府在主权债务无虞的前提下，尚有比较充裕的战略空间内控地方杠杆。

这个经验观察可以初步回答"中国之谜"的后半部分，即为何中国从未触发过可观察的政府债务危机。在主权债务方面，由于"全国综合杠杆率"和"全国显性杠杆率"都显著低于欧盟警戒线，中国的外汇储备和财力基础能够覆盖内债和外债余额，爆发类似墨西哥、阿根廷、希腊主权债务危机的概率极低。尽管地方债快速增长是不争事实，但通过在中央和地方之间调整债务结构和杠杆比率，中国仍有能力视情控制地方政府债务风险的凝聚、触发，将风险阻断在基层险源。此外，由于中国高速增长期的地方政府债务主要投向道路交通、管道敷设、垃圾清运等市政基础设施，累积的是投资型债务，而非像很多债务危机国一样累积消费型或福利型债务，这使中国可以通过长、短期债务置换缓释地方政府的偿债压力，使偿债责任和未来的公共资产收益达成动态匹配。因此，无论从分布结构还是投资用途角度观察，中国都尚不具备触发危机的现实基础。

尽管债务风险整体可控，但绝不意味着中国可以放松地方政府债务风险治理。初步经验观察表明，预算软约束体制环境下的地方政府债务融资至少暴露出总量和结构方面的两类风险，需要引起决策层高度重视，采取有针对性的防范措施加以应对。

从总量看，如图5-2（a）所示，尽管将中央和地方政府债务合并后的综合杠杆率基本无虞，但"地方显性杠杆率"已经非常逼近并在个别年份超越了欧盟警戒线，包含地方政府负有担保和救助责任在内的"地方综合杠杆率"则保持高于欧盟警戒线。根据审计署总第174号审计公告，地方政府负有"担保"和"救助"责任的债务转化为直接偿还责任债务的历史经验值分别是19.13%和14.64%。按历史经验值将两类隐性债务转化为显性债务，则大多数年份调整后的"地方显性杠杆率"依然超过欧盟警戒线。这说明，尽管中国爆发主权债务危机和系统性债务危机的概率极低，但地方政府的可用财力未必能够覆盖债务存量，流动性压力已经凸显。特别是如果地方政府负有担保和救助责任的隐性债务大量转换为实际负有偿还责任的显性债务的话，地方政府将不得不持续通过债务展期或债务剥离缓释密集偿债期到来时的偿债压力，这将对地方财政可持续带来严峻考验。

从结构看，如图5-2（b）所示，中国地方政府债务风险呈现逆经济扩张的分布格局（郭玉清，2017），经济和财力基础稳固的东部沿海省份杠杆率较低，债务风险整体可控；距离东部海岸线越偏远的西部内陆腹地省份杠杆率越高，债务风险不容小觑。债务风险同经济基础逆向配置的分布怪象反映到散点图中，表现为散点拟合线是一条向下倾斜的直线，斜率具有统计显著性。这样一种西高东低的风险分布格局，进一步反映出传统体制环境是"预算软约束"的。由于债务融资预算约束相对松弛，经济基础孱弱的高险地区一方面需要通过债务融资拉动本地增长，力争实现同发达地区的经济收敛；另一方面并不惮于陷入流动性困境，冀图未来陷入流动困境时将偿债压力转嫁给中央和省级政府承担。由此可见，中国传统举债融资模式确实存在"预算软约束"体制下的道德风险，这是合作联邦制国家和新兴市场经济体的共性问题。但既然面临共性问题，为何在中国始终观察不到那只触发债务危机的"黑天鹅"呢？

5.2 "中国之谜"的理论解构

通过观察数据，可以初步了解"高债务"和"稳增长"两个特征事实为何能够在中国同时并立。而若想从理论层面揭开"中国之谜"，则需要重新认识中国作为一个社会主义市场经济体制的发展中大国，在改革开放后拥有的资源禀赋以及构建的制度框架，厘清地方政府债务风险的大国治理模式。在和平崛起过程中，作为一个拥有超大市场、超大地域、超大社会的发展中大国，中国的地方政府债务治理显然不能完全照搬西方模式，而应摸索出一条适合于中国禀赋特征和制度框架的发展道路。这就需要从大国治理理论视角，发掘出适用于中国的治理机制，洞察改革开放以来中国长期保持稳定高速增长的根本原因。当然，拥有大国治理"优势"未必能够持续取得"胜势"。将"优势"转化为"胜势",还需要结合典型国家案例分析,沿循经济高速增长时期形成的有效经验,不断完善债务风险的大国治理机制。

5.2.1 债务风险治理绩效的案例比较和理论反思

2008年,阿根廷学者马丁·贝斯法米勒(Martin Besfamille)和英国学者本·洛克伍德(Ben Lockwood)在《国际经济评论》2008年49卷第2期发表了一篇文章,题目是《联邦体制中的政府救助:预算硬约束是否绝对最优》。这篇文章对预算软约束和预算硬约束体制下的地方政府举债绩效进行了比较制度分析,总结了不同治理模式的得失。

根据两位作者的研究,无论有限分权的预算软约束体制还是彻底分权的预算硬约束体制,在举债融资方面都有效率损失。其中,预算软约束的效率损失源于"公共池"问题,即地方政府出于中央政府解围纾困的刚兑预期,倾向过度举借债务,并冀图在风险暴露时,通过中央转移支付"公共池"将危机处理成本转嫁给其他地区。这篇文章进而指出,将预算约束完全硬化并不一定能够增进效率,因为预算硬约束体制同样存在效率损失。具体来说,预算硬约束体制下的债务融资效率损失表现在两方面。第一,预算约束过度硬化,意味着被鉴定为低效率的"坏"项目将被拉入负面清单并随时中止,除非地方政府能够找到后续融资渠道,否则被迫中止的"坏"项目将使大量信贷资源被占压,无法投入实际运营并发挥经济效益。为避免在建项目沦为"烂尾工程",地方政府将不得不投入大量努力,确保项目能够通过绩效审计,如引入社会合资方,营造关系网络,腾挪建设资金等,这些努力本身就是效率损失。①第二,更糟糕的是,一旦预算约束过度硬化,地方政府可能出于防范风险损失的考虑,过量削减公共投资支出,主动放弃一些本来有利于改进社会资源配置效率的项目。对发展中国家来说,公共投资率下降经常导致地方政府无力提供重要的基础设施和公共服务,最终落入基础设施匮乏内生的"低发展均衡"陷阱。因此,无论过度预算软约束还是过度预算硬约束,对发展中国家治理地方政府债务风险而言,都未必是最有效率的制度安排。②

一个可比案例是中国和印度。作一个简单的倍差法思想试验:

---

① 张五常(2017)认为,"中国一定是做了非常对的事,才产生了我们见到的经济奇迹"。他观察到另外一个"中国之谜":在西方,如果一个政府基建项目被发现腐败,这个项目就变成半拉子工程,没办法继续了;在中国,即便有腐败,这个工程依旧能完工,还能有效带动产业发展。笔者认为,解答张五常提出的中国之谜,同样可以借鉴贝斯法米勒和洛克伍德(Besfamille & Lockwood,2008)的分析视角,即在经济高速增长阶段,预算软约束的制度安排未必是低效的。当然,预算软约束并不等于容忍腐败,腐败会严重污染政治生态,侵蚀国家和人民的基本利益。张五常观察到的后一"中国之谜"是说,惩处腐败案件后,中国会通过项目公司重组、财政金融政策支持等方式避免在建工程资金链断裂,继续完成重大基建项目建设,而非由于腐败案件的发生使前期投入成为沉没成本。

② 关于"预算软约束"还是"预算硬约束"更优,不能单从静态视角判断,而应基于动态最优化视角,从一个国家历史发展的长期视野审视。在经济高速增长期,"预算软约束"的制度安排有利于适度超前建设基础设施,从需求端突破经济发展的基础设施瓶颈制约,加速资源和要素流转,为统一市场建设提供外部性;当经济从高速发展转为高质量增长后,预算约束应逐步硬化,从供给侧提升债务投资的经济效率。这呼应了动态最优化理论的经典分析结论:一个各个时点都追求静态最优的路径,从长期来看未必是动态最优的。(蒋中一,2015)除基础设施建设外,可举的另一个例子是中国的工业化发展战略。中华人民共和国成立后,前30年的重工业优先发展战略导致国民经济比例失衡,压抑了具有相对优势的劳动密集型产业的勃兴,是资源配置低效的表现。但如果从一个长期发展的战略眼光来看,正是得益于前30年的超常资本积累,中国才在改革开放后极大推进了后40年的工业化进程,建成门类最齐全的世界第一工业大国,并正在向世界工业强国稳步迈进。(路风,2022)

在分税制改革之初,中国与印度的基础设施基本维持在同一水平线。鉴于两国人口接近,地理毗邻,不妨将中国视为基建投资的处理组个体,将印度视为对照组个体。中国于1994年完成分税制改革后,经过20年左右的时间,在基础设施建设方面取得了举世公认的成就;印度则囿于财政汲取能力,在基础设施建设方面始终未能取得与其劳动密集型和出口密集型产业相配套的突破性进展。(毛克疾,2023)中、印两国基础设施建设一个适度超前,一个相对滞后,其折射出的是背后两国债务治理机制的巨大差异。

为何中、印两国的基建治理绩效有如此大的差异?从制度层面分析,原因主要有三个方面,而这三个方面的原因分别对应"激励导向型"债务治理模式的三个典型特征。第一,工具创新。中国的省、市、县级地方政府在高速增长期积极组建融资平台公司,发展出银行贷款、发行城投债、非标业务等多种表外举债渠道,聚力支持快速城市化进程中的市政基础设施建设,这与印度地方政府牵头成立的市政机构和发展基金数量有限、财政汲取能力不足形成了鲜明对比。第二,行政动员。[①]中国地方政府组建的融资平台公司同印度的市政机构不同,其经理人主要从党政机关后备干部中选调,而非从职业经理人的"市场池"中聘任。由于

---

① 从政治经济学视角观察,"行政动员"被认为是国家能力的一种体现,是与"市场增进"同等重要的国家能力。(吕冰洋,2022)在发展中国家,如果政府不组织开展行政动员,将难以克服经济增长面临的重大瓶颈制约,可能使经济落入低水平发展陷阱。不过,关于行政动员的增长绩效,学界尚存争议。一般认为这种政府主导的集体行动需要以"市场增进"为目标导向。例如,在招商引资、基础设施建设、自主创新科技攻关方面,行政动员有利于"集中力量办大事",为分散化市场主体提供巨大外部性,但违背市场规律的行政动员("大炼钢铁")也会带来严重后果。此外,突击式行政动员往往带来高昂成本,存在当期行动成本和未来预期收益之间的错配,如何平衡这种期限错配,也考验决策层智慧。

党政机关后备干部面临政绩考核,以政绩竞争驱动举债竞争,激励各地积极拓展融资渠道支持市政建设,成为极具中国本土特色的治理特征。第三,信贷配置。基于地方政府同银行业金融机构的隐性契约,地方政府引导金融机构将信贷资源优先配置给融资平台公司,保障大国高速增长中的公共投资力度,这一点同印度对市场化融资方式的依赖也有显著区别。基于上述三点制度特征,中国地方政府解决了纵向失衡分权框架下的基建融资难题,为经济高速增长期的基础设施建设提供了大量资金,凸显出基建投资的大国财政汲取能力。

当然,有一利必有一弊。融资平台公司在贡献大量基建融资的同时,也存在账务不清、资产虚置、现金流业务薄弱等问题,从而累积了体量庞大的表外隐性债务。那为何在经济高速增长期,中国没有触发严峻的地方政府债务危机?这就需要总结中国作为坚持社会主义市场经济体制的发展中大国,所执行的迥异于印度等其他发展中国和新兴经济体的债务风险治理战略,进而厘清"高债务"和"稳增长"两个特征事实隐含的各种成本和收益,为经济高质量发展阶段的转型治理改革提供可靠理论依据。

5.2.2 地方政府债务风险治理的大国资源禀赋

我们首先分析中国作为一个"广土众民"的发展型国家,治理地方政府债务风险所拥有的大国资源禀赋。相比中小型经济体,中国有三点地方政府债务风险治理的禀赋特征,即超大市场、超大地域、超大社会。这三项资源禀赋特征并非所有大国同时具备,很多高收入市场经济国家也可能仅拥有其一或其二。凭借这三项资源禀势特征,中国可以充分发挥大国禀赋优势应对债务风险冲击，防患于未然。

1.超大市场

改革开放以来，我国经济连续40年以9.6%的速度增长，经济社会各项事业发展取得历史性成就。伴随经济高速增长，超过7亿中国人摆脱贫困，为世界减贫事业作出巨大贡献。如表5-1所示，截至2018年，中国经济总量达到13.61万亿美元，占全球经济比重从2010年的9.2%稳步提高到15.8%，年均递增0.8个百分点。尽管同期美国经济总量亦持续增长，但其占全球经济比重基本维持在22%—24%，同中国经济比重的差距不断缩小。党的十九大报告指出，作为全球最具经济活力的发展中国家之一，中国通过改革开放取得的经济业绩及奠定的发展基础，使当代中国"比历史上任何时期都更接近、更有信心和能力实现中华民族伟大复兴的目标"。

表5-1 中、美两国的GDP总量及占全球经济比重（单位：万亿美元）

年份	中国GDP	占全球比重（%）	美国GDP	占全球比重（%）
2010	6.09	9.2	14.99	22.7
2011	7.55	10.3	15.54	21.1
2012	8.53	11.4	16.20	21.6
2013	9.57	12.4	16.78	21.7
2014	10.44	13.2	17.52	22.1
2015	11.02	14.7	18.22	24.3
2016	11.14	14.6	18.71	24.5
2017	12.14	15.0	19.49	24.0
2018	13.61	15.8	20.54	23.9

资料来源：万得资讯金融终端（WFT）。

"行百里者半九十。"越是接近民族复兴的关键时刻，越要清醒认识到，中国的人均国民收入刚刚达到中等偏上国家标准，属于"未富先大"的发展型国家。中国经济体量之"大"源于其拥有的超大规模市场，而市场是全球最稀缺的资源。改革开放初期，在价格双轨制向单轨制转型的过程中，政府的职能主要是创造市场，使市场轨的价格机制逐步成为资源配置的主导方式。在此过程中，政府一方面要通过渐进性改革维护价格转轨过程中的政治和社会稳定；另一方面要为市场主体提供硬件基础设施，为市场提供正外部性，让不断发育的市场主体有能力从事商品生产和财富创造。截至2023年1月，我国市场主体达1.7亿户，其中个体工商户数量多，活力足，在稳增长、保就业方面发挥了重要作用。[1]利用超大市场带来的规模经济，中国建成了全球最完整的工业体系。在新发展格局下加快建设全国统一大市场，持续增强国内国际两个市场两种资源的联动效应，使中国经济具有潜力足、韧性强、回旋空间大、政策工具多等多方面的条件和优势。

在控制地方政府债务风险方面，超大规模市场能够发挥显然的经济禀赋优势。首先，从总量看，国际上衡量一国公共债务风险的指标主要有两项。一是"负债率"，即政府债务同GDP的比值，反映经济体量对债务存量的承载能力，或政府债务是否具有可持续性；二是"债务率"，即政府债务同可用财力的比值，反映财政收入对债务本息的偿还能力，或政府债务是否具有流动性风险。中国地方政府债务的典型特征是"债务率"高而"负债率"低，说明中国地方政府债务风险主要是流动性风险，而非可持续

---

[1] 市场主体统计数据详见《光明日报》2023年2月15日第9版。

性风险。依托庞大经济体量,中国政府可以一方面采取严格管控措施禁止新增隐性债务,另一方面将表外债务显性化,增强风险控制能力。其次,从结构看,尽管中国地方政府债务风险区域分布极不均衡,局部地区债务高企且风险凸显,但中国外债负担率极低,主权债务基本无虞。将中央国债和纳入预算监管的地方债务合并计算,整体法定负债率仍然低于欧盟警戒线。这意味着即便债务风险在局部地区暴露,中央和省级政府仍有能力视情调度财力资源,将风险阻断在局部地区,而非任由危机扩散蔓延,威胁系统性经济安全。

进一步观察,中国稳固的经济基础和庞大的经济体量保障了债务风险整体可控,同时也为中国采取债务置换方式缓释流动性风险提供了战略空间。超大规模经济体维持债务融资可持续的前提是能够涵养中长期税基,使债务投资贡献的收益流和债务存量带来的偿债压力动态匹配。在传统"激励导向"型债务治理模式下,地方政府债务融资主要投向道路交通、管道敷设、垃圾清运等市政基础设施,从需求端维持经济高速增长。基础设施本身一般不直接创造利润流,但会通过优化营商环境、促进产业结构转型升级、畅通产业链供应链和促进国内国际双循环等途径,从实体经济面涵养出中长期税基,为市场主体发挥正外部性贡献。这就要求中国在突破基建瓶颈后,将政府角色从"创造市场"进一步调整为"增进市场"。一方面,中国需要通过债务重组,将传统模式累积的表外债务置换到表内,通过发行中长期债券缓释偿债压力,逐步实现税基贡献与偿债责任的动态匹配;另一方面,中国需要转变债务投资领域,从传统模式倚重的"旧基建",调整到数字经济、智能升级、生态修复、社会事业等"新基建",破除区域分割，助力贯通全国统一大市场，推动经济增长动能转换，保障地方政府债务融资和经济高质量发展可持续。

2.超大地域

中国不仅是一个经济大国，同时也是一个地域大国。中国国土总面积约960万平方公里，根据国际分类标准，是仅次于俄罗斯和加拿大的"巨型国家"。[①]根据国家统计局官网公布的数据，截至2019年，中国（不含港澳台）共有31个省份、293个地级市，1323个县级市，省均国土面积超过欧盟创始会员国意大利（约30.1万平方公里），大部分省份的国土面积同亚非拉中型国家的国土面积相当。[②]在俄罗斯、中国、印度、南非、巴西五个"金砖国家"中，有三个属于全球视野下的"巨型国家"，即俄罗斯、中国、巴西，其余两个国家印度和南非属于仅次于"巨型国家"的

---

① 按照国际标准划分，世界各国的国土面积可分为七个等级。其中，国土面积超过500万平方公里的是"巨型国家"，包括俄罗斯、加拿大、中国、美国、巴西、澳大利亚；国土面积在100万平方公里和500万平方公里之间的是"超大型国家"，代表性国家有印度、南非；国土面积在50万平方公里和100万平方公里之间的是"大型国家"，代表性国家有土耳其、法国；国土面积在10万平方公里和50万平方公里之间的是"中型国家"，代表性国家有芬兰、意大利；国土面积在5万平方公里和10万平方公里之间的是"小型国家"，代表性国家有匈牙利、约旦；国土面积在1万平方公里和5万平方公里之间的是"超小型国家"，代表性国家有荷兰、以色列；国土面积小于1万平方公里的是"微型国家"，代表性国家有卢森堡、新加坡。

② 中国广袤的地域空间不仅能够解释经济格局和制度演化，还是中华文化延绵不绝、源远流长的重要原因。冯天瑜等（2020）指出，埃及、美索不达米亚、希腊、印度等古代文明均发轫于不超过10万平方公里的地域范围，文化类型单一且张力不足，容易在其他文明的冲击下走向衰落。古代中华文明则广布在黄土高原、长江流域、辽河平原以及西南崇山峻岭，面积达500万平方公里。辽阔的疆域为中华文明提供了中心转移的纵深腹地，使中华文明在同其他文明碰撞、交流与互鉴的过程中，始终能够保持一体多元、海纳百川、兼容并蓄，不断焕发出强大的生命力，成为人类发展史上唯一没有中断过的文明形态。

第五章 地方政府债务风险治理的大国资源禀赋与制度框架

"超大型国家"。显然,就地域范围来看,观察"金砖国家"的治理经验和危机教训,对于防范中国地方政府债务风险而言,有着超越他国的比较借鉴意义。

超大地域能够为地方政府债务风险治理提供哪些禀赋优势?由跨国案例比较来看,禀赋优势主要有二,即风险隔离和政策试验。

先看风险隔离。所谓"风险隔离",是指当地方政府债务风险在特定地区暴露时,中央政府是否有能力审时度势,果断施策,将风险阻断在个别地区,防范局部风险蔓延成主权危机,冲击国家财政金融安全。鉴于地方政府债务风险存在升级为系统性债务危机的可能性,一些国外文献将地方政府债务视为中央政府的"或有隐性债务",建议中央政府在局部风险暴露时采取应急纾困政策,将风险阻断在萌芽状态或隔离在高危地区。问题是,如果一国地域面积过小,由"黑天鹅"事件引发的局部债务危机容易在极短时间内扩散至全国,很难给中央政府阻断危机预留足够的策略反应空间。一旦决策不当或时滞过长,主权债务危机甚至可以跨国传染,酿成多国联动的国际债务危机。从拉美债务危机到欧盟债务危机,都不难观察到债务危机在中小型国家之间的联动反应。

为何小国体量下的地方政府债务危机更容易传播扩散为主权债务危机?这与小微型国家具有产业结构同质化倾向,发展路径和风险控制的多样性不足有关。以欧债危机肇始国希腊为例。作为西方文明发源地的希腊,国土面积仅13.2万平方公里,略小于我国中部省份安徽。国际金融海啸冲击前,希腊产业同质化严重,主要靠旅游业和船舶业贡献国内生产总值。尽管产业结构相对单一,对外依存度极高,希腊却推行高工资和高福利,提供了包括失业保险、养老保险、教育补贴、医疗保险等在内的全方位社会保障,成为一个典型的"负债型高福利国家"。全球金融危机爆发前,基于高福利发展模式和同质化的产业基础,希腊政府大量举债,用以维持国家机构运转,填补高福利支出带来的财政缺口。这使希腊举借的大量外债违背了公债融资限于资本性支出的"黄金法则"——无论维持政府消费支出还是填补经常性收支缺口,都是纯消耗性质的,无助于涵养中长期税基。国际金融海啸冲击后,希腊的产业同质化弊端迅速凸显。由于全球赴希腊旅游的人数骤降,贸易业务量严重下滑,希腊的旅游业和货运业遭受巨大冲击,财政收入断崖式下降,政府不得不举借更多外债填补财政缺口。2009年10月,希腊政府突然宣布,其财政赤字和公共债务占国内生产总值比重预计分别达到12.7%和113%,远超欧盟国家设定的3%和60%的警戒线上限。全球三大信用评级机构标准普尔、惠誉、穆迪相继下调希腊主权信用评级,欧债危机正式拉开序幕。

再看阿拉伯联合酋长国之一的迪拜酋长国。虽然迪拜不是一个主权国家,但其债务危机的爆发对防范我国地方政府债务风险具有重要借鉴意义。阿联酋国土面积仅8.36万平方公里,同我国重庆市相当;迪拜作为其第二大酋长国,国土面积仅4 114平方公里,相当于重庆的一个区。尽管辖区面积不大,迪拜却树立了远大的发展雄心。同希腊相似,迪拜同样以货运、旅游作为支柱产业,同时大力发展虚拟经济,鼓励金融、房地产等需要巨额资本投入的产业增长,导致虚拟经济与实体经济比例严重失衡。为吸引国外资本流入,迪拜放开资本项目管制,允许外国人购置本国房地产。不断涌入的国外资本和持续扩张的银行信贷增加了市场流动性，引发房地产泡沫。2007—2008年，迪拜房价上涨了79%，其中仅2008年上半年便上涨了25%。在国外资本推动下，迪拜建设了大量奢侈浮华的政绩工程，如世界第一摩天大楼、世界最大人工岛、全球最豪华七星级酒店等。但迪拜全国人口仅120万，其中外来人口占比高达85%，高端服务业和房地产业主要是靠国外购买力支撑的。当全球金融海啸袭来时，迪拜的外国投资者立即将外汇和利润大量汇回本国，资本流出导致房地产泡沫破裂，政府投资的3 000亿美元大型建设项目有一半以上被取消或成为"烂尾"工程。此外，迪拜为维持本国货币的稳定性以及同其他国家的经贸往来，采取了盯住美元的汇率制度。完全丧失独立性的汇率制度很容易遭到国际游资的投机冲击。全球金融危机爆发后，美国以量化宽松政策救市，引发国际社会对美元贬值的强烈预期。美元贬值使迪拜和整个海湾地区物价飞涨，输入型通货膨胀指数连续数月高达两位数（郑兰祥、门志路，2010），进一步恶化了迪拜酋长国的债务危机。

由希腊和迪拜案例，可见中国阻断地方政府债务风险的资源禀赋优势。首先，中国东、中、西三大区域形成梯度发展格局，不同省区主导产业各异，受国际金融危机冲击程度大不相同。在三大区域中，东部沿海地区的外向型产业受危机冲击比较严重，大量劳动力转行就业或回迁到中西部。中国作为世界第一制造业大国，实体经济面具有稳固的产业发展基础，从经贸行业分流出来的劳动力可以转移到其他制造业或服务业就业，因应危机冲击调整就业格局。由于中国省际债务压力具有逆经济布局的特征，东部地区的内源性债务风险并不高，这也为东部应对外部冲击提供了比较充裕的政策回旋余地。相对而言，小国经济体由于产业同质化严重，外部冲击更容易导致其旅游、航运、房地产等支柱产业失业率飙升，社会保障支出压力增大，进一步恶化债务危机冲击。其次，中国作为发展中大国，并未完全放开资本账户管制，而是有选择、分步骤地放宽对跨境资本活动的限制，逐步实现人民币资本项目可兑换。由迪拜案例可见，资本账户过度开放将危及金融稳定，对发展中国家的负面影响高于发达国家。（李巍，2008）在资本账户完全开放的经济体，若经济形势向好，大量国际"热钱"将涌入境内，推动虚拟经济发展；一旦境内投资者无法达到预期盈利目标，在逐利动机驱动下将资金转移至境外，则会引发"蝴蝶效应"，造成国际游资大量外逃，导致泡沫经济破裂以及债务危机触发。我们观察到，中国外债规模不高，主权债务偿还能力无虞，基本不会触发类似拉美国家的主权债务危机。中国也不同于小国经济体，采取的是审慎开放资本账户的战略，这使中国有能力阻断国际金融危机对实体经济面的冲击，避免财政风险与金融风险相互溢出。中国的这种大国债务风险特征与禀赋优势同小国经济体存在本质区别。

再看政策试验。所谓政策试验，是指为推进管理体制改革，一国通过审慎选择改革试点地区，先行观察"处理组"的政策实施绩效，再逐步扩容政策试点范围，避免贸然推行的试点政策诱发难以意料的衍生风险冲击。用经济学术语表达，政策试验旨在避免"风险治理的内生性"，即治理风险的政策反而引发了次生风险。研究表明，一国开展政策试验需要满足两个要件，即禀赋要件和制度要件。其中，禀赋要件要求国家地域范围要足够大，否则很难隔离局部地区开展政策试验的外溢风险；制度要件将在后文作进一步分析。

第五章 地方政府债务风险治理的大国资源禀赋与制度框架

中国作为发展中大国,就地域空间而论,具备开展政策试验的禀赋条件。中国地域空间广袤,不同地区的文化传统、民族习惯、地理特征差异极大,这使中国拥有中小型经济体难以具备的政策试验优势,可以有选择地在若干地区先行先试特殊政策,再将试错后的有效经验渐进推广到其他地区。通过审慎评估试点地区的政策绩效,中央决策层能够据以判断政策全面铺开的可行性,并根据不同地区的禀赋特征进行政策方案的适应性调整。即便政策试验失败,试错后放弃的政策方案同样可以提供有用信息,避免局部损失贸然放大到广域范围,带来难以承受的改革代价。中国改革开放后推出的很多战略举措,如农村联产承包责任制改革、国有企业股份制改革、设立沿海经济开发开放区等,都具有这种先行先试、渐进推广、审慎为先的政策试验性质。一个可资对比的国际案例是,在20世纪80年代中期和90年代末,同为金砖国家的巴西之所以两度陷入"去杠杆化"和"修复资产负债表"两难的境地,恰在于没有用政策试验方法应对债务风险冲击,而是贸然推行全面紧缩治理法案,执行了过于严厉的去杠杆政策。

将视野再次转回中国的地方政府债务风险治理。在全面放开各省、自治区、直辖市的自主发债融资权之前,中国先后推出了国债转贷、财政部代发地方债、地方政府自行发债等改革举措。通过观察试点地区反馈的支出绩效、偿付能力、风险演化等信息,中央政府有效控制了转型政策的负面冲击,不断深化改革、扩容试点。最终得益于从东到西渐进铺开的政策试验,中国仅用四年政策窗口期,便"以空间换时间",完成了全面自主发债融资的"破冰之举"。从上述案例观察,大国疆域特征为中国控制地方政府债务风险提供了小国经济体难以企及的资源禀赋优势。解释"高债务"与"稳增长"并立的中国之谜，绝不能忽略超大地域禀赋特征在地方政府债务风险治理中发挥的作用。

3.超大社会

除超大市场、超大地域外，中国还是一个发展中的人口大国。根据"国家统计局"官方网站公布的权威数据，截至2020年底，中国总人口数达14.12亿（其中城镇人口9.02亿），人口总量居全球首位，比全球第二人口大国印度多出5 800万人。超大人口构成了超大社会，在一个拥有全球最多人口的超大社会推进人口规模巨大的现代化，财政要始终关切十四亿多人民群众的社会共同需要，这使中国在治理地方政府债务风险方面具有完全不同于人口小国的禀赋条件。比较观察，超大社会带来的资源禀赋优势主要有三方面。

首先，超大社会意味着更多人可以免费或以超低价格享受到基础设施的正外部性，从而相对人口小国，蕴含着筹集更多债务融资建设巨量基础设施的禀赋内涵。

从产品特征观察，基础设施是一种投资巨大、外溢性强、集体消费、效益共享的公共产品，具有典型的非竞争、非排他属性，为社会各阶层人民提供无差别和无歧视的公共服务。如果地方政府举债融资能恪守"黄金法则"，将债务融资严格投向道路交通、管道敷设、环境治理、生态修复等公益性资本支出项目，则一个社会人口越多，人口密度越大，越有利于社会成员免费搭车享受基础设施带来的正外部性。现代经济学之父亚当·斯密在《国富论》第五篇第一章中指出："国家的第三种义务就是建立并维持某些公共机关和公共工程。这类机关和工程，对于一个大社会当然是有很大利益的,但就其性质说,设由个人或少数人办理,那所得利润绝不能偿其所费。所以这种事业,不能期望个人或少数人出来创办或维持。"这说明,即便在小政府理念盛行的自由竞争资本主义阶段,经济学家也认识到政府代替市场提供基础设施的重要意义,并且发现人口规模越大的社会越有利于全民共享基础设施建设的外部性。

以地铁为例,一个城市举债融资建成地铁线路后,全市所有常居和流动人口都能以低廉价格享受到地铁带来的通行服务。特别是在高人口密度地区,地铁线路在缓解交通压力、降低通勤成本等方面发挥的价值将更加凸显。用经济学术语表达,基础设施的服务价格并不能完全反映消费者享受的边际收益,社会公众享受的更多是市场价格以外的"影子收益",而影子收益是无法进行市场定价的。仍以地铁为例,社会公众享受地铁服务固然要付费,但其服务费用并没有包含城市通勤价格。如果没有地铁服务,城市居民将面临巨大的交通拥堵成本,很难在交通高峰期的指定时间到达预定地点,所要承担的经济成本是非常高昂的。地铁付费仅能反映轨道设施的修缮维护成本,其创造的通勤时间节约收益并未反映在服务价格中,这相当于为全体市民提供了巨大的效益外溢性。至于市民可以免费使用的市政道路、桥梁、绿地等基础设施,同样创造了外溢性的公共服务。一个地区人口规模越大,地方政府就越有理由建设全民共享、集体获益的基础设施。

超大社会享受的基础设施外溢性可以进一步由反映资源配置最优效率的"萨缪尔森条件"得到证明。根据财政学基本定理,当一个经济体引入公共产品,并在私人产品和公共产品之间配置经济资源时,当且仅当$\sum MRS_{G,x}=MRT_{G,x}$[①],即全社会所有个体的边际替代率之和等于公共产品和私人产品生产的边际转换率时,资源配置效率才能达到帕累托最优。此时,继续从市场中抽取资源建设公共产品会降低资源配置效率,但低于萨缪尔森条件的公共产品供给规模也同样是低效的。由这个简单的公式不难发现,对于一个拥有众多人口的超大社会,全社会所有人口叠加出来的边际替代率极高,满足萨缪尔森条件的基础设施边际成本也相应提高。由于公共资本投资的边际成本具有规模递增特征,超大社会的基础设施建设规模显然应该高于人口小国,否则将因基础设施供给不足而降低全社会资源配置效率。由此,超大社会本身既蕴含着建设巨量基础设施的内在要求,巨量基础设施反过来也能够为尽可能多的社会成员带来正外部性,提高社会成员消费公共产品的总和效用,迎合"协调""共享"等新发展理念,满足人民群众对美好生活的向往。当然,萨缪尔森公式左端的边际替代率也为基础设施类公共产品的有效供给提供了约束条件,即政府提供公共产品应该畅通民意反映渠道,强化社会监督机制,使公共产品供给规模能够真正迎合民意诉求,否则将降低社会资源配置效率。

其次,超大社会有利于国家集中社会闲置资源,实现基础设施建设成本的跨期分摊和代际公平,但在跨期溢出收益和透支未来税收之间要审慎作好战略权衡。

---

① 在萨缪尔森条件方程中,下标G代表公共产品,x代表私人产品。萨缪尔森在1954年证明了引入公共产品情形下的资源配置效率达到帕累托最优的数理方程,并提供了简明的图形解释。其提出的"萨缪尔森条件"(Samuelson Condition)是同私人品资源配置最优效率对应的一个方程,用于测算引入公共产品后的资源配置最优效率。其中的边际转换率$MRT_{G,x}$在数理定义上是生产公共产品的边际成本同私人产品的边际成本之比。

第五章 地方政府债务风险治理的大国资源禀赋与制度框架

相比中小型经济体，超大社会更有利于政府集中闲置资源提供基础设施建设服务。在超大社会，居民储蓄可以汇集成庞大体量的金融资源，特别是对于素有勤俭节约传统的中华民族而言，从私人消费中结余的大量个体收入汇集在银行系统，可以为政府集中社会闲置资源建设基础设施提供必要的资金支持。基于海量闲置资金储备，超大社会中的地方政府可以从辖区居民偏好和本地实际情况出发，适度举债支持基础设施建设项目，使本地区不必等到累积了足够的财政盈余后才开工。（刘珊珊，2011）适度超前建设的基础设施一方面为当代人提供公共福利，迎合人民群众的美好生活愿景；另一方面带动本地产业结构升级，涵养中长期税基，通过向当期及未来数代人适度征税，为基础设施的当期建设成本贴现，实现基建成本的跨期分摊和代际公平。相对而言，人口稀缺的中小型经济体由于闲置资源不足，往往需要依托国家信用举借主权债务，从资本富余国家借入外债建设本国基础设施，相对拥有超大社会的大国经济体更容易陷入外部冲击导致的偿债困境，甚至诱发主权债务危机，形成债务危机跨国传染的蝴蝶效应。

资源配置的"萨缪尔森条件"揭示了一个经济体应如何在公共产品和私人产品之间配置社会资源，寻求资源配置的帕累托最优。但从动态视角作进一步考察，萨缪尔森条件也有其历史局限性。在理论意义上，萨缪尔森条件揭示的是公共产品和私人产品当期资源配置的最优效率条件，而基础设施一旦建成，往往可以利用几十年甚至上百年，其产品效益不仅在当代人之间外溢，还会跨期外溢到未来数代人。这意味着，衡量基础设施类公共产品和私人产品的最优资源配置效率，不能仅将视角拘囿在当代，寻求一个简单的静态最优解；还应考虑到未来数代人因基础设施建设享受到的正外部性，以动态最优权衡资源配置。

以动态视角理解公共产品和私人产品的最优资源配置，需要超越"萨缪尔森条件"，通过政府举债方式集中社会闲置资源，适度超前提供基础设施，实现基础设施建设成本的跨期分摊和代际公平。理论上讲，由于基础设施建成后可以使未来数代人获益，享受基础设施收益的未来数代人也应为此付费，这样才符合基础设施成本跨期分担的"代际公平"。否则，基础设施的建设成本完全由当代人承担，收益则由未来数代人搭便车共享，这显然违背了成本与收益相匹配的代际公平原则。这意味着，如果当代人能够通过政府举债的方式建成适度超前和配套完善的基础设施，即便按照李嘉图等价定理[①]，政府将以"延迟征税"的方式向后代人增加税收，从"代际公平"角度看，这种跨期分摊的基建投资方式也是值得的。[②]这种超越"萨缪尔森条件"的动态最优资源配置，为地方政府适度超前开展基础设施建设提供了理论依据。

"十分聪明用七分，留下三分给子孙。"在肯定基础设施跨期外溢性的同时，也要看到我国基础设施建设需要"向内挖潜"汲取财力并付出巨大成本。也就是说，基础设施建设既要尽力而为，

[①] "李嘉图等价定理"（Ricardian Equivalence Proposition）是公债经济学的一个经典理论假说，其提出如下推测："在某些条件下，政府无论用债券还是税收筹资，其效果都是相同或者等价的。"由于政府发债意味着将来的偿还义务，在古典经济学家大卫·李嘉图看来，这不过是一种延迟的征税。

[②] 关于政府借债收益可为后世国民共享的观点，我国近代思想家、政治家、教育家梁启超先生在《饮冰室合集》中也有精彩论述。作为近代公债思想的集大成者，梁启超认为，"租税直接取之于现在，而公债则赋之于将来。质而言之，则公债者，不过将吾辈今日之义务，析其一部分以遗子孙尔。"他认为，公债本身是中性的，关键在于谁来使用，为谁而用。为发展国计民生事业，政府将部分今日人民的公债负担让渡给后代子孙是合理的。

也要量力而行。基于中国尚属一个"未富先大"的发展型国家的特征事实，在基础设施向子孙后代溢出收益和透支税收之间，各级政府必须谨慎权衡举债成本和收益。具体而言，要把握好三项原则：一是不能单纯为溢出收益而过度透支税收，特别是不能以压抑经济活力为代价，损害经济长期发展的内生基础；二是要识别出哪些基础设施真正有利于子孙后代，不能留下一堆华而不实、贵而无用的形象工程和政绩工程；三是考虑到子孙后代也有自身的公共产品偏好诉求，要为子孙后代举债谋发展留下必要的财力汲取空间。

再者，超大社会增强了地方政府债务体量的人口承载能力，相对人口小国更有能力对冲偿债压力逆经济分布的结构风险。

治理一个超大人口国家的地方政府债务风险，可以利用的另一个禀赋优势是，庞大人口基数能够强化存量债务的承载能力，奠定风险分散化的禀赋基础。所谓"风险分散化"，是指将传统模式下以融资平台公司为主体、以预算外筹资为手段的表外举债模式，转为地方政府直接发债、社会公众认购债券的表内举债模式，使债务风险主体从企业法人转变为社会公众。

在传统模式下，由于举债主体单一，风险主要集中在融资工具公司，并通过融资工具公司使债务风险在财政和金融两个方向传导转嫁，即所谓"财政风险金融化、金融风险财政化"，这会带来财政风险与金融风险相互溢出的不利局面。（马恩涛，2021）超大社会可以利用庞大人口基数优势，通过债务置换，将传统模式下企业举借的表外债务置换为公众认购的表内债务，从而将债务举借主体从单一化的融资工具公司转换为多元化、分散化的社会公众，逐步稀释债务风险。相比之下，当人口小国的地方政府债务累积到资不抵债的困境时，由于人口基数过低，很难以社会化方式分散风险，其纾困解难方式唯有将风险进行缓释，即以政府发行的中长期债券置换即将到期的短期债券。但这种使期限结构中长期化的债务置换将进一步提高债务利息成本，拖累政府信用评级，严重时甚至会引发政府破产、社会动荡和地区衰落。

既然人口禀赋有利于稀释风险，那么高人口地区是否更加倾向于扩张地方政府债务融资？基于中国分省视角的研究并未提供相应经验证据。人口规模对债务扩张的影响，最早见于怀尔德森（Wildasin，1997）提出的"大而不能倒"假说。这种观点认为，基于秉持的债务危机救助预期，高人口地区更倾向于扩张债务融资并谋求中央救助。否则，一旦高人口地区触发债务危机，危机波及范围过广，将带来中央政府难以承受的外部性成本。但这种理论忽略了与人口规模相关的征税成本。后续研究进一步说明，中央政府并不能免费提供救助，其救助资源来自从各地分散征缴的中央税。尽管从表象上看，中央救助是自上而下实施的，但其实质却是财力资源在各地区之间的一种横向转移和再配置。设定各地区承担的中央税率是无差异的，人口规模越多的地区，承担的救助成本份额越高，从而低人口地区更能从中央政府主导的财力转移中获益。（郭玉清等，2016）哈根等（Hagen et al.，2000）针对OECD国家的案例研究证实，"成本分担"假说比"大而不能倒"假说更加具有理论解释力。作为发展中的大国，中国各地区人口分布高度分散，以"成本分担"理论解释救助预期的跨域差异，更加具备理论成立的现实基础。尽管中国地方政府债务风险整体呈现逆经济分布格局，但分布在"胡焕庸线"东南方的沿海省市债务率远低于内陆腹地省份。这说明，中国东南沿海省区在

"成本分担"预期下，采取了较中西部省区更加谨慎的债务融资策略，这使中国有相对充裕的财政空间和战略纵深对冲偿债压力逆经济分布的结构性风险。与之相对，在人口小国，即便不同地区的债务风险差异显著，中央政府也缺乏在地区间腾挪财力的战略空间，局部地区的"黑天鹅"风险极易触发成蔓延全国的主权危机，危及财政金融安全。

5.2.3 地方政府债务风险治理的大国制度框架

解答地方政府债务融资的"中国之谜"，除考虑资源禀赋外，绝不能忽视中国作为一个社会主义市场经济体制的发展中大国，在长期实践中摸索建立的风险治理制度框架。如果说超大市场、超大地域、超大社会等资源禀赋是大国共性特征，在实践中探索建立的制度框架则是中国的大国个性特征。若忽略制度框架谈地方政府债务风险治理，将很难把握中国地方政府债务风险的治理实质。

中国在坚持社会主义市场经济发展道路的过程中，形成了哪些债务风险治理的有效制度？正如前文的分析，强化大国债务风险治理，一方面要在纵向分权框架中"做对激励"，引导地方政府积极投身经济建设；另一方面要强化约束机制，防范地方政府策略性举债诱发的政治机会主义和道德风险。依托中国式分权治理框架，中国不仅通过财政分权调动了地方政府筹措资金、发展经济的努力，而且赋予了中央政府独特的顶层设计和协调控制能力，使其能够视情阻断风险深化，避免危机触发。具体而言，地方政府债务风险的大国治理制度框架集中体现在信息分享、政策试验、协调行动三方面，其中信息分享旨在降低纵向信息不对称带来的效率损失，政策试验侧重避免风险治理的内生性，协调行动着力突破利益藩篱、减少政策时滞，赢得危机治理的战略先机，这三者共同服务于地方政府债务风险的大国治理实践。

1.信息分享

在地方政府债务风险治理过程中，为阻断债务风险扩散蔓延，首先需要克服的问题是纵向信息失衡。基于底线思维和系统观念，债务数据信息应该是风险统筹治理的"公共产品"。如果中央政府无法有效掌握地方政府债务的总量、结构、支出投向等信息，或者如果地方政府不对中央政府释放的风险监管信号作出任何决策反应，则债务风险将难以得到系统化的统筹监控，这将贻误风险治理的战略先机，风险有可能从局部地区暴露蔓延。特别是在发展中大国，由于政府间纵向层级较多，特别是基层政府数量庞大，如果债务信息自上而下和自下而上的传递机制缺失，地方政府债务风险的统筹监管效率将极大降低。

世行专家白海娜（Hana P. Brixi, 1998）在分析发展中国家的财政运行状况时，发现很多国家的预算报表公布的财政赤字并不能反映其真实举债情况。一些发展中国家的地方政府举借了大量或有、隐性债务，却没有反映在公开的财政收支报表中。这些没有纳入预算报表的隐性赤字严重威胁着发展中国家的财政安全，其风险程度甚至超过了预算报表中的显性赤字。丹尼尔和杰弗里（Daniel & Jeffery, 1997）、伊斯特利（Easterly, 1998）、塔尔维和卡洛斯（Talvi & Carlos, 2000）等的研究同样发现，发展中国家的财政统计报表没有充分反映地方政府的真实举债，很多国家的地方政府将大量财政赤字转换为隐性负债，其公开预算报表中列示的赤字仅能反映一小部分收支缺口。由于地方政府债务多以隐匿形式游离于预算收支表之外，中央政府很难确切掌握地方政

第五章　地方政府债务风险治理的大国资源禀赋与制度框架

府债务的总量规模和支出绩效信息，只能默许地方政府不断衍生泛化表外债务。当局部地区显露危机信号时，由于缺乏相关信息，中央政府也无法及时控制债务危机的触发和传播，只能任由地方债务危机拖累主权债信评级，加重主权债务风险。

将视野投向联邦制高收入国家，地方政府债务风险的信息传递困境同样并不鲜见。我们可区分合作联邦制和竞争联邦制两类国家分别讨论。在合作联邦制国家，如德国、西班牙、意大利，地方政府借贷不时扰乱正常的财经秩序，倒逼中央政府提供事后救助。(Singh & Plekhanov，2006) 若中央政府能够及时掌握地方政府举债的支出绩效信息，当可避免事后纾困，将治理时点前置到风险的萌芽期。但联邦制国家地方政府的债务融资决策主要基于辖区公众的偏好认知和本地政府的信用能力，地方政府并不需要向中央政府反馈债务融资信息，中央政府也未必能够干涉地方政府的债务融资决策。一旦债务风险暴露，为避免影响教育、医疗、卫生、保健等所谓"敏感性"公共产品供给，中央政府往往会向债务危机地区拨付纾困资金，但这又会因为"公共池"问题进一步加剧债务危机地区策略性举债的道德风险，诱导高险地区将敏感性公共品的供给成本转嫁给中央转移支付"公共池"。如此循循相因，中央与地方政府之间始终难以构建合意的债务信息交流渠道，信息问题成为合作联邦制国家债务风险治理难以克服的瓶颈。

以美国为典型代表的竞争联邦制国家采取了更极端的分权治理模式，即完全赋权金融市场检验地方政府的举债能力，中央政府对陷入偿债困境的地方政府拒不提供任何事后救助。这样一种彻底分权的治理模式一劳永逸地解决了地方政府债务风险治理的信息困境，中央和地方以各司其职、各负其责、各自为政的方式应对债务危机，联邦政府不需要掌握地方政府债务信息，地方政府也没有必要向联邦政府反馈举债融资决策。这种完全硬化的预算约束能够有效遏制地方政府的策略性举债，一旦风险暴露，危机地区不能指望通过中央转移支付"公共池"转嫁偿债责任，风险治理成本全部"内部化"，由本地政府和财政承担。但以地方政府破产的极端形式治理危机，与一个国家的制度、文化和历史传统密切相关，不一定适合发展中国家或资本市场尚未发展成熟的新兴经济体。

基于美国历史上多次暴露的地方政府债务危机，如1994年加州橙县债务危机、1997年华盛顿债务危机、2013年底特律债务危机，以及其他典型国家爆发的地方政府债务危机，如1996年巴西圣保罗州债务危机、1998年印度泰米尔纳德邦债务危机、2006年日本北海道夕张市债务危机等，不难总结出地方政府债务危机的四点共性特征：第一，当地方政府陷入破产境地时，往往采取提高税率、增设税目等方式筹集危机处理基金，争取尽快渡过债务困境。增税固然能够抵补债务成本，但在不同辖区之间"逐底竞争"的税制环境中，必然导致劳动和资本要素外流，使本地处于税基争夺劣势，损害经济增长的内生基础。第二，在增收之余，债务危机地区不得不同时采取节支的办法，削减与辖区公众福祉密切相关的"敏感性"公共服务，如降低政务人员工资津贴，关闭图书馆和托儿所等文化福利设施，裁撤或合并公立医院等。基本公共产品和服务供给水平的下降，将进一步恶化债务危机地区的竞争环境。由于医疗、健康、文化等基本公共服务主要面向社会中低收入阶层，债务危机将加剧贫富两极分化，严重时甚至会引发社会撕裂。第三，由于资本外流和税基消散，债务危机地区的经济迅速滑坡，就业机会随之减少。经济和就业下滑导致本地中产阶级加速迁出，财政状况进一步恶化。第四，由于生产要素持续外流，区域失衡的发展矛盾愈益凸显。在危机地区的资源要素转移到正常地区的过程中，区域差距持续拉大，一些未能成功实现产业和经济转型的债务危机地区因此陷入中长期衰落。上述任意一种危机触发结果，都意味着这种忽略信息成本的治理方式最终将危机成本转嫁给了社会公众，特别是对基本公共服务依赖度高、社会流动能力弱的中下阶层社会公众。

中国如何克服地方政府债务风险治理的信息困境？研究表明，中国式分权治理框架通过将行政机构和官员治理嵌入分权架构，可以在不同政府层级间实现信息共享，经由政绩激励解决顶层设计的信息劣势。具体来说，中国一方面建立了从省到市县级政府垂直管理的行政机构，专业负责地方政府债务的信息搜集和风险评估；[①]另一方面将风险控制纳入地方官员的政绩考评体系，敦促地方政府建立信息传递和风险内控机制，构建包括隐性债务在内的数据库，[②]确保债务信息搜集的真实划一。基于机构组建和官员治理，无论地方层面的法定债务还是隐性债务信息，都可以通过

[①] 2013年审计署组织多次大规模政府性债务审计后，中国很多省份在财政厅局成立了债务管理处，负责政府性债务信息搜集、偿债基金管理和债务风险控制。此外，财政部还牵头成立了政府债务研究和评估中心，负责债务信息发布、风险评估和绩效管理。

[②] 根据笔者在一些典型地区的实地调研，在中央战略引领下，除统筹配置法定债务额度外，省级政府还要求下辖市县级政府报送隐性债务数据信息，为隐性债务设定风险警戒线，并敦促各地着力防控隐性债务风险。因此，除法定债务数据外，隐性债务数据同样是中央和地方政府共享的数据信息，这有利于实现法定债务与隐性债务的合并监管。

大数据监测平台自下而上逐级传递到主管部门，使其得以进行全国地方政府债务风险的统筹监测和穿透式管理。中国式债务风险治理框架的信息分享能力不仅体现在自下而上的信息搜集，还体现在自上而下的信息反馈。具体地，中央决策机构通过分析研判逐级上报的债务信息，能够利用各种定性和定量技术发掘潜在风险点，及时向高危地区发送风险防范指令。高危地区接受上级政府的整改建议后，即可在全国总体风险形势中研判自身警戒区位，采取更有针对性的预案遏制本地风险。

进一步分析，以信息分享为特征的中国式治理框架设计，体现了底线思维与系统观念相结合的治理理念。债务风险治理本身作为一种外溢性极强的公共产品，若由各地分散制订应对计划，则难以实现彼此间的有效协调，从国际案例来看，经常由于信息协调失灵而丧失危机治理的战略先机。中国采取的这种基于信息分享的债务风险治理模式，内生于中国式分权治理框架，以统筹决策替代分散谋划，以整体管控替代个体预案，是中国长期保持稳定高速增长的重要制度原因。

2.协调行动

在信息分享的基础上，中国治理地方政府债务风险的第二项重要制度设计是协调行动。所谓"协调行动"，是"非常之时行非常之事"，即在中央政府的统一指挥调度下，地方政府之间纵向联动，横向协同，以底线思维和系统观念防范化解地方政府债务风险。

2021年3月，《中华人民共和国国民经济和社会发展第十四个五年规划和2035年远景目标纲要》明确提出，要在社会主义市场经济条件下健全"新型举国体制"。这是一种集中全国各方面人

第五章 地方政府债务风险治理的大国资源禀赋与制度框架

力、物力、财力,以国家发展和民族利益为依归,以攻克某项重大项目或完成某项重要任务为主要目标,以实现突破性发展和跨越式进步为外在表现的管理体制。地方政府债务风险作为新时代重大风险之一,是中国政府打好"三大攻坚战"的首要任务。鉴于传统举债融资模式引发地方政府债务规模无序扩张,以中央政府的顶层设计来组织协调各地风险治理的行动策略,步调一致地切断债务风险传播路径,成为秉持底线思维和系统观念治理地方政府债务风险的核心要务。具体来说,中央政府需要做好三项工作:第一,利用自下而上输送的数据信息,密切监测各地区风险态势,制定各地区协调行动的风险防控预案;第二,在风险不断深化甚至濒于失控时审时度势,果断施策,在全国范围内统一铺开危机治理预案,把握危机治理的战略先机;第三,从发展大局出发有序推进行动方案,保障改革行稳致远。

接下来,我们透过两个案例,观察中国政府应对债务风险冲击的组织协调能力。

案例一是审计署组织的多次全国地方政府性债务审计。2011年之前,中国通过组建融资工具公司累积了大量政府性债务,地方政府债务风险濒临失控。由于中央决策部门始终未能掌握各地政府性债务的体量、结构、支出投向等信息,数据问题成为阻滞债务风险防范工作的最大掣肘。为解决信息困境,中央政府将摸底排查各地政府性债务余额作为一项战略任务,组织各方面人力、物力予以重点突破。2011—2013年,中国审计署按照"见人、见账、见物,逐笔、逐项审核"的原则,对中央、省、市、县、乡五级政府性债务组织了至少三次大范围审计。其中,在2013年8月至9月,审计署组织全国审计机关5.44万名审计人员,对中央、

31个省（自治区、直辖市）和5个计划单列市、391个市（地、州、盟、区）、2 778个县（市、区、旗）、33 091个乡（镇、苏木）的政府性债务进行了全面审计。此次共审计62 215个政府部门和机构、7 170个融资平台公司、68 621个经费补助事业单位、2 235个公用事业单位和14 219个其他单位，涉及730 065个项目、2 454 635笔债务。对每笔债务，审计人员都依法进行了核实和取证，审计结果分别征求了有关部门、单位和地方各级政府的意见。如此大规模的政府性债务审计，需要做好财政、金融、审计、人大、企业等多方机构主体的组织协调工作，只能依托新型举国体制完成。通过几次审计摸底，中央基本掌握了各地政府性债务的体量规模和类型结构。针对债务管理中暴露的问题，中央加快推进地方投融资和财税管理体制改革，建立了地方政府债务风险的应急处置预案，为后续开展地方政府自行发债试点扩容打下了坚实基础。从防范化解重大风险的战略意义上说，当时以新型举国体制介入组织协调，实施各级地方政府性债务的大范围审计，可以说是非常及时和必要的。不过，这种突击式的大规模债务审计也会带来高昂组织成本。组建大数据监测平台，将债务审计模式从突击式审计转为常态化监管，应该成为债务治理转型的制度改革方向。

案例二是2015—2018年全国统一铺开的债务置换。自2015年起，中央政府基于地方政府性债务的专项审计结果，在全国范围内统一推进债务置换工作。本轮债务置换根据债务摸底情况配置各省区市置换限额，统筹缓释政府债务风险。债务置换的本质是一种债务重组，即通过发行期限更长的债券置换短期债券，达到缓释偿债压力、避免偿债困境的目的。在联邦制国家，债权方利

第五章　地方政府债务风险治理的大国资源禀赋与制度框架

益诉求不统一，因此债务重组方案经常被个别强势债权人所"钳制"①，各方达成策略共识非常困难。（刘琍琍，2011）由于中央政府的协调能力有限，很多联邦制国家的债务重组经常不得不诉诸仲裁或司法程序，极大增加了重组方案的执行成本。中国的债务置换同联邦制国家有本质区别。依托中央政府的组织协调，中国各省区同步发行一般债券和专项债券，以置换债置换传统模式下主要通过银行信贷渠道累积的存量债务。这样一种中央政府主导的协调行动，有利于降低地方政府的中长期偿债成本，是一种多方利益共赢的制度设计。其原因在于，中国的债务置换并非以中长期债券置换短期债券，而是以发行政府债券置换融资平台举借的银行贷款。由于银行业金融机构自身面临流动性约束，其提供的信贷利率一般高于中长期置换债券的发行利率，从而中国的债务置换既缓释了地方政府的密集偿债压力，又能够降低债务利息支付成本，同时还改善了商业银行的资产负债表，整体上是一项帕累托改进的治理政策。（梁琪、郝毅，2019）更进一步说，中国作为一个发展中的公共投资大国，在经济高速增长期以相对低廉的要素成本换取了大量有中长期回报潜质的基础设施，这使中国的债务置换能够"以时间换空间"，动态匹配基础设施涵养的中长期税基及其跨期外溢性，促进政府债务融资中长期可持续。中国地方政府负债一般有实物资本相对应，这一点同累积福利型债务或消费型债务的经济体是有本质区别的。

---

① "钳制问题"（Holdout Problem）源于利益相关方的诉求异质性，即债务重组过程中的个别债权人要求得到优先待遇，并威胁一旦得不到优先待遇，将否决多数债权人与债务人通过自愿谈判达成的债务重组协议。为应对钳制问题，《美国破产法》第9章规定，若重组方案无法实施，需要介入仲裁与司法程序。

3.政策试验

接下来,我们在大国制度框架的视域内继续分析中国治理地方政府债务风险的第三项重要制度设计,即政策试验。中国共产党领导的改革,是在没有前人经验可供参照的条件下,以"摸着石头过河"的方式进行的。政策试验作为党和国家领导人高度重视的政策工具,在推进中国改革开放方面发挥了重要作用。

正如前文的分析,开展政策试验要求一国地域空间足够大,以便将改革风险控制在局部地区。但政策试验更重要的前提是满足特定的制度条件,因而并不是所有地域空间意义上的大国都可以付诸实施。有足够地域空间但没有中央组织协调能力的国家,或是有中央组织协调能力但没有足够地域空间的国家,都很难具备开展政策试验的先决条件。进一步说,政策试验推进的有效性,取决于中央政府能否基于地方反馈信息调整制度框架,将成功经验适应性推广到其他地区。中国所具备的信息分享和协调行动的制度特征,保障了中央政府有能力以国家意志推进政策试验,这是一种极具中国特色的制度设计。

如表5-2所示,改革开放以来,中国"以点带面"推行了大量制度改革和政策试验,有效控制了改革开放过程中的经济社会风险。由于东部地区财政经济基础稳固,中国开展的政策试验一般先从东部省份遴选早期试点,逐步从东到西扩容试点范围,直至将成功的制度改革推广至全国。不过出于两种原因,政策试验也可能仅局限在东部地区,而非进行全域扩容。一种是即便在经济财力基础稳固的东部地区,也没有达到期望绩效,这类试验失败的政策自然被断然摒弃。另一种是我国东、中、西部地区的文化传统、地理特征、风俗习惯差异巨大,在东部地区试点成功的政策试验未必能够适应性推广到中西部地区,这类情形也会影响政策试验的覆盖范围。不过,即便政策试验事后被证明是绩效不足的或有地域局限性,也能够提供有用知识,可以帮助顶层设计方更加明确制度改革的推进方向。

表5-2 改革开放以来中国政府实施的典型政策试验

序号	政策试验内容	开始年份	试点数量
1	经济特区	1979	5
2	综合改革试点城市	1981	72
3	经济技术开发区	1984	54
4	沿海经济开放区	1985	7
5	农村改革试验区	1987	30
6	温州商品经济发展试验区	1987	1
7	高新技术产业开发区	1988	53
8	台商投资园区	1989	4
9	上海浦东新区	1990	1
10	边境经济合作区	1992	14
11	综合配套改革试验区	2005	13
12	金融综合改革试验区	2012	5
13	自由贸易试验区	2013	11
14	全面创新改革试验区	2015	8

资料来源:韩博天(2018)。

传统观点认为,政策试验反映的是一种地理空间意义上的大国治理能力。中国之所以能够推进政策试验，是由于在广袤的地域空间中地方政府为数众多且相距较远，从而可以在典型地区审慎试行新政策，先行观察改革试点的受控政策绩效，再视情将成功经验复制或推广到其他地区，以免在全国范围内贸然推行新政策带来难以承受的制度转型成本。但近期研究发现，这种将政策试验简单归因于地理决定论的观点，可能低估了中央政府需要发挥的顶层设计和组织协调功能。（韩博天，2018）"政策试验"与经济学家在小范围地区推行的"田野实验"不同。田野实验通过在可控地区引入一个外生的政策干预，观察受控情况良好的政策绩效，涉及的地域范围很小，试验过程并不需要中央政府介入，也不需要中央和地方政府在试验过程中进行信息反馈。政策试验则不同，它是中央政府主导的国家战略，而非机构或个人组织的可控实验。在"由点到面"铺开试点范围的过程中，中央政府需要强化行政协调能力，通过央地策略互动不断调整试点扩容方案，政策干预过程是内生的。根据韩博天（2018）、王绍光（2020）、吕炜等（2019）等学者的研究，为推进政策试验，中央政府至少要做好三项工作：第一，制定中长期规划目标，甄选政策试验的地点、内容、形式，确保制度改革风险可控，绩效可期。第二，设计政策实验推进的时点和步骤，审慎评估试点经验，根据试点绩效调整政策扩容的制度框架。第三，始终以国家战略引领政策试验过程，以行政协调能力保障试验连续性，将成功经验推广到其他地区，上升为国家政策。由此，尽管政策试验是在地方层面铺开的，但一个具备战略眼光和组织协调能力的中央政府同样不可或缺，甚至可以说更加重要。信息分享和协调行动使中国开展政策试验更加具备战略可行性：基于信息分享，中央政府能够不断调整政策试验的制度框架，甄别出值得保留和推广的有效改革方案；基于协调行动，中央政府能够维系政策试验推进的稳定性和连续性，将试点成功且适宜推广的地方试验上升为国家战略。

中国的发展实践是经济学理论研究的富矿。（林毅夫，2022；姚洋，2022）政策试验这样一种制度创新，植根于中国共产党在革命、建设和改革不同时期的执政文化，是在发展中保障安全、在改革中控制风险的重要战略举措。中国共产党既是一个学习型政党，也是一个实践型政党，在实践中总结学习，在学习中探索实践，为政策试验这样一种制度创新提供了有力的组织保障。具体到地方政府债务风险治理，如果中央政府决定在局部地区展开试点，这能否成为一种可以全国推广的政策试验呢？笔者认为，答案是肯定的。原因在于，中国的地方政府债务风险存在向财政和金融两个方向转嫁升级的可能性，一旦治理不当，便有可能触发区域性甚至系统性危机，冲击经济安全和社会稳定。这意味着，无论经济稳固、偿债无虞的东部地区还是财力孱弱、人口外流的中西部地区，都要推进债务治理规范化、透明化、制度化，将风险遏制在萌芽状态或局部高危地区。

接下来，我们再用两个典型案例，观察中国是如何发挥政策试验作用，推进债务风险治理转型的。

案例一是2011—2014年的地方政府自行发债试点扩容。自行发债试点扩容政策旨在积累"开前门，关后门"的制度经验，为全面放开地方政府自主发债提供经验示范。这项政策试验从三个方面反映了中国本土化的制度特色：一是中央政府对试点范围的选择是审慎的和战略性的，在四年试验期内，政策试点从东到西覆盖了全国三分之一的省级行政单位。之所以从东到西渐进扩容改革试点，是基于统筹发展与安全的考虑，避免贸然改革带来难以承受的风险冲击。二是中央政府根据试点反馈信息不断调整制度框架，使成功试点经验能够适应性推广到更大范围的地区。在试点扩容过程中，债券期限结构、偿债保障机制、自行发债模式都有一定调整，政策干预是内生的，随新试点情况的变化调整了适用的发债管理模式。三是在自行发债试点扩容过程中，中央政府发挥了重要的组织协调能力。例如，在信息公开方面，中央要求试点地区及时披露经济运行和财政收支状况指标，并在发债定价结束后及时公布债券发行结果；在偿债保障机制建设方面，中央政府要求在规定时间内将财政部代办债券还本付息资金足额上缴中央财政专户。这些制度举措不断推进了地方政府债务治理的规范化、透明化、制度化，为继续释放深水区改革红利奠定了坚实基础。

案例二是在双循环背景下推进地方政府投融资国际化。使地方政府债券的发行和投资渠道同国际资本市场接轨，是中国新时代改革开放的必然举措，也是推进中国式现代化的重要战略。可以观察到，中国在东、西两端分别展开了地方政府投融资国际化的政策试验。在东部，深圳作为中国特色社会主义先行示范区，获准在中国香港特区发行离岸人民币债券，将债权人投资机构从国内延伸到了海外；在西部，中央鼓励西安等"一带一路"沿线城市发行"一带一路"专项债券，发行收入用于会展中心、会议场馆及其配套设施建设。东部和西部先行试点地区采取的地方政府投融资国际化的战略举措，是中央政府经过统筹谋划后批准的。深圳和西安分别作为东、西部财力基础稳固的相对发达城市，率先展开地方政府投融资国际化试点，有利于在控制债务风险的同时提高人民币跨境支付战略地位，稳步推进人民币国际化，提升中国债券市场在国际资本市场中的系统重要性。随着地方政府投融资国际化试点的不断扩容，这项政策试验的另一个重要功能是强化债券市场的价格发现功能，促进地方政府债券的市场化定价机制逐步同国际接轨，引导市场投资者更理性评估地方政府债券的投资风险。由此，从东、西两端分别推进地方政府投融资国际化，作为中央政府主导的另一项政策试验，充分体现了中国特色社会主义市场经济体制尊重资源配置的市场规律，充分发挥市场配置资源的基础性和决定性作用的战略意图。这种以政策试验引领的债务治理模式转型，是在高水平社会主义市场经济建设进程中，利用信息分享和协调行动的制度框架，在转型中控制风险、在发展中保障安全的集中体现。

5.3 "中国之谜"的深度观察：基于政府与市场关系视角

地方政府债务治理的资源禀赋和制度框架，依托于中国的历史传统、地理环境和文化特征，为我们提供了利用制度经济学的分析方法理解"中国之谜"的初步分析视角。但上述解释都是中国没有触发可观察债务危机的必要条件，而非根本原因。揭示"中国之谜"的根本原因，需要将分析视角转向政府与市场关系，从有效市场和有为政府相结合的角度，反思在经济高速增长期，中国为何能够长期保持稳定高速增长。基于"中国之谜"的完整叙事，可以进一步思考当中国经济从高速增长转为高质量发展后，应如何进一步推进治理转型改革，继续释放深水区改革红利，以保持高质量发展阶段的稳定经济增长。

从全球视野观察，中国地方政府债务融资主要用于基础设施建设，而非维持高福利支出或填补经常性缺口，这是中国地方政府债务融资同很多联邦制国家或新兴市场经济体的主要区别。中国之所以能够将地方政府的债务融资努力优先导向基础设施建设，是由于中国政府在"财权上移、事权下放"的纵向失衡分权框架中植入了地方官员政绩考评机制，激励地方官员积极投身举债竞争，以举债竞争驱动政绩竞争，提高有限任期内的政治晋升概率。财政激励与政治激励协同发力，将中国地方政府在激烈的竞争环境中塑造成为"市场增进型"的有为政府[1]。在发展战略共识引领下，政府与市场协同发力，不断"向内挖潜"筹集建设财力，以公共投资拉动发展中大国的高速经济增长。高速增长期的公共投资不仅有需求端的贡献，在供给侧，随着中国经济从高速增长转为高质量发展，前期积累的公共实物资本也能够为数字转型、智能升级、融合创新等新型基础设施建设创造条件。

发展是党执政兴国的第一要务。如果说资源禀赋和制度框架为中国长达40余年的稳定高速增长提供了必要条件，保持经济高速增长则为防范化解债务危机奠定了坚实基础。理论研究表明，政府举债中长期可持续的要求，是经济增长率要保持高于政

---

[1] "市场增进"型政府概念，最早由青木昌彦等在一本分析东亚经济奇迹的著作（《政府在东亚经济发展中的作用：比较制度分析》，1998，中译本）中提出。该书认为，"政府的职能在于促进或补充民间部门的协调功能，而不是将政府和市场视为相互排斥的替代物"。

府债务的偿债利率,从而实现未来债务贴现值渐进趋于零。[1]根据万得资讯(WFT)提供的政府债券发行数据,截至2021年9月,全国31个省区市发行的1 579笔地方政府债券的平均发行利率为3.41%,最高发行利率为3.56%,显著低于2010年以来10.3%的全国名义GDP增长率。由此我们可以从政府与市场关系的视角,讲清楚中国长期保持稳定高速增长的完整叙事。在"稳定增长"方面,中国一方面具有超大市场、超大地域、超大社会的资源禀赋,另一方面构建了信息分享、协调行动、政策试验的制度框架,能够始终把握危机治理的战略先机,将局部风险隔绝在萌芽状态或特定地区。在"高速增长"方面,中国坚持社会主义市场经济发展道路,以制度改革驱动有效市场,着力发挥市场在资源配置中的基础性作用。市场配置资源主要倚靠经济理性原则驱动的竞争性价格机制,在市场供求作用下,反映资源稀缺性的市场价格机制作为一只"看不见的手",自发引导产品、要素和资源配置到最有效率的领域,这是中国经济保持底层活力和内生增长动力的主要制度原因。

在主流经济学话语体系中,基于经济理性原则,利用价格机制这只"看不见的手"配置资源能够实现效率增进,是经济学的

---

[1] 关于财政可持续性的理论证明,可参考格雷纳和芬奇(Greiner & Fincke, 2015)。根据两位作者的研究,当经济增长率超过偿债利息率时,政府事实上并未面临跨期预算约束,在这种情形下可以实现债务净现值渐进趋于零($\lim_{t\to\infty}e^{-\int_0^t r(u)du}B(t)=0$),即财政可持续。不过,当经济增长率低于偿债利息率时,政府需要将基础盈余保持在一定水平,才能实现财政可持续。鉴于分税制改革后我国大多数年份财政处于赤字运行状态,实现财政可持续最稳妥的方式,应该是将经济增速保持在政府偿债利率之上。这就要求到了高质量发展阶段,中国仍然要保持合理的经济增速,才能实现防范化解重大经济金融风险的战略目标。

"元理论",已经被大量理论文献严格证明。①中国从计划经济到市场经济转型的过程,是一个"摸着石头过河",逐步完善市场"价格发现"功能的渐进式改革过程。国内外实践均表明,在市场尚未发育成熟时贸然放开价格,可能引发难以意料的风险冲击。(林毅夫,2018;张军,2022)从苏东国家的"休克疗法",到中国20世纪80年代末的"价格闯关",计划价格过快转轨到市场价格都曾引发严重通货膨胀,甚至影响政治稳定。为避免风险冲击,中国创造性地设计了"价格双轨制"②的改革方案,允许商品和要素在转轨期同时存在国家统一定价和市场调节价两种价格。经过十余年的改革,1992年9月,国家物价局宣布将571种产品的定价权交给企业,22种产品的定价权下放到省级部门。自此"价格双轨制"逐步走向尾声,大部分商品价格完成了从计划价格到市场价格的并轨。(科斯、王宁,2013;姚洋,2022)同样在1992年,中共十四大确立了社会主义市场经济体制改革目标,中国开始更充分地利用市场价格机制这只"看不见的手"引导资源配置,这极大激发出经济的内生增长动力,全社会资源配置效率不断提升。

---

① "看不见的手"由现代经济学之父亚当·斯密在《国富论》中最先提出。但事实上,早在春秋初期,我国著名经济学家、哲学家、政治家、军事家管仲就已指出,价格作为市场的核心要素,与生产成本、货币价值、供求状况、消费模式之间存在规律性的变动关系。他认为,"夫民有余则轻之,故人君敛之以轻;民不足则重之,故人君散之以重。敛积之以轻,散行之以重,故君必有十倍之利,而财之横可得而平也"。这段话的意思是,国家可以通过市场上各种物品之间的价格涨落进行经济调节,达到富国安民的目的。详见《管子》(李山、轩新丽译注,2021)。

② "价格双轨制"最早是1984年9月,在浙江省湖州市德清县莫干山举办的"莫干山会议"上提出的。在这次会议上,一些青年学者突破思想束缚,讨论了关于中国经济体制改革的重大理论和现实问题,为中共十二届三中全会的召开提供了智力支持。

第五章 地方政府债务风险治理的大国资源禀赋与制度框架

在"价格"指挥棒的调度下,劳动、资金和产业不断向城镇集聚,而经济集聚本身也是效率提升的表现。然而,随着大国城市化的快速推进,基础设施、营商环境等方面的市场失灵愈益凸显。由于存在个体最优和集体最优的冲突,基础设施类公共产品不能期望市场主体自发供给,这就需要发挥出有为政府的作用,依托大国资源禀赋和制度框架,集中财力物力,将各种硬的基础设施和软的公共服务创造出来,为市场经济发展提供正外部性。打个不太贴切的比喻,政府筹资为市场主体提供基础设施和公共服务的过程,就好像"搭台唱戏"。若政府搭好"戏台"却没有吸引来市场主体"唱戏",显然是一种效率损失,这意味着社会闲置资源被过度配置给了公共产品,而公共产品却没有发挥出预期的外溢性贡献;但如果没有政府搭建好的"戏台",则市场主体万难奉献出精彩剧目,呈现"连台好戏"。进一步说,政府不仅要搭好"戏台",还要按照竞争中性原则提供好"台前幕后"的公共服务,解决好包括国有企业、民营企业、合资企业、外资企业等在内的各类经营主体的后顾之忧,让其"放心上台,全力唱戏"。在政府搭好的"戏台"上,要让各类经营主体"你方唱罢我登场",不断通过竞争性价格机制提升资源配置效率,涵养出弥补"搭台"成本的有效税基。[①]将改革驱动型的有效市场和市场增进型的有为政府密切结合起来,保持两者协调一致运行,增进了有效市场的资源

---

① 正如吕冰洋(2022)的分析,地方政府在创造市场的过程中,一方面可以通过低价出让土地和举债筹资提供基础设施吸引工业企业集聚,分享增值税和企业所得税收入;另一方面可以带来人口集聚,获取餐饮、住宿等消费型服务业营业税收入。从产业培育和税基涵养的角度看,经济高速增长期的"市场创造",对地方政府和经营主体来说,可谓双赢的发展战略。

配置功能，促进了生产要素的跨域集聚流动，使经济增长率保持了高于政府举债的偿债利息率。从经济学意义上说，这是中国保持长达40余年稳定高速增长的根本原因。

改革仍需破冰前行。尽管任何基于过往经验形成的理论判断都有可能成为"刻舟求剑"，但在高质量发展阶段推进深水区改革，高速增长阶段累积的债务风险治理经验仍然具有重要的实践指导意义。当我们再次把目光投向那段波澜壮阔的经济高速增长史，就会发现，中国始终是以经济建设为中心协调政府和市场关系，保持两者相互促进，相辅相成。分税制改革以来，各地纷纷展开招商引资，积极建设经济开发区和产业园区，提供"三通一平""七通一平"等硬的基础设施和营商环境等软的公共服务。这种"筑巢引凤"的发展战略，发挥了有为政府的"市场创造"功能，为诸多发展中国家推进改革开放提供了经验示范。中国稳定高速增长的成功经验进一步表明，政府不仅要在市场缺失的竞争性领域努力创造市场，更要在市场运行的过程中积极增进市场。这需要地方政府一方面打造优质营商环境，放宽市场准入，为各类经营主体保驾护航；另一方面致力于消弭发展过程中的公共风险冲击，强化预期管理，保障市场运行稳定有序。试想，市场有效的前提是价格机制这只"看不见的手"能够发挥资源调度功能，然而当风险冲击到来时，各种产品、资源、要素市场价格体系紊乱，如果政府不动用"看得见的手"稳定预期，消弭风险，价格这支资源配置的指挥棒又如何有效发挥其调节作用？

当然，倡导政府有为绝不等于放任政府乱为。按照现代财政学理论，政府调节也可能出现与"市场失灵"对应的"政府失灵"。①在经济高速增长期,由于地方政府举债存在预算软约束诱发的机会主义动机和自利支出倾向,一些债务融资被擅权用于形象工程和政绩工程,既降低了信贷资源的整体配置效率,也带来了一些不利的舆情影响。在政策执行层面,若政策实施导致长期目标短期化、整体目标分散化,将可能引发合成谬误和分解谬误,"欲速则不达";甚至使市场主体失去贵如黄金的信心,带来有效需求不足、市场预期不稳等问题。②同国际典型案例相比较,由于中国政府是"向内挖潜"举债筹集基础设施建设资金,不断通过体制改革释放经营活力和内生增长动力,是保障有效财力汲取的关键。在经济高速增长期,宏观经济税基稳固,社会闲置资源相对丰裕,政府可以较为从容地举债借用部分社会闲置资源从事基础设施建设,财政政策加力空间较大。到了高质量发展阶段,宏观经济进入中高速增长新常态,若延续高速增长期的举债融资力度,对民间投资的挤出效应势将愈益凸显。由于可资利用的社会闲置资源增速放缓,这时就需要在政府投资和民间投资之间进行更加谨慎的利弊权衡,引导政府举债从"加力"向"增效"转变。(郭庆旺,2015)与"大水漫灌"的传统资金用度方式不同,高质

---

① 基于对政府有可能越位、缺位、错位的认识,学界普遍建议在倡导政府"有为"的同时,也要厘清政府和市场的权责边界,明确政府的"有限"定位,避免使"有为政府"成为具有无限责任的"包揽型政府"或"全能型政府"。

② 早在20世纪80年代,厉以宁先生便观察到政策稳定对市场预期的重要作用。他指出,"政策要保持稳定性和连续性。要让人们放心,让从事经济改革的人感到放心。政策的多变只会促使政策效力递减。经济中的重大震荡,往往发生于企业和个人估计到政策将会有显著的变化而纷纷采取预防性措施的时候。因此,使企业和个人对经济环境产生一种稳定感和对政策保持足够的信任,不仅可以在相当大的程度上减轻经济改革中可能产生的震荡,而且有利于保持一个促进经济改革的良好的社会环境"。详见厉以宁(2021)。

量发展阶段的政府债务投资要像"挤牙膏"一样精打细算（高培勇，2023），保持政策冗余度，让每一笔债务资金都在微观项目层面落地成为实物工作量。另需注意的是，生产、分配、交换、消费是国内大循环的有机统一整体，如果政府举债投资过度，可能导致国民经济比例失调，影响消费对经济发展的基础作用。（姚洋，2022）这就要求高质量发展阶段的地方政府债务融资必须尊重经济客观运行规律，坚持"政府有为而不乱为，市场有效而不失序"的原则，①审慎推进地方政府债务风险治理。

  为继续保持高质量发展阶段的稳定经济增长，中国有必要延续经济高速增长期的有效治理经验，通过制度改革克服旧体制遗留问题，促进有效市场与有为政府更好结合。在有效市场方面，随着各类市场"价格发现"功能的逐步完善，中国将市场配置资源的"基础性作用"重新定位为"决定性作用"，坚定不移以深水区改革强化竞争性市场的"价格发现"功能，提升社会资源配置效率。②在有为政府方面，中国进一步完善政府投资的"市场增进"功能，致力于突破新型基础设施、"卡脖子"关键核心技术、全

---

  ① 根据制度经济学的定义（柯武刚等，2018，中译本），"秩序"是符合可识别模式的重复事件或行为，它使人们相信，他们可以依赖的未来行为模式完全可以被合理地预见到。如果政府或市场运行是有秩序的，知识问题就会减弱，各种经济主体也能够更专业化。基于对"秩序"概念的深入分析，吕冰洋（2022）认为，我国央地关系设计的准则应该是"寓活力于秩序"。将这一思想延伸到有效市场，即在尊重经济客观规律的前提下，利用"价格机制"这只看不见的手配置资源可以增强市场活力，但要避免市场失序导致指挥棒失灵，将资源配置给低效、无效甚至产生严重负外部性的领域。

  ② 2015年10月15日，中共中央国务院下发关于推进价格机制改革的若干意见，提出将深化重点领域和重点环节的价格改革，进一步健全政府定价制度，规范市场价格行为。详见中央政府门户网站（www.gov.cn）。

国统一标准体系、生态修复等经济高质量发展的瓶颈制约，对冲经济发展中的各种公共风险。只要中国能够继续运用好"看得见的手"和"看不见的手"的作用，保持两者协调一致，便有望在新时代规范化、制度化的治理转型中逐步化解地方政府债务风险，从而继续保持高质量发展阶段的稳定经济增长。高质量发展阶段的稳定经济增长将把"中国之谜"转化为"中国之道"，以"中国之道"引领"中国之治"，在推动构建高水平社会主义市场经济体制的进程中，总结形成发展中国家攀登增长阶梯的普适经验，为全球经济治理贡献中国智慧。

第六章　新发展格局下地方政府债务风险的治理转型研究

中国特色社会主义进入新时代后，中国共产党第十九届五中全会明确提出要加快构建以国内大循环为主体、国内国际双循环相互促进的新发展格局。①在新发展格局下推进地方政府债务风险治理，成为秉持新发展理念畅通国内国际双循环、促进经济高质量发展与地方财政可持续的重要任务。这就需要系统思考：新发展格局下的地方债务风险治理需要完成哪些新时代赋予的目标任务？在新发展格局下，地方债务风险治理具有哪些不同于传统治理模式的战略内涵？在新发展格局下推进地方债务风险治理，中国具备哪些改革机遇，又将面临哪些现实挑战？本章基于大国治理理论视角，对新发展格局下的地方债务风险治理作专题分析，进而提出在新发展理念指导下，推进深水区债务风险治理转型的战略路径选择。

---

① 详见《中国共产党第十九届中央委员会第五次全体会议公报》（2020年10月29日）。

6.1 新发展格局的时代背景与深刻内涵

在新发展格局下推进地方政府债务风险的大国治理，首先需要理解"新发展格局"的时代背景与深刻内涵。2020年4月10日，中央财经委员会第七次会议提出构建以国内大循环为主体、国内国际双循环相互促进的新发展格局。在中国经济从高速增长转为高质量发展的形势下，中央政府提出"双循环新发展格局"的战略构想，可能有三个方面的原因：

首先，新时代中国面临的风险形势错综复杂，亟需通过畅通国内国际双循环，以新发展理念指导的公共政策确定性对冲公共风险的不确定性，保障经济高质量发展可持续。

中华民族伟大复兴战略全局和世界百年未有之大变局的多方面、深层次紧密联系，带来了复杂严峻的环境特征。（何毅亭，2022）各种公共风险波诡云谲，纷至沓来，既有传统"大水漫灌"式公共投资驱动的数量型增长不可持续的经济风险，又有生态环境风险、公共卫生风险、国际关系风险等（刘尚希，2018），挑战之大前所未有。面对世界经济深度衰退、国际贸易大幅萎缩、国际金融市场动荡加剧、经济全球化趋势受阻、国家保护主义和单边主义盛行、地缘政治风险持续攀升等不利局面，在一个高度不确定的世界中实现中华民族复兴伟业，中国需要保持改革开放的战略定力，立足本国超大市场、超大地域、超大社会的禀赋优势，努力畅通国内大循环和国内国际双循环，实现更有效率、更加公平、更可持续、更为安全的高质量发展。

国际金融海啸冲击过后，"四万亿计划"的需求端增长贡献日渐式微，中国经济步入中高速增长新常态。中央审时度势推动供给侧结构性改革，致力于通过优化供给结构，改善供给质量，提升供给体系同社会需求的适配性，贯彻创新、协调、绿色、开放、共享的新发展理念。2020年底，突如其来的新冠肺炎疫情给供给侧结构性改革带来严峻考验。在疫情冲击下，我国产业链供应链堵点凸显。疫情冲击前，国内国际产业链布局是市场主体在既有约束条件下根据价格信号以效率最大化方式配置形成的，具有较强的稳定性和路径依赖。疫情冲击阻断了产业链供应链的正常运转，一些关键领域被外方断供，暴露出传统发展模式的制度短板。为保障产业安全和经济安全，中国需要打造自主可控、安全可靠的产业链供应链生态体系，在关键领域实现自我循环，在极端情况下保障经济正常运转。

其次，在"百年未有之大变局"中实现中华民族复兴伟业，需要破除制度、观念和利益藩篱，构建高水平社会主义市场经济体制。

畅通双循环新发展格局，既要构建高效规范、充分开放、竞争有序的国内统一大市场，也要依托国内大循环吸引全球商品和资源要素，推动更大范围、更宽领域、更深层次的对外开放。这就需要着力破除生产要素市场化和商品服务流通的体制机制障碍，降低全社会交易成本，形成需求牵引供给、供给创造需求的更高水平动态均衡。

分税制改革后，为提高本地留存的财政可支配收入，地方政府往往采取"以邻为壑"的市场分割策略。（银温泉、才婉茹，2001；朱希伟等，2005）尽管地区竞争激励了地方政府做大本地经济的积极性，但市场分割不利于促进国内统一大市场的形成和商品要素的跨地区流动，低效扩张、重复建设、错配扭曲等体制痼疾始终难以有效解决。在传统发展模式下,地方政府主导的基建投资效率同样堪忧。由于分税制改革在纵向失衡的财政分权体制中植入了政绩竞争激励,各级地方官员均努力拓宽表外融资渠道,以债务融资拉动本地数量型增长,基建同质化问题非常严重。为凸显经济绩效,一些基建项目没有经过缜密科学的事前可行性论证便仓促开工建设,财经纪律执行不严格,影响了债务资源的配置效率。此外,尽管传统治理模式累积了大量有中长期回报潜质的公共资产,但由于缺乏跨区域协调机制,具有重要战略意义的前瞻性和强外溢性基础设施仍然存在供给短板。针对传统发展模式的体制痼疾,新发展格局亟需破除制度、观念和利益藩篱,一方面加快建设全国统一大市场,充分发挥市场促进竞争、深化分工的优势;另一方面发挥中央和地方两个积极性,提供事关发展全局的重大民生工程、区域增长极协同发展、全产业链布局等公共产品,促进商品要素流转和经济绩效提升。

再者,转变数量型发展理念,推进经济从高速增长转向高质量发展,亟需提升自主创新能力,突破核心关键技术制约,为畅通双循环提供人才保障和技术支持。

在新冠疫情冲击下,我国产业链供应链之所以出现断供,根本原因还在于关键技术受制于人,外方可以用停止核心部件供应的方式实施其经济和政治干预意图。疫情冲击前,处于全球价值链高端的欧美企业利用发展中国家的廉价劳动力和环境成本,将边缘业务外包到发展中国家,核心竞争力则保留在本国,以谋求高额垄断利润和国际竞争优势。新冠疫情打断了国际产业链供应链的正常运行,各国不仅面临稳定经济的大考,更要比拼恢复就业生产、稳定社会秩序的能力。在大国博弈愈益激烈的形势下,通过自主创新突破关键核心技术制约，着力打造自主可控、安全可靠的产业链供应链生态体系，成为我国面临的迫切战略任务。自主创新不仅事关产业链供应链稳定，还关乎彻底转变"以环境换增长"的短视政绩观，稳步推进"碳达峰""碳中和"，维持经济高质量发展可持续这一重大命题。

在新发展格局下促进经济增长方式转型，提升自主创新能力，需要转变"大水漫灌"的投资驱动增长模式，将数量型发展理念指导下各地区倚重的实物资本投资，转型到新发展理念倡导的人力资本、科技资本、生态资本等广义资本范畴，从长远利益出发提升公共投资的"供给侧"贡献。在社会主义市场经济体制下，涉及"卡脖子"关键核心技术的重大科技创新可以利用新型举国体制集中攻关，而面向市场需求的应用研发创新则应主要交付给企业。为培育新质生产力，提升自主创新能力，我国应注重创新人才、创新主体、创新环境、创新制度四要素的培育（郭玉清、郭庆旺，2009），从制度上落实企业科技创新的主体地位和作用。这需要一方面加强关键核心技术攻关和战略性资源支撑，另一方面打造企业主导的产学研深度融合创新体系，促进各类创新人才向企业集聚，激发科技创新的内生动力。

6.2 新发展格局下地方债务风险治理的目标任务和战略内涵

在新发展格局的时代背景下，我国地方债务风险治理面临不同于经济高速增长期的目标任务，具有不同于"激励导向型"治理模式的战略内涵。以下分别作具体分析。

6.2.1 新发展格局下地方债务风险治理的目标任务

在新发展格局下，中国应秉持"双底线思维"，既要防范隐性债务"灰犀牛"衍生泛化的债务风险，又要防范中高速增长新常态难以持续的经济风险。这就需要在债务风险治理和经济风险治理之间寻求战略平衡，避免"按下葫芦浮起瓢"，在治理特定风险的同时诱发新的次生风险。具体而言，新发展格局下的大国债务风险治理应主要完成三项目标任务：

第一，防范各类显性和隐性债务风险冲击，促进地方财政可持续。分税制改革以来，激励导向型的传统债务治理模式通过纵向失衡的财政激励和晋升考评的政治激励，累积了不容忽视的表外存量债务。鉴于债务风险可以向财政风险和金融风险两端传导升级，防范化解地方政府债务风险，成为新时代重大风险防御攻坚面临的重要任务。

为防范地方政府债务风险转嫁升级，触发系统性金融风险，中国经过为期四年的地方政府自行发债试点扩容，全面放开了各省区市的表内发债融资权。基于国发〔2014〕43号文引领的一揽子治理转型政策，中国在全国范围内统一铺开债务置换，将传统模式依托融资平台公司累积的表外债务逐步纳入预算收支表内，实行新增债务与存量债务的限额和余额管理。经过三年左右的置换期，被甄别认定为政府偿债责任的表外存量债务基本被纳入预算收支表内，[①]分一般债务和专项债务分别纳入一般公共预算和政府性基金预算。将表外债务纳入表内管理，有助实际部门系统

---

① 详见《财政部关于印发〈地方政府存量债务纳入预算管理清理甄别办法〉的通知》（财预〔2014〕351号）。

防范"灰犀牛"：地方政府债务风险的治理机制研究

掌握地方债务的总量规模，推进债务治理规范化、透明化、制度化。但在法定债务资金（特别是专项债）的分配调度方面，出现了"项目等资金""资金等项目"等制度怪象，影响了债务资源的配置效率。原因是，专项债的偿还资金只能来自项目收益，而公债投资项目大多属于公益性质，需要经过较长时期才能形成覆盖成本的收益流。由于地方政府债券的发行期限尚未完全放开，地方政府能否发掘可以快速回笼资金的公益性投资项目，主要取决于当地的经济基础和营商环境。一旦项目收益不能快速覆盖投资成本，负责项目遴选的地方官员就可能面临事后问责风险。由此，在省级政府统筹配置债务限额的制度框架下，一些地方申报的绩优专项债项目未必能够得到资金支持，而另一些地方在努力争取到债务配额后，宁可任由部分资金处于闲置状态，以规避审计问责风险。

除纳入预算收支表的显性债务风险外，新发展格局下的地方政府债务治理还要秉持底线思维，防范游离于预算收支表之外的隐性债务风险。隐性债务风险一方面来自供给侧，即银行业金融机构通过委托贷款、信托融资、融资租赁等"非标业务"渠道，为融资平台公司提供增信支持；另一方面来自需求端，即地方政府通过政企合营、引导基金、购买服务等渠道变相举债，衍生泛化表外债务。根据学界和信用评级机构的测算，地方政府隐性债务体量并不亚于法定债务，并且由于隐性债务主体多元、隐匿分散，治理难度明显高于法定债务。因此，在新发展格局下推进地方政府债务治理，既要防范资产负债期限错配的显性债务风险，又要防范表外渠道衍生泛化的隐性债务风险，避免局部风险扩散成区域性系统性风险，冲击大国财政金融安全。

第二,促进"有效市场"和"有为政府"更好结合,推动构建"双循环"新发展格局。在新发展格局下推进地方政府债务风险治理,不仅要根据新、旧增长动能的潜在转换调整治理模式,还要通过治理模式的制度转型推动构建以国内大循环为主体,国内国际双循环相互促进的新发展格局。

新发展格局下的地方债务风险治理要统筹发展与安全,安全是发展的前提,发展是安全的保障。国际金融海啸过后,依赖土地财政和公共投资驱动的外延式增长难以持续,中国经济步入"L"形中高速增长新常态。新冠肺炎疫情的全球蔓延使国内产业链供应链深受影响,中国经济面临"百年未有之大变局",亟需转变数量型发展思维,加快推进经济从外延式增长转型为内涵式增长。这需要做好两方面的工作:

首先,转变传统"大水漫灌"的低效投资驱动模式,使生产、流通、分配、消费各环节畅通运转,发挥投资对优化供给结构的关键性作用和消费对经济发展的基础性作用。从优化供给结构的角度看,传统地方政府债务融资主要投向市政基础设施,用于拉动数量型增长和凸显量化政绩。新发展格局下的地方政府债务融资应调整优化投资结构,加快补齐生态安全、公共卫生、物资储备、民生保障等短板,适应性转变债务投资领域。生产、分配、交换、消费是国内大循环的有机统一整体,为发挥好消费的基础性作用,新发展格局下的地方政府债务融资应更多支持医疗、教育、养老、托幼等民生保障支出,支持消费新模式、新业态、新场景建设,使国内市场成为最终需求的主要来源。

其次,促进产业融合、数字赋能和技术创新,打造优质创新生态和创新环境。为保障国内产业链供应链畅通运转,除硬件设施投入外，还要实现供求精准匹配。数据作为一种信息文明时代的新型生产要素，能够极大赋能传统产业，使消费者借助网络平台提升个性化、场景化、实时化消费体验，超越时空局限精准对接国内市场供给，贯通生产、分配、流通、消费各环节。数字经济刺激了很多融合性新兴产业的发展，使传统行业面貌发生重大改变，但也暴露出中国芯片、计算机和移动终端操作系统都依赖国外供给，"缺芯少魂"的短板。数字经济发展将倒逼中国构建自主创新服务体系，保障信息领域核心技术设备自主可控，为产业链供应链持续安全赋能。无论产业融合、数字赋能还是技术创新，地方政府债务融资都能够为推动构建新发展格局提供新的战略空间。例如，地方政府既可以用研发费用加计扣除、财政贴息等手段提升企业的创新风险承担能力，也可以通过发行专项债支持高新技术研发中心、科技孵化器、产业转型示范园区等项目建设，打造优质创新生态和创新环境。

第三，以满足人民美好生活需要为依归，推进经济高质量发展。在新发展格局下，畅通双循环是经济高质量发展的依托和路径保障，经济高质量发展是畅通双循环的目标和战略落脚点。畅通双循环的根本主旨是深入贯彻供给侧结构性改革的任务要求，以新发展理念为指导，推动经济从外延式增长转型为内涵式模式，实现人民美好生活愿景。

将地方政府债务治理从"激励导向"调整到"绩效导向"，适应我国经济从高速增长到高质量发展的转型趋势，是释放深水区改革红利的必然选择。在经济高速增长阶段，地方政府债务治理旨在调动各级政府"搞建设，谋发展"的积极性，聚力拓展表外融资渠道，筹措可支配财力资源，保障发展中大国的公共投资力度。激励导向型债务治理的核心任务是"做大蛋糕",以不断快速增长的GDP总量稀释债务存量,达到消弭、化解风险的目的。但经济快速增长也强化了地方政府债务融资的低风险预期,使债务存量在一个预算软约束的体制环境中竞争性膨胀。由于政绩驱动的债务扩张速度超过GDP增速,地方政府债务风险一度濒于失控。在新发展阶段,随着经济步入中高速增长新常态,地方政府债务风险防范的指导思想应从单纯强调做大分母转为控制分子和做大分母并重,在实施限额预算管理的同时提高债务资源的配置效率。这就需要将地方政府债务的治理模式从"激励导向"转型为"绩效导向",以提高人民美好生活需要为依归,推进经济高质量发展。在传统治理模式下,社会主要矛盾被定位为"人民日益增长的物质文化需要同落后的社会生产之间的矛盾",治理重心放在提高社会生产力和物质生活水平上。这种数量型发展理念引领的外延式增长在分税制改革后进一步发展为地方官员的政治晋升锦标赛,导致地方政府债务投资过度强调需求端的拉动效应,其供给侧贡献则被策略性忽视。到了新发展阶段,"大水漫灌"式投资模式的制度短板日益凸显,同民生福祉密切相关的教育、医疗、文化、社保等基本公共服务供给不足,投资消费比例结构亟需优化。为推动外延式增长转型为内涵式增长,新发展阶段不仅强调"做大蛋糕",也强调"分好蛋糕",通过制度改革保障起点公平和机会公平,促进共同富裕。中国式现代化是全体人民共同富裕的现代化,如果说改革开放40余年的高速经济增长推动了物的现代化,那么人的现代化即将成为中国式现代化的升级版。以畅通双循环为依托,以推进高质量发展为目标,以增进人民美好生活需要为依归,将新时代地方政府债务治理从"激励导向"转型为

"绩效导向",成为深水区改革面临的重要战略任务。

6.2.2 新发展格局下地方债务风险治理的战略内涵

在新发展格局下,适应新时代大国债务风险治理的目标任务,将地方政府债务治理的指导思想从"激励导向"转为"绩效导向",是维持债务融资和经济高质量发展可持续的必然选择。正确把握地方政府债务风险的治理模式转型,可以从五个方面理解新发展格局下地方政府债务风险治理的战略内涵,着力提升债务投融资的质量和效率:

第一,新发展格局下的地方政府债务风险治理,要求着力克服传统治理模式的"大水漫灌"倾向,使债务投融资更加契合民生福祉。

分税制改革后,我国长期实行激励导向的地方政府债务治理。以政绩竞争驱动举债竞争,成为中国区别于很多新兴市场国家的典型制度特征。由于我国在纵向财政分权框架中植入了政绩考评机制,不举债或举债力度偏弱的地方官员可能在激烈的政绩竞争中被一票否决,失去政治晋升前景。这样的制度设计激励地方官员努力拓宽表外融资渠道,以债务投融资保政绩,促增长,有力维系了经济高速增长期的公共投资力度,具有其发展和存续的特定时代背景。

中国经济步入中高速增长新常态后,单纯以激励导向引领地方政府债务治理的弊端日益凸显。在政绩竞争引领下,地方政府债务融资被优先投向市政基础设施,累积了大量公共实物资本。然而根据经济学一般原理,实物资本作为一种生产要素,持续追加投入必然出现边际收益递减(张军,2022);特别是"四万亿计划"过后，公共资本对实体经济的拉动效能日渐式微，"大水漫灌"的低效举债投资模式难以持续。所谓"大水漫灌"，体现在无论高债还是低险地区，都依托融资平台公司申请银行贷款或高企非标债务，很多项目没有经过严格科学的前期可行性论证便仓促开工建设。随着经济从高速增长转为高质量发展，"大水漫灌"的低效投融资模式累积的债务风险开始在财力基础羸弱的相对落后地区率先显露，并由点到面形成一定蔓延扩散趋势。从投资效果看，"激励导向"型治理模式引导地方官员重数量，轻绩效，利用债务融资支撑了一些形象工程、政绩工程建设，既背离了债务投资项目的公益性质，也带来一些不利的舆情影响。在新发展格局下，将债务风险治理模式从"激励导向"转为"绩效导向"，有利于从民生福祉出发合理安排债务投融资规模和进度，而非延续政绩驱动的低效竞争举债模式。以新发展格局为界，地方政府债务风险治理的指导思想将实现全面转型。

第二，新发展格局下的地方政府债务风险治理，需要将发展战略眼光从短期延伸到中长期，使资产负债期限结构更加契合基建投资项目的公共属性。

与很多国家积累消费型或福利型债务不同，我国地方政府债务融资主要累积的是投资型债务，形成了大量有中长期回报潜质的公共资产。从这个角度看，"激励导向"的传统治理模式发挥了不容否定的历史贡献。但也应看到，传统治理模式主要激励的是短视的举债融资行为，含有帮助地方官员赢取政绩竞争优势的行为动机。这种短视驱动的举债融资行为导致地方官员的任职期限与偿债期限严重错配，诱发了地方官员推诿卸责、逃废债务的道德风险。

"绩效导向"型债务治理有利于从根本上破除地方官员举债

融资的短视行为，引导地方政府以民生福祉为依归，审慎科学地从事债务融资和基础设施建设。既然基础设施能够惠及长远，造福后人，那么从收益期限与偿债期限相匹配的代际公平视角观察，我国应摒除举债融资的短视行为，适度拉长债务发行期限，使后人共同为基础设施的跨代溢出效应承担部分成本。值得注意的是，适度拉长债务发行期限并不等于放松地方债务投资效率的债效约束。结合债务风险终身问责的制度安排，可以约束地方官员始终以民生福祉为导向，采取科学的项目甄别程序，遴选出中长期收益能够覆盖债务成本的绩优项目，使人民群众从基础设施建设中切实获益。这就要求摒弃唯数量论的功利主义政绩观，避免债务融资投向华而不实、贵而无用的"白象工程"①，降低财政资源的配置效率。

第三，新发展格局下的地方政府债务风险治理，需要将地方政府债务投资领域从传统模式倚重的实物资本，适应性调整到包含人力资本、科技资本、生态资本等在内的广义资本范畴，实现经济质的有效提升和量的合理增长。

传统债务治理模式激励地方政府累积了大量公共实物资本，尽管在经济高速增长期推动了大国城市化建设，缓解了城镇基础设施的"拥挤性"，但强调以实物资本拉动数量型增长的传统模式也隐含着重复建设、投资低效、挤出效应、错配扭曲等制度短板。这种属地化的融资建设模式不利于贯通全国统一大市场，"重基础设施、轻人力资本和公共服务"的结构性问题始终难以有效解决。

---

① "白象工程"是国外文献大量使用的概念，类似于俗称的"形象工程"或"政绩工程"，指虽然耗资巨大，但建成后并未发挥出公共产品的外部性贡献或取得预期经济社会效益的政府工程项目。

第六章　新发展格局下地方政府债务风险的治理转型研究

中国特色社会主义进入新时代后，经济增长动能发生潜在转换。增强内生增长动力需要从需求端和供给侧同时发力，这意味着地方政府债务融资的支持领域不能继续囿于传统的市政基础设施，而应适应性调整到包含人力资本、科技资本、生态资本等在内的广义资本范畴。①在人力资本方面，可利用医疗保健、卫生教育、保障性住房等债务投资改善劳动者的身体素质和知识技能；在科技资本方面，可利用重大科技项目攻关、高新技术研发等债务投资突破"卡脖子"技术制约，保障产业链供应链安全；在生态资本方面，可利用环境整治、生态修复、新能源开发利用等债务投资贯彻绿色共享的新发展理念，助力实现"双碳"目标，增进共同体民生福祉。应认识到，无论传统债务融资支持的实物资本，还是新时代债务融资支持的广义资本，都具有公共产品属性，是全民获益、人人共享的，并且其收益性并无阶层差别，低收入群体相对获益更大。中国政府作为一个全球视野下的"中性政府"，追求的是全体人民的利益而非特定集团的利益。（姚洋，2010）适应性调整债务融资的支持领域，可以本着最大公约数的原则为人民群众增进民生福祉，契合新发展理念的深刻内涵。

第四，新发展格局下的地方政府债务风险治理，需要坚持以

---

① 新预算法生效后，纳入表内预算管理的地方政府法定债务支出已经延伸到广义资本范畴。根据"财政部政府债务研究和评估中心"（http://kjhx.mof.gov.cn/）提供的数据，在2023年2月全国发行的新增地方政府债券中，投向教育、文化、医疗、卫生、社会保障等社会事业的新增债券占比为22.5%，投向新基建、新能源等科技端的新增债券占比为1.3%，投向生态环保的新增债券占比为3.6%。这种以法定债务融资支持的新型债务投资结构显著区别于以融资平台表外债务拉动市政基础设施建设的传统债务投资结构。

经济建设为中心的发展道路不动摇，通过治理机制优化建设高水平社会主义市场经济体制。

社会主义市场经济体制是一个伟大的制度创举，"一个中心、两个基本点"作为我国社会主义初级阶段的基本路线，必须长期坚持不动摇。以经济建设为中心，是对我国社会主义建设进行科学总结的基础上作出的正确选择，充分体现了社会主义的本质要求，是解决社会主义初级阶段社会矛盾的根本途径。

现代市场经济是一个复杂而精巧的巨型系统（吴敬琏，2018），大量研究证实，市场是人类迄今发现的最有效率的资源配置方式。在市场经济运行过程中，反映市场供求关系和资源稀缺程度的价格机制就像一只"看不见的手"，自发引导产品和要素实现最优配置。中国改革开放后之所以能够取得稳定高速增长的历史性成就，关键在于将社会主义制度同市场经济体制有机结合起来，让市场发挥资源配置的基础性和决定性作用。当然，无论高收入国家还是新兴经济体的经济实践，均表明市场配置资源时可能出现失灵。根据主流财政学理论，在资源配置、收入分配、经济稳定三大领域，"看不见的手"都有可能协调失灵，无法有效发挥"指挥棒"的作用。仅在资源配置领域，像公共产品、外部性、垄断[①]、信息不对称、偏好不合理等问题，都存在"个体最优

[①] 关于垄断对经济发展的影响，学界尚有争议。其负面影响是，垄断企业可以操纵市场，干扰价格制定，从而获取垄断超额利润。这会使社会财富不断向垄断企业集中，恶化社会收入分配状况。但正如熊彼特在其经典著作《经济发展理论》中的分析，垄断也使企业有能力开展成本高昂的技术研发创新，以便保持对潜在竞争者的技术优势，这使一国经济能够以"创造性破坏"的方式推动技术进步，提高社会资源利用效率。因此，如何在收入分配和技术进步方面平衡垄断的经济影响，是需要深入研究的问题。

第六章　新发展格局下地方政府债务风险的治理转型研究

和集体最优的冲突",单靠市场机制无法实现资源配置的帕累托最优。这就需要政府介入适当干预,将"看得见的手"和"看不见的手"结合起来协调并用,使适用于私人产品的有效资源配置条件延伸到公共产品领域。在社会主义市场经济体制下,政府和市场都是资源配置的主体,各有其优势和劣势。正如市场在私人产品领域配置资源有效,而在公共产品领域配置资源低效甚或失效一样,政府以"看得见的手"配置资源,也可能因短视、信息不充分、利益集团操纵、政治机会主义等原因出现政府失灵。(维托·坦茨,2023,中译本)这就要求在弥补市场失灵方面,政府应该秉持"有所为有所不为"的原则,避免因政策失误加剧市场失灵,诱发次生风险。

从唯物史观的视角考量,中国作为一个和平崛起的发展中大国,不可能复制资本主义老牌强国靠殖民扩张和军事霸权积累原始资本的老路,只能通过一两代人的努力,"向内挖潜"提供出大国现代化需要的基础设施。在新发展格局下,使"看不见的手"和"看得见的手"有机互补、协调并用,将促进市场与政府功能的更好融合。一方面,发展社会主义市场经济能够不断做大经济体量,涵养有效税基,逐步稀释基建投资带来的债务压力;另一方面,政府适度举债建设的网络基础设施、产业升级基础设施和新基建,可以培育经济新动能,贯通全国统一大市场,帮助市场更好发挥资源配置的基础性和决定性作用。在新发展格局下,无论以人民为中心的指导思想还是以经济建设为中心的发展道路,其本质都是满足人民美好生活需要,增进民生福祉。"两个中心"并行不悖、相得益彰,共同致力于指导中国特色社会主义市场经济运行,建设高水平社会主义市场经济体制。

第五，新发展格局下的地方政府债务风险治理，需要转变政府包揽基础设施建设的惯性思维，引导民间资本参与基础设施建设，共同服务于中国特色社会主义建设实践。

1994年分税制改革后，中国在大国发展战略引领下，形成了政府主导的基础设施投融资模式。地方政府通过债务融资适度超前提供了道路、管网、通信、电力等"硬件"基础设施，突破了发展中国家屡见不鲜的基建瓶颈。在2015年新《预算法》生效前，我国地区性基础设施主要是由地方政府包揽提供的。"包揽型政府"体现在，从基础设施的融资来源、筹资渠道，到出资方式、用资领域，全部由地方政府统筹规划决策。地方政府排他性供给基础设施，通过征税、举债、批租、收费等方式快速聚拢基建资金，有利于尽快将筹措资金落地成为实物工作量，避免将基建任务拆解分包给社会投资方必须付出的组织管理成本。但从实践效果看，这种包揽型的传统基建投融资模式暴露出至少三方面问题：一是基础设施投资过度偏向实物资本，人力资本、科技资本、生态资本供给不足，导致基建投资的增长贡献逐步式微，数量型增长模式难以持续。二是基础设施融资过度依赖表外举债，致使地方政府债务高企，流动性风险不断累积凝聚。三是基础设施投融资缺乏"价格发现"功能，一些低效政绩工程同样可以得到银行业金融机构的信贷支持，对民营企业投融资形成挤出效应。

解决基建投资低效问题，需要转变基础设施建设完全依赖政府包揽的惯性思维，调动包括地方政府、金融机构和社会投资方等在内的多方主体的投资热情，合理引导民间资本参与基础设施建设。例如，随着基础设施的投资领域从"旧基建"适应性调整到"新基建",像光伏、充电桩、大数据中心、云计算平台等新基建项目均有很多"节点型"设施可以吸引社会资本进入,利用社会投资方的技术和管理优势改善基础设施供给质量。"众人拾柴火焰高",随着社会投资方的介入,基建项目同样可以利用价格这只看不见的手激发市场活力,发挥政府投资"四两拨千斤"的杠杆作用,带动更多社会投资。在基础设施建设中嵌入市场竞争机制,其更深层的意义在于推动政府职能从生产建设向公共服务转化,从而降低基建成本,提高运营效率。从政府包揽到社会共建的转型,将吸引更多市场主体协同参与基础设施建设,迎来共享经济发展新机遇。

6.3 新发展格局下地方债务风险治理的机遇与挑战

在新发展格局下推进地方政府债务风险的大国治理,既有战略机遇,又面临新形势、新阶段、新格局带来的多重挑战。全面把握战略机遇,沉着应对现实挑战,中国必将顺利推进治理模式转型,完成新发展格局的目标任务,为建设高水平社会主义市场经济体制奠定坚实基础。

6.3.1 两大战略机遇

首先分析新发展格局下地方债务风险治理具有的战略机遇。从发展环境和产业变革趋势观察,这一战略机遇主要有两方面。第一个战略机遇是,国发〔2014〕43号文引领的一揽子政策为地方债务风险治理转型奠定了制度基础。推进地方政府债务治理从"激励导向"转向"绩效导向",需要硬化政府举债融资的预算约束，将政府债务纳入预算监管和绩效管理。国发〔2014〕43号文剥离平台公司的政府融资职能，强化债权方信贷约束，为政府债务设置发行限额，将融资风险和投资绩效纳入政绩考评等制度举措，有力硬化了政府间预算约束，推进了地方债务风险的治理转型。

首先，一揽子治理转型政策在纵向分权框架中明确释放"不救助"信号，旨在取缔政府间信用背书，遏制省以下地方政府通过纵向转移支付"公共池"转嫁偿债责任的机会主义动机。当地方政府不能期望通过公共池转嫁偿债责任时，策略性举债行为将被极大削减。在新发展格局下，地方政府（特别是市县级基层政府）需要审慎权衡举债融资的成本和收益，通过科学论证遴选出中长期收益能够覆盖财务成本的公益性投资项目，提高债务资源的配置效率。

其次，一揽子治理转型政策剥离了平台公司的政府融资职能，使传统"激励导向"型的治理模式失去了存续基础。传统治理模式之所以诱发各地债务存量的竞争性飙涨，主要原因是地方政府可以通过组建融资平台公司，依托平台公司同本地银行业金融机构的隐性契约获得增信支持。一揽子治理转型政策对平台公司政府融资职能的剥离，将彻底转变其工具载体职能，推动融资平台转型为营利性的地方国有企业，在市场化经营中更加注重控制融资成本和提升投资绩效。

再者，一揽子治理转型政策强化了债权方信贷约束，要求银行业金融机构按市场化原则严格规范信贷管理，切实加强风险识别防控。这就制度性取缔了地方政府与金融机构之间的隐性契约，弱化了政府信用背书对融资平台借贷的风险溢价扭曲。在新发格局下，无论地方政府发行政府债券还是融资平台发行城投债券，破除隐性契约后的债券市场均可强化"价格发现"功能，逐步还原公共债务的风险溢价。公共债务的市场化定价机制有助促进市场投资者理性决策，在"看不见的手"的引导下，将社会储蓄资源优先配置给绩优低险项目，减少对民营企业融资的制度性挤出。

最后，一揽子治理转型政策还建立了新型地方官员问责机制，强调对脱离实际过度举债、违规使用债务资金、恶意逃废债务的地方官员离职追责。这就将地方官员的债务融资决策从传统模式下的凸显数量型政绩，转到统筹发展与安全、防控债务风险、增进民生福祉上来，从而进一步稳固了"绩效导向"型治理模式的政治基础。

第二个战略机遇是，肆虐全球的新冠肺炎疫情倒逼中国数字经济快速发展。2020年底突如其来的新冠肺炎疫情作为突发性重大公共卫生事件，给中国的经济发展和国家治理带来严峻考验。新冠肺炎疫情加大了社会公众的社交距离，冲击了旅游、餐饮、娱乐等线下服务业的正常运转，使大量设备制造企业因物流受限、原材料供应困难而面临现金流困境。在新冠疫情冲击下，传统就业模式受到严重冲击，产业转型升级压力凸显。

"危中有机。"新冠肺炎疫情促使中国加快数字化生态转型，将发展数字经济列入"十四五"规划和2035远景目标纲要。"数据"已经成为继工业文明时代的劳动、资本、土地三大要素之后，在信息时代形成的第四个生产要素。（冯俏彬，2021）这种新型生产要素同其他三种工业文明时代的生产要素有着本质区别。传统生产要素，无论劳动、资本还是土地，都具有规模报酬递减特征，即随着生产要素的持续投入，其边际产出贡献不断下降，从而不能期望通过持续投入任一特定要素实现经济的可持续增长。①数据要素则不同。作为一种信息文明时代涌现的新型生产要素，其典型特征是非竞争性和规模报酬递增，一家企业拥有的数据越多，就越能够为价值链发挥更大的赋能贡献。在新发展格局下，数据要素将推动经济增长方式深刻转型，使中国迎来数字产业化和产业数字化的战略机遇。中国作为一个拥有超大市场、超大地域、超大社会的发展型国家，非常适合发展具有规模经济特征的数字经济新业态，在推进数字产业化、产业数字化方面具有大国禀赋优势。数字经济一方面加速资源要素流动，提高供需匹配效率，为畅通国内国际双循环持续赋能；另一方面引导"大众创业，万众创新"，为落后地区和低收入人群创造就业新机遇。利用数字企业提供的网络平台，广大中低收入者可以突破时空限制，在全国大市场范围内共享商品、信息和服务，形成共享经济新业态，解决疫情冲击下的就业和民生问题。数字经济还有助于在产业赋能过程中培育新的经济增长点，为地方政府涵养稳定税基，发挥民营企业家的创新创业热情。大力发展数字经济，已经成为化解地方政府债务风险和保障地方财政可持续的必由之路。反过来看，基于数据要素本身具有的规模收益特征，数字经济产业在降低经济和债务风险的同时，也可能带来垄断性、倾吞

---

① 一般认为，改革开放后中国经济的持续高速增长得益于优质廉价劳动力和国内国际资本的大量投入，是典型的外延式增长。不过，随着两类要素投入的持续追加，其需求端增长贡献日渐式微。"四万亿计划"实施过后，鉴于公共投资的增长贡献难以达到预期，中国政府将经济增长的核心驱动力从需求端调整到供给侧，推出与高质量发展相适应的一揽子转型改革举措。

性等衍生风险。在新发展格局下，统筹发展与安全，充分发挥数字经济培育新增长点、涵养中长期税基、创造就业、改善服务、促进创新的积极作用，通过常态化监管引导平台企业守正创新，规范运营，既是新发展格局下亟需解决的重大课题，同时也是中国把握住第三次工业革命机遇，"弯道超车"实现经济新跨越的必然选择。

6.3.2 三大现实挑战

在新发展格局下，尽管具有制度转型改革和数字经济发展两大地方债务风险治理的战略机遇，但完成新发展格局赋予的任务和使命，中国也将面临诸多现实挑战。具体来说，现实挑战主要来自三方面：

1.债务风险整体可控但隐忧凸显

与"激励导向"型的传统治理模式不同，新发展格局下的地方政府债务治理需要在经济发展和风险控制之间寻求战略平衡，统筹发展与安全。当前，将我国中央国债和地方政府债务合并后对比国内生产总值，综合负债率仍然低于国际公认警戒线（60%），地方政府债务风险整体可控。但深入观察，新发展格局下的地方政府债务治理面临着结构性、流动性层面的双重隐忧，需要决策层密切关注并加以审慎应对。

在结构性层面，我们重点关注债务类型结构、政府层级结构和区域空间结构。无论从哪个结构视角观察，2015年新《预算法》生效后的地方政府债务风险均有所凸显。

表6-1　2021年一般债和专项债存量风险比较　（单位：亿元）

区域范围	一般公共预算收入	一般公共预算中央补助收入	政府性基金预算收入	国内生产总值	一般债务余额	专项债务余额	一般债务率	一般负债率	专项债务率	专项负债率
全国	110 704	82 152	93 774	1 137 743	137 705	166 990	0.71	0.12	1.78	0.15
东部	63 607	16 425	55 735	592 202	47 251	79 880	0.59	0.08	1.43	0.13
中部	20 032	21 735	18 558	250 132	28 043	35 892	0.67	0.11	1.93	0.14
西部	21 854	34 893	16 988	239 710	47 639	42 943	0.84	0.20	2.53	0.18
东北	5 211	9 100	2 493	55 699	14 772	8 275	1.03	0.27	3.32	0.15

注：（1）本表基础数据取自万得资讯金融终端（WFT）及分省政府预算执行公报（2020）。

（2）"债务率"的测算公式是"债务余额/可用财力"；"负债率"的测算公式是"政府债务余额/国内生产总值"。

首先，从债务类型结构看，风险主要在表内专项债和表外隐性债两个方面凸显。表6-1分别列示了截至2021年底，全国及各大区域一般债务率、专项债务率、一般负债率、专项负债率四项指标的测算结果。测算结果表明，全国及各大区域一般负债率、专项负债率、一般债务率指标全部控制在国际公认警戒线内，三类指标基本无虞。对比来看，表内债务风险主要集中在"专项债务率"指标，无论东部、中部还是东北、西部地区，专项债务率均突破了国际公认警戒线（100%），说明各地区的政府性基金余额均未能覆盖专项债务存量，难以实现收益和融资自求平衡。除专项债外，类型结构风险还凸显在隐性债方面，即地方政府通过政企合营（PPP）、引导基金、购买服务等方式衍生泛化的表外债务。以政企合营为例，规范的政企合营模式是一种股权融资，政府投资方和社会投资方各以一定比例注资成立项目公司，按股份出资比例分配利润和承担风险。但在实际运营中，政企合营模式出现了社会引资异化的问题。（郭玉清、毛捷，2019）地方政府为吸引社会资本参与公益项目建设，往往抛出固定收益、承诺回购、保底收益等财政补偿条件，将股权融资转化为事实上的债权融资，以"明股实债"方式衍生泛化隐性债务。根据学界估算，这部分变相累积的违法违规债务在体量上并不亚于纳入预算管理的表内显性债务。在"开前门"的同时着力"关后门"，厘清隐性债的责任主体和化解渠道，成为防范结构性债务风险的重要任务。

其次，从政府层级结构看，自分税制改革以来，由于"财权上移、事权下放"的财政分权制度安排被示范延伸到了基层政府，财政缺口在市县级层面累进放大的局面导致基层财政行为缺乏财经纪律约束。2015年新《预算法》生效后，尽管中央放开了各省区市的表内发债融资权，但债务发行融资权仍然集中在省级政府，市县级政府要向省级政府争取转贷配额，并且只能在省级统筹限额内争取转贷债务。这就导致一些市县级政府的债务配额同发行需求不匹配，表外杠杆继续沿着纵向政府层级垂直向下延伸扩散，变相积聚。由此，治理转型期衍生泛化的隐性债务风险，需要密切关注表内杠杆和表外杠杆的逆向转移配置趋势，将政策着力点延伸到市县级基层政府。

再者，从区域空间结构看，传统治理模式遗留的债务风险分布格局，在新发展格局下仍然惯性存续。传统治理模式使债务存量风险形成两头高、中间低的"U"形布局（郭玉清、张妍等，2022），东北、西部的高债省份更有可能率先陷入偿债困境。东北和西部地区债务风险高，是由于这两类地区均为人口流出地，近年来经历了本地人口"用脚投票"式的向外迁居转移。税基流失导致这两类地区难以涵养充裕财源，挖掘出收益能够覆盖成本的绩优项目。但在举债谋发展的传统体制环境中，这两类地区又秉持中央救助预期，举借了大量难以偿还的政府性债务，冀图未来陷入偿债困境时将偿债责任推卸给中央政府或其他地区。税基流失和道德风险相结合，型塑了地方政府债务风险"两头高、中间低"的异质性空间布局。新《预算法》生效后，高债地区更有动力抛出财政补偿条件，以明股实债方式吸引社会资本投资，导致社会引资异化。按照规范的社会引资程序，若高债地区的社会引资率和项目落地率高于低债地区，则这种社会资本配置结构有利于实现地方财政可持续。问题是，由于高债地区是通过抛出财政补偿条件实现的高社会引资率，其中蕴含的隐性债务风险导致引资项目难以通过"财政承受力论证"和"物有所值评估"，因此这些地区政企合营项目的实际落地率低于低债地区。由于高债地区的社会引资难以落地成为实物工作量，在空间政治经济学视野下，这些地区存在着"增长动力不足，依赖转移支付，扩张政府债务"（简称增长—补贴—债务）的"三角悖论"（钟辉勇、陆铭等，2022），债务风险的"U"形地理空间布局在新发展格局下依然惯性维系。

除各类结构性风险外，在流动性层面，新发展格局下的地方政府债务风险主要源于资产负债期限错配，即地方政府举债投资贡献的项目收益流难以及时、足额覆盖到期债务，局部地区存在陷入流动性困境的可能。我国地方政府债务主要是投资型债务，稳固庞大的经济基础决定了地方政府债务风险整体可控。但整体可控并不等于不存在流动性风险，当项目成本回笼缓慢、投资收益难以应对债务本息偿付压力时,流动性风险就会随之凸显。处理流动性风险的通常举措是债务展期,即用中长期债务置换短期债务。2015年新《预算法》生效后,中国先后采取了两类债务展期操作,一是以发行地方政府置换债券置换存量债务,二是以发行再融资债券置换到期债券,但这两类债务置换均没有从根本上解决债务成本与收益的期限错配问题。从本质上说,流动性风险源于"短债长投",即地方政府债务的偿还期普遍较短,投向的却是长回报期的市政公益性建设项目。市政项目一旦建成,其回报期往往可以持续几十年甚至上百年(典型如地铁系统),而地方政府债券的偿还期大多不超过十年,这使地方政府债务投资贡献的收益流在偿还期内难以覆盖债务本息,通过不同形式的债务置换执行展期操作成为必然选择。从中长期视角观察,破局的关键还在于允许地方政府在科学评估、审慎论证的基础上发行中长期债券,使偿债期限和投资收益逐步达成动态匹配。当然,地方政府债券发行应该通过规范的市场化渠道完成,市场化定价机制有利于防范信用背书的制度扭曲,提高债务资源整体配置效率。

2.债务风险金融化冲击底线安全

在新发展格局下,为打好重大风险防御攻坚战,需要密切防范债务风险财政化和债务风险金融化,避免债务风险沿着财政和金融两个方向溢出升级,冲击财政金融安全,甚至在某个时间窗口触发系统性风险。

所谓债务风险财政化,是指由于地方政府间存在隐性担保和信用背书,地方政府举借的债务沿着纵向行政链条逐级传导,直至转嫁成为中央政府债务,或通过转移支付"公共池"推卸给其他地区承担。债务风险财政化的制度根源在于政府间举债的权责边界没有清晰界定,这会诱发地方政府策略性举债,并在陷入流动性困境时谋求推卸偿债责任。财政可持续的关键是债务融资可持续,而债务风险财政化必将影响地方乃至中央财政的可持续。为防范债务风险财政化,国发〔2014〕43号文引领的一揽子治理转型政策采取了针对性治理措施,从法律和制度层面约束地方政府规范举债,合理用债,防范债务风险冲击财政安全。

尽管债务风险财政化被制度性遏制,但在新发展格局下,地方政府债务风险仍有可能升级为金融风险,冲击金融底线安全。具体来说,债务风险金融化存在增量和存量两点隐忧。在债务存量方面,尚有大量未被甄别为政府偿债责任的债务累积存压在银行业金融机构,占压了大量银行信贷资源。在债务增量方面,一些融资平台公司仍然通过"委托贷款""信托融资""融资租赁"等影子银行渠道举借非标债务,挤出更富效率的民间融资。特别是如果金融机构和融资平台致力于利用金融衍生品合谋套利,将引发经济"脱实向虚",导致实体经济和虚拟经济严重失衡。为阻断债务风险金融化,2011年原银监会设置"现金流覆盖率"门槛条件,[①]强化了银行业金融机构的债权方信贷约束。根据银监办发〔2011〕191号文,各银行对融资平台公司要按照"保在建,压重建,控新建"的总体思路,将有限信贷资源着重用在生产经营性项目的建成完工和投产上,以实现全年"降旧控新"的总体目标。官方文件特别强调,融资平台公司可放贷条件主要有两项,一是现金流能够达到全覆盖要求,二是资产负债率不得高于80%。在

---

① 详见《关于地方政府融资平台贷款监管有关问题的说明》(银监办发〔2011〕191号)。

实际操作中，"资产负债率"标准并不能切实发挥风险约束作用，融资平台公司可以人为操纵企业资产统计，通过注入土地收益等虚置资产降低资产负债率，达到继续借贷条件。"现金流覆盖率"则是约束较硬的门槛指标，原银监会明确规定，地方政府提供的信用承诺、没有合法土地使用权证的土地预期出让收入（专业土地储备机构除外）、一般预算资金、政府性资金预算收入、国有资本经营预算收入、预算外收入等财政性资金承诺，均不得计入借款方自有现金流。现金流未能达到全覆盖标准的融资平台公司将无法从银行业金融机构获得新增贷款，这在遏制债务风险金融化方面发挥了显著的政策效应。

除强化债权方信贷约束外，中央也推出了针对债务方融资平台公司的治理政策。如图6-1左半部分所示，在地方债治理转型前，债务风险金融化的主要载体是地方融资平台公司。融资平台公司作为承担政府融资职能的特殊国有企业，其融资行为获得了地方政府的信用背书。具体表现是，地方政府以出具"担保函""宽慰函""承诺函"等方式为融资平台举债提供隐性担保，扭曲平台公司举债的风险溢价，软化债权方信贷约束。鉴此，国发〔2014〕43号文要求转型后的融资平台公司成为自主经营、自负盈亏的实体企业，禁止其继续依托地方政府的债务兜底承诺谋求银行增信贷款。但正如图6-1右半部分所示，地方债治理转型后，中央鼓励地方政府通过政企合营等方式拓展融资渠道，吸引社会资本参与公益性项目建设。但大量研究表明（郭敏等，2020；周世愚，2021），地方政府开始抛出财政补偿条件，为参与公益性项目建设的社会资本方提供收益补偿承诺，导致社会引资异化。收益补偿承诺包括保底收益、固定回报率、资本金回购等，这些违规承诺同样能够软化融资平台公司的信贷约束，使转型后的融资平台公司能够继续获得金融机构的增信支持。鉴此，财政部另出台官方文件，①要求"除国务院另有规定外，地方政府及其所属部门参与PPP项目、设立政府出资的各类投资基金时，不得以任何方式承诺回购社会资本方的投资本金，不得以任何方式承担社会资本方的投资本金损失，不得以任何方式向社会资本方承诺最低收益，不得对有限合伙制基金等任何股权投资方式额外附加条款变相举债"。这项政策文件出台后，地方政府抛出财政补偿条件、违规提供收益补偿承诺的信用背书渠道同样被制度性禁止，这有利于融资平台公司逐步向金融控股、城市运营、产业投资、资产管理等方向多元化转型发展，成为真正按现代企业制度运营的独立市场主体。

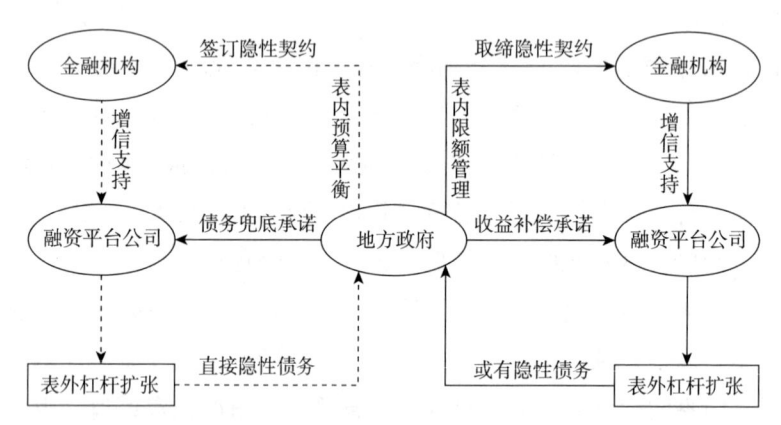

图6-1 限额预算管理前后地方政府债务风险的传递路径比较

注：椭圆代表经济主体，虚线和实线分别表示地方债限额管理前后表内债务风险的传递路径。

---

① 详见《关于进一步规范地方政府举债融资行为的通知》（财预〔2017〕50号）。

经过债权方和债务方的双向治理改革，债务风险金融化被有效遏制，但金融系统还累积存压了大量融资平台举借的存量债务，每年都衍生巨量利息支出，不断推高金融系统占压的信贷资源总盘子。土地财政退潮后，通过经济高质量发展涵养新的偿债财源，研究制定措施防范系统性金融风险，成为新时代重大风险防御攻坚面临的严峻考验。

3. "重量轻质"的传统量化治理理念惯性存续

在新发展格局下防范化解地方政府债务风险，除着力应对债务风险的结构性、流动性和外溢性问题外，还需转变"重量轻质"的传统思维定式，以新发展理念指导债务绩效管理。

历史地看，量化治理理念植根发展导向的制度安排，是一种非常高效的政治激励制度。这种治理模式引导的基础设施建设突破了高速增长期的基建瓶颈制约，为培育高质量发展阶段的新的经济增长点奠定了坚实基础。以数字经济为例，这种新经济业态的特点是平台化、数据化、普惠化，通过数据的流动共享，推动商业流程跨越企业边界，形成全新的生态网络和价值网络。但数字经济发展的前提是拥有良好的公共基础设施，否则，仅有数字网络精准对接虚拟空间中的消费供需双方，而没有线下实体经济中的交通、物流、能源、市政等公共基础设施同步配套，数字经济就只能沦为虚拟的经济业态，无法切实赋能实体经济。

不过，激励导向型的量化治理模式毕竟存续于预算软约束的体制环境中，隐含着预算软约束内生的道德风险，体现在无论地方官员、地方政府还是金融机构，都存在片面追逐短期利益的策略性动机，忽视了对债务融资的绩效考量。具体而言，错配扭曲有三。第一，期限错配。量化治理模式树立了一种"唯GDP论英雄"的功利主义政绩观,侧重以地方官员任期内可观察的量化绩效决定晋升人选,这种政绩导向诱发了地方官员"重举债、轻风险"的策略倾向。债务与任期错配进一步诱发地方官员晋升考评的"逆向选择",能够得到晋升机会的官员大多秉持卸责心理,在任期内通过各种手段推动债务扩张;举债力度偏低或不举债的地方官员则遭到末位淘汰,失去政治晋升前景。这种道德风险和逆向选择驱动的举债融资竞争,是理解传统治理模式"重量轻质"的关键。第二,空间错配。量化治理模式在纵向分权框架中植入信用背书,使地方政府不惮陷入偿债困境,而是冀图在风险暴露时谋求中央救助,通过转移支付"公共池"将偿债压力转嫁给其他地区。策略性举债动机映射到地理空间维度,使债务风险形成了"西高东低"的分布格局,距离海岸线越远的内陆腹地累积的债务风险相对越高。债务资源更多流向经济基础孱弱的中西部高风险地区,仍然是道德风险和逆向选择所致,不利于提高资源整体配置效率。一旦风险暴露,落后省区更有可能率先谋求"公共池"救助。第三,资源错配。量化治理模式进一步在地方政府和金融机构之间嵌入隐性契约,引导信贷资源优先投放到融资平台。同发行城投债或地方政府债券相比,银行贷款进入门槛低,缺乏资质审查和信用监督机制,这是财力基础薄弱、卸责偏好强烈的中西部地区一样能够获得债务融资的制度主因。长期来看,激励导向的量化治理模式内生的三重制度性错配扭曲,将传统债务投融资整体塑造成一种"大水漫灌"的数量型投融资模式。"大水漫灌"体现在,距离东部海岸线越远的内陆腹地省份,越秉持救助心理和卸责偏好,试图通过制度性错配扭曲加大表外融资力度。尽管这种发展模式在高速增长阶段累积了大量公共资产,但也使各地区存在不同程度的投资低效和重复建设,导致脱离审计监管的表外债务"灰犀牛"持续膨胀,冲击国家财政金融安全。

中国特色社会主义进入新时代后,中央转变了地方官员政绩考评机制,强调将融资风险和投资绩效纳入政绩考评体系,但"重量轻质"的传统理念仍然惯性存续,体现在:尽管存量债务被纳入限额预算管理,但地方政府仍然通过"明股实债"渠道举借表外债务,使政府杠杆率畸高不下,流动性风险依然严峻;尽管专项债发行以收益和融资自求平衡为原则,但地方政府仍然无视投资绩效争夺专项债配额,中央加大审计力度后又紧缩投资,踟蹰不前,诱发"资金等项目"的制度怪象,增加了专项债风险的治理难度。在双循环新发展格局下,以新发展理念替代"重量轻质"的惯性思维,引导地方政府债务融资提质增效,既是地方财政中长期可持续的关键挑战,也是促进经济高质量发展的核心任务。

6.4 新发展格局下地方债务风险治理的转型路径探析

基于时代背景、目标任务、改革机遇和现实挑战,在新发展格局下推进地方政府债务风险治理,我国应坚持底线思维和系统观念,适应性调整债务投资领域,助力畅通双循环新发展格局,促进经济高质量发展与地方财政可持续。

6.4.1 秉持底线思维维护国家安全

地方政府债务风险治理作为新时代重大风险防御攻坚战的重要内容,事关改革发展全局,需要予以统筹规划和有序推进。在新发展格局下统筹发展与安全,坚守不发生系统性风险的底线,我国应主要从四个方向入手，分别维护财政安全、金融安全、经济安全、人民安全。

1.财政安全

在新发展格局下推进地方政府债务风险治理，首要工作是保障财政安全，避免触发区域性政府债务危机乃至主权债务危机。这就要求针对地方政府债务风险主要集中在表内专项债和表外隐性债的现状，及时采取针对措施阻断风险扩散蔓延。首先，针对地方政府隐性债务风险，应坚决"修明渠，堵暗道"，严禁地方政府继续经由表外渠道衍生泛化隐性债务。鉴于举借隐性债务的工具载体仍然是融资平台公司，应深入推进融资平台市场化转型，厘清政府债务与企业债务的权责边界，防范政企合作、引导基金、购买服务等市场化运作模式异化为新的融资平台。[1]其次，针对专项债风险，一方面要科学甄别能够产生稳定收益流的公益性投资项目，实行项目全生命周期管理，保障项目收益能够覆盖投资成本；另一方面应推动专项债资金合理拨付使用，使专项债资金能够落地形成实物工作量，避免资金闲置沉淀，促进专项债的发行进度和资金使用进度相匹配。

除风险治理外，保障财政安全还要有序推进制度改革，要义有三：一是调整财政收支结构，大力压缩"三公经费"、超编供养

---

[1] 针对政企合作模式（PPP）异化为新的融资平台的现象，《财政部关于推进政府和社会资本合作规范发展的实施意见》（财金〔2019〕10号）要求加强项目规范管理，禁止开展违规政企合作模式，包括："本级政府所属的各类融资平台公司、融资平台公司参股并能对其经营活动构成实质性影响的国有企业作为社会资本参与本级PPP项目的。社会资本方实际只承担项目建设、不承担项目运营责任，或政府支出事项与项目产出绩效脱钩的。"

等低效支出,严禁地方政府举债建设楼堂馆所,确保税收收入及时足额征缴入库,必要时考虑变现政府资产偿还债务。二是设立偿债专项基金,来源主要是年度预算拨款、财政结余调剂及债务投资项目收益一定比例的划转,用于债务清偿和资产运营。三是厘清权责边界,分清政府债务和企业债务、中央债务和地方债务、历史债务和新增债务的责任主体,打破"风险大锅饭",坚持"谁家的孩子谁抱",防范地方政府债务风险跨时、跨地、跨表、跨级外溢,将风险阻断在局部险源。

2.金融安全

地方政府债务风险不仅存在财政化可能,还可通过各种渠道危及金融安全,冲击系统性风险底线。在新发展格局下,我国应密切监控债务风险的演化趋势,阻断债务风险金融化的传导路径,保障金融体系运行安全。

2015年新《预算法》生效后,地方政府融资平台的政府融资职能被制度性剥离,逐步转型为自主经营、自负盈亏的地方国有企业。中央文件强调:"金融机构应严格按照商业化原则提供信贷,对欠缺稳定经营性现金流作为还款来源或没有合规抵、质押物的项目,不得要求地方政府违规担保并提供贷款。"[1]这就从制度层面打破了影响金融改革的利益藩篱,加大了对监管部门和金融机构落实政策的跟踪力度,引导银行业金融机构按照商业化原则提供信贷。为保障金融安全,金融机构要强化对贷款主体资质条件、偿债能力、信贷流程的外部审计,对融资平台公司或其他市

---

[1] 详见《国务院关于加强地方政府融资平台公司管理有关问题的通知》,国发〔2010〕19号。

场主体一视同仁，特别是为民营企业营造良好的融资环境。针对存量债务风险，通过债务置换缓释偿债压力固然必要，但更根本的解决之道还在于培育新的经济增长点，以可持续财源化解银行业金融机构累积占压的存量债务。管理机制方面，基于数字经济新业态快速发展的产业背景，中国应推动大数据技术的金融审计应用，以"金融贷款资产比""贷款损失分担率"等指标发掘风险隐患，引导金融机构按市场化原则合理分配信贷资源，促进实体经济高质量发展。

3.经济安全

在新发展格局下推进地方政府债务风险治理，需要审慎评估经济高质量发展面临的问题和压力，以"双底线思维"在财政风险和经济风险之间寻求战略平衡，保障经济安全。

2021年底，中央经济工作会议指出，中国经济发展面临着需求收缩、供给冲击、预期转弱三重压力，宏观政策上应坚持以经济建设为中心，"稳"字当头，保持政策的连续性、稳定性和可持续性。这就需要通过地方政府债务风险治理对冲三重不利因素，在提振需求、保障供给、稳定预期方面分别实施"双管齐下"的政策举措，实现经济量的合理增长和质的稳步提升。为提振需求，一方面应在加大绩效审计的前提下稳定项目投资杠杆，适度扩张公共投资需求，撬动社会资本形成更多有效投资；另一方面应在医疗、教育、养老、保障房建设等民生领域[1]做好财政托底，带动民间消费稳步增长。为保障供给，一方面应引导地方政府债务融

---

[1] 关于医疗、教育、养老、托幼等民生性支出属于公共投资支出还是公共消费支出，目前尚无定论。(郭庆旺，2021)但无论将民生性支出界定为投资支出还是消费支出，其在培育人力资本、增进民生福祉、带动民间消费等方面都将发挥重要作用。

资投向经济社会发展的短板领域,增强产业链供应韧性,加快解决"缺芯少魂"等"卡脖子"难题;另一方面应以债务融资支持全产业链布局,打通产业链供应链的堵点、断点,支持产业链协同创新和公共服务平台建设,提升产业链供应链现代化水平。为稳定预期,一方面应总结地方政府债务治理的"中国之道",讲清楚地方政府债务风险的中国叙事;另一方面应减少政策的合成谬误和分解谬误,提振市场信心,打造更为优质的营商环境,激发市场主体活力。

4.人民安全

人民安全是国家安全的基石,是实现中华民族复兴伟业、保证人民安居乐业的根本宗旨。中国共产党的根基在人民,血脉在人民。保障人民安全,夯实国家安全的群众基础,是新时代重大风险防御攻坚的头等大事。

在新发展格局下保障人民安全,必须坚决遏制债务风险传导升级,冲击经济安全和社会稳定。从国际案例观察,一旦系统性债务危机爆发,民生福祉主要受到三方面的影响。一是就业减少。债务危机爆发将降低企业产品需求,快速引发企业倒闭潮,使农村务工人员和高校毕业生等群体首当其冲面临巨大就业压力。二是收入降低。债务危机往往伴随恶性通货膨胀,带来物价攀升、资产贬值的严重后果,极大影响社会公众的消费能力和财富水平。三是公平受损。债务危机一旦触发,普通民众将被迫减少教育、培训等个体人力资本投资支出,影响市场竞争的起点公平和机会公平,进一步拉大同高收入群体的收入差距;严重时甚至会引发贫富差距的代际传递,导致垂直流动性减弱和社会阶层固化。防范债务风险金融化,坚守不发生系统性风险的底线,是保障新时代人民安全的基本准则。

6.4.2 推动构建双循环新发展格局

在新发展格局下推进地方政府债务风险治理,不仅要基于新发展格局,从"激励导向"的传统治理模式转型为"绩效导向"的新型治理模式,还要通过债务风险治理转型打通关键堵点,推动构建新发展格局。具体来说,推动构建新发展格局可从国内大循环和国际大循环两个方向分别发力。

1.助力畅通国内大循环

国内大循环方面,我国应通过中央和地方垂直互动决策推进区域一体化,实现各地区包容共享发展。为畅通国内大循环,地方政府债务融资应转变"大水漫灌"的低效投资模式,破除各地区以邻为壑、画地为牢的利益藩篱,促进贯通全国统一大市场。

理解2021年中央经济工作会议提出的"适度超前开展基础设施建设",应重点把握"适度"和"超前"两个关键词。"超前",意味着新发展格局下的地方政府债务投资要基于财政的基础和支柱职能,支持前瞻性基础设施布局,引领经济转型、产业升级和技术创新,为未来新需求的产生和新技术的应用作好准备。例如,5G网络的构建和带宽的提升能够激发带动视频、游戏、零售等产业的革新,刺激消费需求扩张。在新发展格局下,基础设施债务融资取之于民,用之于民,既要尽力而为,也要量力而行。"适度",意味着新发展格局下的宏观杠杆率要保持在适度规模和合理区间,不能再延续狂飙突进的超常发展模式,特别是不能为加大基础设施投资力度衍生泛化隐性债务,冲击财政金融安全。此外,"适度"的另一重含义还体现在基建回报层面。由于很多新技术的应用场景、市场空间尚不明确,进行基建项目建设时要充分预估其商业变现和投资回报能力,避免"一哄而上"盲目铺摊子,"撒胡椒面"式投资基础设施项目,导致重复建设和产能过剩。

分主体看,在新发展格局下,中央政府可以通过国债项目投资,重点支持对发展国民经济和畅通国内大循环有重大战略意义的项目,带动地方政府投资相关领域。例如,在新发展格局下,国债项目投资应重点支持绿色转型、融合创新、产业集群、区域一体化等重大战略工程,引导地方政府提供配套债务融资,逐步实现区域互联互通基础上的发展趋同。中央政府可引领的基建投资包括:(一)绿色基建,将目前能源结构的主体由火电逐步升级为光伏、风电能源,在沙漠、戈壁、荒漠等地开展新型能源基地建设,推进"碳达峰"和"碳中和";(二)新基建,包括5G基站、人工智能、工业互联网、物联网等,推动产业智能化与经济数字化转型发展;(三)民生基建,包括教育、医疗、养老、托幼、就业、助残等,以"互联网+公共服务"模式推进数字社会建设,实现包容共享发展。地方政府债务投资应基于本地的资源禀赋、民生需求和财力状况,合理确定地方债发行的品种、期限、规模、频次,保障债券发行渠道通畅,激发市场投资活力,配合中央国债投资打通国内大循环的关键堵点。地方政府的专项债券投资要谨慎甄别项目成本和收益,事前做好风险评估和财政可行性论证,确保项目投资收益能够在允许的年限内覆盖债务融资成本。以公共项目成本收益分析为基础,地方政府可积极探索债务投资项目的遴选和退出机制,探索区域一体化发展路径模式。对于项目建设期间收益率明显低于预期甚至无法形成财务现金流的专项债投资项目,要坚决列入"负面清单",强化债务融资项目的绩效管理。

2.助力畅通国内国际双循环

除促进国内大循环外,新发展格局下的地方政府债务融资还可致力于开拓国际市场,畅通国内国际双循环。也就是说,在积极"向内挖潜"的同时,还可寻求"向外借力",借助国际资本市场提升我国地方政府债券的国际关注度,填补离岸地方债的发行空白。促进新发展格局下的国际大循环,地方政府债务融资可从东、西两端同时发力。

在东部沿海,财力基础稳固、偿债能力无虞的发达地区可探索发行离岸人民币地方政府债券,促进高水平开放和国际大循环。2021年10月18日,国家发展和改革委员会印发《深圳建设中国特色社会主义先行示范区综合改革试点实施方案(2020—2025年)》,允许深圳市先行先试地方政府债券发行机制,到境外发行离岸人民币地方政府债券。深圳市作为中国特色社会主义先行示范区,具有发行离岸人民币地方政府债券的有利国际背景。当前,全球主要经济体陆续实施量化宽松货币政策,利率和资产收益率逼近零甚至达到负值,境外投资者将人民币作为外汇储备的需求非常强烈。为扩大金融业对外开放,我国陆续出台多项政策措施,地方政府发行离岸人民币地方政府债券可谓正当其时。以深圳为试点,探索发行离岸人民币地方政府债券,主要有三点重要意义:一是拓宽债务融资渠道,吸引国外资本参与市政基础设施建设;二是推动人民币国际化,促进人民币债券深度融入全球金融市场;三是完善地方政府债券的价格发现功能,提高地方政府债务的流动性和抗风险性。深圳市发行离岸人民币地方政府债券后,可以选择穆迪、惠誉、标准普尔等国际信用评级机构进行风险测评,使我国地方政府债券的风险溢价对接国际金融市场，进而以国际风险溢价为基准，逐步调整国内金融市场上的地方政府债券价格，推进地方政府债券的国际市场定价机制。基于深圳市发行离岸人民币地方政府债券的实践经验，我国可逐步扩大东部沿海省份发行境外地方政府债券的试点范围，在东部地区债券率先融入国际金融市场的过程中畅通国内国际双循环。

在西部内陆地区，我国地方政府债务融资应重点支持"一带一路"国家重点发展战略，鼓励国内沿线城市发行"一带一路"建设专项债，为会展中心、会议场馆、商贸中心、物流中心等基础设施建设提供资金支持，推动构建面向东盟、西亚、独联体、中东欧等"一带一路"沿线国家的国际大循环。发行此类专项债券，一方面有利于促进"一带一路"资金融通，便利相关项目融资落地，推动资本市场更好服务国家"一带一路"建设；另一方面也有利于扩大中国债券市场的对外开放，丰富中国债券市场的投资品种。与东部中国特色社会主义先行示范区发行的离岸人民币债券不同，"一带一路"专项债券主要在境内发行，注重引导外汇储备、社保、保险、主权财富基金等参与"一带一路"投资。西部内陆省份以发行专项债为抓手，可呼应东部地区的债券发行策略，推动人民币成为"一带一路"国家的主导性区域货币。通过发行"一带一路"专项债，中国可扩大与"一带一路"国家的本币互换规模和范围，鼓励境内外机构和个人使用人民币跨境投融资，引导沿线国家政府和机构在香港等离岸市场发行人民币债券。与"一带一路"专项债相配合，我国应鼓励境内企业在深市、沪市证券市场发行"一带一路"公司债，发挥境内债券市场的融资能力和配置效力，解决企业在"一带一路"项目建设中的实际融资需求，拓展多元化融资渠道。

6.4.3 实施地方政府债务融资的风险评估和绩效审计

在新发展格局下推进地方政府债务风险治理，一方面要建立债务风险的预警评估机制，防范债务风险触发局部危机；另一方面要强化地方政府债务融资的事前科学论证和事后绩效审计，提高债务融资的质量和效率。在地方政府债务风险的预警评估方面，基于债务风险已经在流动性、结构性和外溢性层面凸显，并且不同政府层级债务风险压力迥异的特征事实，中国需要在省级、地市级和县市级层面构建差异化的预警评估机制，实施地方政府债务风险的垂直联动预警。在地方政府债务融资的绩效审计方面，事前科学论证可基于"成本收益比""内部收益率"等微观财务指标建立甄别机制，确保举债融资项目能够获取稳定利润流或涵养中长期税基；事后绩效审计旨在强化"激励导向型"治理模式缺失的制度约束，遏制预算软约束内生的举债融资道德风险。在新发展格局下，债务绩效审计不宜延续组织成本高昂的突击式审计，而应针对债务风险的特征表现，实施提质增效目标引领的常态化审计。具体可循着四条路径分别实施：

第一，通过预算审计，推行权责发生制政府预算管理制度，强化地方政府债务融资的预算约束。在新发展格局下，我国有必要从预算的编制、执行两端强化绩效审计，将地方政府债券的发行规模、存量底数、偿债方案等内容纳入审计范畴，根据预算审计结果配置各地区新增债务限额。由于一般债券计入公共财政预算赤字，偿债来源主要是税收收入，对赤字率接近甚至突破国际警戒线的地区，有必要加大预算审计力度，敦促相应地区制定偿债计划，稳妥内控风险。就专项债券而言，应重点审计投资项目能否贡献持续稳定收益流，以及在微观层面能否实现收益与融资自求平衡，在中观层面能否实现政府性基金预算收支平衡，避免项目风险升级为财政风险。

第二，通过项目审计，推进地方政府债务投资的战略性结构调整，建立低效项目的退出机制。项目审计一方面旨在提升债务投资的微观财务绩效，另一方面中央和省级政府可通过项目审计逐级向下贯彻政策意图，将传统债务融资模式倚重的市政建设投资，扩展到包括教育、医疗、保障房建设等人力资本投资和节能减排、生态修复等生态资本投资领域。① 为实现提质增效，项目审计的关键环节是利用微观财务指标展开绩效评估，建立低效项目的退出机制。测算公共投资项目的成本和收益，应基于科学评估后的影子价值，视项目效益的外溢性强弱决定债券发行规模和比例。对华而不实的"白象工程"以及高污染、高能耗的"政绩工程"项目，要在审慎甄别基础上坚决列入"负面清单"，减少债务投资的沉没成本。

第三，通过责任审计，遏制地方官员举债融资的道德风险。"激励导向型"治理模式之所以导致债务风险累积凝聚，是由于这套治理模式忽略了对地方官员举债风险的责任审计，诱发了政绩驱动的卸责避险倾向。在新发展格局下，绩效导向的债务治理要针对传统治理模式的缺陷，实施对地方党政领导干部及融资平台

---

① 债务投资领域的转型扩容有利于生产要素的跨区域流动配置。以教育投资为例：地方政府通过发行教育专项债券进行校区建设和校舍改造，可以提高本地人力资本禀赋，进一步通过人力资本"用脚投票"的空间流动，实现不同地域间人力资本的结构优化重组。

负责人的债务责任审计,将举债融资项目的"借、用、还"全过程纳入政绩考评。①在遏制地方官员道德风险的同时,有必要延续经济高速增长期的有效治理经验,为地方官员合理运用债务融资促进高质量发展留存激励空间。债务风险的诱发因素既有主观性的,也有客观性的。若举债投资项目经过科学合理的事前评估,在执行层面受不可控因素影响没有达到预期绩效,这种情况将项目列入"负面清单"即可,不适于对地方官员启动问责机制。责任审计主要针对地方官员以债务融资违规建设形象工程和政绩工程,债务支出偏离了公益性质的情形;对于非主观原因导致的项目执行低效,应适度保留"容错"空间,鼓励地方官员勇于任事,避免地方官员以拱默尸禄的懒政作风应对风险问责。

第四,通过金融审计,阻断债务风险金融化的传导链条,防范信贷资金"脱实向虚",引导金融资源支持实体经济高质量发展。为防范债务风险向金融风险传导升级,金融审计应重点审查各类贷款主体的资质条件、偿债能力及信贷流程,对发放支付和贷后管理实行严格审计。在管理机制方面,推动大数据技术在金融审计领域的应用,以"金融贷款资产比""贷款损失分担率"等指标发掘风险隐患,调整信贷结构,引导金融资源更多支持民营企业融资需求,让金融活水浸润实体经济。(刘贯春等,2022)通过规范各类市场主体的举债审批程序,坚决遏制国有企事业单位平台化,严禁融资平台举债与政府信用挂钩,促进实体经济高质量发展。

---

① 详见国务院办公厅《关于印发〈地方政府性债务风险应急处置预案〉的通知》,国办函〔2016〕88号;《中共中央国务院关于防范化解地方政府隐性债务风险的意见》,中办发〔2018〕46号。

第七章　地方政府债务风险的预警评估方法及技术应用前景

在新发展格局下推进地方政府债务风险治理，亟需构建债务风险的预警评估机制，系统梳理国内外学界发展的预警评估技术。通过引入新的量化技术，地方政府债务风险的预警评估方法不断突破前期预警框架的技术局限，评估过程更加规范科学。从演进视角观察，政府债务风险的预警评估技术经历了"事后管控—事中监测—事前预案"的整体发展历程，预警时点越来越前移，从而更有利于决策部门提前制定防控预案，减少风险冲击损失。本章拟介绍地方政府债务风险预警评估方法的演进历程、技术特征和适用领域，展望各类预警评估技术在中国的应用前景。

7.1 "事后管控"型预警评估方法

国内外学界和实际工作部门早期发展的债务风险预警方法以"事后管控"为总体特征。这种方法的设计理念是，地方政府债务风险往往表现于特定预警指标值的异常变化，当决策层观察到特定地区的预警指标突破了安全值域时,即可宣布该地区进入高危名单,敦促其采取针对性的风险管控措施。由于预警指标突破安全值域意味着风险已经在一定的范围、领域、程度上有所暴露,因此这类基于指标观测的预警评估方法,是一种"事后管控"型的预警评估机制。

7.1.1 基于指标监测的预警评估方法

从国内外实践经验看,《马斯特里赫特条约》(下表简称《马约》)设定的欧盟警戒线一般被作为判断政府债务风险是否进入高危状态的量化依据,同时各国基于自身国情对经验阈值进行了一定的适应性调整。常见的预警指标有"赤字率"(财政赤字/GDP)、"负债率"(政府债务余额/GDP)、"债务率"(政府债务余额/可用财力)等,表7-1列示了学界应用较为广泛的预警指标及相应经验阈值。

表7-1 地方政府债务风险的预警指标及经验阈值

预警指标	量化测度公式	指标类型	经验阈值	阈值来源
负债率	地方政府债务余额/GDP	规模风险	60%	《马约》
债务率	地方政府债务余额/财政收入	规模风险	100%—150%	美国、新西兰
赤字率	财政赤字/GDP	规模风险	3%	《马约》
赤字依存度	财政赤字/(财政支出+还本付息额)	规模风险	30%	日本、俄罗斯

续表

预警指标	量化测度公式	指标类型	经验阈值	阈值来源
资产负债率	地方政府债务余额/地方政府资产余额	规模风险	10%	美国、新西兰
新增债务比重	新增债务/地方政府债务存量	结构风险	10%	日本
中长期债务比重	五年期以上债务余额/债务总余额	结构风险	60%	新西兰
担保债务比重	政府担保债务余额/经常性净收入	结构风险	22%	巴西
政府贷款负债率	地方政府贷款余额/金融机构净资产	金融风险	45%	巴西
政府贷款资产比	地方政府贷款余额/地方政府资产余额	金融风险	100%	巴西
偿债率	债务还本付息额/财政收入	违约风险	20%	韩国
贷款损失分担率	金融机构承担损失/对政府贷款损失	违约风险	—	—

资料来源：作者根据李萍等（2009）整理。

接下来，本节根据预警指标归属的类型，简要介绍指标含义及警戒阈值的选取标准。

1. 规模风险指标

第一类地方政府债务风险指标衡量规模风险。这类预警指标通过观察地方政府债务的新增、存量规模是否超过经验阈值，判断地方政府的财政收入、经济总量、政府资产等承载力变量能否覆盖债务规模。代表性指标有"负债率""债务率""赤字率""赤字依存度""资产负债率"等。

"负债率"又称"债务负担率",是地方政府债务余额占地区生产总值的比重,反映地区经济总量对政府债务的承载能力。负债率过高,说明一个地区累积的政府债务存量规模过大,经济负债压力过重,可能导致债务融资陷入借新偿旧的庞氏循环陷阱。在《马斯特里赫特条约》中,综合负债率的上限是60%,其中主权负债率的上限是20%,地方负债率原则上不高于40%。学界一般沿用综合负债率上限作为地方政府负债率的警戒阈值。

与征税不同,地方政府举债要偿还债务本息,这会驱策地方政府筹集财政收入偿还到期债务。"债务率"是地方政府债务余额占财政收入的比重,反映地方政府以财政收入偿还到期债务本息的压力。财政收入未必是地方政府偿债的唯一财源,紧急情况下还可变现政府资产。但政府资产的变现能力取决于资产性质,很多政府资产是难以快速变现的,因此灵活度和流动性更高的财政收入始终是衡量政府偿债能力的主要标准。债务率指标的欧盟警戒线是100%,各国实际执行时有一定浮动,如美国、新西兰的部分地区将债务率警戒线提高至150%。指标值高于100%,说明财政收入难以覆盖政府债务余额,地方政府面临的债务偿付风险加剧。

"赤字率"是地方财政赤字占地区生产总值的比重,衡量地区经济增长对地方财政赤字的依赖度。赤字率越高,说明政府新增举债规模越大,地区经济增长越依赖政府举债的需求端拉动效应。如果经济内生增长潜力和供给侧税基涵养能力相对薄弱,赤字率扩张可能导致密集偿债期到来时的流动性风险。《马斯特里赫特条约》设定的赤字率警戒线是3%,这个警戒标准是在测算欧盟国家负债率和潜在增长率的基础上制定的。

"赤字依存度"是财政赤字同财政支出和债务还本付息额的比值，反映地方政府支出对财政赤字的依赖度，即包含还本付息支出在内的政府总支出中有多大比例超出了地方政府的经常性收入[①]能力，要依靠新增债务融资予以支持。赤字依存度高，意味着政府支出过度依赖新增举债，本地税基同年度总支出之间的收支错配相对严重。日本和俄罗斯两国的赤字依存度执行警戒线是30%，高于该警戒线的地方政府将被限制举债融资权。

"资产负债率"是地方政府债务余额占地方政府资产余额的比重，反映地方政府存量资产对存量债务的覆盖程度。如果地方政府债务能够以实物资本的形式转化为具有中长期回报潜质的公共资产（如路网、管网、通信设施等），公共资产将涵养出中长期稳定税基，为清偿债务提供可持续财源。在债务融资支撑的政府资产中，一些政府资产（如办公楼、公务用车等）具备灵活变现能力，有望在危机触发时提供流动性；大多数政府资产则既不容易变现，也不允许变现。受政府会计核算体系制约，准确核算地方政府资产存量规模并不容易，目前仅权责发生制国家使用"资产负债率"指标评估债务风险，警戒阈值一般设定在10%。

2.结构风险指标

结构风险指标从结构而非总量视角观测地方政府债务风险。当结构性指标突破警戒阈值时，风险可能从债务结构的某个侧面

[①] 根据欧盟成员国的定义，地方政府的"经常性收入"包括税收、非税收入、收费、中央转移支付、中央与地方政府之间的收入分成、利息收入等，类似于我国的"一般预算收入"统计口径；经常性支出包括工资、社会福利、社会保障等。

率先暴露，若不采取防范措施，结构风险将向规模风险演化升级。结构风险指标主要有"新增债务比重""中长期债务比重""担保债务比重"等。

在地方政府债务存量中，既有以往年度累积的债务，也有为弥补赤字新增的债务。"新增债务比重"是新增债务占债务余额的比重，反映地方政府债务增量同债务存量的比例关系以及债务规模的扩张趋势。新增债务比重提高，说明地方政府正以积极的政策姿态加快债务融资，债务风险处于扩张趋势。国际上这项指标的警戒线一般设定为10%。

"中长期债务比重"是五年期以上地方政府债务余额占债务总余额的比重，反映债务存量的期限结构。根据政府举债融资的"黄金法则"，政府举债应严格限定在路网、通信、能源、电力等资本性支出领域，严禁用于经常性支出。由于公共投资项目建设周期长，投资效益惠及后代，政府举借中长期债务更有助于使项目的建设成本与后代人享受的收益相匹配，促进代际公平。从举债渠道比较，银行贷款的偿债期一般较短，发行地方政府债券的偿债期限可以相对拉长。以规范的市场化渠道发行地方政府债券，更有利于提高中长期债务比重，缓释地方政府的密集偿债压力，使地方政府能够更从容地安排用于公共投资项目建设的投融资进度。

"担保债务比重"是地方政府为下级政府、职能部门和隶属机构提供融资担保的债务余额占经常性净收入的比重，这项比值越高，说明地方政府承担的或有负债压力越重，需要在经常性收入中预留越多资金，应对或有债务风险冲击带来的不时之需。巴西将这项指标的执行警戒线设定为22%。2015年中国新《预算法》

生效后，经甄别认定为政府偿债责任的担保、救助责任债务被置换为表内债务，同时禁止地方政府的融资担保，因此地方政府违规担保衍生的或有债务主要隐匿在预算收支表外，其偿债责任主体需要作审慎甄别认定。

3.金融风险指标

由于在经济高速增长期，我国地方政府举借了大量商业性债务，地方政府债务风险与金融风险存在相互溢出效应，一旦融资平台无力偿还银行贷款，债务风险将以金融机构呆坏账的形式传导到金融领域，债务风险随之升级为金融风险。金融风险指标反映债务风险的转嫁程度，代表性指标是"政府贷款负债率"和"政府贷款资产比"。

"政府贷款负债率"是地方政府贷款余额占金融机构净资产的比重，反映金融机构向地方政府的授信程度，以及金融机构净资产能够在多大程度上覆盖政府贷余额。这项指标的量值提高，说明金融机构倾向为地方政府提供更多贷款，对其他市场主体的授信力度则相应下降。巴西将这项指标的执行警戒线设定为45%。

"政府贷款资产比"是地方政府贷款余额占地方政府资产余额的比重，反映地方政府以公共资产覆盖银行借贷的能力。为避免债务风险升级为金融风险，对于政府贷款资产比超过警戒阈值的地区，债权方放贷前要充分衡量地方政府的偿债信用，主动调整信贷结构，规避信贷风险。若地方政府的存量资产不足以覆盖其贷款余额，即便有第三方提供信用担保，也有必要禁止银行继续提供增信支持。

4.违约风险指标

违约风险是地方政府债务风险的高级形态，一旦地方政府债务出现违约，即代表风险已经开始暴露，正在升级为地方政府债务危机。新《预算法》生效后，中国的债务置换政策缓释了地方政府的偿债压力，降低了地方政府和融资平台的债务违约概率，但相对落后地区仍有可能率先陷入偿债困境，暴露债务违约风险。常见的违约风险指标有"偿债率""贷款损失分担率"等。

"偿债率"是债务还本付息额占财政收入的比重，反映地方财政收入能否应对到期债务的还本付息压力，是衡量违约风险的重要指标。偿债率过高，地方政府极易陷入流动性困境，最终不得不将偿债压力向外转嫁，或谋求上级政府的事后救助。将债务还本付息压力同财政收入挂钩，能够清晰反映地方政府的偿债压力，敦促地方政府及时采取措施规避违约风险。

"贷款损失分担率"是地方政府违约事实发生后，由金融机构承担的政府贷款损失占政府贷款总损失的比重。地方政府陷入偿债困境后，即使得到上级政府的救助资源，债权方也难免以金融机构呆坏账的形式承担部分贷款损失。金融机构承担的政府坏账比例越高，债务风险转化为金融风险的概率越大，因此这个指标更直接地反映债务风险的转嫁升级程度。

7.1.2 基于负面清单和警灯系统的预警评估方法

对于"事后管控"型预警评估方法，如果说学界采用的预警指标涵盖了经济、财政、金融等多个层面，那么在各国具体实践中，管理部门则主要基于地方政府债务风险的历史经验观察，选择更加直接、更有针对性的预警指标评估债务风险程度，决定是否采取应急预案。比较有代表性的事后管控预警机制是哥伦比亚的"交通信号灯"预警监测系统。（Ma，2002）

第七章 地方政府债务风险的预警评估方法及技术应用前景

哥伦比亚是拉丁美洲分权程度最高的国家之一，其政府结构分为中央政府、省政府和市政府三个层级，地方政府支出占全国政府总支出的30%左右。1993年以前，哥伦比亚地方政府除发行债券需经财政部批准外，其他借款方式（如商业银行借款）并没有受到财政部的严格限制。受20世纪80年代拉美债务危机冲击，1997年哥伦比亚制定《358号法律》，主要利用两项指标设置了地方政府债务风险的"交通信号灯"监测系统，对地方政府举债规模进行事后管控。这两项预警指标分别是反映流动性风险的"债务利息支出/经常性盈余"和反映可持续性风险的"债务余额/经常性收入"。

如表7-2所示，哥伦比亚就两项债务风险预警指标均设置了绿灯区、黄灯区、红灯区，分别对应轻度负债、中等负债、严重负债的情形，并对各类警灯区的地方政府新增举债作出具体制度规定，主旨是根据警灯级别限制地方政府新增举债规模。具体监管原则是：两项预警指标只要有一项指标是红灯，即将相应地区列入严重负债名单，需要经财政部授权才能举借新债；如果两项指标均没有红灯，但有一项是黄灯，即将相应地区列入中等负债名单，视债务增长率和通货膨胀目标的比较结果决定是否限制其举借新债。位于红灯区的高危地区的贷款申请必须获得财政部许可，并与金融机构签订业绩合同。在业绩合同中，地方政府必须说明在限定时间内正在或将要完成的改革目标，如增税、节支、实现预算盈余、改善债务结构等。若高危地区在限定时间内未能完成承诺目标，其继续贷款需求将被削减，甚至禁止。（张志华等，2008a）

表7-2　哥伦比亚《358号法律》设置的地方政府债务风险警灯系统

预警指标	绿灯区	黄灯区	红灯区
债务利息支出/经常性盈余（流动性指标）	小于40%	40%—60%	大于60%
债务余额/经常性收入（可持续性指标）	小于80%	小于80%	大于80%

注：（1）当流动性指标小于40%，且可持续性指标小于80%时，地方处于绿灯区，地方政府可以自行签订新的借款合同。

（2）当流动性指标大于或等于40%而小于或等于60%，且可持续性指标小于80%时，地方处于黄灯区，如果债务增长率未超过中央银行指定的通货膨胀目标，地方政府可以自行举借新债；否则，必须经过财政部授权才能举借新债，前提是要与贷款方的金融机构签订业绩合同。

（3）当流动性指标大于60%，或可持续性指标大于80%时，地方处于红灯区，地方政府借款必须经过财政部授权，借款政府还需同贷款方的金融机构签订业绩合同。

（4）经常性盈余=经常性收入-经常性支出（不包括利息支出）-对下级政府的转移支付。其中，经常性收入主要包括税收、非税收入、来自中央政府的转移支付、中央与地方政府之间的收入分成和利息收入等；经常性支出包括工资、社会福利和保障支出等。

资料来源：张志华等（2008a）。

哥伦比亚债务风险警灯系统通过设置三级风险警区，引入了风险治理的柔性机制，允许处于黄灯区的地方政府在被全面限制举借新债之前，查找警源，内控风险。但在实际执行中，黄灯警区并没有发挥良好的警示效应，大部分位处黄灯区的地方政府仍然扩张举债规模，最终进入红灯区。鉴于这种情况，2003年哥伦比亚进一步出台《795号法律》，取消了警灯系统中的黄灯警区，直接以原系统中的绿灯区上限作为红灯区警戒线。如表7-3所示，修订后的债务风险警灯系统仅保留了绿灯区和红灯区，观测到任一指标突破警戒线，相应地区即被禁止新增借款。经过不断实践，哥伦比亚警灯系统最终成为同美国俄亥俄州"负面清单"制度非常相似的风险预警评估机制。这种预警机制以资金借贷方为对象实施监管职能，赋予商业银行较高的决策独立性，允许商业银行基于政府贷款项目的市场风险溢价自主制定贷款决策。相对而言，中国的金融机构独立性较弱，与地方政府的业务往来多受政策因素影响。如强化以债权方为对象的风险监管模式，需要增强金融机构经营决策自主权，破除地方政府与金融机构的隐性契约。除强化债权方信贷约束外，针对债务方设置监控指标和预警区间，也是中国可以从哥伦比亚"交通信号灯"系统借鉴的有效经验。

表7-3 哥伦比亚《795号法律》修订的地方政府债务风险警灯系统

预警指标	绿灯区	红灯区
债务利息支出/经常性盈余（流动性指标）	小于40%	大于40%
债务余额/经常性收入（可持续性指标）	小于80%	大于80%

注：（1）处于绿灯区，地方政府可以自行签订新的借款合同；
　　（2）处于红灯区，禁止地方政府借款。
资料来源：张志华等（2008a）。

7.1.3 简要方法述评

纵观"事后管控型"预警评估方法的发展历程和技术特点，基本步骤是通过设置多项预警指标，自上而下观察地方政府债务风险的运行状态，对突破警戒阈值的地区实施应急管制。那么，这种基于分散指标进行的事后预警评估，能否有效应对债务风险冲击，保障财政运行安全？在实际应用中，学界和管理部门逐步认识到，这种预警评估方法至少存在三方面难以克服的技术缺陷。

第一，预警指标的警戒阈值外生设定，难以适应风险态势的发展演化。基于"事后管控"型预警评估方法治理地方政府债务风险，需要观察预警指标是否突破了警戒阈值。但无论"事后管控"型风险预警评估技术如何发展，学界或管理部门据以判断风险态势的预警阈值，或基于历史经验，或基于定性判断，或基于协商共识，都是外生设定的。外生设定预警阈值的最大弊端是呆板僵化，一旦警戒阈值确定，学界或管理部门长期据以判断风险状态，难免产生路径依赖。理论上说，随着一个地区经济和财政实力的不断增强，风险阈值也应随之动态调整；换言之，风险阈值应该是依存于经济指标的内生变量，而非经验设定的外生参数。固守经验阈值判断风险态势并采取管控措施，可能导致财政资源错配。例如，负债率、债务率、赤字率等警戒指标的国际警戒线是欧盟成员国基于欧共体经济形势和债务状况协定的结果，其是否适用于发展中国家，是值得商榷的。进一步说，随着发展中国家综合实力的不断提升，政府债务承载力持续增强，在低收入阶段设定的警戒阈值是否仍适用于中高收入发展阶段，同样需要谨慎评估。

第二，预警时点被动后置，可能贻误风险治理的战略先机，放任债务风险扩散蔓延。风险预警的关键在于一个"预"字，即决策部门能够利用一定技术手段，预先判断地方政府债务风险走势，在风险蔓延深化之前采取针对行动，将风险遏制在萌芽状态，保障经济行稳致远。这意味着，风险治理应把握战略先机，一旦风险累积到局部暴露的程度，将影响社会公众预期，并在学界和媒体部分偏激观点的推波助澜下，诱导市场主体采取避险行动，加剧风险扩张。在风险呈萌芽状态时，风险治理的成本仅是政策管制；一旦风险暴露深化，风险治理将需要进一步付出组织协调和财政支出成本，并给经济带来严重超额负担。以"事后管控"

型预警评估技术防范地方政府债务风险,决策者需要观察到预警指标的警戒阈值被突破后才能采取管控行动,此时债务风险经过一段较长时期的发展演化,可能已濒临"高危"状态,给实体经济带来不小的影响和冲击。即便事后管控措施有效抑制了风险深化,由于要组建跨部门"应急管理机制",付出相对高昂的协调管理成本,其在治理时机的把握上仍然是滞后的。由此可见,"事后管控"型预警评估方法体现的是一种"亡羊补牢"的预警理念,将预警思路转换为"未雨绸缪",有效前移预警时点,更有利于减少资源错配损失,提高风险监管效率。

第三,指标排序不分轩轾,主导警源模糊不清,难以有的放矢管控风险。从"事后管控"型预警评估方法的实践经验来看,任一指标被突破警戒阈值,相应地区即被限制新增举债权,其暗含的假设前提是各项指标对预警评估不分轩轾,没有轻重主次之分。问题是,尽管债务风险可能通过某些指标暴露出来,但并不意味着这些暴露风险的指标必然是风险的主导诱因,也不意味着要采取同等严厉的手段管控每项指标暴露的风险。以"一刀切"式的刚性管控措施治理地方政府债务风险,必然忽视债务风险的时空差异,难以洞察风险扩张的主导诱因。基于突破阈值的次要指标遏制风险,而没有采取针对主导警源的管控措施,相当于"头痛医头,脚痛医脚",难免会"按下葫芦浮起瓢",导致债务风险通过其他指标反复暴露,无法实现标本兼治。

7.2 "事中监测"型预警评估方法

鉴于"事后管控"型预警评估方法难以实现对债务风险的实

时监测预警，学界开始发展新的预警评估技术，以期实时观测债务风险的主导诱因，减少刚性管控的效率损失。1997年亚洲金融危机过后，"事中监测"型预警评估方法迅速勃兴，并在各国实际应用中得到不断改进。所谓"事中监测"，是指在地方政府债务风险发展演化的过程中，对风险状态进行实时监测评估，避免指标阈值突破后再视情采取监管策略的效率损失。这种预警评估技术通过比较各类预警指标的相对重要性，致力于探查主导警源，将债务风险适时遏制在演化发展的早期阶段，降低危机触发概率。基于"事中监测"型预警评估方法的技术特征，可将其分为线性预警评估方法和非线性预警评估方法两类，以下分别简要介绍。

7.2.1 线性预警评估方法

学界早期发展的"事中监测"型预警评估方法，主要以线性加权程序完成地方政府债务风险的量化监测工作。这套方法的基本技术流程如下：首先设计一套树状指标体系，尽可能全面覆盖经济、政治、财政、金融等风险要素；其次以统计、计量方法或人为定性判断的方式确定指标权重和警戒阈值，将指标值作归一化处理，得到各项指标的无量纲分值；然后自下而上逐级加权汇总指标无量纲分值，直至得到反映整体风险程度的综合指数。通过计算综合指数，决策层既能横向比较不同地区的债务风险程度，又能纵向观测特定地区债务风险的演进趋势，并可沿循线性指标树逐级探查债务风险的主导诱因，审时度势采取针对性的风险管控措施。

但在具体应用实践中，学界逐步认识到，由于指标的警戒阈值难以摆脱定性判断程序，预警结果不稳健成为这套方法难以规避的技术瓶颈。此外，在智库中选择不同的专家样本，将使权重判断结果出现较大差异，对风险程度和主导警源的判断也随之发生变化，不利于决策层凝聚共识。

以下简要介绍线性预警评估方法的具体操作程序。

1. 风险环境评价

进行地方政府债务风险的线性监测预警，首先要评价债务风险环境。环境评价包括内部环境评价和外部环境评价，其中内部环境是影响地方政府债务风险的内因，是风险的内生诱导变量，评价内部环境需要统筹考量各风险因素的内在关联和互动机制；外部环境是影响地方政府债务风险的外因，是风险的外生诱导变量，在地方政府债务风险评估中通常是外生设定和不受人为控制的因素。

内外部环境评价的目的，是将预警指标分别对应不同的环境类型，在指标归类基础上做分层处理。例如，丛树海（2005）将财政风险预警指标分成"财政内部风险预警指标"和"财政外部风险预警指标"两类，分别对应于内部环境和外部环境。将指标进行内部、外部环境分类的深层目的，是甄别债务风险的主导诱因是内生的还是外生的。若主导诱因是内生因素，要通过完善财政管理制度、改进风险治理机制、构建应急管理体系等工作，进行内生环境的治理优化；若主导诱因是外生因素，要将治理范畴延伸到经济、政治、社会、金融等方面，通过外生环境优化达到债务风险的治理目标。

2. 警戒阈值判断

以线性预警评估法监测地方政府债务风险时，综合指数的测算结果取决于分层指标的甄别归类。设计分层指标体系，需要根据风险层级关系，将每个层级中最能反映债务风险的因素挖掘出来，建立一个形象化的"指标树"结构。确定指标体系后，即可通过警戒阈值和指标权重的测算，得到各指标的无量纲分值。这就需要确定各指标警戒阈值，基于指标值所处警戒区间判断风险状态，进行归一化处理。根据既有文献，指标警戒阈值的判断方法主要有两种。

第一种方法是"定性判断法"，即由预警监测人员基于文献资料、国际经验以及债务风险的典型案例确定风险阈值。例如，丛树海（2005）根据既有文献和国际标准，确定了20个财政风险指标"无警""轻警""中警""重警"等警戒区间的临界阈值；陈艳（2005）及马恩涛（2007）将预警指标划为若干警区，每个警区临界阈值的上、下限根据国际经验判定；裴育、欧阳华生（2006）将警戒区间分为"无风险""中等风险"和"高风险"3类，阈值根据预警指标的功能和性质判定；许涤龙、何达之（2007）将指标划分为"无警""轻警""中警""重警""巨警"5个警区，临界值上下限参考国际惯例及既有文献设定。

第二种方法是"定量赋值法"，即利用统计或计量方法，由基础数据内生确定警戒阈值，阈值判断过程尽量排除定性因素的干扰。例如，王亚芬、梁云芳（2004）建议采用GARCH方法确定预警指标的中间阈值，基本思路是将警区分为4个，其中上、下限仍由定性判断得出，然后将指标序列 Y 按上、下限确定的警戒区间生成3个新序列。红灯区序列记为 Y_1（$n_1=1,2,\cdots,N_1$），黄灯区序列记为 Y_2（$n_2=1,2,\cdots,N_2$），绿灯区序列记为 Y_3（$n_3=1,2,\cdots,N_3$），其中 N_1、N_2、N_3 分别代表3个序列的样本容量。如（7.1）式所示，设计2个中间变量：

$$S_1 = \overline{Y_2} + \frac{\sigma_2}{\sigma_1 + \sigma_2}(\overline{Y_1} - \overline{Y_2}), \quad S_3 = \overline{Y_2} + \frac{\sigma_2}{\sigma_3 + \sigma_2}(\overline{Y_3} - \overline{Y_2}) \qquad (7.1)$$

其中 $\bar{Y}_1$、$\bar{Y}_2$、$\bar{Y}_3$ 分别代表子序列均值，σ_1、σ_2、σ_3 是对应子序列的标准差。记 $S_2=(S_1+S_3)/2$，则可得到一个新的临界阈值，将指标序列分割成4个警戒区间。若不求均值，S_1、S_3 也可作为2个新的临界阈值，将指标分割成5个警戒区间。

由上述赋值路径可见，利用GARCH方法分割指标警戒区间，极大和极小临界值仍需定性判定得到，其余阈值可由数据本身决定。这套赋值程序的优点是定性与定量相结合，以指标各子区间标准差度量的数据波动幅度作为交叉权重，即可确定新警区的临界阈值。问题是，这种方法的统计意义未必与经济意义相符，测算出的客观阈值未必反映实际风险阈值。随着数据样本容量的变化，中间阈值的测算结果也随之变化，赋值结果未必稳健可靠。更关键的问题是，这套赋值程序中的极端临界值仍然有赖定性判定，定性判断直接影响客观阈值的测算结果。因此，尽管GARCH方法本身是一种量化技术，但在具体应用方面仍然是一种主、客观相结合的赋值程序，未能完全脱离定性因素的干扰。

3.归一化处理

确定指标警戒阈值后，线性预警评估的下一步工作是预警指标的归一化处理，即根据指标实际值所处警戒区间，将指标值转化为无量纲分值。归一化处理既能使预警指标进行区域间横向对比，也有利于决策者判断债务风险时间维度的纵向趋势。归一化分值取决于指标实际值所处预警区间及其相对位置，其具体测算程序是：

$$量化指数 = \frac{|指标实际值 - 预警区间上限|}{预警区间上限 - 预警区间下限} \times 100\% \quad (7.2)$$

归一化分值＝量化指数 ×（预警区间上限－预警区间下限）+

预警区间下限 (7.3)

裴育、龙志军等(2007)介绍了当指标值不处在同一个封闭区间时，求取角点分值的具体方法，从而使各种情形下的实际值均可以转化为无量纲分值。

4.指标权重赋值

进行指标归一化处理后，线性预警评估的下一步关键工作是确定指标权重。预警指标的权重系数反映指标的相对重要性，权重赋值的合理与否直接影响量化评估结果。与警戒阈值的赋值程序对应，指标权重同样有客观赋值法和主观赋值法两种。客观赋值法通过对原始数据信息进行统计处理获取权重，赋值结果取决于指标的互动关联度及承载的有效信息量；主观赋值法是由专家智库对指标相对重要性进行定性判断，经统计处理后转化为指标相对权重。较为常见的客观赋值法有变异系数法、相关系数法、因子分析法、熵权法等，主观赋值法有层次分析法、专家会议法、德尔菲法等。

从预警效能比较，主、客观赋值方法各有优劣。客观赋值法基于预警指标承载的信息量或指标互动关联度确定权重，优点是受评价方主观影响小，缺点是需要大样本数据支撑赋值结果稳健性。主观赋值法依赖专家智库的定性判断，遴选的专家样本不同，赋值结果往往波动较大，但这种方法对样本数据量要求不高。我国地方政府债务风险监测预警长期囿于有效数据量不足、数据连续性和透明度不高，有必要将主、客观赋值程序结合起来应用。以层次分析法为例，其赋值程序如下：

第一步，构造判断矩阵。判断矩阵是智库专家列出的指标两两间相对重要性的定性判断矩阵。如表7-4所示，A_1、A_2、A_3、…、A_n为预警指标，a_{ij}表示智库专家对指标A_i相对A_j的重要性的判断结果。判断矩阵是相对主对角线的"正互反矩阵",满足$a_{ij}>0$,$a_{ij}=\frac{1}{a_{ji}}$,且$a_{ii}=1$。萨蒂(Saaty,1987)建议a_{ij}取值范围为1至9的整数及其倒数。表7-5具体列示了矩阵元素的赋值含义。

表7-4 层次分析法的定性判断矩阵

	A_1	A_2	A_3	⋯	A_n
A_1	a_{11}	a_{12}	a_{13}	⋯	a_{1n}
A_2	a_{21}	a_{22}	a_{23}	⋯	a_{2n}
⋮	⋮	⋮	⋮	⋮	⋮
A_n	a_{n1}	a_{n2}	a_{n3}	⋯	a_{nn}

资料来源:萨蒂(1987)。

第二步,计算相对值矩阵。将判断矩阵作行标准化处理,测算公式为$w_{ij}=a_{ij}/\sum_{j=1}^{n}a_{ij},\forall i\in[1,n]$,相对值矩阵形如$W_{n\times n}$,满足$\sum_{j=1}^{n}w_{ij}=1,\forall i\in[1,n]$。

表7-5 层次分析法判断矩阵元素的赋值含义

元素赋值	定性判断元素赋值的定量含义
1	表示两个因素相比,具有同等重要性
3	表示两个因素相比,前者比后者稍重要
5	表示两个因素相比,前者比后者明显重要
7	表示两个因素相比,前者比后者强烈重要
9	表示两个因素相比,前者比后者极端重要
2,4,6,8	表示上述相邻判断的中间值
倒数	若因素i与因素j的重要性之比为a_{ij},那么因素j与因素i重要性之比为$a_{ji}=1/a_{ij}$

资料来源:萨蒂(1987)。

第三步，计算相对权重。$w_i = \sum_i w_{ij} / \sum_i \sum_j w_{ij}$，其中$\sum_i w_{ij}$是针对行标准化相对值矩阵的列向量元素加总。①

第四步，检验一致性。首先，求判断矩阵的最大特征根λ_{max}，计算一致性指标$CI=(\lambda_{max}-n)/(n-1)$；其次，计算平均随机一致性指标$RI=(\lambda'_{max}-n)/(n-1)$，其中$\lambda'_{max}$是用随机方法构造500个样本矩阵，随机从判断矩阵元素赋值区间中抽取数据构造互反矩阵，求得的最大特征根；最后，计算一致性比例$CR=CI/RI$。当$CR<0.1$时，判断矩阵的一致性可以接受，否则修正判断矩阵，直至通过一致性检验。

层次分析法将专家判断作定量化处理，使指标权重赋值建立在缜密的数理逻辑基础上，但权重赋值结果仍需融入主观因素，智库专家对指标相对重要性的定性判断将决定最终量化评估结果。与之相比，熵权法作为一种完全基于数据本身确定权重的方法，在摆脱定性判断方面更具技术优势。为避免智库专家样本选择对量化评估结果的影响，熵权法对同层级指标权重的测算以客观赋值替代了主观赋值。（刘谊等，2004；郭玉清，2015）其基本原理如下：

设样本观测值m为省区数目和考察年份的乘积，评价体系共包括n个指标，则预警评估系统的数据矩阵为：

$$M=\{x_{ij}\}_{m \times n}\ (0 \leq i \leq m,\ 0 \leq j \leq n) \qquad (7.4)$$

以客观熵值法测算指标权重具体分为五个步骤。第一步是数据标准化处理，处理过程根据指标的正向与负向存在差异，标准

---

① 如果相对值矩阵是对列向量进行标准化，则相对权重的测算需要对行向量元素进行加总。

化程序分别是：

$$\bar{x}'_{ij} = \frac{x_{ij} - \min\{x_j\}}{\max\{x_j\} - \min\{x_j\}}, \quad \bar{x}'_{ij} = \frac{\max\{x_j\} - x_{ij}}{\max\{x_j\} - \min\{x_j\}} \quad (7.5)$$

其中：$\bar{x}'_{ij}$是正向指标的标准化，即第j项指标样本值减去样本最小值后，求其同序列最大值与最小值之差的比值；$\bar{x}'_{ij}$是负向指标的标准化，即第j项指标样本最大值减去样本值后，求其同序列最大值与最小值之差的比值。为避免求熵值时对数无意义，一般对x'_{ij}进行坐标平移，测算公式为$y_{ij}=x'_{ij}+A$，其中A为平移幅度且满足$A>\min(x'_{ij})$。A取值越接近$\min(x'_{ij})$，评价结果越显著。

完成数据标准化处理后，第二步是计算标准化指标比率$p_{ij}=y_{ij}/\sum_{i=1}^{m}y_{ij}$，第三步是计算指标信息熵$e_j=-\frac{1}{\ln m}\sum_{i=1}^{m}p_{ij}\times\ln p_{ij}$，第四步是计算指标信息效用$d_j=1-e_j$，第五步是计算指标权重$w_j=d_j/\sum_{j=1}^{n}d_j$。其中：$p_{ij}$是标准化指标比率；$e_j$是指标$j$的信息熵值；$d_j$是指标信息效用，信息效用越高，对指标综合评价的影响越大，权重赋值越高。单指标信息效用与同层级指标信息效用累计之和的比率定义为w_j，即熵值法指标权重。

5.测算债务风险评估指数

利用主观赋值法或客观赋值法得到指标权重后，研究者即可利用归一化分值和指标权重逐级测算风险评估指数。近期，一种被称为优劣解距离法（TOPSIS）的客观评估法在债务风险评估中得到了较多应用。这是一种理想目标相似性的顺序选优技术，在多目标决策分析中是一种非常有效的方法。它通过归一化后的数据规范化矩阵，寻找多个目标中的最优目标和最劣目标（分别用正理想解和负理想解表示），分别计算各评价目标与正理想解和负理想解的距离，获得各目标与理想解的贴近度，进而按理想解贴近度的大小排序，以此作为评价目标优劣的依据。具体测算步骤为：

首先，构造每个预警维度的加权决策矩阵。设 $z_{ij}=x'_{ij}\times w_j$，其中 x'_{ij} 是标准化指标值，w_j 是单项指标权重，各预警维度的加权决策矩阵 Z_v 为：

$$Z_v=(z_{ij})_{m,[a,b]}=\begin{bmatrix} z_{1,a} & z_{1,a+1} & \cdots & z_{1,b} \\ z_{2,a} & z_{2,a+1} & \cdots & z_{2,b} \\ \vdots & \vdots & \ddots & \vdots \\ z_{m,a} & z_{m,a+1} & \cdots & z_{m,b} \end{bmatrix} \quad (7.6)$$

其次，确定每个预警维度的正理想解与负理想解。其中，正理想解 Z_v^+ 由各维度中每个指标的最大值构成，负理想解 Z_v^- 由各维度中每个指标的最小值构成：

$$Z_v^+=(\max\{z_{i,a}\},\max\{z_{i,a+1}\},\cdots,\max\{z_{i,b}\})=(z_a^+,z_{a+1}^+,\cdots,z_b^+) \quad (7.7)$$

$$Z_v^-=(\min\{z_{i,a}\},\min\{z_{i,a+1}\},\cdots,\min\{z_{i,b}\})=(z_a^-,z_{a+1}^-,\cdots,z_b^-) \quad (7.8)$$

再者，计算每个预警维度中各评估对象的决策选择与正理想解和负理想解的欧氏距离。具体计算程序为：

$$D_{i,v}^+=\sqrt{\sum_{j=a}^{b}(Z_{ij}-Z_v^+)^2},\quad D_{i,v}^-=\sqrt{\sum_{j=a}^{b}(Z_{ij}-Z_v^-)^2} \quad (7.9)$$

最后，计算每个预警维度中各评估对象的决策选择与正理想解的贴近程度 $F_{i,v}$，以此作为各维度债务风险的评估指数。将每个维度的地方政府债务风险评估指数加权求和，即得地方政府债务风险的综合评估指数 F。具体计算程序为：

$$F_{i,v}=\frac{D_{i,v}^-}{D_{i,v}^++D_{i,v}^-},\quad F=\sum_v F_{i,v}\times w_v \quad (7.10)$$

在上述评估程序中，无论以熵值法测算预警指标权重，还是以优劣解距离法测算风险评估指数，均完全基于原始数据矩阵信息，以客观赋值程序展开定量测算。因此，针对线性预警评估难以规避的定性植入缺陷，将优劣解距离法和熵权法同时引入线性加权程序，可彻底解决预警评估结果依赖专家库样本选择的问题。

但学界逐步认识到，无论以何种定量技术替代定性判断，线性预警评估方法都将风险因素的影响机制先验性地假定为一种完美的线性逻辑，即各级风险因素对上级风险指标的作用是单向的，风险因素之间不存在交互影响。隔离掉风险因素之间的交互影响，权重判断可能出现模型设定偏误，影响决策层对主导警源判断的准确性。换言之，引入客观赋值程序后，预警评估结果稳健性的提高，代价是主导警源的判断误差增大。将风险因素之间的交互影响引入预警评估程序，是完善"事中监测"机制亟需克服的技术瓶颈。鉴此，非线性预警评估技术逐步进入学界视野。

7.2.2 非线性预警评估方法

为应对2008年国际金融海啸冲击，中国政府启动新一轮积极财政政策扩内需，促增长，推动了地方政府债务风险及其预警评估方法的又一轮研究热潮。为解决线性预警评估忽略指标交互影响的技术缺陷，国内学界开始诉诸非线性预警评估方法进行债务风险的事中监测，其中应用较多的非线性评估技术是灰色关联方法和神经网络模型。

1.灰色关联方法

灰色关联预警评估方法的基本思想是，客观世界的运行系统非常复杂，风险因素之间可能存在着决策者难以认知的非线性内生关联，导致决策者在认知、分析、预测、决策时难以掌握充分信息，引发决策偏误。灰色关联方法试图通过分析预警指标之间的灰色关联度,厘清各影响因素之间的非线性关系,从中发掘出债务风险的主导诱因。换言之,在量化地方政府债务风险时,引入灰色关联方法可以辅助决策者判断究竟哪些因素与风险直接相关,哪些仅具有次要影响,从而将债务风险的核心诱因发掘出来,供决策部门采取针对性防控预案。

胡光辉(2008)介绍了灰色关联方法的风险预警流程,指出灰色关联系数的测算是预警评估的关键环节。将母序列和各子序列去量纲后,用各指标的最优值(或最劣值)构成母序列,灰色关联系数的测算方法可表述为:

$$\zeta_i(t) = \frac{\Delta_{\min} + \Delta_{\max}}{\Delta_i(t) + \rho \Delta_{\max}} \qquad (7.11)$$

其中,$\Delta_i(t)=|Y_0(t)-Y_i(t)|$,是母序列$Y_0$同第$i$个子序列在$t$时点处的绝对差值;$\rho$被称为分辨率,一般取值0.5。

灰色关联系数更一般化的定义为:

$$\zeta_i(t) = \frac{\min_i \min_t \{\Delta_i(t)\} + \rho \max_i \max_t \{\Delta_i(t)\}}{\Delta_i(t) + \rho \max_i \max_t \{\Delta_i(t)\}}, r_i = \frac{1}{n}\sum_{t=1}^{n}\zeta_i(t) \qquad (7.12)$$

其中,序列i与母序列在各时点的灰色关联系数取决于两级最小差和两级最大差,灰色关联系数越大,t时点处的序列i与母序列的关联度越高,对母序列产生的影响也越大。整体关联度r_i是对各时点的灰色关联系数求取的算术均值。

灰色关联方法的技术优势是,通过灰色关联系数的测算,可以甄别各预警指标对地方政府债务风险的影响程度,从而剔除掉影响较为模糊的指标,探查出核心风险因素和主导警源。问题是,在测算灰色关联系数之前,研究者必须首先量化地方政府债务风险度,确定母序列各时点的债务风险值,而量化债务风险的工作仍需诉诸线性评估程序。这意味着，尽管灰色关联法在甄别指标预警能力方面有明显优势，但仍绕不开线性技术作为理论运用的前提。当然，若能精确测定母序列的债务风险度，灰色系统理论将成为极有发展潜力的一类非线性预警评估方法。

2.神经网络模型

除灰色关联方法外，另一些研究尝试以神经网络模型（或结合灰色关联方法和神经网络模型）探查地方政府债务风险的主导警源，如张明喜、丛树海（2009）、刘骅、卢亚娟（2014）、马恩涛、吕函枰（2017）等。作为人工智能领域的一个重要分支，神经网络模型在函数逼近、模式识别、非线性优化、智能控制、数据压缩等领域得到广泛应用，并取得良好效果。这种非线性分析方法以网络结构形式完成输入空间和输出空间的映射，计算过程不包含显式函数，根据网络输出误差估计前导层误差，不断学习训练，直到预测误差降至可以接受的程度。

在各类神经网络模型中，BP神经网络是应用最广泛的一种神经网络模型。这套模型是鲁姆哈特和麦克利兰（Rumelhart & McClelland，1986）等科学家提出的一种按照误差逆向传播算法训练的多层前馈神经网络，由输入层、输出层、中间隐含层三个神经元层次构成，各层次神经元之间形成全交互连接。BP神经网络的学习规则是使用梯度下降法，通过误差反向传播来不断调整网络的权值和阈值，使网络的误差平方和最小。它的训练过程包括信号的正向传播与误差的反向传播两个环节。信号正向传播时，样本从输入层传入，经各隐含层处理，传向输出层；若输出层的实际输出与期望输出要求不符，则转入误差的反向传播。误差的反向传播是将输出误差通过隐含层向输入层逐层反向传播，将误差分摊给各层的所有神经元,从而获得各层神经元的误差信号,误差信号是修正各神经元的依据。

BP神经网络与线性阈值单元组成的多层感知器网络结构完全相同,只是各隐含层的激活函数使用了Sigmoid函数。随着信号正向传播与误差反向传播的持续进行,各层权值和阈值不断调整,直至输出的误差降低到可接受的程度或进行到预先设定的学习次数为止。具体过程如下:

首先,进行节点输出。隐含层节点输出模型一般为$O_j = f(\sum_{i=1}^{m} W_{ij} \times X_i - b_j)$,输出层节点输出模型一般为$Y_k = f(\sum_{j=1}^{h} T_{jk} \times O_j - b_k)$,其中$X$为输入层,$W$和$T$为连接下层节点与上层节点之间的权重矩阵,$b$为神经单元阈值,$m$为输入层节点数目,$h$为隐含层个数。$f$为非线性激活函数,一般设定为(0,1)内连续取值的Sigmoid函数,形如$f(x) = \dfrac{1}{1+e^{-x}}$。其次,进行误差修正。神经网络期望输出与计算输出之间误差的大小可以通过计算误差函数来衡量,即$E = \dfrac{1}{2}\sum(y_{pk} - Y_{pk})^2$。误差反向传播修正权重矩阵的过程中,权值调整公式为$w'_{ij} = w_{ij} - l \times \dfrac{\partial E}{\partial w_{ij}}$,阈值调整公式为$b'_j = b_j - l \times \dfrac{\partial E}{\partial b_j}$,其中$l$为学习率。

绝大多数神经网络(如BP网络、多层感知器)采用线性函数作为基函数。激活函数的作用是对基函数的输出进行"挤压",利用非线性函数将基函数的输出变换到指定范围内。神经网络模型的这种特点使它很适合分析非线性数据和含噪声数据,可以从不完整的信息中恢复完整信息,具有自组织和自学习的优点。这些特点使人工神经网络模型可灵活适应风险预警,克服多因素、不确定性和非线性等常见的预警难题。但应用BP神经网络模型预警评估地方政府债务风险也存在一些问题，例如：网络结构和参数选择缺少理论支持，仅是尝试性的；人工神经网络模型是"暗箱"操控的，缺乏解释能力或理论基础；等等。由于数据本身不能显示隐含风险的发生机制，即便神经网络模型具有风险预警的泛化能力，但若应用到地方政府债务风险领域，仍然需要从理论层面剖析风险演化的制度机理，选择合适的预警指标。一般建议是，将神经网络模型与其他非线性方法相结合，融入动量项、共轭梯度法、递推最小二乘法、神经元空间搜索等方法，以增强其实践应用价值。

7.2.3 技术特征及应用局限的简要评述

纵观"事中监测"型量化预警评估方法从线性到非线性的演进过程，相对依赖离散指标实施事后管控而言，层次分析法、熵权法、优劣解距离法、灰色关联法、神经网络模型等预警评估方法将预警时点有效前移，实现了对地方政府债务风险的实时、动态监测预警。其中，层次分析法、熵权法等线性预警评估方法的优势是"自下而上"测算综合风险指数，实时监测债务风险的动态走势；灰色关联法、神经网络模型等非线性预警评估方法的优势是"自上而下"反馈信息，深入挖掘债务风险的主导诱因。将线性和非线性预警评估方法相结合，决策层可以实现对观测地区债务风险的有效监测控制。

截至目前，"事中监测"型预警评估方法尚有两点应用局限，学界还没有发展出特别有效的方法予以克服：

第一，定性与线性方法的外生植入。首先，无论线性预警评估方法对警戒区间和警戒阈值的判断，还是非线性预警评估方法所赖以事前确定的输出端风险量化估值，"事中监测"型预警评估方法都无法彻底摆脱定性判断的植入。其次，以灰色关联法、神经网络模型等非线性方法探查主导警源，所要事先掌握的债务风险量化估值，既有文献仍然是诉诸线性过程完成的。也就是说，以非线性方法探查地方政府债务风险的主导警源时，研究者还不能完全脱离线性方法的植入。

其二，风险评估的内生性问题。利用"事中监测"方法预警评估地方政府债务风险时，研究者要着力避免预警指标与债务风险交互影响引发的内生性问题。以选择"经济增长率"作为地方政府债务风险的预警监测指标为例。经济增长率提升固然有助涵养中长期税基，增强地方政府的可持续偿债能力；但反过来看，地区经济增长本身可能正是靠政府举债支撑和维持的。特别是在营商环境落后、征税效率低下的欠发达地区，经济增长更加有赖于公共投资和政府举债的拉动。因此，经济增长提速未必意味着债务风险减弱，反而可能是债务扩张和风险深化的反映。其他预警指标也要着力避免类似的内生性问题，否则将影响预警结果的有效性，甚至得到误导性的分析结论。

7.3 "事前预案"型预警评估方法

尽管"事中监测"型相对"事后管控"型预警评估技术前移了预警时点，但在债务风险动态演化的过程中，决策部门探查到相关警源后再发布指令或调度资源加以防范控制，仍然可能面临被动局面。为进一步增强风险评估的主动性，学界和实际部门迫切需要发展新的预警评估方法，继续前移预警时点，为防范化解债务风险预留更充裕的战略空间。进入20世纪90年代，可称为"事前预案"型的预警评估方法不断涌现，以下分别予以简要介绍。

7.3.1 *VAR*风险概率模型

1998年亚洲金融危机冲击期间，一些文献借鉴金融危机预警模型中的非线性*VAR*风险概率模型，对量化难度较高的地方政府或有债务风险进行了预警评估，代表性研究是李朝鲜等（2008）。其基本思想是，或有负债是否发生并不确定，但存在一个发生概率。*VAR*模型可以通过观察历史经验，量化风险事件的发生概率，实现对或有债务风险的前置预测评估，为提前构建风险防范预案提供决策依据。

按照若里翁（Jorion，2001）的定义，*VAR*是在正常市场环境下，在一定置信水平和持有期内，特定资产头寸或投资组合面临的最大可能损失。从技术特征看，*VAR*风险概率模型是一种定性与定量相结合的预警评估方法，*VAR*值不仅取决于风险水平，也取决于管理者的风险偏好（反映在置信水平设置上）及风险期限。例如，某证券投资组合的置信水平为99%，持有期为1天。若*VAR*为120万美元，意味着该投资组合持有期为1天时，可以在99%的概率水平上确保最大损失低于120万美元。换言之，该投资组合持有1天的损失高于120万美元的可能性仅1%，即每100次交易中大概只有1次损失超过120万美元。由此，*VAR*模型的测算原理可用概率公式表述为：

$$\text{Prob}(\Delta P < VAR) = \alpha \tag{7.13}$$

其中Prob代表资产损失低于风险额的概率，ΔP表示资产在持有期内的损失额，*VAR*是在险价值或可能遭受的损失上限，α

是置信水平。测算VAR需给定两个条件：一是置信水平（或置信度），反映投资者的风险偏好，风险厌恶型（或稳健型）投资者选择的置信水平较高，风险偏好型（或积极型）投资者选择的置信水平较低；二是资产持有期，持有期越长的资产组合波动越大，风险越高。

测算VAR的重点环节是指标序列的统计分布或概率密度的选择。考虑一个资产组合，其中P_0是初始价值，R是投资回报率，资产组合的期末持有价值为$P=P_0(1+R)$。设投资回报率R的期望值和标准差分别为μ和σ，在置信水平α下，最低投资回报率为R^*，资产组合的最低价值为$P^*=P_0(1+R^*)$。由此可得相对资产组合均值（期望回报）的VAR为：

$$VAR_R=E(P)-P^*=P_0(1+\mu)-P_0(1+R^*)=P_0(\mu-R^*) \quad (7.14)$$

这说明，VAR是在一定置信水平下资产组合的最低价值P^*或最低回报率R^*的函数。假如实际资产回报率是一个随机过程，概率密度函数为$f(p)$，则相对于置信水平α的资产组合最低值p^*，有：

$$\alpha=\int_{p^*}^{+\infty}f(p)\mathrm{d}p \quad (7.15)$$

利用VAR风险概率模型，研究者可根据以往年度或有负债转化为政府负有偿还责任债务的情况，基于一定的置信水平和考察期，估算出未来特定时点或有负债的偿还规模，从而提前安排偿债准备金防范或有风险冲击。

VAR风险概率模型具有概念明晰、事前计算和预估风险简便的优点，但在应用该方法量化地方政府债务风险并设计风险防范预案时，存在以下问题：第一，VAR方法对数据量要求较高，样本越大越有利于精确设置概率密度函数，准确测算风险概率损失额。但中国可利用的官方权威数据相对有限,特别是地方政府隐性债务数据尚未公布,这使VAR方法的应用受限较大。第二,VAR方法对风险概率损失的测算是基于以往损失实际发生的经验观察预测未来价值波动,假如一些政策性、偶然性事件冲击使未来价值变动割裂了同既往路径的联系,VAR方法的预测结果可能出现较大偏差。地方政府债务风险受经济、政治、财政、金融等多重因素冲击,不确定性较大,特别是在一个政府间纵向财政关系框架尚不稳定的体制环境中,以传统经验预估未来风险,统计偏差难以避免,有必要结合敏感性分析、压力测试等定量程序观察风险评估的稳健性。由此,将VAR风险概率模型同其他预警评估技术相结合,更有利于发挥其指导事前预案的作用。

7.3.2 危机先导指标法

为解决"事中监测"预警评估方法的定性判断、线性植入和内生性问题,克服VAR风险概率模型对大样本量和制度环境的依赖,进入20世纪90年代后,一种被称为"危机先导指标法"的量化预警评估方法开始在金融危机领域大量应用,并逐渐被引介到地方政府债务风险领域。这种先导预警方法致力于将预警评估期前置到危机爆发之前,从而使决策层有更充裕的时间研判警情,制定预案。以下介绍这套量化评估技术的基本原理、技术特征和研究进展,展望这种分析技术在中国的应用前景。

1.基本原理及技术优势

"事前预案"型预警评估方法旨在将预警评估时点前移至风险暴露之前,从而辅助决策层提前预判可能导致危机触发的主要诱因,采取针对性防范措施,避免危机触发。"危机先导指标法"将事前预案的规划时间前置到危机暴露的前2年。卡明斯基和莱因哈特（Kaminsky & Reinhart，1999）介绍了这种方法的基本原理，列举了先导指标是否发出预警信号及未来2年内是否出现债务危机的4种组合情形。

如表7-6所示，假定研究者观察到特定样本期内暴露了债务危机，并设置了一系列先导预警指标。先导指标突破警戒阈值即发出预警信号，记为$\vartheta=1$；没有突破警戒阈值则不发出预警信号，记为$\vartheta=0$。无论先导指标是否发出预警信号，其后2年内暴露债务危机，记为$\tau=1$；没有暴露债务危机，记为$\tau=0$。由此，预警信号及债务危机可以两两组合成四类情形。第一类情形是先导指标发出预警信号（$\vartheta=1$）且未来2年内暴露债务危机（$\tau=1$），记为A；第二类情形是先导指标发出预警信号（$\vartheta=1$）且未来2年内未暴露债务危机（$\tau=0$），记为B；第三类情形是先导指标未发出预警信号（$\vartheta=0$）且未来2年内暴露债务危机（$\tau=1$），记为C；第四类情形是先导指标未发出预警信号（$\vartheta=0$）且未来2年内未暴露债务危机（$\tau=0$），记为D。其中，A和D是先导指标发出正确预警信号的情形，B和C是先导指标发出错误预警信号的情形。

表7-6 预警信号及债务危机的组合情形

	未来2年内暴露危机（$\tau=1$）	未来2年内未暴露危机（$\tau=0$）
发出预警信号（$\vartheta=1$）	A	B
未发出预警信号（$\vartheta=0$）	C	D

资料来源：卡明斯基和莱因哈特（1999）。

基于表7-6列示的4类情形，如何判断先导指标的预警绩效？

第七章　地方政府债务风险的预警评估方法及技术应用前景

卡明斯基和莱因哈特（1999）设计了一个判别标准，称为"噪声信号比"（Noise-to-Signal Ratio，NSR），用以比较不同先导指标的预警绩效，从中甄别出绩优先导指标。按照定义，"噪声信号比"是先导指标未来2年内未爆发危机的前提下发出错误信号的概率同爆发危机的前提下发出正确信号的概率的比值。这个比值越低，先导指标发出预警信号后未来2年内爆发危机的可能性越大，预警绩效越高。为排除警戒阈值设定的定性因素干扰，卡明斯基和莱因哈特（1999）建议采用"遍历取值法"，以某一设定步长对警戒阈值反复试错，直至找到使"噪声信号比"最低的内生最优阈值。以不同先导指标的内生阈值为基础，研究者可以比较各先导指标的预警绩效，从中发掘出绩效最优的预警指标，借以指导构建债务危机的事前防范预案。

$$NSR = P(\vartheta=1|\tau=0)/P(\vartheta=1|\tau=1) = [B/(B+D)]/[A/(A+C)] \tag{7.16}$$

$$NSR^* = NSR(Q_I^*) = \min_{Q_I \in Q_I^{ALL}} NSR \tag{7.17}$$

$$P(\vartheta=1|\tau=0) + P(\vartheta=0|\tau=1) \equiv [B/(B+D)] + [C/(A+C)] < 1 \tag{7.18}$$

"危机先导指标法"的预警评估原理可以用（7.16）—（7.18）式刻画。其中，（7.16）式是"噪声信号比"的测算方法，如前文所述，它是两个条件概率的比值。（7.17）式是在先导指标I的整个值域空间Q_I^{ALL}内，基于某一设定步长遍历取值，直至找到使"噪声信号比"最小化的内生最优阈值Q_I^*，相对应的最小化"噪声信号比"NSR^*即成为比较各先导指标预警绩效的客观标准。（7.18）式是先导指标的取舍标准，在数值含义上，即未来2年内未暴露危机的前提下发出预警信号的概率$P(\vartheta=1|\tau=0)$同未来2

年内暴露危机的前提下未发出预警信号的概率$P(\vartheta=0|\tau=1)$的和低于1，或先导指标犯两类错误的概率之和低于1。经数值转换后，这项取舍标准等价于先导指标的"噪声信号比"低于1，否则先导指标预警失误的概率高于预警正确的概率，初步遴选时即应予以剔除。

针对先导指标预警中可能出现的两类错误，研究者指出，第一类错误是未暴露危机前提下发出预警信号的条件概率，可称为"过失型"错误；第二类错误是暴露危机前提下未发出预警信号的条件概率，可称为"遗失型"错误。比较来看，"过失型"错误和"遗失型"错误哪个更有可能产生严重后果？一旦发生"过失型"错误，先导指标发出预警信号后，决策层将调动人力、财力资源防范未来并没有实际发生的危机，这会带来资源配置效率损失；而一旦发生"遗失型"错误，先导指标没有能够对未来实际发生的危机提前发出预警信号，尽管没有造成资源配置效率损失，但经济实体面将遭受危机冲击，其带来的损失将不仅局限于财政层面的资源效率损失。由此，避免犯"遗失型"错误相对避免犯"过失型"错误可能更加重要。当然，对这两类错误的性质判断是一个见仁见智的问题。一些文献建议将两类错误并入一个线性加权函数，权重基于决策者对两类错误的重视程度设置，决策目标是使两类错误的加权函数最小化。

相比"事后管控"型和"事中监测"型预警评估技术，卡明斯基和莱因哈特（1999）创建的"事前预案"型预警评估方法主要有四点技术优势：

第一，风险内生性的有效克服。当预警指标与债务风险同步演化时，到底预警指标影响了债务风险，还是债务风险影响了预警指标，始终是困扰学界的难题。"危机先导指标法"通过将预警指标前置2年时间，巧妙克服了风险评估的内生性，有助决策层在发掘危机主导警源时减少内生偏误，制定更有针对性的风险防范预案。

第二，定量方法主导预警评估流程。"事后管控"型和"事中监测"型预警指标的警戒阈值大多由历史经验或专家判断得到，预警结果受定性因素扰动明显；危机先导指标的警戒阈值则由基础数据内生决定，是通过遍历取值测算的使"噪声信号比"臻于最优的内生阈值，整体预警流程没有纳入任何定性判断，可以通过"人机交互"方式实现债务风险的程序化预警。

第三，输出端数据的降维处理。在"事中监测"预警程序中，输出端数据是债务风险的线性量化估值，取值范围是[0,1]数值区间。"危机先导指标法"则将输出端数据简化为一个二维虚拟变量，研究者只需观察未来2年内是否暴露债务危机，暴露标记为1，未暴露标记为0。从实数变量到二值变量的降维处理，一举解决了线性植入对预警结果的影响。

第四，防范预案的动态相机调整。在"危机先导指标法"预警程序中，无论先导指标内生阈值的测算，还是基于"噪声信号比"甄别的预警绩效排序，预警评估结果都是动态的，可随新的时间、地区样本的补充而适应性变化。决策层可以根据先导指标所示风险状态的动态演化，相机调整高险地区防范预案，避免静态评估程序呆板僵化的弊端。

2.基于综合先导指标的分层预警机制设计

"危机先导指标法"将先导指标逐一引入预警评估流程。尽管离散指标可以形成预警绩效排序，发掘出风险主导警源，但由于排序结果会随风险态势不断演化，决策层据以防控风险仍然有"头疼医头，脚痛医脚"之嫌，难以从制度层面达到标本兼治的目标。由此，将预警指标归入不同类别，以大类指标进行先导预警，进而根据大类指标的类型特征设计防范预案，成为亟需深入研究的一项重要工作。

标普、惠誉、穆迪等国际评级机构一般将地方政府债务风险的先导预警指标分为经济、政治、财政、金融等类型（刘唰唰，2011），研究者可以根据先导指标属性，将其归入不同类别。对每一大类先导指标，可将内含离散指标的预警信息汇总成一个综合先导指标，以类似离散指标的预警流程测算综合指标的内生最优阈值和"噪声信号比"。综合先导指标的设计，使决策层可以基于"危机先导指标法"构建一套层次分明、信息关联的预警系统，从而更加科学、规范地预警评估地方政府债务风险。

第一，构建债务风险分层预警系统。通过分层预警系统，决策层可以结合"望远镜"和"显微镜"视角，对地方政府债务风险作出更加全面、客观的预警评估。研究者可先行将所有离散先导指标的预警信息汇总成一个综合先导指标，以"望远镜"视角整体观察特定地区的综合先导指标是否处于内生最优阈值界定的安全值域之内；若否，则发出预警信号，决定是否敦促该地区构建债务风险的应急防御机制。基于综合先导指标发出的预警信号，需要进一步测算分类先导指标的"噪声信号比"，确定究竟哪类实体面因素发出预警信息，进而以"显微镜"视角深入发掘引致风险的离散先导指标，研究为何这些指标发出预警信息以及先导指标值同其安全值域的偏离程度，从而指导高危地区制定有针对性整改措施，尽快使先导指标回到安全值域，恢复财政健康。

第二，构建债务风险"交通信号灯"监测系统。拉丁美洲国家哥伦比亚曾构建"交通信号灯"预警监测系统，根据预警指标值所处警戒区间，评估债务风险程度。但哥伦比亚构建的"交通信号灯"监测系统是一种"事后管控"型的预警评估机制，当预警指标突破警戒阈值后再采取管控措施，风险冲击和效率损失已经难以避免。基于"危机先导指标法"构建的"交通信号灯"监测系统则是一种"事前预案"型的预警评估机制，针对不同层级先导指标释放的预警信号，决策层可以提前预判险情警度，从容制定防范预案。具体地，对于综合、分类、离散先导指标均位处安全值域的地区，可设为"绿灯区"；对于综合先导指标处于安全值域、分类和离散先导指标释放预警信号的地区，可设为"黄灯区"；对于三类先导指标均释放预警信号的地区，可设为"红灯区"。根据区分的不同警度，可进一步制定差异化风险防控预案。

尽管"危机先导指标法"具有多重技术优势和良好应用前景，但利用这套方法预警评估中国地方政府债务风险，仍需克服两点瓶颈：首先，尽管地方政府债务体量庞大，但中国尚未触发可观察的地方政府债务危机，而"危机先导指标法"的技术前提是研究者在样本期内观察到了地方政府债务危机，从而可以根据历史经验判断先导指标是否准确释放了预警信号，并甄别出绩优指标。其次，预警中国地方政府债务风险，不能仅基于预算收支表能够查询的表内债务进行量化评估，还要密切关注没有列入表内预算却不容忽视的表外债务。审慎评估隐性债务风险冲击，是新时代债务风险治理面临的更加严峻的技术挑战。

7.3.3 "分类递归树"结构模型

"危机先导指标法"致力于实现地方政府债务风险的分层先导预警，但其信息汇总方式是一种基于先导指标预警效用的线性加权，实质是将研究者归类的先导指标硬性"打包"，而没有指明不同类型的先导指标之间是否存在逻辑关联。例如，地方政府债务风险或许应由排序居前的先导指标进行协同序贯预警，而先导指标的归类设计无法预先捕捉不同类型先导指标的预警效能差异。当排名居前的先导指标归入不同类型时，其预警能力的协同性无法反映在综合先导指标的设计程序之中。

针对这个问题，马纳塞等（Manasse et al., 2003）设计了一套"分类递归树"结构模型，用以捕捉先导指标之间的内生关联和预警次序，基本原理如图7-1所示。假设有一个包含20个危机样本、80个无危机样本的样本总体，也就是说，样本总体暴露危机的"无条件"概率为20%。在所有先导预警指标中，研究者选取对债务危机影响最大的"外债占GDP比重"（又称"外债负担率"）指标作为"分类递归树"结构模型的第一项判断规则，警戒线设为50%。根据"外债负担率"是否突破警戒线，可将全部样本分为两组。假定两组各含50个样本，即样本总体各有一半分布在规则1左右。其中，低外债负担率样本包含5个危机样本和45个无危机样本，触发危机的条件概率是10%。突破规则1的样本进入节点1，共包含15个危机样本和35个无危机样本，触发危机的条件概率提高到30%。

继续设置"分类递归树"结构模型的第二项判断规则。根据"通货膨胀率"是否超过10%，研究者可将节点1处的样本进一步

第七章　地方政府债务风险的预警评估方法及技术应用前景

中国地方政府债务风险的防范控制体系，应基于不同政府层级债务风险的表现特征，设计差异化的预警评估机制，通过政府间联防联控，协同维护国家财政安全。关于如何基于债务风险预警评估方法的技术特征，设计适用于中国地方政府债务风险的预警评估机制和治理战略体系，下两章将分别展开深入探讨。

第八章　地方政府债务风险的分级预警机制设计

我国作为一个社会主义发展中大国，地方政府层级众多，各级政府债务风险分布不均。构建适用于中国的债务风险预警机制，应根据"事后管控""事中监测""事前预案"型预警评估方法的技术特征，将其分别匹配到不同政府层级，发挥出各级政府治理风险的比较优势。本章认为，我国应在省级层面构建"事前预案"型预警机制，在地市级层面构建"事中监测"型预警机制，在县市级层面构建"事后管控"型预警机制，实现各级政府间的联防联控，协同预警。本章尝试构建地方政府债务风险的分级预警机制，利用省级和市级数据提供针对不同政府层级的预警分析结果，为设计治理战略体系提供经验证据。

8.1 省级"事前预案"型风险预警机制设计

构建中国地方政府债务风险预警机制，首要工作是在省级层面建立"事前预案"型风险预警机制。分税制改革后，纵向失衡的财政分权制度安排在省以下示范延伸。相对市县级基层政府而言，省级政府偿债压力最小，风险暴露概率最低。根据审计署调查结果，省级债务压力的区域分布极不均衡，距离东部海岸线越远的中西部省区，债务存量规模和风险治理压力越大。反过来看，省级债务压力样本的高离差有利于甄别出预警绩优指标，辅助决策层及时敦促高危省区制定风险防控预案。

8.1.1 技术前提及应用准备工作

如何构建适用于省级政府的"事前预案"型风险预警机制？基于各类风险预警评估方法的技术特征，中国可结合"先导指标法"和"分类递归树"结构模型的技术特点，对省级政府债务风险展开先导预警评估。以"事前预案"型预警评估技术引领省级债务风险治理，旨在提前发掘警情险兆，使省级政府具有相对充裕的时间发掘风险主导诱因，采取针对性防范措施予以化解。具体地，"先导指标法"可以甄别债务风险的绩优预警指标，预判各省区债务风险的演化趋势；"分类递归树"结构模型可以厘清绩优预警指标的内在逻辑关联，提供风险防范预案的战略实施取向。

利用"事前预案"型预警评估技术展开地方政府债务风险的先导预警，必须首先克服一个技术难题：如何判断地方政府是否陷入了债务危机？分税制改革后，特别是国际金融危机冲击期间，尽管中国地方政府依托融资平台举借了大量商业性债务，但无论在省级、市级还是县级层面，债务风险始终处于隐匿状态，尚未触发可观察的地方政府债务危机。问题恰在于，无论"先导指标法"还是"分类递归树"结构模型，都要对观测样本的输出端预先设置一个债务危机发生与否的二维虚拟变量，否则无法进行样本归类。这就需要基于中国省级政府债务风险的发展演化特征，对这两种风险预警评估方法进行适应性调整。

鉴于中国迄今尚未触发可观察的地方政府债务危机，展开省级层面的先导预警评估，可以根据债务风险指标是否突破了经验阈值，将省区样本分为"低险"和"高险"两组。其中，未突破经验阈值的省区被赋值0，归属低风险样本；突破经验阈值的省区被赋值1，归属高风险样本。将观测样本区分为"高险"和"低险"状态，可以实现输出端数据的二维划分，从而满足两套"事前预案"型预警评估技术的应用前提。但应注意的是，输出端虚拟变量的甄别结果是，当先导指标发出预警信号时，对应省区属于债务高险地区而非债务危机地区，这相当于将预警时点进一步从危机时点前置到高险时点。

根据郭玉清等（2017）的研究，中国省级政府债务风险主要凸显在"债务率"指标反映的流动性风险层面，但基于欧盟警戒线进行"高险"和"低险"的样本分组，低险样本数量会由于大部分省区都超过100%的外生警戒线而过少，难以有效甄别出绩优先导指标。郭玉清等（2017）建议，以"地方政府性债务"测算各省区债务率时，需要进行统计口径转换和警戒阈值的适应性调整。原因是，"地方政府性债务"统计口径包含了地方政府负有偿还责任、担保责任、救助责任的三类政府性债务，其中担保责任和救助责任债务未必转化为地方政府实际承担偿还责任的债务，以欧盟警戒线（100%）作为"高险"和"低险"样本的分组标准，存在阈值过低导致的样本分组失衡问题。根据审计署调查结果，担保责任债务转化为直接偿还责任的历史经验值是19.13%，救助责任债务转化为直接偿还责任债务的历史经验值是14.64%，①这就不难算出，三类债务总余额是转化后直接偿还责任债务总额的1.49倍，从而区分中国"高险"和"低险"两类省区样本，应以调整后警戒线（150%）作为判别依据，这个调整后警戒线处在代表性国家执行警戒线的浮动范围之内。应注意的是，2015年新《预算法》生效后，中国官方不再延续"地方政府性债务"统计口径，取而代之的是纳入表内预算管理的"地方政府法定债务"和游离于预算管理之外的"地方政府隐性债务"两类口径。地方政府债务风险预警机制应针对这两类债务分别展开，但鉴于表外债务数据不清，诱因多元，主体模糊，可先行对表内债务应用"事前预案"型预警评估机制，确保省级表内风险可测可控。若官方公布隐性债务权威数据，可视情将隐性债务纳入统计范畴，实现债务风险的全口径监测预警。

结合两套预警评估方法展开省级债务风险预警，需要首先确定先导指标的警戒阈值。本节基于既有文献的研究，以"噪声信号比"测算各先导指标的内生警戒阈值，进而基于先导指标是否突破其警戒阈值，生成"分类递归树"结构模型的二元节点。若二元节点不符合最终节点的判别标准，则继续以内生阈值分割样本，直至所有节点均符合最终节点的判别规则。结合两套技术展开省级债务风险预警研究，还需要作几点技术说明：第一，在分类递归树结构模型中，先导指标所处位置参考了指标效用值从高到低的排位次序。指标效用值是决策者避免犯"遗失型"和"过失型"错误的线性概率函数，犯错概率越小的指标效用值越高。

---

① 详见中华人民共和国审计署2013年第32号公告《全国政府性债务审计结果》（总第174号）。

先导指标排序的总体原则是效用值越高的指标所处层级越高,其余指标按效用值依次顺延排序,个别指标位序作适应性调整,使最终节点符合判别规则。第二,各类节点的判别标准是,若高险样本占全部样本比例超过65%,该节点为高风险节点;如果高险样本占全部样本比例低于45%,该节点为低风险节点;当高险样本比例介于45%和65%之间时,继续以先导指标分割样本,直至生成最终节点。第三,个别底层指标仍然视情重复使用顶层指标,以使最终节点达到"分类递归树"最终节点的判别规则,避免陷入分类递归重复循环。

8.1.2 预警结果分析

基于上述技术准备工作,本节利用2005—2012年地方政府性债务的分省数据集①,对省级政府债务风险进行先导预警分析。具体地,本节分别基于先导指标法和分类递归树结构模型,对经济高速增长期的省级债务风险展开"事前预案"预警评估,提供债务风险主导诱因的初步经验证据。

1. "先导指标法"预警结果分析

首先基于先导指标方法,利用国际评级机构通常采用的先导指标检验省级政府债务风险的预警绩效。所有先导指标均前置24个月,省级样本剔除数据严重缺失的西藏自治区,研究对象覆盖了30个省、自治区、直辖市。表8-1列示了全部先导指标的预警

---

① 郭玉清等(2016)利用万得资讯金融终端(WFT)提供的融资平台微观财务数据,通过多维加权程序测算出2003—2012年省级可比平台债务余额,进而以分省可比平台债务增长率作为校准锚,结合审计署公布的权威数据逆推出分省政府性债务余额的面板数据集。本节主要利用这套数据集,进行了省级债务风险的先导预警研究。

结果及排序位次。

表8-1 省级政府债务风险的"先导指标法"预警评估结果

先导预警参数	最优阈值（1）	正确信号（%）（2）	错误信号（%）（3）	噪声/信号（4）	P（高风险|信号）（5）	条件及无条件概率差（6）
参数定义	Q^*	$A/(A+C)$	$B/(B+D)$	$[B/(B+D)]/[A/(A+C)]$	$A/(A+B)$	$P(H\|S)-P(H)$
转移支付依赖度↑	1.55	29.58	1.16	0.04	0.95	0.52
财政自给率↓	0.40	54.89	4.52	0.08	0.90	0.47
产业结构升级↓	0.55	7.52	1.14	0.15	0.83	0.40
人口红利↓	0.65	4.51	1.69	0.38	0.67	0.24
财政收入分权度↓	0.25	72.93	33.90	0.46	0.62	0.19
贸易开放度↓	0.16	86.47	46.33	0.54	0.58	0.15
财政收入稳定性↓	0.70	11.91	6.92	0.58	0.56	0.13
人力资本禀赋↓	0.04	38.35	33.33	0.87	0.46	0.03
收入征管努力↑	0.85	17.29	15.25	0.88	0.46	0.03
宏观税负↓	0.10	97.74	87.01	0.89	0.46	0.03
保障性支出占比↓	0.35	78.95	72.88	0.92	0.45	0.02
财政支出灵活性↑	0.15	93.98	96.05	1.02	0.42	-0.01
土地批租收益率↓	0.08	94.74	96.71	1.02	0.42	-0.01
实际GDP增长率↓	0.14	91.73	95.48	1.04	0.42	-0.01
固定资产投资率↓	0.65	92.48	98.87	1.07	0.41	-0.02

注：（1）为测算先导指标的最优阈值，"贸易开放度""人力资本禀赋""土地批租收益率""实际GDP增长率"四项指标采用了1%的遍历法步长，其余指标均采用5%步长。

（2）标注"↑"的先导指标为前向预警指标，标注"↓"的指标为后向预警指标。

表8-1第（1）列是采取遍历取值法测算的内生最优阈值Q^*，按照经典文献的建议（Knedlik & Schweinitz，2012），采取了1%和5%两档步长，数据浮动区间较大的指标选择的步长是5%。第（2）列是未来24个月内出现债务高险的前提下，先导指标发出正确预警信号的概率$A/(A+C)$。第（3）列是未来24个月内没有出现债务高险的前提下，先导指标发出错误预警信号的概率$B/(B+D)$。测算结果表明，各项先导指标的两类条件概率差异极大，浮动范围几乎遍布[0,1]区间。评判指标的预警绩效需要综合分析这两类条件概率，其中任一条件概率高并不等于预警效果就强。以"土地批租收益率"为例，这项指标的正确预警概率达到94.74%，但错误预警的概率达到更高值96.61%，说明这项指标无论未来是否出现债务高险，都大概率会提前发出预警信号。原因可能是，土地批租收益率作为后向预警指标，随地域和年份波动较大，并且中西部地区对土地融资的依赖度更高。由于土地收益依赖度同偿债风险的地域分布高度重叠，尽管很多低于最优阈值的东部省区发出了密集预警信息，但这些省区并未随之出现债务高风险。第（4）列测算了所有先导指标的"噪声信号比"，并按该比值从低到高进行排序。测算结果表明，反映管理体制安排的三项指标"转移支付依赖度""地方财政自给率"和"财政收入分权度"均位居前列，这说明在2015年新《预算法》实施前，财税管理体制成为诱发地方政府债务风险的首要因素，可作为核心指标预判风险。在这三项指标中，转移支付依赖度发出正确预警信息的能力偏弱，但错误预警概率极低，噪声信号比反而最小。其经济含义是，对于中央转移支付占一般预算收入比重较低的高收入省份来说，由于预期中央救助倾向较低，债务融资相对审慎，未来出现高风险

的概率较低。反过来看，严重依赖中央转移支付的中西部省区冀图通过"公共池"转嫁偿债责任，更有可能陷入偿债困境，倒逼中央政府事后救助。

测算结果进一步表明，经济资源基础类指标"产业结构升级""人口红利""贸易开放度"以及财政运行绩效类指标"财政收入稳定性"的噪声信号比均低于0.6，可作为债务风险先导预警的辅助参考指标。"财政支出灵活性""土地批租收益率""实际GDP增长率""固定资产投资率"四项指标的噪声信号比均高于1（[$B/(B+D)$]+[$C/(A+C)$]>1），应予以舍弃。"财政支出灵活性"预警绩效差的原因可能是，人员经费和办公经费具有支出刚性特征，地方政府压缩这两块支出并将结余资金补充偿债基金的调整空间不大。既有研究发现，地方政府经常擅权以预算外资金供养财政超编人员（黄佩华等，2003；陶然等，2009），导致行政管理费居高不下，因此数据欠缺足够的离散性制约了这项指标的预警能力。"实际GDP增长率"和"固定资产投资率"同样噪声极大，是由于落后省区更加依赖政府举债拉动本地增长。通过提高债务杠杆率，落后省区侧重投资快速贴现收益的公共项目，甚至不乏形象工程和政绩工程，以便在政绩考评中赢取竞争优势，将举债融资收益内化为地方官员的政治晋升收益。基础数据显示，中西部省区的固定资产投资率和经济增速不亚于东部省区，但债务扩张速度更高。从政治经济学视角分析，在密集偿债期到来前，地方官员往往已经完成异地交流，可以顺势将偿债责任推卸给继任官员，这种隐匿于官员晋升博弈中的道德风险强化了落后省区以扩大杠杆、累积风险的方式拉动数量型增长的策略性动机。对落后省区来说，经济增长率、固定资产投资率等反映数量型增长的指标非但难以涵养中长期税基,反而需要不断提高债务杠杆率予以维持,这是经济资源基础类先导指标普遍预警效能不高的主要原因。

表8-2进一步列示了各项先导指标的描述性统计及效用值的测算结果。其中,效用阈值是使先导指标效用最大化的内生阈值;效用值是预警指标避免犯"遗失型"和"过失型"两类错误的线性函数赋值。将先导指标按效用值排序,发现财政管理体制类先导指标,如"财政自给率""转移支付依赖度""财政收入分权度"等,对未来24个月的债务高险样本仍然具有良好的先导预警能力。这进一步表明,在地方政府债务治理转型前,地方政府债务风险主要是由财政管理体制诱发的。防范地方政府债务风险的政策着力点,在于改革财税管理体制,特别是硬化地方政府举债约束,遏制卸责举债道德风险。这也正是2014年国发43号文及2015年新《预算法》推进地方政府债务治理转型的制度主因。

表8-2 先导指标的描述性统计及关键参数测算结果

变量	观测值	平均值	标准差	最小值	最大值	效用阈值	效用值
财政自给率↓	341	0.500	0.206	0.053	0.951	0.45	0.300
转移支付依赖度↑	341	1.717	2.525	0.150	17.941	1.40	0.291
财政收入分权度↓	341	0.448	0.153	0.247	0.997	0.30	0.247
贸易依存度↓	341	0.284	0.362	0.032	1.591	0.16	0.200
产业结构升级↓	341	0.949	0.641	0.053	3.166	0.90	0.186

续表

变量	观测值	平均值	标准差	最小值	最大值	效用阈值	效用值
税基稳定性↓	341	0.779	0.085	0.566	1.043	0.80	0.133
人口红利↓	341	0.267	0.040	0.157	0.423	0.30	0.106
宏观税负↓	341	0.086	0.029	0.044	0.186	0.10	0.054
人力资本禀赋↓	341	0.076	0.052	0.007	0.357	0.05	0.034
收入征管努力↓	341	1.100	0.107	0.753	1.663	0.90	0.010

注：（1）标注"↑"的先导指标，观测值高于效用阈值时发出预警信号；标注"↓"的先导指标，观测值低于效用阈值时发出预警信号。

（2）"人口红利"以"15岁以下及64岁以上人口比重"指标反向测度，从而是一个负向指标，指标值越高，反映享受的人口红利越少。

2. "分类递归树"预警结果分析

为厘清各先导指标之间的逻辑关系，本节进一步采用"分类递归树"结构模型进行指标预警能力的量化识别，图8-1绘制了具体预警流程和分类识别结果。以先导指标"财政自给率"为例，这项指标的效用阈值是0.45，效用值排序居首，因此将其设为"分类递归树"的顶部节点。根据财政自给率的样本观测值是否突破效用阈值，顶部节点将全部样本分割成两部分，低于效用阈值的样本归属路径"Y"，指向模型左侧；高于效用阈值的样本归属路径"N"，指向模型右侧。由于顶部节点并不符合最终节点判别规则，按效用值排序依次选择其他先导指标进行样本分割，直至所有最终节点均符合判别规则。标注"Y"的路径由相应指标性质确定，正向指标的实际值高于效用阈值，负向指标的实际值

图 8-1 省级债务风险的"分类递归树"预警结果

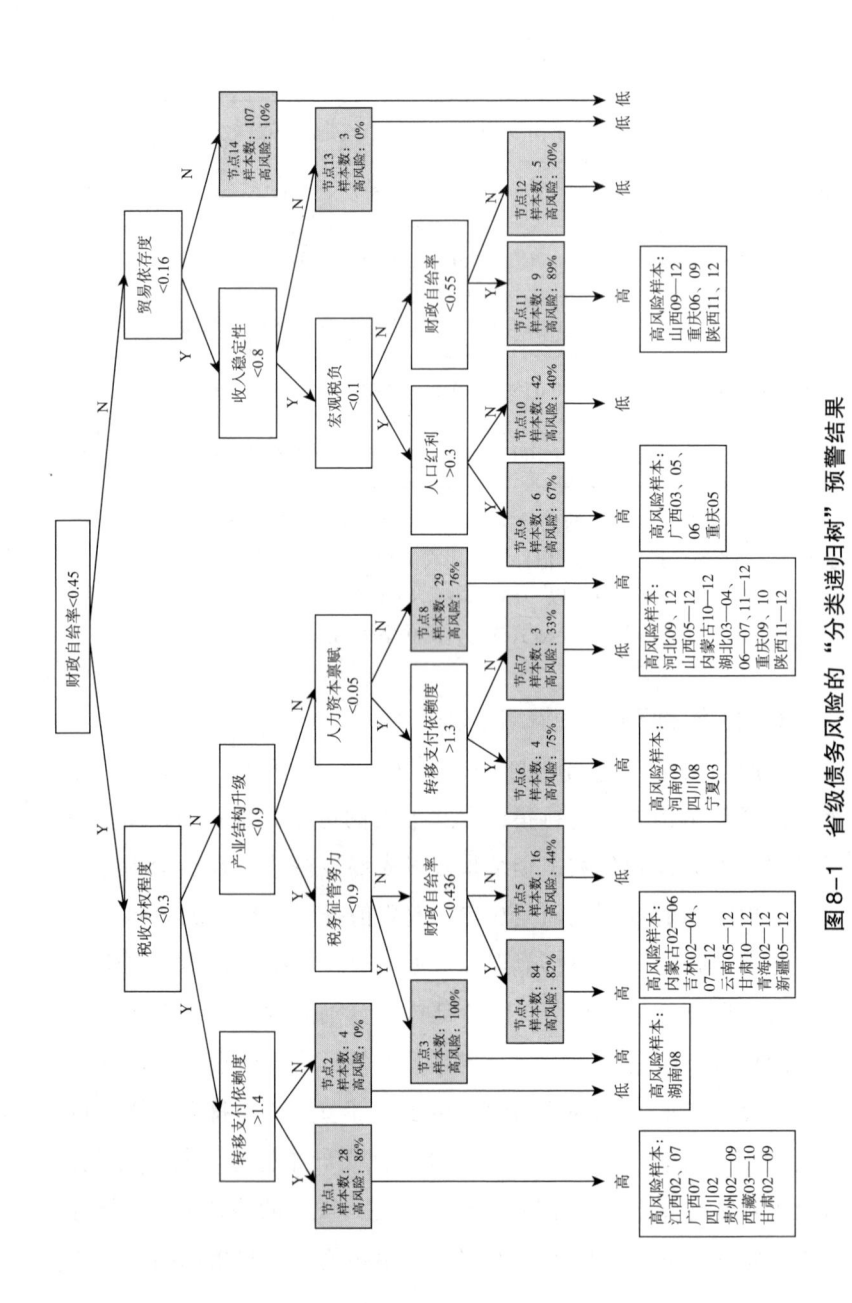

低于效用阈值。①图8-1共计甄别出14个最终节点，以灰色图文框标识，其中高风险节点和低风险节点各占50%。在高风险节点中，高险样本的条件概率最低为67%，最高为100%，说明以"噪声信号比"甄别先导指标的效用阈值，而非依赖智库专家的定性判断，在技术上是可行的。

预警结果表明，当"财政自给率""财政收入分权""转移支付依赖度"三项先导指标都突破效用阈值时，如最终节点1所示，省级样本归属高险样本的条件概率达到86%。在高险样本中，贵州、西藏、甘肃均为西部省区，这说明内陆腹地省份的债务高险主要由纵向管理体制诱发。西部省份大多财政自给率不高，财政支出主要依赖中央转移支付，这是管理体制因素能够有效预警债务高险的主要原因。在最终节点2处，"财政自给率"和"财政收入分权"突破效用阈值，"转移支付依赖度"低于效用阈值，符合条件的样本全部未出现债务高险。这进一步说明，在2015年新《预算法》生效前，如果地方政府能够降低对中央财政转移支付的制度依赖，转而主要倚靠本地税基涵养偿债财源，举债融资相对谨慎，则未来陷入债务高险的概率极低；反之，高度依赖中央转移支付的西部地区，往往冀图通过中央转移支付"公共池"将偿债压力转嫁给其他地区，隐含着以策略性举债谋求中央救助的道德风险，陷入债务高险的概率随之提升。

除管理体制因素外，另以经济资源和财政绩效类指标预警地方政府债务风险，最终节点3列示了相关结果。预警结果表明，

---

① 例如，"财政自给率""收入征管努力"等指标的预警规则是指标实际值低于效用阈值，"转移支付依赖度"的预警规则是指标实际值高于效用阈值。各先导指标的具体预警规则由指标性质决定。

当观测样本突破"财政自给率""财政收入分权度""产业结构升级""收入征管努力"四项先导指标的效用阈值时，陷入债务高险的条件概率达到100%。这是由于四项预警条件同时满足，意味着地方政府的本地税基必然孱弱，而孱弱的税基加剧了资产负债期限错配。例如，"产业结构升级"指标衡量第二、三产业增加值占本地生产总值的比重，农业税全面取消后，第一产业不再贡献有效税基，地方政府能否获得充裕偿债财力主要由第二、三产业的结构升级潜力决定。此外，将税基涵养转化为实际入库的财政收入，还取决于地方政府收入征管是否努力。当地方税基涵养能力不足且收入征管不够努力时，地方政府难以从实体经济中汲取足够财力应对到期债务偿还责任，这是我们观察到最终节点3处的样本全部陷入债务高险的原因。但在反映财政绩效的先导指标中，"收入征管努力"并不具有良好的预警效能和风险甄别能力，即便收入征管努力高于效用阈值，仍有76%的样本出现债务高险。原因可能是在数量型政绩压力下，大多数省份需要努力保证财政收入及时征缴入库，否则地方官员将因组织征收能力不足，在激烈的政治晋升博弈中被一票否决，失去政治晋升前景。继续以"财政自给率"分割高征管努力样本，经反复试错，将效用阈值适应性调整为0.44。最终节点4显示，当财政自给率低于调整后阈值时，即便地方政府努力征税入库，成为高险样本的概率仍然达到82%；而当财政自给率高于调整后阈值时，最终节点5处的高险概率仅44%。这说明，当地方政府因财力事责错配导致财政自给率不足时，是否努力征税入库对债务风险而言已经不再重要，因为努力抑或不努力，地方政府的表内收入都难以弥补制度性收支缺口，只能诉诸表外渠道拓展财力空间。

若"收入征管努力"指标不能满足预警要求,能否找到其他绩优替代指标?以"人力资本禀赋"取而代之,预警结果仍不理想。在最终节点8处,高于人力资本效用阈值的样本,高险概率仍然达到76%,说明人力资本禀赋并不能有效甄别出低险样本。在另一个方向上,即便人力资本禀赋低于效用阈值,仍然需要诉诸"转移支付依赖度"生成最终节点6和最终节点7,因此无论是否突破效用阈值,人力资本禀赋都不适合作为地方政府债务风险的先导指标。原因可能在于,中国高速增长期的数量型增长主要依赖实物资本投入,人力资本尚未成为经济增长及债务风险的核心影响变量。此外,市场化改革以来人力资本跨区域流动广泛,人口流出地很难内化人力资本投资的全部收益,而是由人口流入地享受了人力资本流动的外部性,这些都弱化了"人力资本禀赋"指标的先导预警绩效。

接下来遴选经济基础和财政绩效类指标中具有强预警能力的指标。首先观察"贸易依存度"。最终节点14表明,当观测样本均未突破"财政自给率""贸易依存度"两项先导指标的效用阈值时,债务高险的条件概率仅10%。原因可能是贸易依存度越高,地方政府吸引的外商投资越多,经济外向型发展趋势越显著。地方政府以各种隐性税式支出减免了外商企业的税费负担,外资涌入推动产业链创新链双向融合,促进本地产业结构优化升级,通过税基涵养贡献了大量企业所得税和商品流转税。要素集聚进一步提升了土地资产价值,贡献了财产税和土地批租收益,增强了地方政府的偿债能力,降低了地方政府陷入债务高险的条件概率。国际金融海啸冲击过后,贸易进出口作为传统增长引擎之一,其需求端增长贡献明显下滑,经济增长方式面临着从外需拉动到内需推动、从投资驱动到效率驱动的转型压力。随着供给侧结构性改革的持续推进，预期"贸易依存度"对地方政府债务风险的预警能力将随之弱化，反映高质量增长和经济提质增效能力的指标将取而代之，发挥出更强的先导预警绩效，这是中国经济朝向形态更高级、分工更复杂、结构更合理的阶段演化的必然结果。（李扬、张晓晶，2015）此外，"税基稳定性"也具有良好的预警绩效，但要以贸易依存度指标分割样本为前提。若贸易依存度突破效用阈值，但财政自给率和税基稳定性没有突破效用阈值，观测样本出现债务高风险的条件概率为0，这个分析结果对应于最终节点13。原因可能是，税基稳定的地区更有能力在经济遭受外生冲击时维持可用财力，从容应对密集偿债期到来时的债务偿还压力。税基越不稳，地方政府越要诉诸顺周期财源弥补偿债缺口，这会增大经济下行期的债务风险。由此可见，在央地分权治理框架中，强化地方政府内源收入的稳定性，降低地方财政收入对经济周期的敏感度，是遏制债务风险的重要制度举措。

其他最终节点反映了一些效用值不高的先导指标的预警效率，尽管预警效能一般，但可以从中得到一些有益启示。如最终节点9所示，有些省份财力事责匹配度较高，但贸易开放度低，税基不稳，经济增长享受的人口红利偏少，这样的地区容易扩张债务风险。最终节点10分割的高人口红利省份，债务高风险的条件概率降至40%，体现出实体面因素对地方政府偿债能力的贡献。最终节点11和最终节点12仍以财政自给率分割贸易依存度低、税基稳定性差、宏观税负低的样本，当效用阈值调整为0.55时，最终分割出20%的低风险样本。鉴于财政自给率在分类递归树结构模型中反复出现，是各个节点层次的预警绩优指标，这进一步说明防范化解地方政府债务风险，应着力涵养地方主体税源，提高地方财力自给率。

结合"先导指标法"和"分类递归树"结构模型展开的省级"事前预案"型债务风险预警评估，对经济高速增长期的债务风险演化规律展开了早期预警研究。省级层面的经验分析结论，对严肃财经纪律约束，遏制债务风险扩张，完善管理制度框架，具有重要启示意义。

首先，在甄选的先导指标中，反映管理体制安排的指标，如"财政自给率""财政收入分权度""转移支付依赖度"等，都具有绩优预警效能。这些指标不仅效用值排序靠前，且在"分类递归树"结构流程图中，共计嵌入8处节点，可以有效分割出80%以上的高风险样本。这进一步呼应了先导预警分析结论，即经济高速增长期的省级债务风险主要由制度因素诱发，内生于增长导向的大国发展战略。纵向财政管理体制嵌入了官员政绩考评机制，极大激发了地方官员"搞建设，谋发展，扩财源，养税基"的积极性。但这种增长导向的制度设计欠缺风险内控激励，扩张了地方官员卸责举债的道德风险。在"财权上移、事权下放"的财政分权框架中，地方政府财力事责高度错配，为鼓励地方政府拓宽融资空间，中央政府为地方政府表外举债提供了信用背书，使隐性担保贯穿于省以下分权治理架构。预算软约束激励地方政府（特别是落后地区）罔顾偿债能力扩张举债，冀图在密集偿债期到来时，通过中央转移支付发挥的"公共池"功能转嫁偿债责任。隐含于管理体制安排的道德风险和预算软约束，是管理体制类指标普遍成为绩优预警指标的制度主因。

其次，在经济基础类指标中，仅"贸易依存度"具有相对理想的先导预警能力，其他如"产业结构升级""人力资本禀赋""人口红利"等指标预警效能较差，与管理体制类指标差距明显。中国改革开放的前40年适逢全球经济"大稳定"时期，外向型经济活跃、产业要素集聚的地区流动税基宽，债务风险低是不难理解的；而其他实体面因素，如人力资本、人口红利等，或者省区间差异不显著，或者税基涵养贡献较弱，均不能有效警示债务风险演化。但经济基础类指标对地方政府债务风险的影响或许主要体现在中长期，其税基涵养贡献是缓慢释放的。中国地方政府债务风险的典型特征是负债率低而债务率高，风险主要凸显在结构性和流动性层面，这种风险分布特征弱化了经济基础类指标的风险预警识别能力。如果把视野拉长，预期地方债治理转型后，随着中国经济从高速增长转为高质量发展，经济基础类指标和管理体制类指标的预警效能将呈现此消彼长的替代演化趋势。

再者，相对管理体制类和经济基础类指标，财政绩效类指标是地方政府内生可控的一类先导指标。财政管理体制源于中央顶层设计，经济资源禀赋受发展战略、地理位置、资源条件影响，这两类指标均非地方政府所能掌控。对比来看，只有财政运行绩效可以由地方政府通过调整收支计划灵活掌握。根据本节预警结果，财政绩效类指标的预警能力介于管理体制和经济基础类指标之间，"税基稳定性"是其中绩效最优的预警指标。这说明，在税、费、租、利等地方财源中，压缩费、租、利等顺周期财源，提高税收收入占比，对于防范地方政府债务风险非常重要。进一步分析，在税收收入中，税种稳定性有较大差异。流转类税收以商品流通环节增值额为税基，所得类税收以企业利润或居民收入为税基，这两类税收对经济周期的敏感性都比较强；财产类税收以财产评估价值为税基，对经济周期的敏感性较弱。因此提高税基稳定性的政策取向是将财产税逐步发展为地方政府的主体税种，这样的税制发展方向有利于遏制债务流动性风险。

最后，作为发展中的大国，中国面临着比中小型国家更为严峻的区域发展失衡问题。受地理环境因素的影响，中国形成了从东南沿海到内陆腹地的梯度发展格局，中西部地区无论经济基础还是偿债能力都显著落后于东部地区。在政府间权责边界不清、政府举债存在多维信用背书的体制框架中，中西部地区表现出更强烈的举债融资冲动，累积了体量更加庞大的政府债务，本节预警结果可以为上述现象提供理论解释。预警结果显示，落后省份对中央转移支付依赖度高，财权事权存在错配，本地税基不稳，再加上信用背书诱发的救助预期，这些因素协同诱发了其债务膨胀。其政策启示意义是，在纵向财政管理体制安排中，中央转移支付职能应还原为基本公共服务均等化，而非地区间卸责避险的公共池。可行的政策举措是在中央转移支付总量中提高一般性转移支付比重，降低裁量性转移支付比重，弱化地方政府的救助预期。中央政府还要强化地方政府债务绩效管理，防止地方政府将债务融资投向形象工程、政绩工程甚至非公益项目，挤出更富效率的民间投资。上述政策内涵同时也是新发展格局下推进供给侧结构性改革的应有之义。

8.2 地市级"事中监测"型风险预警机制设计

省级层面的"事前预案"型风险预警机制，旨在提前发掘全省（自治区、直辖市）债务风险的主导因素，辅助省级政府基于警情险兆制定防范预案，恢复财政健康。但省级政府制定风险防范预案，需要进一步明确债务风险究竟暴露在什么环节、哪些区域，从而采取更有针对性的防控措施，将风险遏制在局部高危地区。这就需要在地市级层面构建"事中监测"型风险预警机制，通过实时监测各地级市债务风险的演进动态，结合省级指导预案阻断风险扩散蔓延。

8.2.1 技术前提及应用准备工作

在地市级层面构建"事中监测"型债务风险预警机制，难点仍然在于债务类型的统筹监测。2015年新《预算法》生效后，地方政府表内举债权仅被赋予省级政府。地市级政府获得省级转贷债务固然能够在一定程度上弥补表内收支缺口，但省级政府为减少债务偿还和审计问责风险，往往强化财经纪律约束，以扣减等量转移支付等方式要求地市级政府及时、足额履行省级转贷债务的偿还责任。由此，地市级政府在表内着力控风险的同时，仍然需要诉诸表外举债维持必要的基建和经济增速。此外，新《预算法》生效后，融资平台公司的政府融资职能被制度性剥离，融资能力显著弱化，地市级政府转而通过政企合营等明股实债渠道衍生泛化表外债务。构建地市级"事中监测"型风险预警机制，理论上应将表外债务纳入统计范畴，观察包含显性、隐性债务在内的统筹债务是否突破警戒阈值，配合省级政府制定指导预案，确定财政整改方向。

如何事中监测地市级政府债务风险？国际通行模式是构建一套完整的树状指标体系，通过对基础指标打分，逐级加权汇总得到债务风险的总体量化估值,以总体得分和各级指标的分项得分监测风险。这就涉及如何设置指标体系,测算指标分值和给指标赋权等问题,具体技术环节前文已经述及。在地市级风险监测过程中,决策部门应尽量减少定性因素对量化评估结果的干扰,尽可能以客观程序完成风险测评。例如,指标权重可以熵权法测算,警戒阈值可以引入GARCH模型,综合分值可以应用TOPSIS方法,无法规避的定性赋值则尽可能采用层次分析法,以定性和定量相结合的方式完成风险测评。

  穆迪、惠誉、标准普尔等国际评级机构均设置了政府债务风险的量化评估指标体系,致力于从不同侧面对债务风险和地方政府的偿债信用进行监测评级。以穆迪公司为例,刘琍琍(2011)列举了其监测指标设置和量化权重赋值,即下表8-3。由该表可见,穆迪公司对债务风险的监测评估主要基于六大类指标:运营环境、制度框架、财力基础、债务状况、管理实践、经济基本面。穆迪公司给六大类指标分别设定了权重赋值,每类指标包含的下级指标也均有对应权重赋值,同级指标权重总和为1,总体评估结果从基层指标逐级线性加权得到。穆迪公司没有明确说明指标权重的赋值规则,但指出基于评价目标的差异性,指标赋值结果会随之调整。若采取熵权法测算指标权重,各类指标的权重赋值将取决于采集的数据样本和指标体系的内在逻辑关系,而非智库专家的定性判断。在表8-3中,穆迪指标体系的主要设置目的是进行政府偿债信用评级,从而对"运营环境"类指标的权重赋值较高,达到60%。当监测目标转为量化评估地方政府债务风险(特别是流动性风险)时,预期财力基础、债务状况、管理实践等大类指标的权重赋值会相应提升。

表8-3 穆迪公司设置的监测指标及权重赋值

监测指标	权重赋值（%）
1.运营环境	60
a.人均GDP	50
b.GDP波动幅度（%）	25
c.政府有效性指数	25
2.决定地方政府权力和责任的制度框架	10
a.可预测性、稳定性和负责性	50
b.财政灵活度	33.4
c.财力充裕度	16.6
3.财力状况和表现	7.5
a.利息支付/运营收入（%）	25
b.现金融资盈余/总收入（%）	25
c.总运营平衡/运营收入（%）	25
d.净运营资本/总支出（%）	25
4.债务状况	7.5
a.净直接债务和间接债务/运营收入（%）	50
b.短期直接债务/直接债务（%）	25
c.净直接债务和间接债务/运营收入（%）的四年趋势	25
5.治理和管理实践	7.5
a.财政管理	40
b.投资和债务管理	20
c.透明度和信息披露——财务报表披露	15
d.透明度和信息披露——审计	15
e.制度能力	10
6.经济基本面	7.5
人均GDP（美元，购买力平价），估计值	

资料来源：刘琍琍（2011）。

借鉴国际评级机构设置的指标框架,结合地市级政府债务风险的特征事实和数据可得性,可以构建适用于地市级债务风险的预警评估指标体系。基本思路是,指标体系尽可能将影响地市级债务风险的实体面和制度性因素囊括完整,当指标之间存在理论上的共线性时,舍弃次要指标,保留核心指标,避免指标交互影响,干扰量化测评结果。在指标性质方面,债务风险监测指标包括正向和负向指标,其中正向指标是指标值越大赋值越高的指标,负向指标是指标值越低赋值越高的指标。表8-4列示了地市级"事中监测"型债务风险预警指标体系,各项指标的选取理由及测算方式见于下文。

表8-4 地市级政府债务风险的预警指标体系

A	B	C	指标定义
经济基础	经济发展前景	实际GDP增长率↓	本年与上年实际GDP的差额/上年实际GDP
		产业结构特征↓	第二、三产业增加值/GDP
	资源要素禀赋	固定资产投资率↓	全社会固定资产投资/GDP
		土地资源收益率↓	土地出让金/GDP
财政绩效	财政收入能力	预算收入占比↓	政府预算收入/GDP
		财政收入稳定性↓	税收收入/一般公共预算收入
	财政支出状况	预算支出占比↑	政府预算支出/GDP
		财政自给率↓	政府预算收入/政府预算支出
		财政支出灵活性↑	一般公共服务支出/一般公共预算支出

续表

A	B	C	指标定义
债务规模	债务负担规模	负债率↑	债务余额/GDP
		人均负债规模↑	债务余额/总人口
		财政赤字率↑	政府预算支出与政府预算收入的差额/GDP
	债务流动性	债务率↑	债务余额/政府预算收入与上级补助收入之和
管理体制	财政分权体制	财政支出分权度↑	人均一般公共预算支出/人均一般公共预算支出与省本级人均一般公共预算支出之和
		财力事责匹配度↓	财政收入分权度/财政支出分权度
		纵向转移支付依赖度↑	财政转移支付/一般公共预算收入与财政转移支付之和
	预算管理体制	预算限额留存度↓	债务限额与债务余额的差额/债务限额
		政府预算透明度↓	"市级政府预算与预算执行公开得分"转换为百分制/100

注：（1）"↑"代表正向指标，"↓"代表负向指标。
（2）A、B、C分别代表地市级债务风险监测指标的第一、二、三层级。

A1. 经济基础

地方政府债务风险的首要决定因素是经济资源基础。一个地区的偿债财源最终取决于其经济发展前景和资源要素禀赋，经济前景越优越、资源禀赋越丰裕的地区，地方政府越能从广义税基中汲取可支配收入，维持地方财政可持续。具体地，本节以"经济发展前景"和"资源要素禀赋"两类二级指标度量经济资源基础，量化反映一个地区的广义偿债潜力。

第八章　地方政府债务风险的分级预警机制设计

B11.经济发展前景

C111.实际GDP增长率[①]。实际GDP增长率是国际评级机构进行政府债务风险测评时常用的宏观经济指标，也是衡量地区税基增长潜力的核心指标。实际GDP增长率越高，意味着一个地区的征税潜力增长越快，税收汲取能力越强，相应越能支撑本地更大规模的债务增长而不致触发区域债务危机。

C112.产业结构特征。在地区产业结构中，第二、三产业比重越高，本地吸纳就业、贡献财源的产业承载力越强。产业结构特征可以反映出地区产业结构向高附加值部门的升级潜力。按照相关文献的思路，以"第二、三产业增加值占地区生产总值比重"反映产业结构特征，比值越高，越有利于地方政府降低债务风险。

B12.资源要素禀赋

C121.固定资产投资率。中国在高速增长阶段长期保持的高固定资产投资率，使中国迅速拥有了路网、管道、通信、电力等完善的基础设施。（林毅夫，2012；张军，2022）中国经济从高速增长转为高质量发展后，中国仍然需要保持新基建、生态修复、技术创新、民生保障等领域的公共投资力度，这将有利于带动更多有效投资，保持经济中高速增长，使负债率在不断扩张的经济总量中得以逐步稀释。

C122.土地资源收益率。土地是非流动生产要素，依托快速推进的城市化进程，其资源价值不断提升。土地资源收益率以"土

[①] 下文的地级市"实际GDP"以2014年为基期，剔除了价格因素对实际产出的影响。

地出让金与地区生产总值的比率"衡量,反映土地要素的财力贡献。土地资源收益是政府偿债资金的主要来源,土地资源收益率越高的地区,越有利于政府提升偿债能力,因此将这项指标作为政府债务风险的负向指标引入风险测评。

A2.财政绩效

国际评级机构普遍重视对财政运行绩效的考察,特别关注财政收支状况能否保证政府债务的适时清偿,以及教育、医疗、养老等基本公共服务能否得到有效供给。一般来说,财政运行绩效越高,地方政府越有能力从本地财源中汲取更多可支配财力,触发债务危机的概率越低。具体地,本节从财政收、支两端分别观测地方财政运行绩效。

B21.财政收入能力

C211.预算收入占比。预算收入占比是税收收入、非税收入、政府性基金等预算内可支配收入占地区生产总值的比重。传统地方政府举债主要依托融资平台公司,融资平台债务受政府隐性担保,一旦陷入偿债困境,财政部门势将承担连带责任。治理模型转型后,地方政府债务偿还主要倚靠一般公共预算和政府性基金预算收入。预算收入占比越高,地方政府越有能力清偿到期债务,降低债务融资风险。

C212.财政收入稳定性。一般来说,一个地区财政收入越稳定,越有助于维持财政中长期可持续;反之,若地方政府严重依赖顺周期财源,当宏观经济遭受外部冲击时,可能因财力宽幅波动陷入流动性困境。在税、费、租、债等可用财力中,税收收入最为稳定可预期,因此以"税收收入占一般预算收入比重"反映地市级财政收入的稳定性。

B22.财政支出状况

C221.预算支出占比。预算支出占比是指经济建设支出、国家管理费用支出、国防支出等预算总支出占地区生产总值的比重。预算支出占比越高,单位预算支出的产出效率越低,越不利于涵养中长期税基和设置财政偿债准备金,因此将这项指标作为地方政府债务风险的正向指标引入监测预警体系。

C222.财政自给率。财政自给率反映地方预算支出中的多大比例依赖本地预算收入。若预算收入不足以迎合支出需求,地方政府将拓展表外财力空间,加重财政偿债压力,因此将其设置为地方政府债务风险的负向指标。

C223.财政支出灵活性。财政支出灵活性反映地方政府进行财政应急调整时,能否灵活变动支出以增强偿债适应能力。参照国际评级机构的设定,以"一般公共服务支出占一般预算支出比重"逆向反映财政支出灵活性。由于人员经费、办公经费等公共服务支出具有基数加增长的刚性机制,属于行政管理费中较难压缩的支出,这项指标比值越高,越不利于地方政府灵活适应偿债需求,因此将其作为正向指标引入风险测评。

A3.债务规模

债务规模是地市级债务风险预警的核心变量组,需要从总量、结构、流动性等视角进行全面监测。基于地市级政府债务的数据特征和可得性,设计以下指标测度地市级债务风险。

B31.债务负担状况

C311.负债率。负债率是"地方政府债务余额占GDP比重",反映地区经济规模对政府举债的承载能力。地市级政府举债隐含着政绩竞争驱动,负债率越高,地方经济发展对债务融资的依赖性越强，债务风险越严峻，因此这项指标是地方政府债务风险的正向指标。

C312.人均负债规模。人均负债规模从辖区公众人均债务负担的角度考察债务承载能力。政府举债支持的公共投资项目大多难以快速回笼资金，尽管政府举债占用的是社会闲置资金，但如果运用不当，会挤出更富效率的民间投资，不利于提高全社会劳动生产率，因此这项指标值过高将给债务风险治理带来不利影响。

C313.财政赤字率。财政赤字率是"政府预算支出与预算收入的差额同GDP的比值"，衡量地区经济对政府债务增量的承载能力。财政赤字率越高，地方政府新增举债力度越大，地区经济可能难以支撑债务体量的过快增长并陷入流动性困境。鉴此，将财政赤字率设置为正向指标引入风险测评。

B32.债务流动性

C321.债务率。债务率是"地方政府债务余额占可用财力的比重"，反映地方政府动用各类可支配收入偿还到期债务的能力。紧急状态下，地方政府可以选择变现政府资产，但一般来说政府资产不太容易快速变现。因此监测债务流动性风险优先考虑税收收入、非税收入等一般公共预算收入以及规费、罚没、土地批租收益等政府性基金收入。

A4.管理体制

除经济基础、财政绩效、举债规模外，地方政府债务风险还源于财权分权、预算管理等制度激励。在纵向失衡的体制背景下，地方政府举债融资及偿债能力受到转移支付公共池效应、预算软约束诱发的道德风险和逆向选择等制度因素的影响。（Huang，1996）

第八章 地方政府债务风险的分级预警机制设计

B41.财政分权体制

C411.财政支出分权度。财政分权包括收入分权和支出分权。分税制改革后，我国财政分权形成"财权上移、事权下放"的演化趋势，支出分权高于收入分权，这意味着地方政府要拓展举债融资渠道，迎合不断延伸的支出事责。由于支出分权对债务风险的影响高于收入分权，因此从支出分权角度监测地方政府债务风险，将其设置为正向指标。

C412.财力事责匹配度。当自身支出责任与财力划分相互匹配时，地方政府能够以预算财力满足支出需求，表外举债融资激励随之下降。鉴此，以"财政收入分权同财政支出分权的比值"衡量财力事责匹配度。这项指标比值越低，地方政府越倾向拓展表外融资渠道，从而债务风险越高。

C413.纵向转移支付依赖度。在预算软约束的体制环境中，财政转移支付会诱发"公共池"效应，使地方政府无需承担公共品供给的全部成本，这会增加地方政府罔顾偿债能力争夺公共池资源的道德风险。鉴此，将这项指标作为正向指标引入风险测评。

B42.预算管理体制

C421.预算限额留存度。预算限额留存度是"债务限额与债务余额的差额同债务限额的比值"，反映在省级统筹批准的债务限额内，允许地市级政府举借债务的剩余额度空间。根据《财政部关于对地方政府债务实行限额管理的实施意见》（财预〔2015〕225号），地方政府债务限额由国务院根据国家宏观经济形势等因素确定，从省到市县逐级下达，各地区必须严格按照限额举借地方政府债务。预算限额留存度越高，说明地方政府举债越谨慎，因此将其设置为债务风险测评的负向指标。

C422.政府预算透明度。政府预算透明度是政府预算及相关活动信息的公开程度。通过预算信息公开，社会各界能够大致了解政府活动的全貌，更好发挥社会监督作用。随着预算透明度的提升，地方政府将愈发努力规范地方政府债务管理，调整优化债务结构，加强债务风险防范控制，因此将"政府预算透明度"设置为地方政府债务风险的负向指标。

8.2.2 预警结果分析

本节采用的观测样本包括2015—2019年中国26个省、自治区①共326个地级市。其中，经济、财政、管理体制数据取自万得资讯金融终端（WFT），历年《中国城市统计年鉴》《国民经济和社会发展统计公报》，以及清华大学《中国市级政府财政透明度研究报告》②，一般债务和专项债务的限额及余额数据从各地级市的政府预算执行报告和财政决算报告手工整理而得。③鉴于西藏自治区数据严重缺失，考察样本剔除西藏自治区所有地市级样本，其余省份的少量缺失数据利用多重补漏法和单变量插值法补齐。为避免异常值影响，各项预警指标数据均进行了1%的双边

---

① 郭玉清等（2022）利用330个地级以上城市的数据样本进行了债务风险预警分析。鉴于直辖市同其他省区样本存在行政区划和债务体量的异质性，与这篇论文不同，本节调整了地市级样本，将4个直辖市的区级样本全部剔除，以不含直辖市的地市级样本展开风险测评。此外，本节还剔除了西藏数据。

② 清华大学公共管理学院发布的《中国市级政府财政透明度报告》提供了"地市级政府预算与预算执行公开得分"。详见 https://www.sppm.tsinghua.edu.cn/xycbw/yjbg.htm。

③ 由于隐性债务数据不可得，本节主要利用纳入预算管理的地市级表内债务数据展开风险预警。实际部门采用本节设计的预警框架时，可将隐性债务作为"债务规模"大类指标的一项B级指标，但应考虑隐性债务转化为地方政府显性债务的经验概率。

缩尾处理。

1.熵值法权重测算

地市级"事中监测"预警评估的关键环节是利用客观赋值法确定各级指标权重,实现时、空双向维度风险演化的动态监测。利用手工搜集整理的2015—2019年地市级数据,本节首先对各类正向指标与负向指标进行标准化处理,以熵值法确定分层指标的权重系数,评估结果在表8-5列示。

表8-5 地市级政府债务风险预警指标体系的熵值法权重赋值结果

指标体系	分层指标权重 A	分层指标权重 B	分层指标权重 C	熵值法赋权
经济基础	0.159			
经济发展前景		0.713		
实际GDP增长率			0.346	0.039
产业结构特征			0.654	0.074
资源要素禀赋		0.287		
固定资产投资			0.529	0.024
土地资源收益率			0.471	0.021
财政绩效	0.262			
财政收入能力		0.249		
预算收入占比			0.339	0.022
财政收入稳定性			0.661	0.043
财政支出状况		0.751		
预算支出占比			0.582	0.115
财政支出自给率			0.194	0.038

395

续表

指标体系	分层指标权重 A	分层指标权重 B	分层指标权重 C	熵值法赋权
财政支出灵活性			0.224	0.044
债务规模	0.365			
债务负担规模		0.840		
负债率			0.266	0.082
人均负债规模			0.312	0.096
财政赤字率			0.422	0.129
债务流动性		0.160		
债务率			1.000	0.059
管理体制	0.214			
财政分权管理		0.638		
财政支出分权度			0.187	0.025
财力事责匹配度			0.506	0.069
纵向转移支付依赖度			0.307	0.042
预算管理体制		0.362		
预算限额留存度			0.284	0.022
政府预算透明度			0.716	0.055

权重赋值结果表明，在经济基础、财政绩效、债务规模、管理体制四类A级预警指标中，债务规模的权重赋值（0.365）显著高于其他三类指标，说明债务存量相对经济、财政、人口等杠杆基数的占比是影响地方政府债务风险的首要因素。而在债务存量的B级指标中，"债务负担规模"的权重系数远超官方治理文件强

第八章　地方政府债务风险的分级预警机制设计

调的"债务流动性"。这说明通过应急响应和债务重组缓释即期偿债压力，提升债务流动性固然重要，但防范化解地方政府债务风险的根本措施还在于不断做大经济体量，积累社会财富，提升经济与人口资源对债务规模的承载能力。

在其他三类B级预警指标中，"经济发展前景"的权重系数高于"资源要素禀赋"，"财政支出状况"的权重系数高于"财政收入能力"，"财政分权管理"的权重系数高于"预算管理体制"，这说明防范地方政府债务风险的政策着力点是保持良好的经济发展前景，改善预算支出绩效，以及完善政府间分权管理体制，将财政转移支付功能还原为基本公共服务均等化，而非地区间卸责避险的"公共池"。上述权重赋值结果同前面章节的研究结论基本一致。

2.基于TOPSIS方法的债务风险评估指数测算

基于客观熵值法测算的指标权重，本节进一步利用优劣解距离法（TOPSIS）测算地方政府债务风险的综合评估指数。由于事中监测预警机制采用的是326个地级市的平衡面板数据，因此评估结果既能用于不同省份和地市间的横向比较，也能根据评估指数的年度变化观察地方政府债务风险的演进趋势，进而从时、空双向维度提供更有针对性的风险防范预案。

表8-6列示了2015—2019年中国326个地级市政府债务风险量化评估指数的分省均值，并按2019年评估结果进行了升序排序。做纵向比较，大多数省份的政府债务风险指数呈整体攀升趋势。做横向比较，地方政府债务风险具有显著的跨省差异，形成东北和西部高、东部和中部低的"U"形地理布局。

表8-6 地级市政府债务风险评估指数的分省均值(2015—2019)

省份	2015	2016	2017	2018	2019	省份	2015	2016	2017	2018	2019
山东	0.219	0.222	0.225	0.216	0.238	湖南	0.336	0.333	0.328	0.316	0.328
河南	0.263	0.254	0.242	0.263	0.246	陕西	0.318	0.314	0.306	0.302	0.329
江苏	0.233	0.238	0.238	0.241	0.250	辽宁	0.333	0.352	0.324	0.324	0.340
湖北	0.272	0.276	0.272	0.263	0.261	云南	0.383	0.371	0.361	0.364	0.354
江西	0.258	0.256	0.262	0.269	0.264	吉林	0.300	0.299	0.323	0.335	0.371
浙江	0.243	0.245	0.251	0.255	0.265	贵州	0.416	0.397	0.378	0.370	0.379
福建	0.260	0.264	0.263	0.257	0.268	海南	0.315	0.332	0.345	0.359	0.389
安徽	0.272	0.274	0.278	0.275	0.276	新疆	0.351	0.364	0.368	0.394	0.406
山西	0.297	0.295	0.269	0.279	0.289	甘肃	0.382	0.377	0.404	0.398	0.409
河北	0.276	0.281	0.269	0.287	0.293	宁夏	0.369	0.395	0.384	0.394	0.412
广东	0.294	0.299	0.287	0.289	0.309	黑龙江	0.367	0.367	0.371	0.387	0.419
广西	0.319	0.317	0.299	0.307	0.320	内蒙古	0.358	0.356	0.402	0.402	0.433
四川	0.361	0.354	0.335	0.334	0.326	青海	0.458	0.461	0.481	0.482	0.493

图8-2分东北、东部、中部、西部四大区域,进一步绘制了2015—2019年地级市政府债务风险评估指数的区域均值及其标准差的变动趋势。[①]其中,图8-2(a)绘制的区域均值趋势线表明,地市级政府债务风险在整体攀升的同时表现出明显的区域分化,其中东部、中部地区债务风险保持在低位,东北、西部地区债务风险显著提升。进一步比较,尽管东部地区债务存量居首,但其经济基础

---

① 根据国家统计局的划分标准,全国26个省(自治区)分处东部、中部、东北、西部四大区域。其中,东部地区包括河北、江苏、浙江、福建、山东、广东、海南;中部地区包括山西、安徽、江西、河南、湖北、湖南;东北地区包括辽宁、吉林、黑龙江;西部地区包括内蒙古、广西、四川、贵州、云南、陕西、甘肃、青海、宁夏、新疆。

和财政绩效明显优于中西部地区,从而更加具备财源和税基涵养的区位优势,债务风险趋势线反而最低。图8-2(b)绘制的标准差趋势线表明,东部、中部、东北三大区域的政府债务风险保持平稳,西部地区政府债务风险的波动幅度明显增大,说明2015年新《预算法》生效后债务风险两极分化的马太效应主要集中在西部。为进一步观察债务风险的区域分布规律,本节采用K-均值聚类法,将总计1 630个地市级样本的债务风险评估指数分成高、中、低三档风险区间。根据SPSS 26软件的测算结果,设债务风险综合评估指数$F \in [0,0.301]$为低险区间,$F \in [0.301,0.429]$为中险区间,$F \in [0.429,1]$为高险区间。其中,低险区间包含800个样本,中险区间包含683个样本,高险区间包含147个样本。测算结果表明,地市级债务高险主要集中在内蒙古、黑龙江、四川、云南、甘肃、青海、新疆等东北和西部省区,两类地区作为人口流出地,均面临可用财力与支出责任高度错配、财政自给率相对低下的问题,孱弱的财政经济基础导致这两类地区经历的债务高险超出其他地区。

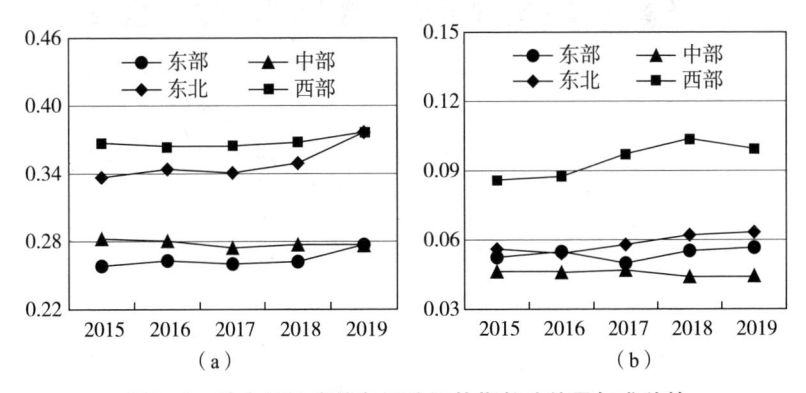

图8-2 地市级政府债务风险评估指数均值及标准差的变动趋势(2015—2019)

根据《地方政府一般债务预算管理办法》（财预〔2016〕154号）以及《地方政府专项债务预算管理办法》（财预〔2016〕155号），对地方政府自主发债全面赋权后，一般债务和专项债务分别纳入一般公共预算和政府性基金预算，实施限额和余额管理。为观察一般债务风险和专项债务风险的量化识别结果是否存在类型异质性，基于两类债务风险的影响因素差异，分别构建适用于两类债务风险预警的指标体系；进而利用TOPSIS-熵值法测算一般债务风险评估指数和专项债务风险评估指数，利用K-均值聚类方法确定对应风险等级。图8-3将低险、中险、高险等级分别赋值"1""2""3"，绘制了样本期内地市级政府债务风险综合评估指数、一般债务风险评估指数、专项债务风险评估指数的均值分布。

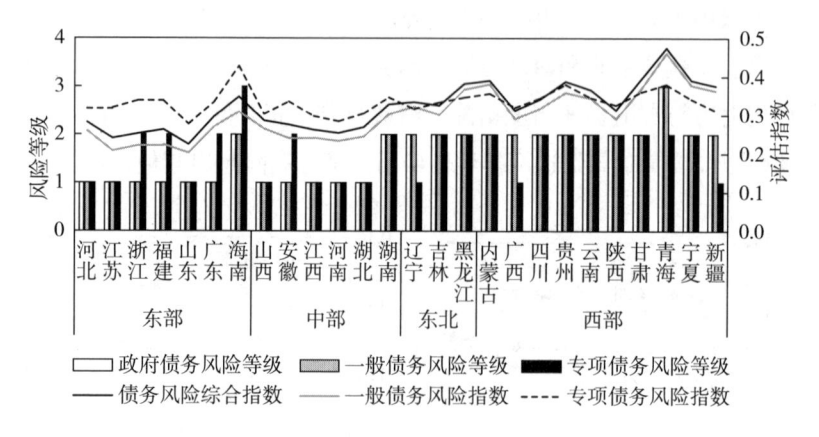

图8-3 政府债务风险评估指数的分省均值及风险等级（2015—2019）

预警结果显示，无论一般债务、专项债务评估指数还是债务风险综合评估指数，都存在显著的区域差异。其中，债务风险综合评估指数与一般债务风险评估指数的分布曲线非常逼近且近乎重叠，两类风险从东到西阶梯式攀升的分布格局基本一致。债务类型差异主要凸显在专项债务风险的量化评估结果。由图8-3可见，省区间专项债务风险评估指数相对平稳，东部、中部专项债风险显著高于一般债风险。因此，无论财力基础稳固的东部省区还是财力基础孱弱的东北、西部省区，审慎发掘收益能够覆盖成本的专项债投资项目，强化项目全生命周期管理，都是防范风险冲击应该坚持的重要原则。

3.地市级政府债务风险的空间集聚特征

鉴于地方政府债务风险的形成机制、主导诱因、评估指数存在显著的区域差异，我们进一步从空间维度观察地方政府债务风险的传播扩散规律及空间聚集特征。首先，利用莫兰指数（$Moran's\ I$）判断地方政府债务风险是否存在全域空间自相关：

$$I = \frac{\sum_{i=1}^{n}\sum_{j=1}^{n}w_{ij}(x_i-\bar{x})(x_j-\bar{x})}{S^2\sum_{i=1}^{n}\sum_{j=1}^{n}w_{ij}},\ S^2=\frac{\sum_{i=1}^{n}(x_i-\bar{x})}{n} \quad (8.1)$$

其中，w_{ij}表示空间权重矩阵W的元素。根据地理学第一定律，空间相邻地区的关联性更强，由此设定$w_{ij}=1/d_{ij}$，d_{ij}代表地区i与地区j之间的地理距离。为检验莫兰指数的显著性，构造标准化统计量$Z(I)=[I-E(I)]/\sqrt{Var(I)}$，若$Z(I)$统计量显著，说明债务风险存在全域空间集聚效应。以全域空间集聚为前提，进一步利用Getis-Ord G_i^*指数观察地方政府债务风险是否存在局域空间集聚，计算公式如下：

$$G_i^* = \frac{\sum_{j=1}^{n}w_{ij}'x_j}{\sum_{j=1}^{n}x_j},\ \forall j\neq i \quad (8.2)$$

其中，w_{ij}'是非标准化对称空间权重矩阵W'的元素，所有元素均为0或1。我们将空间集聚辐射范围设置为200公里，当地区i与地区j之间的地理距离$d_{ij}>200$时，令$w'_{ij}=0$；反之，当地区i与地区j间的地理距离$d_{ij}\leq200$时，令$w'_{ij}=1$。此外，以标准化统计量$Z(G_i^*)=[G_i^*-E(G_i^*)]/\sqrt{Var(G_i^*)}$检验Getis-Ord G_i^*指数的显著性，若$Z(G_i^*)$显著为正，说明地区i周围的债务风险评估指数相对较高，属于"热点区"（高值集聚）；反之为"冷点区"（低值集聚）。

表8-7列示了历年地市级政府债务风险的莫兰指数。测算结果表明，总体债务风险评估指数、一般债务风险评估指数、专项债务风险评估指数均在1%的显著性水平上呈现空间正相关，说明地市级政府债务风险存在显著的全域空间集聚效应。图8-4绘制了2019年地市级政府债务风险莫兰指数的散点分布。整体观察，债务风险综合评估指数、一般债务风险评估指数、专项债务风险评估指数的散点主要集中在第一、三象限，且第三象限散点分布更加密集，说明地方政府债务风险主要呈现出低险聚集特征。进一步观察，一般债务风险评估指数的空间相关性高于专项债务风险评估指数，这个测算结果应该与专项债投资项目具有更强烈的属地化特征有关。

表8-7 莫兰指数测算结果

年份	债务风险综合评估指数	一般债务风险评估指数	专项债务风险评估指数
2015	0.162***	0.154***	0.079***
2016	0.154***	0.150***	0.060***
2017	0.149***	0.148***	0.045 ***
2018	0.143***	0.147***	0.024***
2019	0.155***	0.158***	0.057***

注：***、**、*分别表示1%、5%、10%的显著性水平。

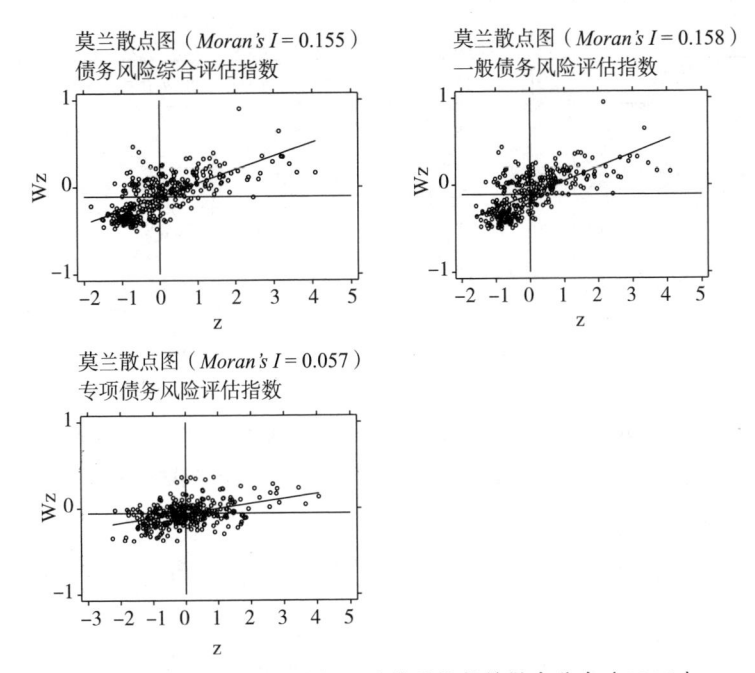

图8-4 地市级政府债务风险莫兰指数的散点分布(2019)

基于莫兰指数的全域空间相关性测算结果,我们进一步构建 $Getis-Ord\ G_i^*$ 指数,观察债务风险是否存在局域空间集聚。经剔除12个没有相邻城市的地级市后,针对剩余314个地级市的量化识别结果列示于表8-8。

表8-8 "热点"与"冷点"地级市的识别结果

指标	2015	2016	2017	2018	2019	连续五年	最近两年
"热点"地级市数量统计							
债务风险综合指数	34	27	19	20	27	17	19
一般债务风险指数	30	25	19	20	27	17	18
专项债务风险指数	32	30	20	15	21	4	11

续表

指标	2015	2016	2017	2018	2019	连续五年	最近两年
\multicolumn{8}{c}{"冷点"地级市数量统计}
债务风险综合指数	79	77	69	72	82	57	69
一般债务风险指数	79	76	75	74	83	63	71
专项债务风险指数	43	36	32	30	35	14	22

根据"冷点"与"热点"地级市的识别结果，2015—2019年，政府债务风险的"热点"地级市从34个减至27个，"冷点"地级市从79个增至82个，说明债务高险的空间集聚状况有所缓解，债务低险集聚范围稳步扩张。分一般债务与专项债务进一步观察，2015—2019年，一般债风险"热点"地级市从30个减至27个，"冷点"地级市从79个增至83个，变动趋势同综合风险基本一致；专项债风险"冷点"地级市数目少于一般债，但"热点"地级市数目同一般债更加逼近，若干年份甚至超过一般债。这个统计结果既与专项债投资项目具有属地化特征，各地项目甄别和投资规模迥异有关，同时也说明决策部门不能忽视任意债务类型的风险累积凝聚，特别是要着力防范高危地区的债务风险传播扩散成为区域性风险。根据地市级政府债务风险的量化评估结果，无论财力稳固的东部、中部地区还是人口流出或基础羸弱的东北、西部地区，坚持"资金跟着项目走"，在微观项目层面实现融资与收益自求平衡，都是防范风险冲击的重要举措。从风险的集聚特征看，风险指数位居前列的地区往往也是高险频发的"热点"地区，需要在厘清分布规律的基础上进一步洞察风险传播扩散诱因，将风险阻断在萌芽状态。这就需要在县市级政府建立"事后管控"型

风险预警机制，下一节将具体展开这项工作。

8.3 县市级"事后管控"型风险预警机制设计

分税制改革以来，"财权上移、事权下放"的纵向失衡分权安排被示范延伸到县市级基层政府，使基层政府面临更严峻的收支错配局面。传统治理模式以政绩竞争驱动举债竞争的激励导向，导致基层政府罔顾偿债能力扩张举债融资，累积了大量历史欠债。通过各种渠道举借但未能按照协议及时清偿的债务成为"逾期债务"，在金融体系累积存压，给新时代债务治理带来严峻考验。在县市级层面建立"事后管控"型债务风险预警机制，已然势在必行。

8.3.1 基本概念界定及预警框架设计

构建针对县市级政府的"事后管控"型风险预警机制，首先要明确管控对象及其测度方式。全球典型国家和地区在20世纪70年代建立的"事后管控"预警机制，主要基于负债率、债务率、赤字率等指标是否突破警戒阈值，若警戒阈值被突破，则再视情采取管控措施，限制其新增举债融资权。但这种事后管控机制存在阈值外生设定、预警时点滞后、权重不分轩轾等缺陷，可能带来资源配置效率损失。美国俄亥俄州设立的债务风险预警监测机制主要围绕债务违约和逾期规模展开，风险管控对象更有针对性。借鉴国际经验，本节同样围绕债务违约和逾期设计中国县市级债务风险预警机制，所涉及的核心概念的量化测度方法，源于笔者在地方财政部门的工作经历以及赴代表性地区展开的实地调研。①

同省级、地市级政府不同，县市级政府在纵向失衡示范延伸的体制环境下，预算内可支配财力最为薄弱。很多中西部落后省区的县市级预算财力维系政权运转尚且举步维艰，遑论划拨出一块专项支出用于搞建设，谋发展。类似县市的财政运行模式一度被学界称为"吃饭财政"（周飞舟，2012）。由此，传统治理模式下的县市级政府有强烈诉求拓展表外融资渠道，基于县市级融资平台向商业银行申请贷款，通过门槛较低的银行借贷积极投身市政建设。问题是，尽管县市级政府能够获取金融机构增信支持，但由于自身偿债财力薄弱，未必能够按照贷款协议履行到期债务本息的偿还责任。未能及时清偿的债务成为"逾期债务"；逾期债务逐年叠加，成为财政部门通称的"历史欠账"。历史欠账主要以"呆账"形式累积存压在银行系统，延续到一定时间后即成为"坏账"。②呆账和坏账并称不良资产，若银行不良资产得不到及时处置，在"资本充足率"等监管指标的制约下，商业银行的信用扩张能力必然受到影响。一旦不良资产带来严重损失，有关部门将在必要时将破产清算金融机构，而这势必危及金融安全和经济稳定。由此可见，完善县市级债务风险预警机制的当务之急，是围

---

① 由于缺乏县市级逾期债务的权威数据，本节主要提供逾期债务及相关概念的数理框架。实际部门可以基于搜集到的债务总额、应还债务、实还债务等基础数据，利用本模型框架展开违约和逾期债务规模测算，以及动态调整偿债准备金规模，实现对基层债务风险的有效事后管控。

② 银行业金融机构发放的信用贷款不能按预先约定的期限、利率收回本金和利息即形成"呆坏账"。我国对银行呆坏账的认定标准，原则上是欠款三个月以上的称为"呆账"；因债务人逾期未履行偿债义务超过三年，或债务人破产或死亡、以其破产财产或遗产清偿后仍然不能收回的称为"坏账"。

绕核心指标"逾期债务"设计风险量化测评体系。当逾期债务率达到一定规模时,意味着特定县市已经濒临高危状态,正处于从债务风险向金融风险转嫁升级的转换节点。对逾期债务率超过一定规模的县市,有必要视情管控其新增举债权,敦促其建立财政应急重整计划,通过收支调整和债务重组等举措恢复财政健康。

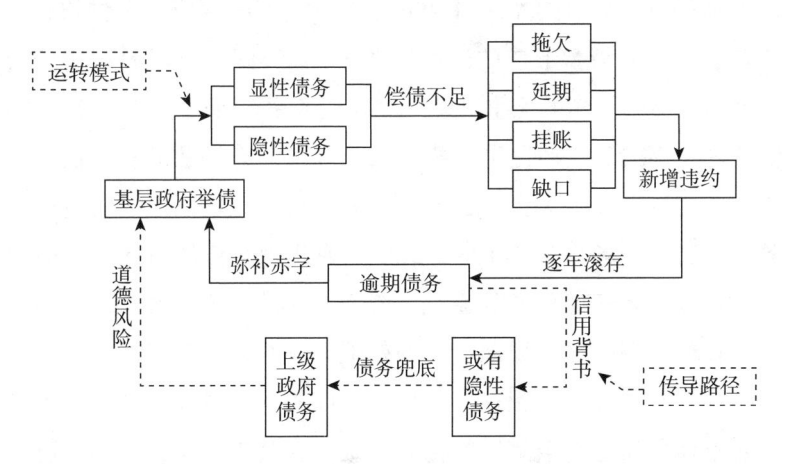

图8-5 基层政府债务风险的运转模式及传导路径

如图8-5所示,在传统债务治理模式下,以逾期债务为核心,基层政府举债形成了两套完整的运转模式,其中隐含着风险转嫁升级的传导路径。我们观察到,基层政府举债融资的运转模式是闭合的,从地方政府举债到产生拖欠、延期、挂账、缺口等各种明目的政府逾期债务,再到为弥补隐性赤字而继续举债,这样的运转模式普遍存在于县乡。由于传统治理模式为基层政府举债提供了隐性担保,另一条风险转嫁升级路径同样形成了封闭的传导路径。基层政府累积存压的逾期债务,在信用背书机制下成为上级政府的或有隐性债务。若上级政府实行债务兜底，基层逾期债务将转化为上级政府的实际债务，这会在"公共池"效应的制度激励下，进一步强化基层政府举债融资的道德风险。

据审计署2013年12月公布的《全国政府性债务审计结果》（总第174号），截至2013年6月底，在地方政府负有偿还责任的债务余额中，逾期债务共11 496.35亿元，其中含应付未付款、其他单位和个人借款形成的逾期债务9 414.38亿元。以逾期债务余额占年末债务余额的比重测算"逾期债务率"，即到期未能偿还的债务占全部债务余额比重，截至2012年底，全国政府负有偿还责任债务的逾期债务率为5.38%，除去应付未付款项形成的逾期债务后，逾期债务率为1.01%；政府负有担保责任的债务和可能承担一定救助责任的债务的逾期债务率分别为1.61%和1.97%，均处于较低水平。尽管逾期债务率较低，违约风险整体可控，但绝不能忽视基层政府累积存压的历史欠账蕴含的风险冲击，特别是要防范债务风险向金融风险传导升级。在县市级层面构建政府逾期债务的常态化监测机制，减少突击式审计的资源配置效率损失，已然势在必行。

郭玉清（2009、2011）构建了以"逾期债务"为核心的基层债务风险预警控制理论框架，为构建县市级"事后管控"型风险预警机制提供了理论基础。在其模型框架的基础上，本节基于官方统计口径和基层债务风险的特征事实，进一步阐述"事后管控"型风险预警机制涉及的一些核心概念及其数理关系，以及如何利用核心概念展开基层债务风险预警。

具体来说，事后管控型风险预警机制由三个相互关联的基础概念发展而得，即新增违约、逾期债务和债务余额。其中，"新增

第八章 地方政府债务风险的分级预警机制设计

违约"是特定预算年度内未能按照借贷协议如期偿还的违约债务额,是一个流量概念,从每年的1月1日起算,至当年12月31日清零;"逾期债务"是尚未清偿的新增违约的历史累积额,以各种名目的缺口、欠款、挂账表现出来,是一个存量概念;"债务余额"是截至考察时点尚未归还的债务存额,包括逾期债务和尚未到期的协议债务,同样是一个存量概念。具体地,实际部门可以利用以下公式滚动测算基层政府的逾期债务:

$$ND_{i,t} = D_{i,t} - R_{i,t} + VC_{i,t} - NR_{i,t} \tag{8.3}$$

$$DEBT_{i,t}^{overdue} = \sum_{y=0}^{t}(D_{i,y} - R_{i,y} + VC_{i,y} - NR_{i,y}) - OR_{i,t} \tag{8.4}$$

$$\equiv DEBT_{i,t-1}^{overdue} + ND_{i,t} - OR_{i,t}$$

$$OD_{i,t} = D_i - \sum_{y=0}^{t} D_{i,y} + AD_{i,t-1} + ND_{i,t} - OR_{i,t} \equiv \sum_{y=t+1}^{m} D_{i,y} + AD_{i,t} \tag{8.5}$$

在(8.3)式中,$ND_{i,t}$ 是第 t 年 i 县市的新增违约,即该县市历年举借债务在第 t 年的协议应还额 $D_{i,t}$ 扣除实际偿还额 $R_{i,t}$ 后,计入滞纳金、利率损失等违约成本 $VC_{i,t}$,进一步扣除考察期内县市政府对本年度应还债务的滞后偿还额 $NR_{i,t}$。如(8.4)式所示,新增违约 $ND_{i,t}$ 同逾期债务 $DEBT_{i,t}^{overdue}$ 是流量同存量的关系。作为存量概念的逾期债务是历年新增违约的历史累积额,扣除截至考察年份末的历史旧账清欠额 $OR_{i,t}$。[①]在恒等式的右半部分,逾期债务也可以用的动态公式演算,即本年度逾期债务等于上年度逾期债务同本年度违约债务之和,扣除历史旧账清欠额。历史旧账清欠力

[①] 从概念上区分,$NR_{i,t}$ 是对当年新增违约的偿还,如果对既往年度未清偿的新增违约进行偿还,就变成了清偿逾期债务,即公式中增加的 $OR_{i,t}$。两者在定义形式上的区分源于新增违约是一个流量概念,而逾期债务是一个存量概念。

度越大，截至本年末逾期债务额越低；本年内新增违约越多，累积至本年末的逾期债务额存量越高。利用（8.4）式提供的动态关系式，决策层可持续观测特定县市逾期债务的动态变化，构建基层债务风险的常态监测管控机制。

在官方审计公告中公布的一个重要概念是"逾期债务率"，即政府逾期债务占债务余额的比重。接下来的问题是，如何测算债务余额？根据（8.5）式，债务余额是尚未到期的协议债务同尚待清偿的逾期债务之和；换言之，债务余额包括历史举借债务中还没有到偿还期限的债务，以及到偿还期限但没有履行实际偿债责任的债务。由此，官方公布的"逾期债务率"，从公式定义上即逾期债务同协议待偿债务和逾期债务之和的比值。按照官方公布的全国政府负有偿还责任的逾期债务率，截至2012年底，逾期债务同债务余额的比率为5.38%。尽管这个比率不高，但考虑到逾期债务主要发生在地方层面的特征事实，将分母中中央政府负有偿还责任的债务余额扣除，则地方逾期债务率达到10.65%。进一步考虑到逾期债务主要累积存压在县市级基层政府，将省级和地市级债务余额扣除，则县级层面的逾期债务率达到25.9%。也就是说，在县市级政府举借的债务存量中，大概超过四分之一的债务因偿债能力不足形成逾期。尽管这个测算结果有高估基层逾期债务率之嫌，但至少表明，基层政府的债务逾期状况应引起决策层高度重视，有必要建立严厉的事后管控措施，遏制风险扩散蔓延或转嫁升级。

（8.3）—（8.5）式为决策部门预判逾期债务的发展趋势提供了理论依据，郭玉清（2011）进一步提供了估算逾期债务的数理公式：

第八章　地方政府债务风险的分级预警机制设计

$$\overline{DEBT}_{i,t}^{overdue} = DEBT_{i,t}^{overdue} + (OD_{i,t} - DEBT_{i,t}^{overdue}) \times CR_{i,t}$$
$$\equiv \sum_{y=t+1}^{m} D_{i,y} \times CR_{i,t} \quad (8.6)$$

如（8.6）式所示，其中债务余额 $OD_{i,t}$ 同逾期债务 $DEBT_{i,t}^{overdue}$ 的差额是尚未到期的协议债务；$CR_{i,t}$ 是尚未到期的协议债务可能转化为逾期债务的"转化比率"；基层政府举借一笔协议债务，直至全部到期时的逾期债务预测值为 $\overline{DEBT}_{i,t}^{overdue}$。应注意的是，$\overline{DEBT}_{i,t}^{overdue}$ 包括截至当期实际发生的逾期债务以及从当前时期到协议截止期预测的逾期债务两部分，其中逾期债务的预测值同剩余期限和转化概率有关。郭玉清（2011）建议，转化概率应基于既往年度债务余额转化为逾期债务的经验比率测算，即其应为一个不断调整的动态变量。①如果考察连续时间，在时刻 t，决策者希望根据以往经验确定转化概率，以便对未来逾期债务的可能规模进行事前预测，则转化概率的测算原理可以表述为：

$$CR_{i,t} = E\left\{\left[DEBT_{i,t}^{overdue} \big/ \left(D_i - OD_{i,t} + DEBT_{i,t}^{overdue}\right)\right] \big| t\right\}$$
$$\equiv \int_{\tau=0}^{t} DEBT_{i,\tau}^{overdue} f(\tau) \big/ \left(D_i - OD_{i,\tau} + DEBT_{i,\tau}^{overdue}\right) d\tau \quad (8.7)$$

由于（$OD_{i,t} - DEBT_{i,t}^{overdue}$）是时刻 t 之后的协议应还债务，从而（$D_i - OD_{i,t} + DEBT_{i,t}^{overdue}$）是时刻 t 之前的协议应还债务，即 $\sum_{y=0}^{t} D_{i,y}$。（8.7）式的经济学含义是，从某个特定时刻 t 预测未来协议待偿债务转化为逾期债务的比率，应基于以往年度协议待偿

---

① "转化比率"的测算，一定程度上借鉴了 VAR 风险概率模型的风险量化思路。两者相似点是，都需要根据以往风险演化的经验观察，估计未来风险发生的条件概率，概率值随时点变化和经验累积而不断调整。两者区别是，VAR 风险概率模型估算的是风险头寸，即在一定概率和投资水平下预计损失额的浮动范围；而转化比率估算的是一个经验比值，通过加权测算经验观察值预估未来风险可能达到的最大规模。

债务转化为逾期债务的经验观察来判定。从连续时间视角进行经验判断，$f(\tau)$是τ时点的权重系数，满足$\int_{\tau=0}^{t} f(\tau)\mathrm{d}\tau=1$。一般来说，越靠近时刻$t$，权重赋值越高，反映转化比率具有路径依赖特征。基于（8.7）式测算的转化比率，决策层即可判断逾期债务的发展趋势，提前制定偿债基金安排或事后管控措施。

在简化情形下，不妨将连续时间视角转化为离散时间视角，不再考虑既往年度的路径依赖，仅以本年度逾期债务同协议待偿债务的比率估算未来年度逾期债务，则延续到偿债期末的逾期债务余额估计为：

$$\overrightarrow{DEBT}_{i,t}^{overdue} = DEBT_{i,t}^{overdue} + \sum_{y=t+1}^{m} D_{i,y} \times \frac{DEBT_{i,t}^{overdue}}{\sum_{y=0}^{t} D_{i,y}}$$
$$\equiv DEBT_{i,t}^{overdue} \times \frac{D_i}{\sum_{y=0}^{t} D_{i,y}}$$
（8.8）

其经济含义是，在离散视角下，一笔协议债务预期转化为逾期债务的总量，是截至当期已经发生的逾期债务同协议债务总额与协议到期债务比例的乘积。这意味着，之前年份累积的逾期债务规模越高，未来该笔协议债务可能留存的逾期债务越多；若既往年份从未发生过债务逾期，则该笔协议债务也不会有预测逾期债务。由此可见，尽管逾期债务的测算过程没有纳入任何定性判断，但进行预测和评估仍然有赖于以往年份的经验观察，预判未来走势并不能脱离业已发生的经验事实。以可观察的有效信息为基础预判未来走势，是几乎所有风险预警模型都无法规避的技术特征。

8.3.2 旨在事后管控的地方财政偿债机制研究

在县市级层面建立"事后管控"型风险预警机制，旨在遏制基层政府累积存压的逾期债务规模的不断扩张，防止债务风险扩散蔓延或转嫁升级。这就需要构建地方财政偿债机制，通过设置偿债准备金，将风险适时阻断在基层险源或特定地区。由此引发的问题是：基层政府应在财政资金的总盘子中预留多少偿债准备金，才能既有效遏制债务风险传播，又不至于因过度占用资源降低财政资金的整体配置效率？这就需要展开深入理论分析，为决策部门实施债务风险的事后管控提供理论依据。

本节尝试从债务清偿的动态演化角度分析偿债准备金规模的最优设置。这个分析视角延伸到基层财政治理与风险控制层面，致力于指导基层政府管控逾期债务规模的制度实践。在县市层面控制逾期债务规模，政策着力点是遏制新增违约。从动态视角观察，县市级政府设置的偿债准备金取决于下年度协议应还债务转化成违约债务的可能性，而这种可能性又与以往年度安排的偿债准备金和新增违约有关，因此理论上是一个具备时序自相关性且不断动态变化的变量。具体来说，如果以往年度安排了偿债准备金，相应年份却出现了新增违约，说明偿债准备金的设置金额不足以应对偿债需求，下年度安排偿债准备金时，应充分考虑到这一情况，适当上调准备金数量；反之，则可视情况下调。如此，使逾期债务的设置规模保持动态稳定，从而既不损失浪费财政资源，又能实现对债务风险的有效控制。

借鉴郭玉清（2011），本节引入"偿债比率"（*DSR*）概念，即基层政府应安排的偿债准备金占协议应还债务的比重。偿债比率的测算公式主要由三项因素决定：一是偿债准备金与协议应还债务的比例。若以往年度偿债准备金占协议应还债务的比值较高，说明协议应还债务转化为新增违约和逾期债务的比率较大，后续需要追加的偿债资金量也相应提高。二是新增违约与协议应还债务的比例。这项比值越高，说明应还债务的违约概率越高，转化为逾期债务的规模相应增大，需要设置更多准备金控制流动性风险。三是前两项指标对偿债比率的影响应该具有时间维度上的边际累进性，从而反映偿债比率的路径依赖特征以及时序自相关性。以转化比率的概率密度函数反映路径依赖特征，则政府债务 D_i 的偿债比率可表述为如下条件期望值：

$$\begin{aligned} DSR_{it} &= E\left[(SF_{i,\tau} + ND_{i,\tau})/D_{i,\tau}\big|t\right] \\ &= \int_{\tau=0}^{t}(SF_{i,\tau} + ND_{i,\tau})f(\tau)/D_{i,t}\mathrm{d}\tau \end{aligned} \quad (8.9)$$

其中 $D_{i,\tau}$ 是第 i 笔债务在时刻 τ 的协议应还额，（8.9）式相当于以当前时刻 t 掌握的数据信息为基础，对债务举借基期到时刻 t 的偿债比率进行积分，求取条件期望值，作为后续偿债准备金测算的理论依据。在简化情形下，可从离散视角计算偿债准备金。不妨取前 η 年的经验数据进行估算，偿债比率的影响程度视时期远近赋予递增权重，则第 $t+1$ 年应安排的偿债准备金数量和偿债比率分别为：

$$SF_{i,t+1} = D_{i,t+1} \times DSR_{i,t}, \ DSR_{i,t} = \sum_{y=t-\eta}^{t}\left[\frac{(SF_{i,y} + ND_{i,y})}{D_{i,y}} \times p_y\right] \quad (8.10)$$

其中 $D_{i,y}$ 为第 y 年的协议应还债务，p_y 是影响权重。（8.10）式的经济含义是，基层财政部门安排偿债准备金，应是一个不断调整的动态过程。如果以往年度偿债准备金与新增违约之和占同期应还债务比例较低，则第 $t+1$ 年可酌情在预算内少安排一些偿债资

第八章 地方政府债务风险的分级预警机制设计

金,以免带来财政资源的低效配置。但若第 $t+1$ 年经济遭受外生事件冲击导致新增违约规模扩大,则接下来的年份要多安排一些准备金,以应对风险深化局面,避免新增违约继续扩张,以致逾期债务失控。由此通过持续不断的酌情调整,基层财政部门便能实现对新增违约和逾期债务的实时监控,通过财政准备金的滚存设置,有效防范债务风险累积扩张至资不抵债局面,并避免财政资金过度积压在风险规避的公共池中,降低财政资源配置效率。

接下来,我们在简化情形下进行几种不同情形下的场景分析,对基层政府安排财政偿债准备金进行风险防范压力测试。设定基层政府仅以本期信息为基准考虑下期偿债准备金的设置,即 $\eta=0$, $p_y=1$,且不考虑违约成本、逾期偿还等因素。在基期,债务 D_i 的偿债准备金 $SF_{i,0}$ 及新增违约 $ND_{i,0}$ 均为 0,从而第 1 年需要安排的偿债准备金 $SF_{i,1}$ 为 0。若第 1 年出现新增违约 $ND_{i,1}$,根据(8.9)式,可得第 2 年基层政府应安排的偿债准备金数量为 $SF_{i,2}=D_{i,2}\times ND_{i,1}/D_{i,1}$。若在这个规模的债务准备金安排下,第 2 年仍然出现数额为 $ND_{i,2}$ 的新增违约,则第 3 年应安排的偿债准备金额为 $SF_{i,3}=D_{i,3}\times(ND_{i,1}/D_{i,1}+ND_{i,2}/D_{i,2})$。由此不断迭代测算,可得简化情形下第 $t+1$ 年应安排的偿债准备金为:

$$SF_{i,t+1}^{simple}=D_{i,t+1}\times\sum_{y=1}^{t}(ND_{i,y}/D_{i,y}) \quad (8.11)$$

(8.11)式表明简化情形下的偿债准备金设置是往年新增违约率的历史累积额,历史违约信息延续至本期,成为基层政府设置风险防范准备金数额的决策依据。接下来在简化情形下,进行三类场景的偿债机制分析。

场景一是乐观情形。假定以往年度基层政府举债从未出现过新增违约，即每年新增违约额均为0。由于每期政府举债的协议应还债务均得到及时清偿，则下年度偿债准备金可设定为最低值，即 $MINSF_{i,t+1}^{simple}=0$。在此场景下政府偿债压力最小，没有任何逾期债务存量积压在基层财政。

场景二是中间情形。假定债务 D_i 第1年的新增违约为全部应还债务 $D_{i,1}$，则根据（8.11）式，基层财政第2年应安排 $D_{i,2}$ 的偿债准备金，使偿债准备金额同第2年的协议应还债务额相等，以便确保第2年不出现新增违约，即 $D_{i,2}=0$。无论偿债准备金是否切实用于协议偿还债务的违约额偿还，第2年都不会出现新增违约债务，从而逾期债务仍为 $D_{i,1}$。这种偿债安排力度将一直持续，即每年的偿债准备金总额均严格控制于该年度的协议应还债务，以保证后续年份不再出现新的违约债务，[①] 由此第 $t+1$ 年偿债准备金的财政安排数额为 $MINSF_{i,t+1}^{simple}=D_{i,t+1}$。虽然基层财政将始终存压 $D_{i,1}$ 规模的逾期债务，但随着经济体量和表内税基的不断扩张，逾期债务风险将逐步得以稀释，只要实际部门能够坚持这种事后管控机制，便不会引发系统性债务危机。

场景三是悲观情形。若基层政府从未针对 D_i 安排偿债准备金，或预算内安排的偿债准备金被违规挪用到其他领域，则会出现既往年度的每年新增违约均等于协议应还债务的极端情形，即 $ND_{i,y}=D_{i,y}, \forall y \in [1,t]$。在这种情形下，第 $t+1$ 年的偿债准备金将设

---

① 中间情形下的财政偿债准备金额是不断酌情调整变动的。例如，若第2年应还协议债务得到及时清偿，则第3年偿债准备金额应根据当年协议应还债务调整。当第3年协议应还债务多于第2年时，基层财政需要从其他领域调拨资金补充偿债准备金；反之，若第3年协议应还债务少于第2年，基层财政可以减少偿债准备金，将拨出资金用于供给其他公共产品。其他年份的偿债准备金设置类似上述分析。

第八章 地方政府债务风险的分级预警机制设计

置为最大值 $MINSF_{i,t+1}^{simple}=tD_{i,t+1}$,即需要安排 t 倍于第 $t+1$ 年协议应还债务的资金。在这种情形下,基层政府将面临最严峻的偿债压力,存压逾期债务规模达到最大值 $\sum_{y=0}^{t}D_{i,y}$。若基层财政短期内无力安排 $tD_{i,t+1}$ 额度的偿债准备金,逾期债务将继续扩张直至暴露风险,最终将债务偿还责任转抛给上级政府,或通过"公共池"推卸给其他地区。

为避免出现第三种极端情形,基层财政偿债准备金应提前设置并专款专用,以期实现对高危风险的事后管控,避免债务风险不断扩散蔓延。[①]理论分析表明,即便考察基期的政府逾期债务有一定数量的累积存压,只要将其绝对规模控制在一定浮动范围,随着经济体量和表内税基的不断扩张,实际部门便有望通过债务准备金设置实现"亡羊补牢",坚守住不发生系统性风险的底线,打好财政金融重大风险防御攻坚战。当然,除设置偿债准备金和在不同行政层级匹配相适应的预警监管技术外,构建地方政府债务风险预警机制,还要设立组织机构和制定管理制度,构建事前、事中、事后紧密衔接、相互协调的预警管理体系。这就需要深入研究与债务风险预警机制相配套的组织机构和管理制度建设,从而使理论研究能够切实落地,将理论方法和预警技术转化为实际部门切实可行的决策机制。

[①] 根据审计署2013年第32号公告《全国政府性债务审计结果》(总第174号),截至2013年6月底,全国共计28个省级、254个市级、755个县级政府建立了偿债准备金制度,准备金余额为3 265.50亿元,占地方政府负有偿还责任的逾期债务28.4%。基于三种不同场景下的理论研究,当前基层债务违约风险处于乐观和悲观情形之间,接近中间情形。

第九章 地方政府债务风险的治理战略路径选择

基于地方政府债务风险治理的历史沿革、国际经验、禀赋特征、预警体系的研究，结合当前面临的战略机遇和现实挑战，本章分析中国作为一个坚持社会主义市场经济体制的发展中大国，治理深水区地方政府债务风险的基本指导思想和战略路径选择。具体地，本章将沿着短期、中期、长期的演进逻辑，设计地方政府债务风险的治理战略体系，为秉持底线思维和系统观念防范化解债务风险冲击、维持地方财政可持续，提供有序推进的政策建议。

9.1 短期战略：纵向指导债务重组

2015年新《预算法》生效后，推进我国地方政府债务风险治理，亟需通过地方政府债务风险的实时监测预警，指导地方政府展开债务重组，防范高危地区暴露结构性和流动性风险。中央和省级政府介入地方债务重组的框架指导，成为保障我国财政安全的首要任务。

9.1.1 纵向指导债务重组的战略内涵

为何地方政府债务治理的短期应急性战略，应定位于纵向指导地方政府债务重组？应认识到，新《预算法》颁布前的地方政府债务主要是融资平台公司绕过旧《预算法》约束累积的。"激励导向"的传统债务治理模式固然累积了大量有中长期回报潜质的公共资产，但也存在资产负债期限错配的内在矛盾。随着密集偿债期的持续逼近，期限错配问题必然愈益凸显，不排除在财力基础孱弱或人口流出地区率先暴露风险。这就需要充分发挥大国治理能力，有序推进地方政府债务的战略性重组，使偿债期限同公共资产贡献的收益流达成动态匹配，维持债务融资和地方财政可持续。

我国作为一个发展型国家，实施债务重组需要中央和地方政府统筹谋划，协调行动。目前我国推进地方债务重组的基本措施是以地方政府发行的表内债券置换融资平台举借的表外债务。从发展的眼光来看，当前我国尚不具备将债务重组彻底赋权金融市场的条件。在竞争联邦制国家，当地方政府陷入偿债困境时，联邦政府既不纵向指导债务重组，也不提供任何纾困资源，而是任由高危地区自行制定危机应对预案。若危机地区希望通过债券期限结构中长期化缓释偿债压力，只能自行在金融市场发行中长期债券置换短期债券。既然危机地区发行的政府债券不含信用背书，发行价格完全反映风险溢价，危机地区只能不断推高债券发行价格。不断推高的债券价格一方面增加了危机地区的偿债成本，另一方面也影响了市场投资者对危机地区偿债信用的判断。如果危机地区无法使市场投资者信任其偿债能力，即新发行的中长期债券无法得到市场认可，则只能通过提高税率、压减支出等方式筹集偿债资金，将债务成本转嫁给本地没有能力外流的辖区公众。由此可见，债务重组作为一种缓释地方偿债压力、优化债务期限结构的治理战略，并不容易由危机地区自行组织实施。在当前形势下，我国可借鉴合作联邦制国家的实践经验，通过中央政府介入纵向框架指导完成重组方案设计。面对债务风险深化态势，中央指导地方政府债务重组，意义主要体现在三方面：

第一，纵向指导债务重组使财力孱弱地区和经济稳固地区都能通过债务期限结构中长期化缓释压力，降低债务风险暴露概率。2015年以来，我国全面放开各省级行政单位的自主发债融资权，允许各省区市以政府债券置换传统模式累积的存量债务。我国东北和西部财力孱弱、人口外流的地区发行的置换债券同样能够得到市场投资者认可，原因是在统筹置换背景下，债务重组是中央政府统一赋权各省级单位实施的，这相当于中央政府对各个省份发行的置换债券进行了无差序的信用认定，否则将只有债信能力高的省份被赋权重组，而低债信能力省份的重组方案将被否决。基于中央统一组织的置换重组，无论高债还是低险省份发行的政府债券都能获得市场投资者认可，这有利于实现全国范围内债务重组的统筹推进。

第二，纵向指导债务重组将区域平衡发展因素纳入风险考量，更好满足各地区人民群众的美好生活需要。无论高债还是低险地区，人民群众都有追求美好生活的愿景和权利。若高债地区无法通过纵向框架指导推进债务重组，由国际典型经验观察，只能被迫采取提高税率和压减服务的方式应对危机冲击。本地辖区居民将随着教育、医疗、治安、养老等基本公共服务的被动削减承担危机成本，甚至不得不背井离乡流动到其他地区，这种情形显然背离了人民群众的美好生活愿景。市场经济条件下的人口流动，应该是美好生活愿景引导的自发流动，而非债务危机驱策的被迫迁徙。中央政府介入债务重组，可以权衡各地区债务风险的演化状况和重组压力的区域布局，在东部地区能够逐步实现全域清零隐性债务的前提下，将债务重组方案向中西部地区适度倾斜，从战略全局的高度推动各地区平衡稳定发展。

第三，纵向指导债务重组有利于建设高水平社会主义市场经济体制，保障全国统一大市场的强外溢性公共产品供给。地方政府举债融资旨在适度超前提供基础设施，为全国统一大市场提供外部性。基础设施建设不仅贡献财务收益，还隐含着无法市场化定价的"影子收益"。从中长期来看，尽管中西部地区偿债基础薄弱，我国仍然需要在该地区布局重大工程建设。例如，中西部地区需要开展特高压输变电线路建设，推进煤电机组改造升级，提升能源输送能力；为实现"碳达峰""碳中和"，西部的沙漠、戈壁、荒漠地区需要开展风电、光伏、氢能等项目建设，努力开发可再生清洁能源；西部地区还有必要推进大数据中心建设专项行动，服务"东数西算"大棋局，就近消纳绿色新能源等。为保障中西部重大战略工程建设，使基础设施更好发挥区域协同作用，中央政府需要介入债务重组，通过框架指导增进中西部地区的偿债能力，增加跨区域外溢性公共产品的国债资金支持，调整优化中央政府与地方政府的债务结构，为建设高水平社会主义市场经济体制夯实财政基础。

9.1.2 统筹推进表外债务置换与表内债务再融资

2015年新《预算法》生效后，中央指导地方政府债务重组的首要工作是统筹推进表外债务置换和表内债务再融资，保障地方财政可持续。债务置换和再融资工作是针对地方政府债务的偿债期限和基础设施收益流之间的期限错配有序铺开的债务风险治理战略。正如前文的分析，如果债务重组完全赋权金融市场，以中长期债券替代短期债券，将不断推高地方政府债务的利息偿付成本，乃至危及政府债信。出于以下考量，中国统筹推进的债务重组未必会提高地方政府偿债成本，而是一种多方共赢的战略举措。

首先，我国在2015年至2018年实施的债务置换并非以中长期债券置换短期债券，而是以省级政府统筹发行的一般债券和专项债券置换融资平台公司累积的存量债务。融资平台债务的主要举借渠道是银行信贷，其具有期限短、利率高的特点，在3—5年内便会迎来偿债高峰期，这将迫使地方政府发展非规范渠道筹集偿债资金，导致行为异化和错配扭曲。新《预算法》赋权地方政府将政府性债务置换到表内，理论上可以实现多方共赢：一方面，地方政府债券相对银行贷款期限长，利率低，在缓释地方政府偿债压力的同时，还能降低其中长期偿债成本。另一方面，将融资平台债务置换为地方政府债券，债务主体随之从融资工具公司转变为地方政府。债务主体的转换能够增强债务偿还能力，避免银行资产负债表受损，并随着置换工作的持续推进不断改善银行资产负债表，提高银行信贷资源配置效率。再者，将融资平台债务甄别置换为地方政府债务，还可以厘清债务主体权责边界，推进融资平台市场化转型，引导融资平台职能从"输血"向"造血"方向转变。

其次，三年置换期满后，纳入表内限额预算管理的部分中短期债券也已逼近偿还期，继续给地方政府偿债能力带来严峻考验。

第九章 地方政府债务风险的治理战略路径选择

为缓释三年及以下期限债券的偿还压力,各省区陆续发行再融资债券,以中长期再融资债券置换到期债券。按照官方文件的要求,地方政府只能为到期债券的本金再融资,其利息仍然需要地方政府自筹资金按期偿还。由于地方政府举债建设的基础设施(如地铁、高速公路、通信网络等)的收益期可以延展至数十年甚至上百年,而债券发行期仅十年左右,因此债务本金展期有助实现基础设施建设成本的跨期分摊,增进基础设施收益的代际公平。不过,债务本金展期会不断压缩地方政府新增债券的发行空间,使每年新增债务中的特定比例用于本金置换;但这也会形成一种不断趋紧的约束机制,驱使地方政府审慎甄选投资项目,提高债务资源的配置效率,以债务投资提质增效对冲债务再融资压力。

再者,中国各地统筹铺开的债务重组植入了中央政府的顶层设计和框架指导,无论高债还是低险地区发行的置换债券或再融资债券,都能获得市场投资者的认可。由于流动性风险被战略性缓释,地方政府可以利用前期举债建设的基础设施发掘新的经济增长点,涵养稳定税基,以新税基贡献的可持续财力逐步偿还展期债务。基于数字经济和共享经济的发展契机,可供地方政府挖掘的新基建项目仍有较大选择空间。对于新基建中包含的很多"节点"型建设工程,如新能源汽车充电桩、大数据中心、5G基站等,"政府不唱独角戏",而是可以用专项债撬动更多社会资本,以规范的政企合营、投资基金等股权融资方式支持其适度超前建设,在涵养税基的同时逐步消化清零存量债务。

统筹推进表外债务置换和表内债务再融资,需要增强宏观政策取向一致性,特别是强化财政金融政策协同,引导金融机构为地方政府债务重组提供增信支持。当前学界和政策层面凝聚的共识观点是，化解我国地方政府债务风险需要执行两大战略举措，即"优化期限结构"和"降低利息负担"，这两大战略举措指明了财政金融协同化债的政策取向。其中，"降低利息负担"有助遏制债务风险财政化，为高债地区实施财政重整争取财力空间；"优化期限结构"有助遏制债务风险金融化，防范资产负债期限错配诱发的金融系统呆坏账风险。2018年以来，包括甘公投、湖北交投、武汉地铁、天津高速、山西交投等在内的12家交通类平台公司已经与金融机构达成合作意向，将存量贷款期限延长、利息调低，有效缓释了融资平台债务风险。尽管金融机构介入重组和增信过程非常重要，但也可能恶化地方政府卸责举债的道德风险，使后者冀图将偿债责任转嫁给金融机构承担。由此，如何在债务展期的同时规范地方政府举债融资行为，是需要深入研究的问题。另外需要注意的是，在信贷资源规模既定的前提下，金融机构介入政府化债过程并主动承担部分利息成本，可能减少对中小微企业和民营企业的信贷支持，制度性压抑市场经营活力。因此在财政金融协同化债过程中，如何在压紧压实债务风险处置责任的同时发展普惠金融，让金融活水浸润实体经济，同样考验决策层智慧。

9.1.3 建立风险处置应急响应机制

在债务重组过程中，随着表外债务不断被置换进预算收支表内，长期隐匿分散的表外风险将逐步显化。这就要求中央政府介入框架指导，敦促地方政府密切监测风险态势，在高危地区建立债务风险处置的应急响应机制。

在地方政府债务风险的监测预警机制方面，结合前述章节的分析，我国适合构建省级事前预案—地市级事中监测—县市级事后管控的三级预警机制。在省级层面，可利用先导指标的内生阈值，结合"噪声信号比""指标效用值"等中间变量的测算，提前一两年预判债务风险的演进趋势，对未来有可能陷入高险状态的地区发布预警信息。在地市级层面，可以综合利用灰色系统、熵值法、优劣解距离法、神经网络模型等量化技术，实时观测债务风险的动态演化，结合中央传达的先导预警信息，发掘可能引致债务风险的主导警源，及时制定风险防范预案。在县市级层面，可密切关注本地债务的举借、偿还、支用信息，观察是否存在债务违约以及违约和逾期债务的比例结构，建立高危预警控制体系。随着表外债务不断置换进预算收支表内，债务风险有可能在财力孱弱、人口外流的相对落后地区率先暴露。地方政府、科研院所和高校智库应密切关注政府债务履约情况，合理判断债务风险等级，指导建立债务风险的应急响应机制。

2016年10月，国务院办公厅印发《关于地方政府性债务风险应急处置预案的通知》(国办函〔2016〕88号)，要求地方政府根据债务风险的事件级别，进行分级响应和应急处置。根据这份官方文件，债务风险事件基于性质、影响范围和危害程序，可划分为四个级别，风险级别归属取决于全省、省级、市级、县级政府的债务违约程度。简言之，当全省（区、市）地方政府债务本金违约金额占同期本地区政府债务应偿本金10%以上，或者利息违约金额占同期应付利息10%以上时，列为Ⅰ级（特大）债务风险事件；当县级以上地方政府债务本金违约金额占同期本地区政府债务应偿本金5%以上（未达到10%），或者利息违约金额占同期应付利息5%以上（未达到10%）时，列为Ⅱ级（重大）债务风险事件；当县级以上地方政府债务本金违约金额占同期本地区政府债务应偿本金1%以上（未达到5%），或者利息违约金额占同期应付利息1%以上（未达到5%）时，列为Ⅲ级（较大）债务风险事件；当市县级政府出现偿还政府债务本息实质性违约，或无法履行或有债务的法定代偿责任或必要救助责任，或因上述事件导致无法保障必要的基本民生支出和政府有效运转支出等，列为Ⅳ级（一般）债务风险事件。官方文件列示的各级债务风险事件，是针对债务违约已经在市县级政府实际发生的特征事实，为防范违约风险扩散蔓延制定的警情判别依据。

根据中央文件精神，地方政府应根据风险事件级别设置分级响应和应急处置机制。例如，对于风险级别较低的Ⅳ级债务风险事件，相关市县债务管理领导小组应转为应急领导小组，分析研判风险成因，立足自身情况化解债务风险。其中特别指出："以一般公共预算收入作为偿债来源的一般债务违约的，在保障必要的基本民生支出和政府有效运转支出前提下，可以采取调减投资计划、统筹各类结余结转资金、调入政府性基金或国有资本经营预算收入、动用预算稳定调节基金或预备费等方式筹措资金偿还，必要时可以处置政府资产。对政府提供担保或承担必要救助责任的或有债务，政府无力承担相应责任时，也按照上述原则处理。以政府性基金收入作为偿债来源的专项债务，因政府性基金收入不足造成债务违约的，在保障部门基本运转和履职需要的前提下，应当通过调入项目运营收入、调减债务单位行业主管部门投资计划、处置部门和债务单位可变现资产、调整部门预算支出结构、扣减部门经费等方式筹集资金偿还债务。对部门提供担保形成的或有债务，政府无力承担相应责任时，也按照上述原则处理。"在组织机构建设方面，债务风险事件应急领导小组由本级政府主要负责人任组长，成员包括财政、发改委、审计、国资、地方金融监管等部门的工作人员，视风险态势可以调整成员单位。

债务风险处置的应急响应机制是"非常之时行非常之事"，旨在针对性应对不同级别的债务风险事件冲击，动用非常规手段解除高危状态，尽快恢复财政健康和债务风险的常态化监测。在常态化监测中，一些地区之所以陷入高危状态，原因可能是遭受外部事件冲击、经济基础薄弱、财政绩效低下等。对于陷入高危状态的地区，固然需要敦促其多方调配财力资源，有效应对债务违约和逾期；但中央和省级政府在常态化监测中介入框架指导，及时根据各类警情险兆的发展态势提醒高危地区做好应急防范工作也非常重要。如果高危地区经过应急响应机制的构建能够恢复财政健康运行，则无需调整治理方案；否则应建立财政重整计划，将时间线进一步拉长，继续加大债务风险治理力度。

9.1.4 敦促构建财政重整计划

如果债务风险的应急响应机制仍然无法遏制风险扩散趋势，则需要在高危地区实施财政重整计划，通过更严厉的债务重组战略恢复财政运行健康。这就要求中央和省级政府及时敦促债务风险濒于暴露的高危地区尽快制定财政重整计划，实施过渡期财政应急调整，坚守不发生系统性风险的底线。

中国地方政府债务风险是在经济高速增长期，由经济、政治、财政、金融等一系列制度安排协同激励的结果。面对债务风险有可能在人口流出地或财力孱弱地区率先凸显的情况，可借鉴危机治理的国际经验，在统筹推进债务置换重组的同时，指导高危地区实施财政重整。与应急响应机制主要强调调配财力收入不同，财政重整计划包括实施税收、支出、平衡、管理等多种政策方案，以非常规的财政调整措施落实危机化解目标。具体来说，高危地区的财政重整应主要围绕"增收"和"节支"两个方面展开。

在收入端，财政重整计划应强调"增收"。分税制改革后，我国地方政府不具备税基选择权和税率调整权，收入调整欠缺灵活性。由于高危地区难以通过变动税基或调整税率的方式扩充偿债基金，可考虑强化税收征管，提升征税效率。为提高税收征管和遵从效率，我国需进一步完善税收征管信息的纵向分享机制。中央政府可协调组建覆盖全国的税务征管信息系统，省级政府向高危地区增派税务稽查员，确保应征税收及时足额征缴入库。在强化税收征缴同时，财政重整地区应加大对违法违规偷逃税的税制惩罚力度，杜绝乱收费、乱摊派，合理补充收费、罚没等政府性基金收入，将新增税收和规费收入优先补充偿债基金，用于化解历史欠债。对于偿债压力特别严峻、债务融资绩效低、政企合营模式推进困难的地区，建议拍卖超标公车、豪华办公楼等不合规的政府资产，将资产变现收入补充入偿债基金。本着债权人损失最小化的原则，资产变现在清理历史旧债的同时，有助倒逼出一个更加廉洁自律的服务型政府。作财政增收的中长期考虑，根本措施还在于涵养地方税基，培育地方主体税种，以房产税等财产类税收替代具有严重顺周期特征的土地批租收入，使财产税成为地方可用财力的主要来源。作税基涵养的进一步构想，我国地方基建投资领域将逐步从轨道交通、管道敷设、垃圾清运等旧基建转向移动通信、数字转型、清洁能源、万物互联等新基建，其中很多节点型基础设施可以采用政企合营、引导基金等股权融资方式展开，或采用资产证券化（ABS）、权益型不动产投资信托

（REITs）基金①等金融创新渠道支持项目建设。不断发展的新型融资模式有利于将市场竞争机制引入公共投资领域，在撬动社会资本的同时拓展市场投资空间，激发民营经济活力，筑牢筑稳财源税基。

在支出端，财政重整计划强调"节支"。与增收相比，节约支出的政策空间更大，灵活性更高。在实施财政重整的高危地区，削减支出应遵循"有保有压"的原则，甄别不同支出类型区别对待。其中，"保"的是教育、医疗、养老、治安等与人民群众美好生活需要息息相关的基本公共服务；"压"的是低效支出和自利性支出，如楼堂馆所建造、"三公经费"支出、预算超编人员供养等。其中，"楼堂馆所"建造应全面终止，杜绝新增"形象工程"和"政绩工程"；出境培训、公车采购、业务招待经费应大力压缩，仅保留维持机关运转的必要经费支出，将结余经费优先补充偿债基金；查核基层公务人员预算编制，严格定岗定编，分流辞退预算超编人员。保障基本公共服务支出，旨在避免高危地区以削减服务的方式将债务成本转嫁给辖区公众，引发社会不公。中央政府可酌情增拨专项转移支付，省级财政部门要当好"过路财神"，及时将资金下达到市县。在财政重整计划实施过程中，应贯彻政府过"苦日子"、人民过"好日子"的发展理念，将节流出来

---

① 权益型不动产投资信托（REITs）基金，即公共募集基础设施证券投资基金，是指依法向社会投资者公开募集资金形成基金财产，通过基础设施资产支持证券等特殊目的载体持有基础设施项目，由基金管理人等主动管理运营，并将产生的绝大部分收益分配给投资者的标准化金融产品。基础设施资产支持证券以基础设施项目产生的现金流为偿付来源，以基础设施资产支持专项计划为载体，代表基础设施财产或财产权益份额。能够产生现金流的基础设施项目包括仓储物流、收费公路、机场港口等交通设施，水电气热等市政设施，污染治理、信息网络、产业园区等其他基础设施。

的财政资金优先用于债务清偿和民生保障，将有限资金用在刀刃上，提高财力资源的配置效率。①

通过收入端和支出端同时发力，经过一段重整期后，如果高危地区能够创造现金流覆盖应还债务，则退出财政重整清单，恢复常态化风险监测机制；否则中央和省级政府应进一步介入财政重整，必要时考虑拨付临时救助，帮助高危地区终止应急状态。根据中央文件精神，②省级临时救助包括但不限于代偿部分政府债务、加大财政转移支付力度、减免部分专项转移支付配套资金等；财政重整计划实施结束后，由省级政府自行决定是否收回相关资金。

接下来介绍几个典型县市的财政重整案例。迄今，黑龙江省鹤岗市和四川省资阳市的安岳县、雁江区等地实施过财政重整。同债务压力的区域布局一致，这三个地区分处东北和西部。鹤岗市采取的财政重整措施包括控制预算上限、停止基层公务员招聘、推动国有资产资源整合变现、向省级财政申请救助、回收部分预算等。资阳市安岳县采取的财政重整措施主要是开源和节流，包括加强税收征管、加大国有资产处置力度、削减一般性支出、暂缓未启动项目建设以及压缩公务员补助、奖励等措施。资阳市雁江区采取的财政重整措施是加强税收征管、推进国有资产及土地矿产资源出让，同时优化支出结构，细化预算编制，以节约偿债

---

① 在压减公务支出方面，日本经验值得借鉴。2005年，日本北海道中部城市夕张（Yuparo）陷入债务危机，政府职员的工资福利支出削减了大约30%，这种情况一直延续到2021年危机解除为止。

② 详见国务院办公厅《关于印发〈地方政府性债务风险应急处置预案〉的通知》（国办函〔2016〕88号）。

资金。上述典型县市采取的增收、节支、变现资产、优化管理等措施，为其他高债高风险地区制定财政重整计划提供了可资参考的决策依据。

9.2 中期战略：有序推进绩效导向

从中长期看，发展是解决一切问题的基础和关键。只有通过制度改革涵养"财源活水"，地方政府才有能力在债务缓释的窗口期自行化解存量债务。从这个角度说，重组和增信旨在展期债务，为改革提供战略空间，而改革与发展才是应对风险冲击的根本之道。将视野延伸到中期，我国应有序推进绩效导向，着力提升债务风险治理的质量和效率。绩效导向的中期债务风险治理应从监测绩效和投资绩效两个层面展开，一方面实时发掘警兆险源，防范债务风险传播扩散；另一方面涵养中长期税基，逐步消化稀释存量债务。以下分别就两个方面的绩效导向展开具体分析。

9.2.1 提升地方政府债务风险的常态化监测绩效

做地方政府债务风险治理的中期展望，建立债务风险的常态化预警机制和提高风险监测预警绩效，是有序推进绩效导向的重要内容。这就需要具体做好两项工作：一是组建债务风险的专业化预警监测机构，二是建立债务风险的"穿透式"预警监测机制。

1.组建专业化预警监测机构

在提高地方政府债务风险的监测预警绩效方面，组建专业化预警监测机构是经国内外实践证明行之有效的重要经验。总体来看，有两种方式比较流行：一种方式是在财政部门内设债务风险管理机构,专业负责地方政府债务风险的监督、管理和协调,典型国家如澳大利亚、法国、新西兰等;另一种方式是将债务监管机构从财政部门脱离出来,成立独立的债务风险预警监管机构,典型国家如爱尔兰、瑞典、匈牙利等。①

中国审计署组织多次政府性债务审计后,地方政府债务风险引起中央高度重视。中央多次下发文件,敦促各级地方政府秉持底线思维,核查债务规模,清理存量债务。很多省份效法国际经验,在财政部门内设地方债务管理机构,负责核算各类政府性债务规模,组织协调相关部门监控地方政府债务风险。从执行层面观察,由财政部门组织内控性的风险管理效果未必理想。主要原因是,财政内设机构控制风险的内生动力不足,一些地区仍然默许融资平台暗箱借贷,发展出信托贷款、融资租赁、售后回租、垫资施工等非标业务,导致债务风险衍生泛化,变相积聚。②鉴此,中央剥离了融资平台公司的政府融资职能,一些资本金虚置、资产质量差、杠杆率畸高的融资平台或被清理整顿,或直接予以取缔。此外,完全依赖审计署组织突击式政府债务审计,不利于形成完整的数据信息链。由于政府债务审计是不定期组织的,因此

---

① 爱尔兰成立的债务管理机构是国库管理署,专业履行财政风险监管职能;瑞典设立的政府债务专业管理机构是国家债务办公室,同议会、财政部一道组成政府债务的协调管理体系;匈牙利成立的是政府债务管理署,负责制定国内债务管理战略。

② 根据审计署总第174号公告,2011年至2012年,共有6个省本级和7个省会城市本级通过信托贷款、融资租赁、售后回租和发行理财产品等方式融资1 090.10亿元;12个省会城市本级和1个省本级通过BT和垫资施工方式实施196个建设项目,形成政府性债务1 060.18亿元;3个省本级和3个省会城市本级的部分单位违规集资30.59亿元,合计2 180.87亿元。这些融资方式隐蔽性强,不易监管,且筹资成本普遍高于同期银行贷款利率,如集资年利率最高达17.5%,蕴含着新的风险隐患。

花费大量人力物力核查出的数据只能是间隔、离散的，不利于开展后续风险测评工作。

针对传统监管模式暴露的问题，我国应建立独立于财政部门的"政府债务研究中心"。政府债务研究中心依托现有行政机构编制组建，由预算、审计、统计、监督等部门的业务骨干组成，负责实时搜集、整理、核算地方政府的各类显性、隐性债务数据，动态监测债务风险演化态势，组织实施债务风险的垂直联动监测预警。开展债务风险的联动监测预警，要求从中央到市县均成立垂直管理的政府债务研究中心。政府债务研究中心的工作内容包括债务风险的信息采集、风险测评、状态评估、预警管理、信息反馈、制度完善、政策评价等环节。在人员分工方面，数据录入人员负责定期将地方政府债务的基础数据录入管理信息平台；预警评估人员负责将警戒区间、权重阈值等参数录入操控系统，基于省、市、县级债务风险的差异化预警流程展开风险评估，得到初步预警结果，将评估信息反馈给专家库；智库专家根据程式化预警评测结果调整或修正预警参数，将定性判断反馈给操控系统。定性与定量的交互过程持续几轮，收敛到较为稳定的预警评估结果后，中心管理人员负责撰写债务风险预警评估报告，定期提交给财政部、审计署、国务院等中央决策机构，为战略制定提供决策依据。在垂直分工方面，县级中心负责所辖乡镇和县本级债务存量、到期债务、偿债资金、逾期余额等数据的录入，将基础数据通过管理信息平台传递给地级市；地市级债务研究中心录入市本级政府债务数据，将所辖各县上报的数据予以统计汇总，通过管理信息平台传递给省；省级债务研究中心负责省本级数据录入和省以下数据的统计汇总，实施统筹风险监测。尽管数据统计和风险测评是自下而上逐级传递的，但在实际操作层面，市县级研究中心也可根据风险态势缩短信息传递周期，将采集和评估的数据直接上报给省，以便赢取风险治理的战略先机，减少事后管控的财力损失。

组建政府债务研究中心的作用不仅在于为政府机构和科研院所、专家智库提供一个专业化的沟通渠道，使债务风险评估充分汲取政、企、学界智慧，得到更加科学的预警评估结论；还在于可以强化管理机构同高校智库的学术和业务交流，为新时代财政治理提供人才储备。一方面，政府债务研究中心可以主动同财经类高校开展战略合作，签订框架协议，建立研究基地，为高校师生提供研究课题和经费资助，引导高校开展学术研究，吸纳高校学者提出的有益观点和政策建议；另一方面，政府债务研究中心的合作院校也可以派遣青年教师、研究生或本科生赴中心培训实习，辅助从事资料搜集、数据整理、风险评估、报告撰写等工作，使高校开展的科学研究能够更好地对接政府部门的实际业务需求。培训结束后，双方也可在协商一致的基础上，吸纳优秀师生到相关政府部门就业，实现合作共赢。

2.设计"下管一级"的预警操作流程

垂直管理的政府债务研究中心，其职能定位是实时观测债务风险演化状态，辅助决策机构采取有针对性的防范预案。这就要求政府债务研究中心及时、准确地掌握各级政府的债务流量数据，将基础数据转化为分析报告，提供行政决策依据。

贯穿省、市、县级政府的债务风险预警评估，应结合省级"事前预案"、地市级"事中监测"、县市级"事后管控"的差异化预警机制展开，借助大数据管理信息平台，实施债务风险的跨级联动预警。这就要求在数据上解和指导预案方面分别形成"自下而上"和"自上而下"的操控流程，使不同级别的政府决策形成良性互动，提高风险预警监测绩效。

在数据上解方面，各级地方政府债务数据可通过本级"政府债务研究中心"逐级上报，将全国数据汇总到中央债务研究中心。基于掌握的各省数据，中央债务研究中心可以前置1—2年展开省级风险的先导预警工作，针对发掘出的高险因素，敦促相应省份查找警源、控制警度。基于中央研究中心提供的风险防范指导预案，各省级研究中心分别展开地市级债务风险的"事中监测"，实时观察风险演化动态，向高险地市发送预警信号。地市级政府债务研究中心基于省级中心传递的风险评估报告，进一步展开县市级债务风险监测预警，禁止债务风险暴露地区的新增举债融资权。地市级政府需敦促高危县市采取应急响应、财政重整等措施降低逾期债务率，直至综合险值回落至安全警区，再考虑配置债务融资额度。在预警监测过程中，政府债务研究中心可同财政、金融、审计、监督等部门展开业务合作，实施协同治理。研究中心的数据和报告可共享给实际部门，提高风险治理的决策精度。

基于不同政府层级的预警任务要求，在具体操作中，建议实行"下管一级"组织制度，即由中央债务研究中心负责监测省级债务风险，省级债务研究中心负责监测地市级债务风险，地市级债务中心负责监测县市级债务风险，所有基础数据、预警参数、评估结果和监测报告均通过大数据管理信息平台垂直共享。以"下管一级"的组织模式预警债务风险，是分权治理国家的通行经验，美国俄亥俄州、巴西、印度等国家或地区均采取了这种组织模式。其优势在于，在分权治理框架中，相邻政府层级间的信息缺失程度最低，可以最大程度降低信息不对称带来的决策成本，因地制宜制定防范预案。①例如，当中央债务研究中心利用先导预警机制发现特定地区存在高险诱发因素时，无需直接到县级层面发掘警源，而是可以向省级债务研究中心发布防范预案，提醒省级研究中心深入探查债务高险的诱发机制。基于中央政府测评结果，省级债务研究中心可以综合利用辖区财政、金融、经济、债务等信息，通过地市级研究中心识别出高险信号的触发区域，指导对应地区尽快采取应对预案。这种"下管一级"的操作模式也不是僵化的，当中央债务研究中心监测发现重大风险源时，也可以越过省级债务研究中心，直接向市县级债务中心发出预警信号，敦促其采取防控预案。

纵向联动、下管一级的债务风险预警流程可作如下具体设计：在省级先导预警中，当受评省份预警指数排位靠后、综合险值相对较低时，可将其列入低险省区；如果分层预警结果显示，低险省区的特定先导指标逼近警戒阈值，存在风险暴露的可能性，中央债务研究中心应及时通知省级债务研究中心，要求高险地区尽快开展调查研究，发掘对冲风险的可用财力，拿出财政整改方案。②中央债务研究中心后续跟进整改措施的落实情况，若在规定期限内，高险地区能够通过优化财力配置、强化收入征管、压缩

---

① 例如，省级政府相对县市级政府的信息缺失程度要高于更加接近县市的地市级政府。由地市级政府评估、监测县市级政府的债务风险，所需付出的信息成本显然要低于省级政府。

② 鉴于地方可用财力主要由"税、费、租、利"等构成，地方政府在提交的风险监测报告中，需详细说明财力构成的种类和结构，基于中央债务中心发出的预警信号，有针对性地拿出整改措施。

低效支出等方式，多措并举降低高险指标的量化分值，可取消其"黄灯警告"；若在整改期内高险地区仍无法实现预期目标，则有必要限制其新增举债规模，防范债务风险蔓延深化。在县市级高危预警中，逾期债务具有逐级累退特征，地市级债务研究中心可密切监测县市级逾期债务率的发展趋势，敦促相应县市以偿债准备金制度对冲流动性风险。

为确保债务风险的联动预警机制能够高效运行，建议制定两项制度：一是整合可用财力，保障财政准备金缴存规模。通过禁止形象工程、政绩工程项目建设以及降低"三公经费"，调整社会保障过高支出标准，控制人员福利支出，清理企事业单位补助补贴，变现经营性国有资产和国有股权等措施，地方政府有望整合出一块规模不小的机动财力。二是编制地方政府资产负债表，提高财政透明度。摸清地方政府的资产家底，有利于将风险预警对象从流动性风险延伸到可持续性风险，从地方政府举债融资的一体两面更全面地观察和评估债务风险。（杨志勇、张斌，2017）建议在地方政府资产负债表中区分可变现资产和不可变现资产，从而更准确评估流动性和可持续性风险。定期公布政府资产负债表，有利于拓展社会监督视野，以第三方独立测评辅助政府主导的垂直联动预警。

9.2.2 改善债务资金公益性项目投资绩效

从中期看，提高债务风险的预警绩效固然重要，但化解风险的根本之道还在于稳固和涵养税基，提高债务资金的公益性项目投资绩效。这就需要因地制宜，针对不同地区暴露的"专项债一般化""一般债转移支付化""项目等资金""资金等项目"等问题，制定差异化的治理目标，从执行层面夯实债务投资绩效的微观基础。

1.逐步化解清零表外隐性债务

提高债务资金的投资效率，首先需要化解清零表外隐性债务。隐性债务是地方政府在法定限额以外，以违法违规渠道衍生泛化的债务。将隐性债务化解清零，推进债务治理规范化、透明化、制度化，成为新时代债务投资绩效管理的重要任务。

化解清零表外隐性债务，要因地制宜，基于隐性债务的空间布局分类施策，"精准拆弹"。2015年新《预算法》生效后，测算一下地市级政府的"债务空间留存度"①，就会发现这项指标对融资平台杠杆率有显著抑制效应。"债务空间留存度"是一个基于表内债务限额设计的概念，反映在限额预算管理体制下，由法定限额约束出来的表内举债留存空间。郭玉清等（2022）研究表明，在债务留存空间逼仄的地区，融资平台杠杆扩张主要源于地方政府提供的财政补偿承诺软化了债权方信贷约束，引导银行业金融机构继续为融资平台提供增信支持。既然融资平台公司仍然是隐性债务扩张的主要工具载体，表内风险高企、留存空间逼仄的地区，隐性债务治理压力往往更加严峻。因此，将视野从法定债务延伸到隐性债务，东北和西部高、东部和中部低的"U"形空间布局仍然成立。目前，广东、上海、北京等东部省市已经陆续开展"全域无隐性债务试点"，并宣布清零了隐性债务。

---

① 按照官方口径，"债务空间"是指上级政府通过设置法定预算限额规定的地方政府最高举债额度。此处的"债务空间留存度"，是从官方定义的"债务空间"引申出来的一个学术概念。详见郭玉清、姜晓妮（2022）关于"债务空间留存度"的定义和测算方法。

第九章　地方政府债务风险的治理战略路径选择

根据《中共中央国务院关于防范化解地方政府隐性债务风险的意见》(中发〔2018〕27号)、《地方政府隐性债务问责办法》(中办发〔2018〕46号)、《财政部地方全口径债务清查统计填报说明》等官方文件,中央建议采取六种隐性债务化解方式。但落实到执行层面,如图9-1所示,这六种化解方式均存在不同程度的现实困境。第一种方式是安排偿债资金偿还。这种化解方式要求地方政府留置出一块可用财力用于隐性债务偿还,但即便在经济和财力基础稳固的东部沿海省份,地方偿债准备金应对表内显性债务的偿债责任也尚不宽裕,偿还表外隐性债务更加捉襟见肘。第二种方式是出让政府国有股权及经营性国有资产。资产变现是中央文件多次提及的债务化解方式,但在实际执行中,国有资产变现暴露出破产财产不完整、资产评估不合理、职工安置费用高企、国有资产违规处置等问题,国有股权和经营性资产变现非常困难。第三种方式是利用项目结转资金和经营收入偿还。这种化解方式要求债务投资项目有稳定现金流,但隐性债务同显性债务类似,大多投向难以快速产生现金流的公益性项目,也就难以如期贡献项目结转资金和经营收入。第四种方式是合规转化为企业经营性债务。这种化解方式要求转型企业具备现金流业务,能够利用营业利润偿还转化债务,否则仍有可能成为地方政府的隐性债务负担。第五种方式是借新偿旧或展期。这种化解方式要求地方政府拥有足够的置换债务配额,但根据中央文件要求,地方政府新增债务配额将向财力基础稳固、债务风险低、重大项目集中的地区倾斜,落后地区的债务配额未必能够支持以借新偿旧方式展期债务。第六种方式是破产重整或清算。这种化解方式可以从源头彻底解决隐性债务负担,但会带来比较严重的社会面影响,可能减弱市场主体预期，拖累政府债信评级，甚至影响经济安全和社会稳定。

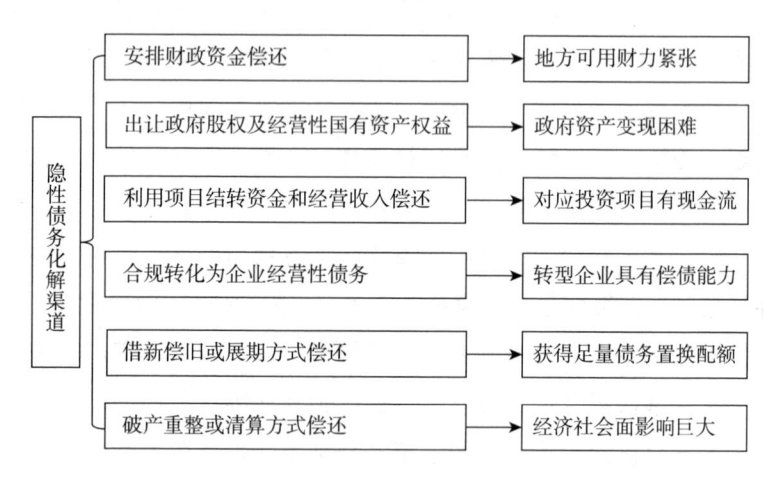

```
                ┌─ 安排财政资金偿还              → 地方可用财力紧张
                │
                ├─ 出让政府股权及经营性国有资产权益 → 政府资产变现困难
隐性债务化       │
解渠道           ├─ 利用项目结转资金和经营收入偿还 → 对应投资项目有现金流
                │
                ├─ 合规转化为企业经营性债务      → 转型企业具有偿债能力
                │
                ├─ 借新偿旧或展期方式偿还        → 获得足量债务置换配额
                │
                └─ 破产重整或清算方式偿还        → 经济社会面影响巨大
```

图9-1　地方政府隐性债务的化解途径及现实困境

鉴于地方政府隐性债务的指导化解方案在执行层面大多面临现实困境，各地基于本地实际情况，摸索出化解清零隐性债务的多种灵活模式，可作为典型案例供其他地区决策参考。以下在四大区域中分别选择有代表性的省份，介绍其隐性债务化解战略。

第一，广东模式。2022年1月，广东省宣布如期实现存量隐性债务"清零"目标，成为全国率先实现全域无隐性债务的东部省份。广东经验的成功，同其雄厚的经济财力基础密不可分。其主要做法是发行再融资债券置换被甄别为政府偿债责任的隐性债务，将隐性债务显性化。尽管广东模式能够实现高效快速清零，但有严格的适用条件，包括隐性债务存量相对显性债务占比较低、获得发行再融资债券的足量配额、经济基础和财力实力雄厚等,可以尝试在表内风险无虞的东部低债省份适应性推广。

第二,山西模式。山西作为中部省份,在化解隐性债务方面探索出一条政府注资和合规转化为企业经营性债务相结合的路子。例如,针对交通运输厅所属隐性债务,山西省交通厅将政府高速公路还贷责任全部划拨给山西交控集团,同时将山西省国资委所属三家高速公路经营企业划拨给山西交控集团下属子公司。(中国人民大学政府债务治理研究中心,2021)这种模式能够实行的关键在于,隐性债务合规转化为企业债务后,对应的企业资产能够贡献出经营性收益流,并且需要政府注入大量优质资产,确保企业能够获得经营性收益。若隐性债务转化后没有对应的经营性国有资产,则需要探索其他化解路径。

第三,陕西模式。陕西作为西部大省,选择深入推进重点市县风险化解和融资平台整合升级,推进隐性债务"清零"试点。2021年12月,陕西省根据财政部关于进行债务清零试点工作要求,决定将汉中市和榆林市定边县作为隐性债务"清零"试点。在清零试点市县,融资平台被分为"空壳类平台""实体类平台"和"商业类平台"进行市场化整合升级。兼并重组为公益性地方国有企业后,试点政策一方面实质性降低了融资平台公司的债务负担,另一方面压实主体责任,开展法定债务、隐性债务风险动态监测。汉中市人民政府办公室成立了隐性债务清零试点工作专班,以组织和制度建设完成隐性债务清零试点工作任务。

第四,黑龙江模式。黑龙江作为东北三省之一,近年来经历了持续的人口外流和财力下滑,下辖鹤岗市2021年宣布实施"财政重整"。为逐步清零隐性债务，黑龙江省主要通过债务展期和债务重组缓释各级政府偿债压力，同时设置政府隐性债务风险化解周转金，双管齐下控制隐性债务风险。债务展期的作用是缓解地方政府当前面临的流动性困境，但从中长期看，东北三省要实现隐性债务清零目标，需把握东北振兴的战略机遇，通过优化营商环境，推进产业升级和结构转型，释放新的经济社会发展动能。结合国际经验，明确功能定位、推动经济转型、涵养有效税基，是解决东北地区隐性债务问题的根本之道。

2. 遵循财政赤字约束规则改善一般债务投资绩效

2015年新《预算法》生效后，地方政府债务分一般债务和专项债务，分别纳入一般公共预算和政府性基金预算。从中期看，改善一般债务的公益性投资绩效，应基于一般债计入财政赤字的制度特征，在财政赤字规则约束下予以稳步推进。具体要做好以下工作：

第一，权衡经济形势与规则约束，以"双底线思维"保留一般债务调控政策的转圜空间。与专项债不同，一般债纳入一般公共预算管理，计入财政赤字。按照《马斯特里赫特条约》设定的欧盟警戒线标准，财政赤字率的国际公认警戒线是3%，赤字率超过警戒线，经济基础可能难以支撑新增债务，导致债务风险在局部地区率先凸显。进入21世纪以来，遵循债务风险的国际约束规则，我国财政赤字率长期控制在3%以下。2020年遭受新冠肺炎疫情冲击后，我国加大中央国债和地方政府债券的发行力度，财政赤字率相机攀升至3.6%。2021年我国经济增速触底反弹，财政赤字率随之下调至3.2%，逐步回落至欧盟警戒线的协定水平。尽管3%的赤字率"天花板"并不是一条放之四海而皆准的硬约束规则

第九章 地方政府债务风险的治理战略路径选择

线,但在长期经济运行中,它已经成为学界和决策部门据以判断风险态势的一条心理底线。当宏观经济遭受重大公共事件冲击时,积极财政政策发挥"逆风向而动"的调节效应,赤字率警戒线当破则破;随着宏观经济回归常态增速,财政赤字率宜逆向回调,这样当经济再度遭受外生冲击时,可以保留债务投资政策的调整转圜空间。进一步说,财政赤字率警戒线既是一条风险评估的心理底线,也是债务投资的效率约束线。以"双底线思维"约束地方政府适度保留举债转圜空间,可以避免地方政府罔顾投资绩效,以"大水漫灌"的方式盲目扩张举债规模和重复建设,导致债务融资不可持续。

根据新《预算法》,地方政府一般债务主要投向非营利的公益性项目,偿债资金从一般公共预算收入划拨,如税收收入、非税收入、中央补助收入等。鉴于财政赤字率在欧盟警戒线上下浮动,可以利用"债务率"和"偿债率"两项指标更清晰地观察地方政府一般债务规模的演化情况。如图9-2所示,新《预算法》生效后,我国历年债务率和偿债率均未突破欧盟警戒线,说明一般公共预算收入能够覆盖一般债务余额及其本息偿还压力,债务风险整体可控。但进一步观察,这两项指标值均表现出逐年攀升的趋势。其中,债务率指标值攀升可能源于表外债务置换到表内以及一般债发行规模的持续扩张,一般债发行力度增大带动还本付息压力逐年升高,使一般偿债率同一般债务率的演化趋势高度相近。由此,不考虑疫情冲击因素,我国一般债务规模实际上是持续攀升的,包括赤字率在内的各项债务风险指标相对其警戒线"天花板"的留存空间不断逼仄,这是提高一般债务投资绩效需要关注的重要问题。

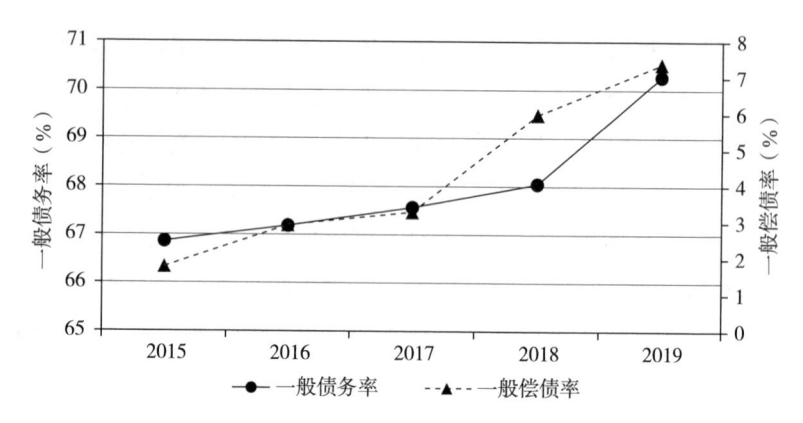

图9-2 全国"一般债务率"和"一般偿债率"指标的变动情况（2015—2019）

注：图中债务率和偿债率指标的测算方法考虑了数据可得性及国际通行经验。债务率的测算公式为"一般债务余额/（税收收入+非税收入+中央补助收入）"，偿债率的测算公式为"（一般债务还本额+一般债务付息额）/（税收收入+非税收入+中央补助收入）"。

数据来源：政府债务研究和评估中心（http://www.governbond.org.cn）及历年《中国财政年鉴》。

第二，调整优化政府债务结构，促进一般债投资提质增效。鉴于当前我国地方政府债务风险的总体结构特征是一般债风险低，专项债风险高，以及中央债风险低，地方债风险高，我国应调整优化政府债务结构，在地方法定债务中逐步增加一般债比重，降低专项债比重，在全国债务总盘子中逐步增加中央债比重，降低地方债比重，以涵养税基为目标，引导中央国债与地方一般债投资项目对接，促进一般债投资提质增效。

中央国债和地方一般债项目对接的理论依据是两者均以税收收入作为偿债基础，从而都需要服务于构建全国统一大市场，完善基础设施和体制机制，实现人、物、资金、信息等资源要素的跨地区自由流动，以全国统一大市场发挥的规模经济效应和竞争效应涵养有效税基。例如，一方面，西部地区的能源、气候、地质条件适合建设大数据中心和云计算平台，将东部产生的海量数据存储到西部大数据中心并展开分布式云计算，有利于就地消纳西部开发的新能源，更好服务"东数西算"大棋局；另一方面，西部地区拥有丰富的绿色清洁能源储备，通过建设特高压输电线路将西部开发的清洁能源输送到东部，有助于实现"双碳"目标，促进经济高质量发展。由此，新基建作为新发展格局下地方政府债务融资的重点支持领域，将对建设全国统一大市场发挥长期深远影响。与传统基建投资不同，无论"东数西算"还是"西电东输"，都需要中央和地方政府通过垂直互动决策予以稳步推进。鉴于新型基础设施具有巨大的跨区域外溢性，中央政府可以通过发行国债在西部地区投资建设大数据平台、云计算中心、特高压输电线路等基础设施，适度超前进行新基建产业链布局。东部沿海、中部平原和西部内陆地区可基于本地资源禀赋、民生需求、财力状况，利用一般债务融资积极对接中央国债投资建设的新型基础设施，为贯通全国统一大市场提供财力支持。

除布局新型基础设施和支持构建全国统一大市场外，由于一般债需要涵养本地有效税基，为提高一般债务投资绩效，地方政府发行一般债券应重点把握三点战略方向：

首先，针对当前一般债额度配置暴露的"一般债转移支付化"问题，调整优化一般债额度的区域配置结构。所谓"一般债转移支付化"，是指一般债额度的区域配置主要考虑区域平衡因素，经济落后地区获得的发行额度更多，这类似于转移支付资金致力于实现基本公共服务均等化。问题是，这种债务资金配置模式并没有考虑到政府债务同税收和转移支付资金的本质区别。与后两者不同，政府举债要有对应的项目创造收益，从而确保债务资金得以及时足额偿还。为解决"一般债转移支付化"问题，我国需要完善中央与地方财政事权和支出责任配置，基于各类基建项目的收益特征识别，将综合效益巨大的基建事权适度上移至中央政府，主要通过国债和中央转移支付支持这类项目的投资建设。地方一般债主要支持受益范围局限在本地的公益项目建设，如交通基础设施、市政建设、保障性住房、农林水利等，要结合税收征管能力设置各地区一般债发行限额。

其次，适度拉长一般债券发行期限，使一般债务投资项目的偿还与收益期限相互匹配。基础设施建设服务从建设全国统一大市场和促进经济高质量发展的角度看，是惠及后人、久久为功的。适度拉长一般债券发行期限，有利于地方政府更从容地安排债务资金投向，基于中央国债政策的战略引导，实现区域间基础设施、能源输送、产业链布局的贯通协同。如图9-3所示，2020年全国地方政府一般债券的平均发行年限为14.70年，比2019年延长了2.63年。在各类期限债券中，发行量最大的是10年期债券，规模达到6 432.65亿元，占一般债券总发行额的28%；30年期债券次之，规模占比为25%。做简单匡算，10年期及以上债券的发行规模占比高达68%，相比2019年上升了10.37个百分点。长期债券发行比重上升，有利于平滑地方政府的偿债压力，降低频繁发债增加的发行成本，更好服务双循环新发展格局。

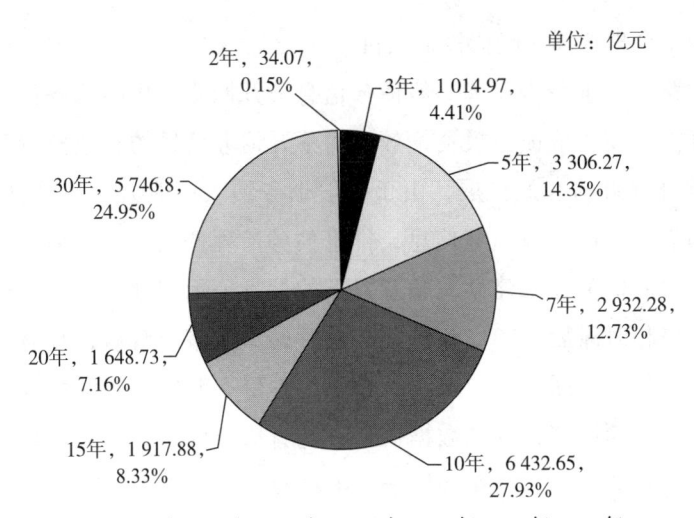

图9-3 全国地方政府一般债券的期限结构（2020年）

数据来源：政府债务研究和评估中心（http://www.governbond.org.cn）。

最后，涵养本地稳定税基，促进一般债务融资中长期可持续。与专项债券不同，一般债券列入地方财政赤字管理，主要弥补公益性收支缺口，以本地税收作为偿债来源。公益性资本支出使用得当，能够带动经济发展和税收增长，符合代际补偿原则。这就需要地方政府基于本地的资源禀赋、产业结构和功能定位提高一般债务投资绩效，为本地市场经济发展提供民生保障和公共服务，从而涵养出有效税基，实现债务融资和经济高质量发展的良性循环。进一步说，适度拉长发行期限和涵养本地稳定税基是提高一般债务投资绩效的一体两面，缺一不可。仅涵养税基而不拉长期限，容易导致债务融资短视化，驱策地方官员卸责举债；仅拉长期限而不涵养税基，容易导致偿债责任分散化，诱导债务资金投向政绩工程。将两者有效结合起来，更有利于激励地方政府审慎谋划，合理选择一般债投资项目。

第三，进一步完善一般债务信息公开制度，提高债务信息透明度。提高一般债务投资绩效，离不开债务信息的有效披露和社会监督视野的有效扩展。由于一般债务纳入一般公共预算管理，更加需要全面披露债务信息，推进债务治理透明化。目前，我国地方政府债务尚未建立完整意义上的信息公示制度，信息披露机制建设相对滞后。2015年一揽子治理转型政策出台后，政府加大了债务信息披露力度，陆续公布了各省份一般债券的发行规模及投资结构。但官方权威数据仅公布到省级层面，地市级、县市级一般债务的限额、余额和转贷数据都没有具体公布，限制了对一般债务的学术研究空间。为扩展社会监督视野，有必要构建覆盖面更加广泛的一般债务信息披露机制，使科研院所、高校智库、评级机构能够掌握更多债务来源和投向信息，为提高债务投资绩效、控制债务融资风险提供实操性更强的政策建议。

3.基于债务资金自求平衡原则提高专项债务投资绩效

基础设施兼具公益性和收益性特征。一般来说，一般债务投资的公共基础设施更加偏向公益性，如城乡社区、农林水利、交通运输、基础教育等；专项债务投资的公共基础设施更加偏向收益性，如高速公路、管网敷设、仓储物流、生态环保等。基于公益性和收益性的属性差别，应以税收收入作为一般债务的主要偿债来源，以项目收益作为专项债务的主要偿债来源。为提高地方政府专项债务的中期投资绩效，应主要把握三项原则：

第一，从项目层面实现收益与融资自求平衡，夯实专项债务可持续的微观基础。与一般债以预算内税收收入作为偿债担保不同，专项债列入政府性基金预算，以项目收益作为偿债保障。

这意味着，一般债的偿债资金源于税收总盘子，专项债的偿债资金则要对应于具体的投资项目。从项目层面实现专项债收益与融资自求平衡，是专项债提质增效必须始终遵循的一条基本准则。

如何夯实专项债提质增效的微观项目基础？这需要实施专项债投资项目的可行性分析和绩效审计。其中，可行性分析基于"成本收益比""内部收益率"等微观财务指标，建立各类专项债投资项目的量化甄别机制，确保举债投资项目能够获取稳定收益流，在项目全生命周期动态覆盖应还债务。绩效审计强化制度约束，在项目执行期间审核评估经济绩效，建立低效项目的退出机制。事前可行性论证与事中、事后绩效审计相结合，旨在避免"撒胡椒面"式选择投资项目，转变"大水漫灌"的传统低效投资模式。特别是，实现项目收益与融资自求平衡，能够避免专项债投向形象工程和政绩工程，克服债务资金运用中的寻租倾向和机会主义。

应注意的是，由于宏观经济经常遭受外生冲击，一些事前经过缜密分析论证的预期绩优投资项目也可能出现实际收益流的宽幅波动，未必能够快速迎合专项债投资项目的偿债需求。在这种情况下，决策部门需要展开中长期绩效审计，以更长远的战略眼光评估债务投资项目的财务盈利前景。若绩效评估结果显示项目中长期利润流充足稳定，即便未预料的外生冲击影响了当期偿债能力，也要保持战略定力继续开展项目建设，寻求以后续收益流熨平当前的收支缺口；若绩效评估结果显示未来盈利空间仍然逼仄，则有必要将低效项目列入负面清单，转而支持盈利前景更加广阔的绩优项目。

第二，以效率优先原则确定地区间专项债配额，避免资金闲置沉淀。专项债纳入政府性基金预算管理后，一个重要问题是如何在不同地区间分配专项债发行限额，提高专项债资金的配置效率。同一般债限额需要考虑投资项目的"公益性"不同，专项债限额应优先以效率原则进行区域配置，两类主导配置原则分别对应一般债和专项债投资的不同属性。

具体来说，一般债支出应着力体现公共投资项目的"公益性"，引导债务资金投向辖区内或跨辖区外溢性强烈的支出领域，为全国统一大市场建设提供民生保障和财力支持。由于一般债项目具有建设周期长、投资大、回报慢的特征，有必要适度拉长发行期限，主要以税收收入作为偿债资金来源。专项债支出则着力体现公共投资项目的"收益性"，强调项目收益与融资自求平衡。由于专项债投资项目属地化特征明显，需要根据不同地区投资项目的预期收益流设计对应偿债期限，主要以项目本身收益作为偿债资金来源。在传统"激励导向"型债务治理模式下，债务资金配置近乎"撒胡椒面"，无论高债还是低险地区，都致力于拓展表外渠道举债以谋求增长。中国经济从高速增长转为高质量发展后，专项债投融资进一步暴露出所谓"专项债一般化"的问题，即在专项债项目申报和专项债资金使用中，存在虚构项目和挪用资金的行为，使专项债成为事实上的一般债。"专项债一般化"有利于高债地区获取债务融资，但即便高债地区能够得到大量专项债配额，在项目实施环节也难以贡献稳定收益流，挖掘出收益能够覆盖成本的绩优项目。一旦高债地区的专项债配额无法落地成为实物工作量，势将导致资金闲置沉淀，而项目单位又被敦促加快债务资金支出进度，往往在年中或年底考核时不得不"突击花钱"。由此，高债地区获得专项债新增配额后，难以避免地存在"项目等资金"和"资金等项目"等制度怪象,这会继续诱发低效政绩投资的策略性动机,影响财力资源的整体配置效率。

在专项债资金运用方面,如何实现加快支出进度与提高支出绩效的激励相容?这就需要在限额分配环节,综合考虑不同地区的实际情况,本着"钱随人走"的原则,使专项债分配额度适度向财力基础稳固、债务风险低、重大战略项目集中的东部沿海地区倾斜。在京津冀、长三角、粤港澳大湾区三大增长极,资金、人才、要素高度集聚,收益回报稳定的公共项目储备相对充裕,可以适度提高这些地区的专项债配置额度。在财力孱弱、人口外流的东北和西部地区,则需要审慎设计专项债配额,对于这两类地区外溢性巨大的公共投资项目,主要通过长期建设国债发行收入提供资金支持。通过不同区域国债、一般债和专项债配置额度的结构优化调整,有望从整体上提高专项债投资绩效,强化专项债投资项目的全生命周期管理。

第三,"政府不唱独角戏",着力发挥专项债投资"四两拨千斤"的政策功效,撬动更多社会投资。基于专项债投资收益与融资成本自求平衡的特征属性,为实现专项债务提质增效,应降低社会资本投资公共基础设施的市场准入门槛,促进有效市场与有为政府更好结合。规范的政企合作模式通过政府采购形式,由地方政府与中标企业组成特殊目的公司,政府让渡长期特许经营权和收益权,换取基础设施的加快建设和有效运营。这种融资建设模式通过建立利益共享、风险共担的伙伴关系,可以形成政府与社会资本的共赢机制。(刘尚希等,2016)以价格政策措施引导社会资本进入基础设施投资领域,一方面能够在基础设施建设中嵌入市场竞争机制,为社会资本创造盈利空间;另一方面可以引导地方政府将更多精力放在项目决策、合同管理、绩效考核等方面，推动政府职能从生产建设型向公共服务型转化。在政企合作过程中，社会资本方除承担社会责任之外，还有收益性的要求。这就要求完善各方资本的投入回报机制，有较强带动作用、符合国家政策要求、具备一定收益水平、条件相对成熟的项目，要允许社会资本进入。为增强社会投资方信心，政企合营模式要加强法治政府、诚信政府建设，完善政府失信责任追究的长效机制。

仍以新基建为例。新基建与旧基建的一个主要区别在于，新基建项目有很多"节点型"设施可以吸引社会资本进入，从而形成政府主导、企业参与、市场运作的多元化投融资格局。例如，新能源汽车作为先进制造业的引擎，是推进能源消费革命的重点领域，而充电桩的建设运营是其中的重要一环。充电桩建设涉及规划、选址、设计、建设、运营等多个环节，既可以发行专项债投资运营，也可以吸引社会资本参与运营，或以政企合营模式组建特殊目的公司。比较来看，国有资本在征地选址、技术规范和前期投入方面有规模优势，而社会资本更能对接用户需求，在运营管理、技术创新和充电服务方面更具市场化优势。由此，在充电桩建设方面，地方政府发行的专项债可以重点解决前期征地规划、电路疏通、数字赋能等环节；至于设施建造和运营服务，则可以大力引入社会资本，为社会资本提供盈利空间，让利于民的同时，也为用户提供更优质的充电服务。

分区域看，不同地区公共基础设施建设的社会引资工作宜遵循差异化绩效目标展开。东部沿海地区经济基础稳固，可以在社会引资过程中发挥企业家精神，不断强化市场竞争机制，营造平等保护各种所有制经济产权和合法权益的法治环境。（张军，

2022）规范的社会引资与专项债投资相结合，有助税基涵养，债务消化，实现债务融资与经济高质量发展的良性循环。西部内陆地区存在经济发展、社会引资和债务治理的三角悖论，不太容易发掘经济绩优项目；但西部基础设施建设不能仅考虑经济效益，很多项目是从供给侧"补短板"的。例如，"东数西算""西电东输"等基础设施建设均具有强烈的跨区域外溢性。由此，西部基础设施建设要从建设全国统一大市场的战略高度审慎谋划，统筹布局，在经济效益之外兼顾社会效益、生态效益、安全效益，适度提高国债和中央转移支付的财力支持。既然中国政府债务的结构特征是地方债风险高、中央债风险低，适度上收战略性基础设施的中央事权和支出责任，无论从结构性层面还是流动性层面观察，都是防范化解债务风险的可行举措。

在专项债与社会资本的对接方面，目前官方文件尚不允许将专项债作为政企合营项目中政府投资方的资本金。[①]这项政策措施旨在防范财政兜底预期和层层放大杠杆，遏制地方政府隐性债务风险。为结合专项债的成本优势以及政企合营的效益优势，解决"项目等资金"和"资金等项目"的问题，可以考虑的对接模式是将基建项目拆分为专项债和PPP模式两部分，分别展开投融资工作。具体路径是：第一步，按建设内容划分项目包，其中A包采用专项债融资，B包采用PPP模式融资；第二步，发行专项债并同步推进PPP模式，其中A包以专项债融资运作，B包以PPP模式融资运作；第三步，A包发债成功，B包入库成功后，分别开展工程

---

① 详见《财政部关于推进政府和社会资本合作规范发展的实施意见》（财金〔2019〕10号）。这份官方文件的第三部分"加强项目规范管理"，明确要求地方政府不得出现"以债务性资金充当项目资本金，虚假出资或出资不实"等违规行为。

招标采购、项目建设运营等具体工作。这种分包合作模式在融资和建设阶段"泾渭分明",可在程序合法、工序衔接、风险可控的基础上,尽快推动基建项目落地成为实物工作量,提高专项债资金的社会引资效率。

9.2.3 优化债权方金融机构的信贷配置绩效

借鉴德国等合作联邦制国家的治理经验,强化地方政府举债绩效不能仅针对债务方,还应提高债权方金融机构的信贷配置效率。2015年新《预算法》生效后,中央强化债权方信贷约束,禁止银行业金融机构为现金流未实现全覆盖的融资平台公司提供新增贷款。随着融资平台公司的政府融资职能被政策性取缔,这项制度举措有利于推进融资平台公司的市场化转型,优化金融机构信贷投放结构,使信贷资源更多支持运营效率高、竞争能力强的民营企业。除约束债权方信贷资金投向外,增进债权方信贷资源配置的中长期绩效,还需把握以下几点政策取向:

第一,通过债权方信贷约束释放的风险信号,增强金融市场的价格发现功能,完善信贷资源配置的市场化定价机制。郭玉清等(2022)利用信号传递博弈模型,论证了在一个银行业金融机构和债券投资者具有非对称信息集的制度环境中,强化债权方信贷约束对城投债风险溢价的影响。其理论和实证研究一致表明,原银监会主导实施的债权方信贷约束,相当于向市场投资者释放了一个预算硬约束的政策信号,告知市场投资者,那些现金流难以实现全覆盖的融资平台公司将无法获得银行业金融机构的新增贷款。一旦高险融资平台难以获得金融机构的增信支持,其发行的城投债券的违约风险会随之扩张。市场投资者可以根据融资平台新增贷款判断其风险类型归属,进而作出减少高险债券认购数量的投资决策。在市场供求机制作用下,这将提升高险债券的发行成本,还原高险债券风险溢价。由此,为增进债权方金融机构的信贷配置绩效,首要工作是通过高险融资平台新增贷款释放的风险信号,完善债券市场的价格发现功能以及信贷资源配置的市场化定价机制。但截至目前,债权方信贷约束的信号传递机制仅在现金流全覆盖的政策阈值处发挥作用,对于现金流基本覆盖和半覆盖的融资平台公司而言,尚未观察到信号传递机制的显著影响。这说明,尽管当前出台的债权方信贷约束政策有利于改善债券市场的价格发现功能,但政策效力尚不深入。为提升债权方信贷配置的中期绩效,可考虑对财务能力薄弱、还款来源不明的高险融资平台公司,视风险程度施以更加趋紧的债权方信贷约束,将政策效应延伸至现金流基本覆盖、半覆盖、无覆盖的融资平台公司,使不同风险级别的城投债券均能通过市场化定价机制释放准确风险信号,引导市场投资者合理决策。反过来说,债券市场定价机制的不断完善,也有助于破除刚兑预期和信用背书,使金融机构能够更准确地识别出融资主体的风险类型归属,提高信贷资源的配置绩效。

第二,降低融资平台和僵尸企业的债务杠杆率,加大普惠小微贷款支持力度,激发市场经营主体活力。正如学界大量文献的研究结论,地方政府债务主要在地方政府和国有企业两端高企,其中融资平台作为连接地方政府和金融机构的融资工具载体,累积了不容忽视的表外债务。除融资平台公司外,一些地方国有企业长期依赖金融机构提供增信支持,部分丧失自我发展能力、依赖政府补贴或银行续贷维持经营的企业成为"僵尸企业"。(郭玉清等，2020）为提高债权方金融机构的信贷配置绩效，应逐步减少对融资平台和僵尸企业的增信支持，促进融资平台分类转型，僵尸企业破产重整，变"输血"为"造血"，为小规模纳税人、小型微利企业和个体工商户等经营主体提供更多普惠小微贷款。将银行业金融机构的支持重点从融资平台和僵尸企业转向小微市场主体，有利于激发经营主体活力，发挥财税金融政策的托底作用，实现债务杠杆的结构优化调整。可采取的政策包括稳步增加支农支小再贷款额度，适度提高普惠小微贷款支持工具的资金比例，指导金融机构和大型企业支持中小微企业应收账款质押等融资，以供应链融资和银企合作支持大中小企业融通发展等。

第三，为专项债投资项目提供配套资金支持，基于绩效审核加大对政企合营模式的支持力度。以专项债投资支持重大项目建设，是补短板、惠民生、增后劲的重要抓手。2022年5月31日，中央出台稳住经济一揽子政策措施，要求加快地方政府专项债券发行使用进度，扩大支持范围，尽快形成实物工作量。为推动专项债投资项目尽快落地形成实物工作量，应鼓励政策性、开发性银行优化贷款结构，加大中长期贷款投放力度；引导商业银行增加贷款投放，延长贷款期限；鼓励保险公司加大对网络基础设施、民生基础设施和新基建的支持力度。为提升债权方金融机构的信贷配置绩效，可鼓励金融机构在绩效审核的基础上，加大对基础设施政企合营模式的信贷支持。专项债投资固然有利于重大项目建设，其更重要的作用是带动民间投资，弘扬企业家精神，以市场竞争机制提高公益项目的建设运营效率。通过科学评估建设项目的综合收益，一些当前收益流尚不明确但具有巨大外溢性的建设项目也可考虑纳入财政金融政策的支持范围。银行业金融机构从科研立项、识别论证等前期阶段就可参与政企合营项目建设，客观准确识别、评估项目的边界条件和融资风险，对项目实施精细化服务和精准放款。银行业金融机构也可借鉴国外经验，探索建立适合政企合营模式的评价标准体系，从制度层面改善政企合营项目的信贷支持效率。

9.2.4 增进融资平台市场化分类转型的经营绩效

地方政府融资平台作为守正出奇的融资工具创新，在拉动经济高速增长期的基础设施建设方面功不可没。在那段激情燃烧的岁月，通过组建融资平台公司，中国克服了发展中国家屡见不鲜的基础设施建设瓶颈，为市政基础设施建设提供了大量信贷资源。放眼全球，基础设施财力汲取能力不足可以说是一个世界性的难题。很多发展中国家行政动员能力低下，无法筹集到基础设施建设的必要财力，从中长期看，这会使新兴经济体面临基建投资不足的发展瓶颈制约，拖累经济稳定增长。在经济高速增长期，中国一方面利用资源和劳动成本优势，不断释放市场化改革红利，培育经营活力和内生增长动力；另一方面利用行政动员能力强化财力汲取，为市场经济发展提供基础设施和公共服务，积累了大量有中长期回报潜质的公共资本。因此可以说，中国正是通过融资平台公司这样一种融资工具创新，将政府的行政动员能力和市场增进能力有效结合起来，依托相对低廉的要素成本，适度超前换取了大量宝贵的基础设施。迄今，中国建设的基础设施无论在资金投入还是在规模体量上都已经不亚于欧美高收入国家。到了高质量发展阶段，中国适度超前建设的基础设施将持续降低交易成本，促进市场整合，对加快形成新质生产力，构建现代化产业体系，增进民生福祉，必将产生深远影响。

尽管融资平台举债发挥了重要的历史作用，但必须清醒地认识到，无论经济高速增长期地方政府表外债务的竞争性飙涨，还是治理转型阶段地方政府隐性债务的衍生泛化，地方融资平台作为主要工具载体，也累积了不容忽视的"灰犀牛"风险。因此，提升地方政府债务风险治理的中期绩效导向，关键环节是推进融资平台公司的市场化分类转型，变"输血"生存为"造血"发展，增进转型后融资平台公司的经营绩效，以市场化盈利逐步偿还稀释存量债务。进一步说，推进融资平台公司的市场化分类转型，其意义不仅在于化解地方政府隐性债务，还在于厘清地方政府、融资平台和国有企业的责权利关系。在治理转型前，融资平台债务主要投向公益性项目建设，项目回款难以支撑存量债务的偿还压力，这是转型前地方政府隐性债务持续攀升的主要原因。通过推进融资平台市场化分类转型，改善其经营性现金流，融资平台公司将顺势转型成为"自主经营、自负盈亏、自担风险、自我发展"的地方国有企业。这是在经济高质量发展阶段构建亲情政商关系、打造优质营商环境的应有之义。

在融资平台公司从"融资主体"转变为"经营主体"的过程中，有必要发挥其长期积累的资源和经验优势，引导其继续承担与市政建设和城市运营相关的公益性业务。在融资平台市场化转型过程中乃至完成市场化转型后，地方政府仍将提供政策支持，但支持手段将彻底转变。市场化转型前，地方政府通过财政拨款或注入土地、股权等方式，为融资平台充实资本金并提供担保增信；市场化转型后，地方政府主要通过授予特许经营权、提供经营项目等方式，引导融资平台提供更加优质的城市建设运营服务。

市场化转型前，融资平台公司主要依托地方政府和金融机构的隐性契约举借商业性债务，为政府包揽市政基础设施建设拓展表外融资渠道；市场化转型后，融资平台公司将在职业经理人选择、股份制经营、多元化业务扩展等领域引入市场竞争机制。经过重新定位，转型后融资平台公司的经营范围将更为宽广，在地方经济发展和产业结构调整中发挥更重要的引领作用。

总结实践经验，各地可基于资源禀赋、区位优势以及融资平台传统从事的公益建设领域，主要从四个方向推进融资平台公司的市场化分类转型：

第一，转型为公益类企业。尽管新《预算法》剥离了融资平台公司的政府融资职能，取缔了地方政府信用背书，但部分融资平台公司在长期经营发展中累积了丰富的城市建设和公共事业运营经验，可考虑转型为城市综合服务商或地方公共事业运营公司。转型后企业不直接依托政府信用融资，而是通过政府授权特许经营创造现金流，实现自身可持续发展，业务范围包括城区环卫、园林绿化、道路养护、加油站、充电桩、广告特许经营权等。

第二，转型为商业类企业。部分融资平台公司在长期运营中参与大量土地开发和建筑工程项目，拥有较为成熟的建筑施工经验、完备的建筑施工资质和一定的区域垄断优势。这类融资平台可以依托承揽的建设项目转型成为完全市场化的公司法人，如建筑工程企业或房地产开发商。企业转型后的市场业务范围不限于原地域，可以通过自身信用和资产抵押方式申请银行贷款，政府不提供任何具文担保，摒除财政兜底风险。

第三，转型为产业类企业。部分融资平台公司所在地区拥有丰富的自然资源和产业集聚优势，融资平台公司可以充分利用本地区的资源禀赋和区位优势，完善业务结构，提升盈利能力。这类融资平台公司的转型方向是产业投资控股公司，主要经营业务是助力本地特色产业或主导产业发展。[①]有些融资平台公司可实行投资主体多元化，引入央企、省企、战略投资者或民间资本，转型成为国有控股混合所有制企业。表9-1比较了"城投""产投""创投"三个转型阶段的主导业务模式差异。

表9-1　融资平台产业类转型的主导业务模式变化

业务模式	"城投"	"产投"	"创投"
战略目标	搞建设、谋发展	结合本地资源禀赋促进产业结构优化升级、构建现代化产业体系	全产业链建设、民生保障
投资目标	经营城市	成熟企业的稳定收益	初创企业的成长收益
投资对象	城市基础设施建设运营	成熟且具有一定规模的产业化企业项目	创建中的创业企业（包括种子期、起步期、扩张期、成熟前的过渡期等）
核心业务	债权融资	股权投资	股权投资
融资模式	银行贷款、发行债券、非标融资	整合营利性资产、资本市场融资、股权合作与上市、创新性金融工具	整合营利性资产、资本市场融资、股权合作与上市、创新性金融工具
服务模式	项目管理、公共服务	项目监管	提供创业管理服务、承担企业初创期风险
盈利模式	政府补贴、土地财政、工程代建	多元化投资组合、直接投资实业、提供融资和服务	股权投资、孵化服务、产业链资源整合、风险控制

① 例如，安徽省会合肥市拥有平板显示、电子信息和汽车零部件等优质产业资源，合肥城投聚焦新型显示、集成电路等产业，出资建设合肥新型显示产业基地，顺势完成城投公司转型。（程昊、阎晚晴，2002）

第四，转型为金融类企业。融资平台公司作为承担政府融资职能的工具载体，在聚拢低成本资金开展投融资业务方面，拥有相对其他地方国有企业的显著优势。部分融资平台可以发挥资源整合功能，转型成为资产管理公司或基金管理公司；或打造产业基金或私募股权基金，转型为政策性信用担保公司或产业引导基金公司。转型后企业需接受金融法律法规约束，保证资金投向符合区域产业政策及地方政府利益取向，提升城市综合竞争力。

基于统筹发展与安全的战略考量，沿着转型方向三和方向四作改革的进一步构想，我国可以参考印度的"集合融资"模式，在条件成熟地区推动融资平台公司转型为本地民营企业的产业服务平台。将融资平台转型为产业服务平台的好处是，转型后平台公司可以发行面向本地中小企业的集成债券，由商业银行以委托贷款形式投放给本地中小企业，从而有效解决民营企业融资难、融资贵的问题。由于融资平台公司在长期建设运营中对本地产业发展状况非常熟悉，这种转型模式也有利于转型后平台公司识别产业发展潜力，为本地具有比较优势的产业和企业发展提供融资空间。

在融资平台市场化分类转型过程中，以增加经营性现金流为抓手增进融资平台经营绩效，建议实施以下综合配套改革：一是完善融资平台公司法人治理结构，建立现代企业制度。这需要加快建立股东会、董事会等现代企业管理体系，以业绩为导向健全绩效考核和薪酬福利制度，减少不合理的行政干预，强化融资平台的独立法人地位。二是培育融资平台公司的核心竞争力，夯实企业投融资能力。这需要加大人才引进和员工教育培训力度，建设行业技术、企业管理、项目管理等专业人才队伍，有效整合地方政府的存量资产、资源、资金及政策，优化企业资产负债结构。

三是强化财政金融政策协调，防范融资平台转型的流动性风险。对于融资平台转型过程中产生的负债，财政部门固然要统筹财政资源，防范隐性债务风险冲击；金融机构也要兼顾财政化解隐性债务风险的承受能力，保持流动性合理充裕，避免"财政悬崖"触发次生风险。①四是放宽市场准入，引导民间资本参与营利性公益项目建设。拓宽营利性公益项目建设的投融资渠道，一方面有助营造公平竞争的市场环境，全面提升融资平台公司的现代化管理水平和竞争能力；另一方面也可促进融资平台公司的股份制转型发展，借助民间资本在长期竞争环境下养成的商机敏锐性和市场盈利能力改善资本运营效率。

9.2.5 构建财政投融资绩效的行政监察体系

除提高债务风险监测绩效、债务方投资绩效、债权方信贷绩效外，推进地方政府债务风险治理的绩效导向，还有必要充分发挥行政、司法、审计部门以及国家权力机关的监督管理职能，构建财政投融资绩效的行政监察体系。典型经验可参考法国和日本。②

---

① "财政悬崖"一词由美联储主席伯南克在2012年2月7日的国会听证会上首次提出，形容自动削减赤字机制的启动使财政支出遽然下降，支出曲线状若悬崖。

② 法国中央政府委托审计法院、财政部、财政部派驻各地的财政监督机构、银行等金融机构，监督地方政府举债融资。作为独立的国家机构，审计法院既是监督政府资金使用情况的最高司法机关，又是对政府进行事后监督的机关。财政部国库司作为财政部最重要的职能部门，是国家财政监督代理机构，管理国内一切公共性收支、政府性资产及公共资金运作，发行公债和投资使用的公共基金，与中央银行协商制定货币政策。法国还专门成立依附于国库司的"债务管理中心"，主要职能是对地方政府的资产负债情况进行日常监督管理，提出和实施政府债券具体运作的政策措施，确保各级政府能够及时偿还债务和履行对欧盟承担的义务。财政部派驻各地的财政监督机构负责对地方政府对外举债项目进行监管，一旦发现问题，及时向地方政府提出意见并向上级财政部门汇报。与法国类似，日本成立地方监察委员会负责审计地方政府债务，对每个受审地区，监察委员会均出具一份审计报告，提交给国会或委托审计的政府部门。对审计中发现的问题，监察委员会提出改进措施，建议所在部门实施行政处罚。

第九章　地方政府债务风险的治理战略路径选择

鉴于财政内设机构监察激励不足，不妨借鉴成熟市场国家的治理经验，由多部门协同组织财政绩效行政监察，建立负面清单制度，对地方政府债务投融资过程中出现的低效问题实施动态监测并及时审计纠正。财政、金融、审计部门可协同成立"政府债务管理中心"，职能类似于日本的债务监察委员会，负责地方政府债务资金筹集运用的日常管理。财政和审计部门定期派驻督导组，对地方政府债务的投融资绩效进行审计督查，对审查出的问题予以曝光警示。组建"政府债务管理中心"后，财政投融资绩效的行政监察工作建议遵循以下流程开展：首先，发展和改革委员会、人大财经委和预算工委作为行政审批部门，从债务发行和项目投资的前期阶段把握好总量进度，为提高财政投融资绩效把好第一道关。其中，人大财经委和预算工委从宏观层面加强审查监督，这需要健全政府向人大报告政府债务机制，明确人大审查监督的方法和程序（吕冰洋等，2021）；发展和改革委员会从微观层面执行审批职能，严格把关债务投资项目的"物有所值评估"和"财政承受力论证"，禁止超出财政偿债承受能力的项目违规上马。其次，在政府债务投融资项目进行中，财政和审计部门联合组成的督导组定期审查投融资绩效，将执行绩效严重偏离预期绩效的项目列入警示名单，坚决取缔执行绩效低下的投融资项目。财政审计督导组还要定期检查地方政府债务风险预警机制的运行情况，敦促预警机制欠缺、偿债能力薄弱的地区完善风险预警控制体系。再者，"政府债务研究中心"负责在大数据平台终端处理下级政府传递的债务基础数据，利用标准化预警框架，研判债务风险程度和项目执行绩效，编制债务绩效研究报告提交给"政府债务管理中心"。"政府债务管理中心"研读债务绩效分析报告，通知低效运行部门和项目单位进行整改并提交预案。政府债务研究中心和管理中心的工作流程稳定后，随着各地上报的数据成为连续数据流，审计部门加强地方政府举债过程中违法、违规行为的事后审计，重点审查地方政府是否存在转借、转贷等违规行为，举债项目开展过程中是否存在违法事实，项目建成投入使用后的实际绩效是否与目标绩效相符，等等。

图9-4刻画了财政绩效行政监察体系包含的职能机构及具体分工。在这套职能分工中，作为国家最高权力机关的人民代表大会除行使行政审批职能外，还可充分发挥外部监察职能。反思传统模式，地方政府之所以多头举债，过头举债，导致债务风险不断在高危地区累积凝聚，主要原因即在于地方政府举债程序脱离了权力机关审批，长期游离于人大财经委和预算工委的行政监察之外。为推进中期绩效导向，人大、财政、审计、金融等部门协

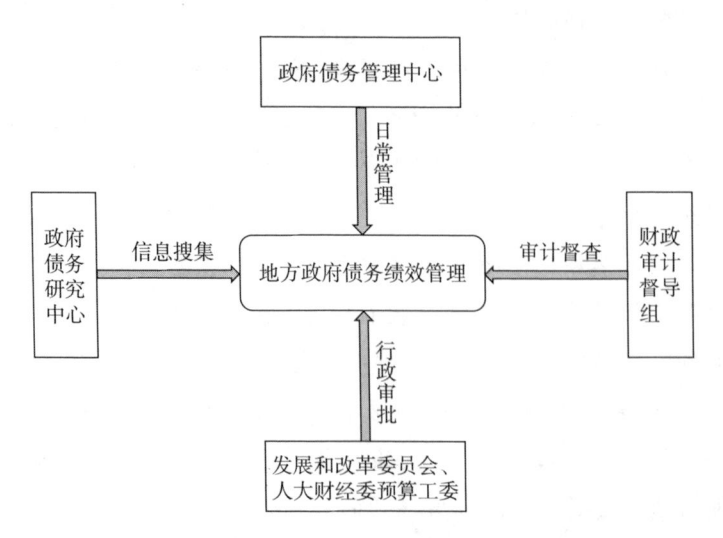

图9-4 地方政府债务绩效的行政监察体系设计

同督导的行政约束机制将联合发挥行政监察职能,强化地方政府举债融资的财经纪律约束,有力保障债务资金的配置效率。

9.3 长期战略:建立制度保障体系

与短期指导债务重组、中期推进绩效导向的战略选择对应,地方政府债务风险的长期治理战略应着眼于建立制度保障体系,从制度层面坚守不发生系统性风险的底线,保障财政金融安全。特别是当公共政策的边际效力减弱、隐性成本提升之时,我国更加需要推进财税管理体制改革,释放深水区改革红利。制度保障体系建设要与时俱进,因地制宜,从战略全局高度构建有利于债务风险防范的整体框架。具体来说,我国需要从以下方面推进长期制度建设:

9.3.1 以"修正黄金法则"约束政府债务支出投向

构建地方政府债务风险的大国治理机制,坚守不发生系统性风险的底线,必须长期遵循的基本准则是政府举债的"黄金法则"。所谓政府举债的"黄金法则",是指政府债务资金投向应严格囿于资本项目支出,严禁以政府债务融资用于自利性开支或弥补经常性缺口。将政府债务融资严格限定于资本性支出,有望创造偿债收益流,在债务周期和基础设施的经济寿命之间达成动态匹配,在一个相对较长的战略期内消弭债务风险。反之,如果以政府债务融资贴补自利性支出或经常性缺口,未来将没有对应的收益流偿还债务本息,最终将导致债务融资不可持续,直至积重难返触发危机,这是我们从拉美、"欧猪"以及

防范"灰犀牛"：地方政府债务风险的治理机制研究

一些东南亚近邻国家总结出来的深刻教训。为保障债务融资可持续，新兴市场国家需要在剔除资本性收支赤字后，保持政府经常性预算收支平衡或略有结余，尽量预留一部分可支配财力应对债务风险。

分税制改革以来，我国地方政府举债融资整体上遵循了"黄金法则"，债务融资主要投向市政基础设施建设，积累了大量有中长期回报潜质的公共资产。不过，对举债融资"黄金法则"的整体遵守，并不等于地方政府没有隐匿自利性支出倾向，更不等于不存在违法违规融资空间。根据审计署组织的多次大规模政府性债务审计，有悖"黄金法则"的案例并不鲜见，典型方式有二：一是以基建投资之名，行自利支出之实，举债建造"楼堂馆所"和政绩工程；二是将债务融资投向股市、债市、房市等盈利性领域，越位投资与民争利。[1]第一种方式固然难以产生偿债收益流，第二种方式即便有投资收益，也违背了政府举债的公益属性，一旦投资失败，还会使地方政府深陷偿债困局。[2]根据审计署调查，一些严重背离"黄金法则"的地区已经事实上陷入"借新偿旧"

---

[1] 根据审计署总第166号审计公告，一些地方和单位将信贷资金违规投入资本市场、房地产市场，或擅权修缮楼堂馆所，部分单位违反国家产业政策，将信贷资金投向"两高一剩"（高能耗、高污染、产能过剩）的低效政绩项目，损失浪费资金19.94亿元。

[2] 从政府举债支出效率的角度看，尽管"形象工程"和"政绩工程"也可归入公共资产，但这些华而不实、贵而无用的公共资产并不能转化为公共资本，无法成为促进经济高质量发展的生产要素。因此，仅要求政府举债遵循传统意义上的"黄金法则"，对经济高质量发展而言仍然约束力不足。在传统"黄金法则"的基础上，中国需要进一步遵循"修正黄金法则"，即不仅要约束政府债务落地成为公共资产，还要约束地方政府将债务融资切实转化为有利于经济高质量发展的公共资本。

的被动循环。[1] 2015年新《预算法》生效后，违法违规使用债务资金的情形仍然惯性存续，表现在债务资金违规挪用出借，置换以往年度建设资金和土地整理相关支出，回购以前年度已竣工项目，等等。

新《预算法》将地方政府债务纳入限额预算管理，有助于推进债务融资规范化，约束地方政府举债融资严格恪守"黄金法则"。但若债务投资并没有真正形成有利于本地高质量发展的实物工作量，仍然无法保证债务投资发挥出实际效益。鉴此，建议对新时代地方政府债务融资的"黄金法则"进行适应性调整，以约束更紧的"修正黄金法则"规范地方政府债务融资的支出投向。所谓地方政府债务融资的"修正黄金法则"，是指地方政府举债不仅要严格限定于资本性支出，还要在科学规范的制度流程下落地成为有效实物工作量，发挥出政府投资对高质量发展的关键作用。"修正黄金法则"不仅坚持了传统"黄金法则"，更在执行层面超越了传统"黄金法则"，更加注重提高债务投资的质量和效率。到了高质量发展阶段，"修正黄金法则"是地方政府举债融资需要长期遵循的基本原则。遵循"修正黄金法则"，意味着地方政府债务风险治理不仅要严格禁止地方政府以债务融资填补经常性缺口，从而侵蚀中长期税基，还要避免地方政府将债务融资投向低效建设项目，导致资本项目赤字积重难返。具体来说，恪守政府举债

---

[1] 根据审计署总第104号审计公告，截至2010年底，全国22个市级和20个县级政府的借新还旧率超过20%，部分地区的高速公路收费收入不足以偿还债务本息，主要靠举借新债偿还。除政府部门外，高校和事业单位也累积了巨额赤字，387所高校和230家医院2010年政府负有担保责任的债务和其他相关债务的借新还旧率超过50%，当年借新还旧偿债额分别达542.47亿元和95.29亿元。

的"修正黄金法则",需要把握两点执行方向,即公共投资项目的分类整合与项目全生命周期绩效管理。

首先,"修正黄金法则"要求地方政府基于公共投资项目的收益流特征,选择差异化的债务融资方式,促进有效市场和有为政府更好结合。根据公共投资项目的财务收益流特征,一般将公共投资项目分为三类:一是经营性项目,即具有稳定收入流、可实现自负盈亏的公共投资项目,如机场、铁路、码头、高速公路等;二是准经营性项目,即具有一定经营收入但难以实现自负盈亏,需要政府给予一定补贴的公共投资项目,如地铁、公交、产业园区建设等;三是纯公益性项目,即没有任何收入来源或收入流甚微,经营成本来自财政拨款的公共投资项目,如城市路网、桥梁、公园、污水处理系统等。对纯公益性项目,以预算内资金为主,债务融资为辅,主要以纳入预算管理的一般债务融资予以支持建设。通过发行地方政府一般债券支持纯公益项目建设,地方政府的偿债信用将直接接受资本市场考验。若高风险地区推动的项目投资无力涵养有效税基并贡献出足以覆盖成本的稳定收益流,将难以维持偿债信用,实现债务融资可持续。对于经营性、准经营性项目,以规范的地方政府发债融资予以支持的同时,可考虑运用建设—转让(BT)、建设—经营—转让(BOT)、投资—经营—转让(IOT)、建设—租赁—移交(BLT)等政企合营方式,引导民间资本进入项目建设运营,地方政府综合运用补贴、税收、价格政策提供支持。引导民间资本参与经营性项目建设,有助于逐步降低地方政府高企的债务杠杆,减少政府垄断经营的低效率和对市场配置资源的过度行政干预。作改革的中长期构想,随着民间投资渠道的进一步拓宽,中国将始终坚持"两个毫不动摇""三个没有变",为民营经济创造更公平更优化的营商环境,形成地方政府、民间资本、金融机构有机结合、协同参与的多元化投融资体系,更有效地回应民生诉求,增进民生福祉。

其次,"修正黄金法则"要求强化债务投融资项目的事前论证、事中监察和事后审计,实行债务投融资项目的全过程、穿透式绩效管理。对于在建合规工程项目,可以考虑通过银行续贷转为政企合营模式,以地方政府发债筹资等方式支持其继续建设。在建合规工程项目的资金续拨,旨在避免其因资金链断裂成为所谓"烂尾工程",使前期投入成为沉没成本。对于新建工程项目,需要加强技术面管理,展开项目前期可行性科学论证,审慎评估项目的现金流、影子成本和外溢性收益。通过对比项目净现值,优先支持中长期回报高的绩优项目,坚决清理取缔低效项目。即使项目审批通过,仍有必要强化项目执行过程中的绩效监察和项目完成后的绩效审计,敦促项目单位提交阶段性执行报告。无论在建项目还是新建项目,都有必要基于绩效评估结果,视情取缔执行绩效严重背离目标绩效的低效投资项目。以"修正黄金法则"作为绩效评估的基准法则,有利于在公共项目投资中长期遵循和贯彻绩效导向,构建更加科学、更可持续的大国债务风险治理机制。

9.3.2 明晰省以下政府举债的权责边界

长期来看,完善地方政府债务融资的大国治理,需要明确划分省以下政府举债的权责边界,从制度层面遏制地方政府违规举债的道德风险。(高培勇,2014)2022年5月,《国务院办公厅关于进一步推进省以下财政体制改革工作的指导意见》明确提出，为全面贯彻新发展理念，加快构建新发展格局，要"按照深化财税体制改革和建立现代财政制度的总体要求，进一步理顺省以下政府间财政关系，建立健全权责配置更为合理、收入划分更加规范、财力分布相对均衡、基层保障更加有力的省以下财政体制，促进加快建设全国统一大市场，推进基本公共服务均等化，推动高质量发展，为全面建设社会主义现代化国家提供坚实保障"。

推进省以下财政体制改革，需要厘清省以下政府举债的权责边界，使"自担其职、自负其责"成为政府间财政关系的基本制度导向。权责明晰化有利于将中央政府释放的不救助信号转化为可置信承诺，提升债务风险责任的可稽查性，从而约束地方政府审慎举债、高效举债，以债务融资支持的公益项目建设增进民生福祉，维持地方财政可持续。

2015年新《预算法》生效后，各省级行政单位的自主发债融资权全面放开。为何省级自主发债融资权完成"破冰"后，还要进一步厘清省以下政府举债的权责边界？在实际执行层面，新《预算法》将地方政府发债融资权仅赋予省级政府，省级政府基于中央设定的债务新增和存量限额统筹发债，进而根据辖区内各地级市的风险状况和偿债压力，将部分债务发行收入转贷给地市级政府。基于省级政府转贷的债务配额，地市级政府留存部分债务融资收入，继续将部分债务收入转贷给市县级政府。由此，在治理模式转型期，省级政府担当了全省表内债务统筹发行主体的角色。省以下政府的债务收入概由上级政府转贷获得，并基于上级政府分配的预算限额，在上级政府的严格

第九章 地方政府债务风险的治理战略路径选择

审计监管下审慎用债。从本质上说，这样的债务制度设计依然延续了1994年分税制改革的财政分权治理框架，即财政分权制度设计主要在中央和省级政府之间展开，中央和省（区、市）之间的分权框架对省以下制度设计形成示范延伸效应，基层政府仅拥有有限财力支配权。

省级政府统筹发债并层层向下转贷债务的制度安排，相当于在省以下财政分权框架中植入了一项制度扭曲，使省级政府作为统筹发债主体之余，还要承担转贷债务"最终偿债人"的角色。如果承接转贷债务的地市级政府无力偿还债务本息，由于地方债券是省级政府统筹发行的，因此省级政府要承担转贷债务的本息偿还责任。为降低最终偿债人风险，省级政府在向下转贷债务同时，一般要求承贷地区及时足额将债务本息偿还收入上缴至财政专户，否则将对应扣除欠债地区的财政转移支付。这样的转贷配套制度设计，使承贷地区面临高度硬化的偿债预算约束。①对地市级政府来说，尽管争取到省级政府的转贷债务能够在短期内补充可用财力，但无论债务投资项目的财务绩效如何，地市级政府都要将偿债基金缴存至中央或省级政府设立的财政专户，否则将对应损失转移支付扣款。省以下分权治理框架中植入的这种高度硬化的偿债预算约束，可以说极大削减了承贷地区的财力支配权。作制度经济学视角的分析，同国债转贷制度类似，尽管转贷债务在省以下地方政府的往来预算科目中列示，

---

① 根据笔者从地方政府门户网站搜集到8个省份出台的58份官方文件，各地政府均明确表示，为保障地市级和县市级政府及时足额偿还转贷债务本息，省级政府将通过"转移支付扣款"和"审计监管问责"等制度安排，强化转贷债务本息偿还的预算约束。

但并未实际反映到地方政府的预算约束条件，相当于省级政府发债，省以下政府使用，必然会产生制度性的错配扭曲。这一错配扭曲主要表现在省以下政府并未因转贷债务获取充裕的财力支配权，反而面临更加趋紧的债务偿还预算约束，从而仍然需要诉诸表外渠道扩张违法违规举债空间。（高培勇、汪德华，2016）同前文分析相呼应，省以下分权治理框架植入的债务转贷制度设计，应该是治理转型期表外债务杠杆梯度向下转移的核心制度诱因。

作改革的中长期构想，省以下财政分权治理宜遵循"一级财权、一级事权、一级税基、一级债权、一级预算"的原则，厘清各级地方政府的权责边界。（贾康、白景明，2002）迄今，地方政府发债融资权集中在省级政府，是考虑到由省级政府统筹承担债务发行、审计、监管责任，能够掌控全省（区、市）债务发行规模和投资绩效，防范地方债务风险冲击中央财政安全。省级政府承担统筹责任并作为事实上的"最终偿债人"，具有过渡期制度设计的合理性，是当前形势下权衡风险防控和经济建设的可行选择。从长期看，随着表外债务的有序置换清零以及表内债务的渐进消化稀释，可以考虑逐步放开地市级乃至县市级政府的表内举债融资权。逐步放开省以下表内发债融资权，一方面可以借鉴过渡期省级政府统筹发债的管理经验，掌握好债券发行的总量规模、期限结构、交易方式和进度安排；另一方面也能够克服表内债务转贷诱发的制度性错配扭曲，遏制省以下政府衍生泛化表外债务的融资冲动，使省以下政府能够基于本地实际情况掌握更多财力支配权。此外，允许省以下政府债券进入资本市场，有利于丰富市场投资者的多元化投资组合，增强资本市场的价格发现功能，以国债收益率为基础形成一套完整的市场化利率体系，引导政府、企业、金融机构等主体发行的债券全部向市场化定价机制有序并轨。从这个意义上说，放开省以下政府的自主发债融资权，也是深化经济体制改革，增强市场配置资源的决定性作用的应有之义。从省级到县市级政府的举债融资权全部放开后，随着省以下各级政府举债权责边界的渐进厘清，中国将构建完善的省以下财政分权治理框架，为推进社会主义现代化建设提供坚实的制度保障。

9.3.3 逐步建立市场纪律导向的债务风险监管模式

从长期看，同推进省以下财政分权体制相对应，我国地方政府债务风险的监管模式，将逐步从"行政约束"过渡到"市场纪律"。2015年新《预算法》将地方政府债务纳入预算，实行地方政府债务的限额和余额管理，要求各省区市的新增举债和存量债务不得超过法定额度。这种过渡期债务风险监管模式，相当于将"行政约束"和"规则控制"结合起来。一方面，中央政府用预算限额约束地方政府举债规模，确保纳入预算管理的债务总量整体可控；另一方面，中央政府以明确的债务投向规则、财政赤字规则、偿债约束规则、转移支付规则等财经纪律约束，规范地方政府举债行为，推进债务治理规范化、透明化、制度化。进一步说，既然各省债务限额和余额作为法定预算"天花板"是公开透明的，限额和余额管理本身也是一种规则控制。在实际执行中，这两类约束规则作为底线规则，一般不允许省级政府突破新增限额和债务余额，导致债务体量无序膨胀，难以控制。

从长期看，这种以行政约束为主、规则控制为辅的债务风险监管模式，仍然是一种过渡期风险监管模式，将随着省以下财政分权改革的有序推进和金融市场的持续发展，最终过渡为"市场纪律"治理模式,即主要通过金融市场的竞争性定价机制这只"看不见的手"引导债务资源优化配置。

  基于制度经济学视角,可以观察行政约束和规则控制并行监管模式的得失。从收益方面看,这种并行监管模式通过约束地方政府债务的增量和存量规模,确保纳入预算管理的法定债务整体可控。作为一种"激励导向型"治理模式的纠偏制度设计,它有利于中央政府系统掌握全国政府债务的"总盘子",敦促高债高险地区制定应急响应预案和财政重整计划,坚守不发生系统性风险的底线。中央政府在不同省份间统筹配置债务限额,也有利于视情调配债务资源,避免债务资源过度向东部沿海地区倾斜导致区域财力不公。不过,这种基于行政约束和规则控制的并行监管模式也至少暴露出三点制度成本:一是省级政府"最终偿债人"角色引发的制度扭曲。中央赋权省级政府在限额内统筹发行法定债务,使省级政府充当了市县级转贷债务的最终偿债人,采取硬约束政策迫使基层政府拓展表外融资空间。二是金融市场价格发现功能缺失带来的资源配置效率损失。资源配置效率提升离不开竞争与价格机制的自发引导。省级政府担当市县级转贷债券的最终偿债人,制度性扭曲了政府层级、财力状况等因素对债券价格的影响,债券价格难以反映真实风险溢价,影响债务资源配置效率。三是高水平债券市场交易机制付之阙如。完整的债券交易市场应是一个包含中央债券、省级债券、市县级债券、城投债券、企业债券、境外债券等多债券品种并存的交易市场,政府、金融机构、国有企业、民营企业等各类发行主体在债券市场上展开公平竞争。其中债券风险溢价由发债主体偿付能力决定,在制度上逐步同全球资本市场对接,为中国企业走出去和外国资本引进来创造良好的制度环境，同时也为资本市场潜在风险构建防范预警机制。当前我国省以下政府尚不具备自主发债融资权，债券市场价格体系尚不能引导科学规范的市场交易机制。随着债务治理改革的逐步推进，并行监管模式在信息搜集、总量控制、区域平衡等方面的制度收益将会逐步弱化，隐性背书、价格扭曲、市场缺失等方面的制度成本则愈益凸显，需要建设高水平债券市场交易机制予以不断矫正和完善。

在改革进程中，无论省以下地方政府举债融资权的有序放开，还是债务风险监管模式的整体转型，都要遵循客观规律循序渐进，不可能一蹴而就。这需要隐性债务与法定债务合并监管、融资平台公司市场化分类转型、地方主体税系建设等相关制度改革得以深入推进，全国统一金融市场和信用评级体系发展完善后，才有望最终实现。作改革的长远构想，省级政府作为统筹发债主体累积了充分的管理经验，省以下政府衍生泛化表外债务的融资冲动得以有效遏制后，即可推进大国政策试验，逐步放开地市级乃至县市级政府的自主发债融资权。在地市级层面，各省级政府可以选择财力基础稳固、偿债能力无虞的典型地区作为自主发债试点，逐步扩大省内自主发债试点范围，继续积累地级市在发债规模、期限结构、交易方式、进度安排等方面的管理经验，直至全部放开所有地市级债券的自主发行权限。县市级层面的发债赋权改革可参照地市级改革有序展开，由于债务风险随政府层级下移不断扩张，基层政府债券的发行管理需要同风险预警机制同步推进，并始终由省级政府统筹承担全省债务风险的监测预警工作。尽管行政性风险监测仍有必要，但随着中央、省、市、县级政府债券交易品种的不断丰富完善，风险溢价可以通过市场交易机制有效反映，地方政府债务风险的监管模式最终将过渡到市场纪律，主要由资本市场检验偿债能力和过滤扭曲授信。这种债信驱动的市场化定价机制将一举解决隐性担保、错配扭曲、兜底预期等制度问题，使中央政府在债务风险治理中的角色从博弈参与人和最终偿债人还原为规则制定者，维护债券市场高质量发展。培育品种丰富、交易完善、主体多元的债券市场既是提高债务资源配置效率之所需，也必将融入中国式现代化的改革进程，为构建高水平社会主义市场经济体制夯实财政基础。

参考文献

Adam, C., S., and Bevan, D., L., 2005, "Fiscal Deficits and Growth in Developing Countries", *Journal of Public Economics*, 89: pp.571-597.

Aidt, T.,S., Veiga, F., J., and Veiga, L., G., 2011, "Election Results and Opportunistic Policies: A New Test of the Rational Political Business Cycle Model", *Public Choice,* 148(1-2), pp.21-44.

Alesina, A., and Tabellini, G., 1990, "A Positive Theory of Fiscal Deficits and Government Debt", *The Review of Economic Studies*, Vol. 57, No. 191, pp.403-414.

Ashworth, J. ,and Heyndels, B., 2000, "Reference Point Effects in Local Taxation: It All Depends on How You Look at It," *National Tax Journal*, 53(2), pp.335-341.

Ashworth, J., Geys, B., and Heynedls, B., 2005, "Government Weakness and Lovcal Public Debt Development in Flemish Municipalities", *International Tax and Public Finance*, Vol.12, pp.395-422.

Baskaran, T., 2011, "Soft budget constraints and strategic interactions in subnational borrowing: Evidence from the German States, 1975-2005", *Journal of Urban Economics*, Vol.71, No.1, pp.114-127.

Besfamille, M., and Lockwood, B., 2008, "Bailouts in Federations: Is a Hard Budget Constraint Always Best? " *International Economic Review*, 49(2), pp.577-593.

Besley, T., and Case, A., 1995, "Incumbent Behavior: Vote Seeking, Tax Setting and Yardstick Competition," *American Economic Review*, 85(1), pp.25-45.

Blöchliger, H., and King, D., 2006, "Less than You Thought: the Fiscal Autonomy of Sub-central Government", *OECD Economic Studies*, 43(2), pp.155-188.

Bordignon, M., and Turati, G., 2009, "Bailing Out Expectations and Public Health Expenditure", *Journal of Health Economics*, 28(2), pp.305-321.

Brender, A., and Drazen, A., 2008, "How Do Budget and Economic Growth Affect Reelection Prospects? Evidence from a Large Panel of Countries", *American Economic Review*, Vol. 98, No. 5, pp.2203-2220.

Brixi, H., and Schick, A., 2002, "Government at Risk: Contingent Liabilities and Fiscal Risk", World Bank Publications.

Brueckner, and Jan, K., 2003, "Strategic Interaction Among Governments: An Overview of Empirical Studies", *International Regional Science Review*, Vol.26, No.2, pp.175-188.

Buchanan, J., M., Tollison, R., D., and Tullock, G., 1980, "Towards a Theory of the Rent-seeking Society. College Station", TX: Texas A&M University Press.

Burnside, C., 2005, "Fiscal Sustainability in Theory and Practice: A Handbook", The World Bank.

Danel, J., A., and Jeffery, M., D., 1997, "Fiscal Accounting of Bank Restrutuing", IMF Working Paper.

Easterly, W., 1998, "When is Fiscal Adjustment an Illusion?" The World Bank Working Paper.

Eyraud, L., and Lusinyan, L., 2013, "Vertical Fiscal Imbalance and Fiscal Performance in Advanced Economies", *Journal of Monetary Economics*, Vol.60, pp.571-587.

Goodspeed, T., J., 2002, "Bailouts in a Federation", *International Tax and Public Finance*, 9(4), pp.409-421.

Gramlich, E., M., 1969, "The Effect of Federal Grants on State-Local Expenditure: a Review of the Econometric Literature", *National Tax Association*, 62, pp.569-593.

Greiner, A.,and Fincke, B., 2015, "Public Debt, Sustainability and Economic Growth: Theory and Empirics", Springer International Publishing Switzerland.

Hagen, U., V., Bordignon, M., and Dahlberg, M., 2000, "Subnational Government Bailouts in OECD Countries: Four case Studies", Washington D.C.: Inter-American Development Bank Working Paper, No. R-399.

Hana, Brixi, P., 1998, "Contingent Government Liabilities: A Hidden Risk for Fiscal Stability", World Bank Police Research Working Paper No.1989.

Huang, Yasheng, 1996, "Central-Local Relations in China during the Reform Era: The Economic and Institutional Dimensions". *World Development*, 24(4): pp.655-672.

Jorion, P., 2001, "Value at Risk: The Global Investor Book of Investing Rules", Harriman House.

Kaminsky, G., L., and Reinhart, C., M., 1999, "The Twin Crises: The Causes of Banking and Balance-of-Payments Problems", *The American Economic Review*, 89(3): pp.473-500.

Kornai, J., Maskin, E., & Roland, G., 2003, "Understanding the Soft Budget Constraint, Journal of Economic Literature", *Journal of Economic Literature*, 41(4): pp.1095-1136.

Kristine, F., Lima, L., and Panizza, U., 2011, "The Determinants of the Composition of Public Debt in Developing and Emerging Market Countries", *Review of Development Finance*, 1(3): pp.207-222.

Lane, T., D., 1993, "Market Discipline", International Monetary Fund Staff papers, 40: pp.53-88.

Ma, J., 2002, "Monitoring Fiscal Risk of Sub-national Governments: Selected Country Experience". World Bank Working Paper.

Manasse, P., Roubini, N., and Schimmelpfennig, A., 2003, "Predicting

Sovereign Debt Crises", IMF Working Paper, No.03/221.

Nordhaus, W.,1975, "The Political Business Cycle", *Review of Economic Studies*, 42(April): pp.169-190.

Pettersson, L., P., 2001, "An Empirical Investigation of the Strategic Use of Debt", *Journal of Political Economy*, Vol. 109, No. 3, pp.570-583.

Rodden, J., 2006, "Hamilton's Paradox: The Promise and Peril of Fiscal Federalism", Cambridge: Cambridge University Press.

Ross, J., 2014, "Why China Won't Suffer a Debt Crisis", *China Today*, 63(6): pp.54-55.

Saaty, T., L., 1987, "Risk-Its Priority and probability: the analytic hierarchy process", *Risk Analysis*, 7(2): pp.159-172.

Seitz, H., 2000, "Subnational Governments Bailouts in Germany", Washington D.C.: Inter-American Development Bank Working Paper, No.R-396.

Singh, R., and Plekhanov, A., 2006, "How Should Subnational Government Borrowing Be Regulated? Some Cross-Country Empirical Evidence", *IMF Staff Papers*, 53(3), pp.426-452.

Stigler, G., J., 1957, "The Tenable Range of Function of Local Government", Washington: Joint Economic Committee.

Talvi, E., and Carlos, A., 2000, "Tax Base Variability and Procyclical Fiscal Policy", NBER Working Paper No.7499.

Ter-Minassian, Teresa, 1997, Fiscal Federalism in Theory and Practice, International Monetary Fund.

Weingast, B., R., 2009, "Second Generation Fiscal Federalism: The Implications of Fiscal Incentives", *Journal of Urban Economics*, 65(3), 279-293.

Wildasin, D., E., 1997, "Externalities and Bailouts: Hard and Soft Budget Constraints in Intergovernmental Fiscal Relations", Washington D.C.: Word Bank Working Paper, No.1843.

Wolf, M., 2014, "The Shifts and The Shocks: What We've Learned and Have Still to Learn from the Financial Crisis", Penguin Press.

参考文献

财政部预算司：《财政部代理发行2009年地方政府债券问题解答：汉英对照》，中国财政经济出版社2009年版。

陈雨露、郭庆旺（主编），张杰、汪昌云、瞿强（副主编）：《新中国财政金融制度变迁事件解读》，中国人民大学出版社2013年版。

丛树海：《财政扩张风险与控制》，商务印书馆2005年版。

刁伟涛：《中国地方政府债务风险：2014—2017》，社会科学文献出版社2018年版。

樊丽明、黄春蕾、李齐云等：《中国地方政府债务管理研究》，经济科学出版社2006年版。

冯天瑜、何晓明、周积明：《中华文化史》，上海人民出版社2015年版。

郭玉清：《中国地方财政隐性赤字的演化路径、激励机制与风险监管研究》，南开大学出版社2015年版。

郭玉清、郭庆旺：《创新型城市的财政支持体系》，中国人民大学出版社2009年版。

黄达：《财政信贷综合平衡导论》，中国人民大学出版社2009年版。

李朝鲜、陈志楣、李友元等：《财政或有负债与财政风险研究》，人民出版社2008年版。

李萍（主编）：《地方政府债务管理：国际比较与借鉴》，中国财政经济出版社2009年版。

李奇霖、王言峰、李云霏：《城投再来：地方融资平台如何转型》，华夏出版社2017年版。

李山、轩新丽（译注）：《管子》，中华书局2021年版。

厉以宁：《中国经济改革的思路》，商务印书馆2021年版。

林毅夫：《从西潮到东风》，余江译，中信出版社2012年版。

林毅夫：《林毅夫解读中国经济》，北京大学出版社2018年版。

林毅夫：《中国经济的前景》，中信出版集团2022年版。

刘珝珝（主编）：《地方政府债务融资及其风险管理：国际经验》，经济科学出版社2011年版。

刘尚希：《公共风险论》，人民出版社2018年版。

刘守英：《土地制度与中国发展》，中国人民大学出版社2018年版。

陆铭等：《中国的大国经济发展道路》，中国大百科全书出版社2008年版。
吕冰洋：《央地关系：寓活力于秩序》，商务印书馆2022年版。
马恩涛：《我国银行业政府或有债务研究》，人民出版社2021年版。
裴育、龙志军等：《地方政府债务风险预警机制研究：基于南京市高新区的经验分析》，电子科技大学出版社2007年版。
钱穆：《国史大纲》（修订本），商务印书馆1996年版。
王绍光：《分权的底限》，中国计划出版社1997年版。
王绍光，《中国崛起的世界意义》，中信出版社2020年版。
韦森：《大转型》，中信出版社2012年版。
吴敬琏：《改革大道行思录：吴敬琏近文选（2013—2017）》，商务印书馆2018年版。
杨时（编）：《二程粹言》，中华书局1985年版。
杨志勇、张斌：《中国政府资产负债表（2017）》，社会科学文献出版社2017年版。
姚洋：《中国道路的世界意义》，北京大学出版社2011年版。
姚洋：《经济的常识：中国经济的变与不变》，中信出版集团2022年版。
余斌、魏加宁等：《中国财政金融风险问题研究》，中国发展出版社2012年版。
张军、周黎安（编）：《为增长而竞争：中国增长的政治经济学》，上海人民出版社2007年版。
张军：《大国经济：中国如何走好下一程》，浙江人民出版社2022年版。
张五常：《中国的经济制度》，中信出版社2017年版。
赵梦涵：《新中国财政税收史论纲》，经济科学出版社2002年版。
中国财政金融政策研究中心课题组：《无危机增长："中国模式"中的财政金融因素》，中国人民大学出版社2009年版。
《中国地方债务管理研究》课题组：《公共财政研究报告：中国地方债务管理研究》，中国财政经济出版社2011年版。
中国人民大学政府债务治理研究中心：《统筹发展与安全：中国政府债务研究》，中国财政经济出版社2021年版。
周飞舟：《以利为利：财政关系与地方政府行为》，上海三联书店2012年版。
周黎安：《转型中的地方政府：官员激励与治理》，格致出版社2008年版。

参考文献

朱军（编著）:《地方财政学》，上海财经大学出版社2019年版。

〔日〕青木昌彦、〔韩〕金滢基、〔日〕奥野－藤原正宽（主编）:《政府在东亚经济发展中的作用：比较制度分析》，张春霖等译，中国经济出版社1998年版。

〔日〕野口悠纪雄:《泡沫经济学》，曾寅初译，金洪云译校，生活·读书·新知三联书店2005年版。

〔日〕伊藤隆敏、〔日〕星岳雄:《繁荣与停滞：日本经济发展和转型》，郭金兴译，中信出版社2022年版。

〔美〕巴里·诺顿:《中国经济：转型与增长》，安佳译，上海人民出版社2011年版。

〔美〕弗兰克·H.奈特:《风险、不确定性与利润》，安佳译，商务印书馆2010年版。

〔美〕蒋中一:《动态最优化基础》，曹乾译，中国人民大学2015年版。

〔美〕罗伯特·希勒:《叙事经济学》，陆殷莉译，中信出版社2020年版。

〔美〕维托·坦茨:《政府与市场：变革中的政府职能》，王宇译，商务印书馆2023年版。

〔美〕米歇尔·渥克:《灰犀牛：如何应对大概率危机》，王丽云译，中信出版集团2017年版。

〔美〕纳西姆·尼古拉斯·塔勒布:《黑天鹅：如何应对不可知的未来》，万丹、刘宁译，中信出版社2008年版。

〔英〕罗纳德·哈里·科斯、王宁:《变革中国：市场经济的中国之路》，徐尧、李哲民译，中信出版社2013年版。

〔英〕亚当·斯密:《国富论》，郭大力、王亚南译，商务印书馆2017年版。

〔德〕韩博天:《红天鹅：中国独特的治理和制度创新》，石磊译，中信出版社2018年版。

〔德〕卡尔·马克思:《资本论》，郭大力、王亚南译，上海三联书店2011年版。

〔澳〕柯武刚、〔德〕史漫飞、〔美〕贝彼得:《制度经济学：财产、竞争、政策》，柏克、韩朝华译，商务印书馆2018年版。

〔加〕贝淡宁:《贤能政治：为什么尚贤制比选举民主制更适合中国》，吴万伟译，中信出版社2016年版。

〔巴〕特奥托尼奥·多斯桑托斯：《新自由主义的兴衰》，郝名玮译，社会科学文献出版社2012年版。

〔新〕黄佩华等：《中国：国家发展与地方财政》，王桂娟等译，中信出版社2003年版。

安立伟："美日加澳四国地方政府债务管理做法对我国的启示"，《经济研究参考》2012年第10期。

陈云，1949："发行公债弥补财政赤字"，载中共中央文献编辑委员会编《陈云文选》（第二卷），人民出版社1995年版。

邓小平，1982："前十年为后十年做好准备"，载中共中央文献编辑委员会编《邓小平文选》（第三卷），人民出版社2009年版。

财政部科研所课题组："我国地方政府债务态势及其国际借鉴：以财政风险为视角"，《改革》2009年第1期。

曹广忠、袁飞、陶然："土地财政、产业结构演变与税收超常规增长——中国'税收增长之谜'的一个分析视角"，《中国工业经济》2007年第12期。

陈少强："财政部代发地方债的背景、特点与风险防范"，《西部财会》2009年第4期。

陈小亮、谭涵予、刘哲希："转移支付对地方政府债务影响的再检验"，《财经问题研究》2020年第10期。

陈艳："财政风险预警系统构建初探"，《湖南财经高等专科学校学报》2005年第8期。

程昊、阎晚晴："地方融资平台转型与发展探讨"，《清华金融评论》2002年第8期。

邓淑莲、彭军："地方政府债务风险控制的国际经验及启示"，《财政研究》2013年第2期。

杜锦："拉丁美洲债务危机的国内外原因及IMF在其中的作用"，《天府新论》2006年第12期。

房坤："当前国债转贷制度存在的风险及化解措施"，《西部财会》2005年第9期。

冯俏彬："数字经济时代税收制度框架的前瞻性研究——基于生产要素决定

税收制度的视角",《财政研究》2021年第6期。

高培勇:"论'挤牙膏式扩张'",《财经智库》2023年第4期。

郭敏、段艺璇、黄亦炫:"国企政策功能与我国地方政府隐性债:形成机制、度量与经济影响",《管理世界》2020年第12期。

郭庆旺:"2015:积极的财政政策更加积极",《决策探索》2015年第6期。

郭庆旺:"论适度增加公共消费",载《奋进新时代开启新征程——学习贯彻党的十九届五中全会精神笔谈》,《经济研究》2021年第1期。

郭玉清:"逾期债务、风险状况与中国财政安全——兼论中国财政风险预警与控制理论框架的构建",《经济研究》2011年第8期。

郭玉清、何杨、李龙:"救助预期、公共池激励与地方政府举债融资的大国治理",《经济研究》2016年第3期。

郭玉清、姜晓妮:"债务空间留存度如何影响融资平台杠杆率?——来自地市级政府预算执行公报的经验证据",《南开经济研究》2022年第6期。

郭玉清、姜晓妮、毛捷、汪昊:"债权方信贷约束的风险治理效应:基于信号传递视角",《世界经济》2022年第9期。

郭玉清、毛捷:"新中国70年地方政府债务管理:回顾与展望",《财贸经济》,2019年第9期。

郭玉清、孙希芳、何杨:"地方财政杠杆的激励机制、增长绩效与调整取向研究",《经济研究》2017年第6期。

郭玉清、薛琪琪:"新时代地方债务风险监管的战略路径选择",《天津社会科学》2019年第3期。

郭玉清、张妍、薛琪琪:"地方政府债务风险的量化识别与防范策略",《中国人民大学学报》2022年第6期。

郭玉清、张妍、张静文:"'僵尸企业'的外部性税负影响及税务治理",《税务研究》2020年第12期。

胡光辉:"地方政府性债务危机预警及控制研究",吉林大学博士学位论文,2008。

胡靖:"加强投资公司地方投资的主体作用",《浙江经济》1994年第7期。

贾俊雪、郭庆旺:"政府间财政收支责任安排的地区经济增长效应",《经济研究》2008年第6期。

贾康、白景明："县乡财政解困与财政体制创新"，《经济研究》2002年第2期。

姜长青："我国三次发行地方债券的历史考察——以财政体制变迁为视角"，《金融理论与实践》2010年第4期。

李巍："资本账户开放、金融发展和经济金融不稳定的国际经验分析"，《世界经济》2008年第3期。

李扬、张晓晶："'新常态'：经济发展的逻辑与前景"，《经济研究》2015年第5期。

梁琪、郝毅："地方政府债务置换与宏观经济风险缓释研究经济研究"，《经济研究》2019年第4期。

林力："印度地方政府债务融资研究：规模、结构及监管实践"，《南亚研究季刊》2015年第1期。

刘畅、曹光宇、马光荣："地方政府融资平台挤出了中小企业贷款吗？"，《经济研究》2020年第3期。

刘畅、马光荣："财政转移支付会产生'粘蝇纸效应'吗？——来自断点回归的新证据"，《经济学报》2015年第1期。

刘贯春、程飞阳、姚守军、张军："地方政府债务治理与企业投融资期限错配改善"，《管理世界》2022年第11期。

刘骅、卢亚娟："地方政府融资平台债务风险预警模型与实证研究"，《经济学动态》2014年第8期。

刘昆："充分发挥财政职能作用，坚决支持打好三大攻坚战"，《求是》2018年第15期。

刘尚希："中国财政风险的制度特征：'风险大锅饭'"，《管理世界》2004年第5期。

刘尚希、陈少强、谭静、陈龙："《政府与社会资本合作条例》立法的基本思路"，《财政研究》2016年第3期。

刘尚希、赵全厚："政府债务：风险状况的初步分析"，《管理世界》2002年第5期。

刘谊、刘星、马千真、陈元春："地方财政风险监控体系的建立及实证分析"，《中央财经大学学报》2004年第7期。

路风："中国经济为什么能够增长"，《中国社会科学》2022年第1期。

吕冰洋、郭庆旺："中国税收高速增长的源泉：税收能力和税收努力框架下的解释"，《中国社会科学》2011年第2期。

吕冰洋、毛捷、刘潘："财政权力配置对地方举债的影响研究"，《中国人民大学学报》2021年第5期。

吕炜、周佳音、陆毅："理解央地财政博弈的新视角——来自地方债发还方式改革的证据"，《中国社会科学》2019年第10期。

马恩涛："我国直接显性财政风险预警系统研究"，《广东商学院学报》2007年第1期。

马恩涛、吕函枰："基于GM-BP神经网络的地方政府债务风险预警系统研究——以2015年重庆市38区县样本数据为例"，《山东财经大学学报》2017年第3期。

毛捷、刘潘、吕冰洋："地方公共债务增长的制度基础：兼顾财政和金融的视角"，《中国社会科学》，2019年第9期。

毛捷、徐军伟："中国地方政府债务问题研究的现实基础——制度变迁、统计方法与重要事实"，《财政研究》2019年第1期。

毛克疾："印度基建：问题丛生，但进步不小"，《世界知识》2023年第15期。

缪小林、伏润民："权责分离、政绩利益环境与地方政府债务超常规增长"，《财贸经济》2015年第4期。

宁越敏："新城市化进程——90年代中国城市化动力机制和特点探讨"，《地理学报》1998年第5期。

裴育、欧阳华生："地方债务风险预警程序与指标体系的构建"，《当代财经》2006年第3期。

史宗瀚："中国地方政府的债务问题：规模测算与政策含义"，《北京大学中国教育财政科学研究所简报》2010年第2期。

孙大海，"美国地方政府债务危机处理机制与典型案例"，《债券》2021年第6期。

陶然、陆曦、苏福兵、汪晖："地区竞争格局演变下的中国转轨：财政激励和发展模式反思"，《经济研究》2009年第7期。

王亚芬、梁云芳：“我国财政风险预警系统的建立与应用研究”，《财政研究》2004年第11期。

王玉萍、刘波：“美国地方政府债务危机处理对我国地方政府债务管理的启示”，《金融会计》2019年第2期。

王治国：“政府干预与地方政府债券发行中的'利率倒挂'”，《管理世界》2018年第11期。

许涤龙、何达之：“财政风险预警指数系统的构建与分析”，《财政研究》2007年第11期。

许晖：“我国地方债历史研究——基于2009年财政部代理发行2000亿地方债的思考”，《财政史研究》2009年第二辑。

姚洋、秦子忠：“从儒家政治视角看当代中国体制”，《中央社会主义学院学报》2021年第2期。

银温泉、才婉茹：“我国地方市场分割的成因和治理”，《经济研究》2001年第6期。

尤安山：“拉美债务危机：原因及对策”，《拉丁美洲研究》1986年第1期。

袁飞、陶然、徐志刚、刘明兴：“财政集权过程中的转移支付和财政供养人口规模膨胀”，《经济研究》2008年第5期。

张宏安：“新中国地方政府债务史考”，《财政研究》2011年第10期。

张军、王永钦：“中国发展模式的经验与挑战，从'做对激励'到'做对价格'”，《经济资料译丛》2018年第4期。

张明喜、丛树海：“我国财政风险非线性预警系统——基于BP神经网络的研究”，《经济管理》2009年第5期。

张志华、周娅、尹李峰等（a）：“哥伦比亚的地方政府债务管理”，《经济研究参考》2008年第22期。

张志华、周娅、尹李峰等（b）：“巴西整治地方政府债务危机的经验教训及启示”，《经济研究参考》2008年第22期。

赵斌、王朝才、柯翾：“改革开放以来中国地方政府举债融资演变”，《经济研究参考》2019年第16期。

赵凤鸣：“加强'国债转贷'建设项目财政管理”，《中国财政》1999年第9期。

赵军、王辉、陈力、胡晓峰:"借鉴德国'债务刹车'经验 防范我国地方政府债务风险",《财政监督》2014年第27期。

郑兰祥、门志路:"迪拜债务危机及其启示",《合作经济与科技》2010年第14期。

钟辉勇、陆铭、李瑞峰:"增长、补贴与债务:统一货币区的空间政治经济学",《中国人民大学学报》2022年第6期。

周世愚:"地方政府债务风险:理论分析与经验事实",《管理世界》2021年第10期。

朱希伟、金祥荣、罗德明:"国内市场分割与中国的出口贸易扩张",《经济研究》2005年第12期。

何毅亭:"科学把握我国面临的战略机遇和风险挑战",《经济日报》2022年9月2日。

高培勇:"以深化改革推进地方债步入新常态",《光明日报》2014年9月10日第15版。

高培勇、汪德华:"预算管理制度改革:若干'老大难'正待攻坚",《中国财经报》2016年12月6日第7版。

贾康:"化解隐性债务风险要开前门关后门修围墙",《中国证券报》2014年10月13日第A10版。

后　记

2019年7月，我有幸获得国家自然科学基金等课题项目资助，得以接续开展地方政府债务问题的研究。自发表第一篇地方债论文算起，到本书付梓出版，我已经在这个领域持续研究了二十年。呈现在读者面前的这本书，算是我二十年学术研究的一份思想记录。在撰写其中一些文字片段时，往日情景随之浮现，经常令我心潮澎湃，难以自已。

经济学研究一般从认识市场开始，从市场的角度去看政府和财政；我的学术生涯则颇有些反其道而行之，是从财政机关的实际业务工作起步的。在财政实际工作中，我接触到大量基层上报的政府债务研究资料，设计了地方财政风险预警监测机制。财政机关的工作使我能够掌握基层政府债务的真实情况，但苦于技术能力不足，没有办法从手头运转的海量信息中探寻到债务风险传播演化的实质规律。基于对学术研究的执着，我离开工作三年的机关岗位，赴中国人民大学财政金融学院攻读财政学博士学位，在主流经济学框架中重新审视政府和市场的关系。博士毕业后，我又回到母校南开大学从事教学科研工作，可谓人生兜兜转转一大圈，又回到了起点。

冥冥之中，此生似乎注定要和政府债务研究联系在一起。我在实际部门开展地方债业务工作的时间,与国内学界启动财政风险的研究基本同步。在中国人民大学攻读财政学博士学位期间,我参与了导师主持的财政金融风险重大攻关课题,将部分地方债研究成果融入博士论文的核心章节。回到南开大学工作后,我又被学校组织部委派到天津市的一个区级城投公司,从事地方政府投融资工作。我到城投公司挂职是在2009年,时值中国推出"四万亿计划",鼓励各地组建融资平台公司,配合中央国债项目拓宽表外筹资渠道,我躬逢其盛,见证了城投公司"搞建设,谋发展"的激情岁月。在两年挂职期间,我所在的城投公司陆续更换了三位总经理,想出各种办法筹集资金,把当地一个高铁站修了起来,使北京到上海的高铁得以全线贯通。尽管成绩可嘉,一个长期萦绕在脑海中的谜题却愈发清晰起来:既然中国地方政府不是通过规范的市场化渠道举债融资,为何中国经济却能长期保持稳定的高速增长?

相信身处象牙塔的每一位高校教师和莘莘学子,都会感到中国经济问题是如此复杂,以至于无论怎么解释,总会有新的现象涌现出来,使既有理论难以自圆其说。但反过来想,中国作为一个生机勃勃的发展中大国,又给几乎所有的经济学门类提供了用武之地。作为以中国问题为志业的经济学者,我们何其幸运,能够用学习到的各种理论讲述中国故事。带着一份使命感,我翻阅了大量中外文资料,试图揭开脑海中那个挥之不去的"中国之谜"。徜徉在经济学理论文献中是一件幸福的事,无论模型推导还是实证设计,它们都洋溢着引人入胜的逻辑之美。一些经典文献往往会从意想不到的视角切入,提供富有启发性的分析结论,以冷峻的笔触从某个侧面揭开地方政府举债融资的内在规律。大量

防范"灰犀牛"：地方政府债务风险的治理机制研究

文献指出，我国地方政府债务隐含着挤出效应、道德风险、资源错配、机会主义。数据和证据摆在那里，这些结论是不能被轻易否定的。我运用现代分析技术做了不少实证研究，发现中国地方政府举债融资确实存在很多制度扭曲，这些制度扭曲导致风险分布不均、杠杆梯度下沉、卸责动机强烈、期限错配严峻等问题，无论怎么观察，这些"坏"的方面都成立。然而"中国之谜"仍然像一座无法逾越的高山静静屹立在那儿：既然"高债务"引发了这么多制度问题，那中国究竟是如何做到稳定增长的呢？

某日翻阅《二程粹言》，突然看到一句话："未有知之而不能行者，谓知之而未能行，是知之未至也。"于无声处听惊雷，顿如醍醐灌顶，豁然开朗。知识分子的使命是研究问题，揭示真相，这需要将自己从各种社会身份中抽离开来，站在公允立场上提出学术洞见。既然中国政府是"向内挖潜"汲取可用财力，那么揭开"高债务"与"稳增长"并立的中国之谜，就不能仅就财政论财政，还要看到亿万市场经营主体为经济增长和税基涵养作出的巨大贡献。在经济高速增长期，中国不断通过市场化改革释放经营活力和内生增长动力，为地方政府汲取基础设施财力提供充裕的社会资源；地方政府也不断发展制度创新，为各类经营主体创造良好的营商环境，提供各种"市场增进"型的基础设施和公共服务。这就好比一个初涉职场的年轻人，他缺乏资金流动性，需要胆识和魄力举债融资实现他的理想抱负。风险与收益相生相依，在风华正茂的年纪，怎么可能既贪图安逸平稳的生活，又享受弯道超车的快乐？当然，勇于任事固然重要，也不能率性而为，蛮干冒进。环视周围，因投资失败落入危机陷阱的人比比皆是。这就要求政府举债必须坚持守正创新，科学实践，找到最适合自己的发展道路。

改革仍需破冰前行。破解"高债务"和"稳增长"并立的"中国之谜",既有利于总结经济高速增长期的有效经验,也有利于认识到高质量发展阶段的债务风险治理不宜简单复刻传统模式,应继续破除利益掣肘,推进财税体制改革,以深水区改革保障地方财政可持续。方向虽然找到,践行之路却坎坷丛生。查阅文献时,突然发现自己进入了经济、政治、社会、历史、文化、哲学等学科文献汇成的一片汪洋大海,就像刘姥姥走进大观园,时时感觉茫然无措,力所不逮。资质本就愚钝,将这些学科文献得到的管窥之见转化成经济学通识语言,对我更是莫大挑战。挂一漏万形成的认知逻辑,最终又回归到了那个经济学最经典的问题:政府和市场的关系。作为经济学研究的"元问题",它始终受到客观规律的支配,需要尊重前人的思想伟力。把这个问题处理好,不仅对解决地方债问题至关重要,对揭开其他中国之谜也许同样关键。

在本书写作过程中,我一直观察着政府与市场的互动关系,不断调整理论框架和语言表述。我所接触到的众多师友的真知灼见,无不闪耀着追逐真理的智慧之光,也就全部移植进了本书的思维体系。然而直到书稿付梓之际,我对很多问题的思考仍不成熟,之前向学界抛出的观点难免有失严谨,对未来治理图景的展望也有待接受实践检验。再者,受学术经历影响,我更习惯从政府视角观察市场和社会,这也不同于通常路径下的透过市场看政府。但转念一想,没有百家争鸣,就没有学术繁荣,真理不就是在反复的思想交锋中熔炼而成的吗?大家本着"和而不同"的心态,从不同侧面展开讨论,有"横看成岭侧成峰"之效;贪心一点儿，也许还能把理论舍像的部分一点点还原回来，聚沙成塔，集腋成裘。我深信，当我们从不同路径向内挖掘，直至碰撞出共识的时候，"中国之谜"的内核真相一定会浮出水面。即便从被证伪的意义上能够为知识增量作出一些边际贡献，也算没有忘记知识分子"为往圣继绝学，为万世开太平"的那份初心吧！

  再次回想自己的学术人生，从"志于学"的懵懂青年走到"四十不惑"，总在兜兜转转不停绕圈。便掠美北宋大诗人苏轼的一首《观潮》作结，聊以自遣之余，也可勉励自己该当超然物外，开启下一程学术之旅：

    庐山烟雨浙江潮，未至千般恨不消。
    到得还来别无事，庐山烟雨浙江潮。

2024年6月于南开园

图书在版编目（CIP）数据

防范"灰犀牛"：地方政府债务风险的治理机制研究/郭玉清著.——北京：商务印书馆，2025（2025.6重印）．
ISBN 978-7-100-24619-4

Ⅰ．F812.7

中国国家版本馆 CIP 数据核字第 2024NZ6677 号

权利保留，侵权必究。

防范"灰犀牛"
地方政府债务风险的治理机制研究
郭玉清　著

商　务　印　书　馆　出　版
（北京王府井大街36号　邮政编码100710）
商　务　印　书　馆　发　行
北京新华印刷有限公司印刷
ISBN 978-7-100-24619-4

2025年1月第1版　　　开本 880×1230　1/32
2025年6月北京第2次印刷　印张 15¼

定价：98.00 元

【 作者简介 】

　　郭玉清，南开大学经济学院教授、博士生导师，研究方向为财税理论与政策、财政计量分析、政府债务治理。现任中国财政学会理事、《南开经济研究》编辑。主持多项国家级及省部级课题项目，在《经济研究》等国内外期刊发表论文80余篇，出版专著4部，大量论文被《新华文摘》等文献资料转载。代表性成果两获教育部高等学校科学研究优秀成果奖，两获天津市社会科学优秀成果一等奖。